图版一　新疆吐鲁番博物馆藏吐峪沟千佛洞出土《唐西州下宁戎、丁谷等寺帖为供车牛事》（采自吐鲁番博物馆）

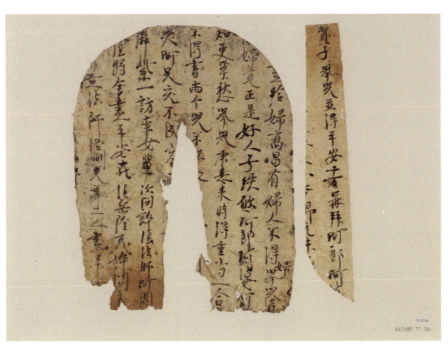

图版二　新疆博物馆藏吐鲁番出土《唐李贺子上阿郎、阿婆书二》
（64TAM5：77，64TAM5：39）（采自新疆博物馆）

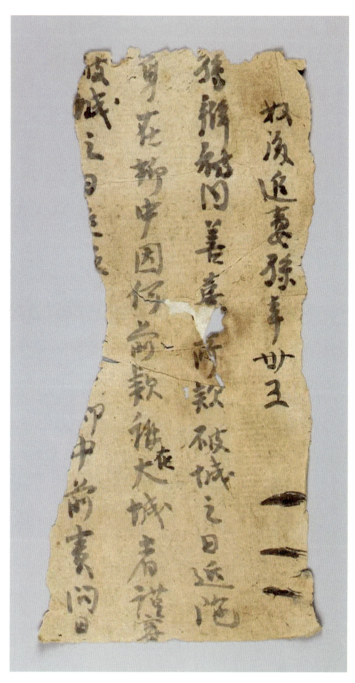

图版三　日本龙谷大学大宫图书馆藏吐鲁番出土《唐贞观十七年 (643) 西州奴俊延妻孙氏辩辞》( 大谷 2831 号 )［采自国际敦煌项目（IDP）］

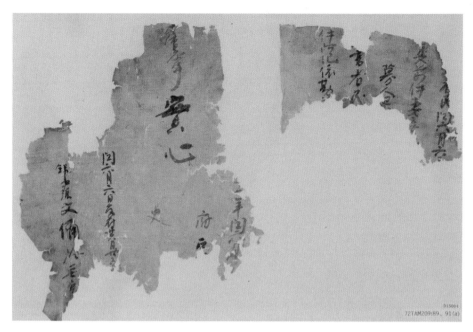

图版四　新疆博物馆藏吐鲁番出土《唐贞观十七年 (643) 符为娶妻妾事》
（72TAM209：89、91）（采自新疆博物馆）

图版五　新疆博物馆藏吐鲁番出土《唐贞观年间西州高昌县勘问梁延台、雷陇贵婚娶
纠纷案卷》（72TAM209：87、90、92）（采自新疆博物馆）

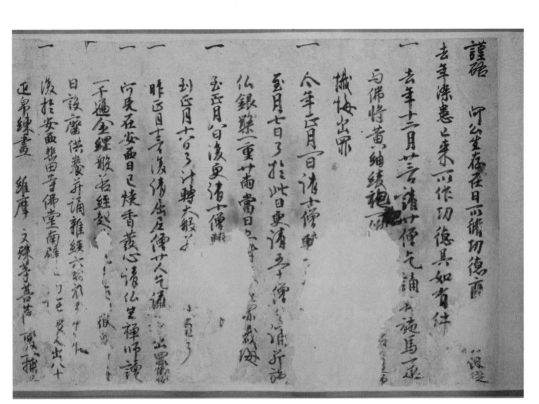

图版六　新疆博物馆藏吐鲁番出土《唐咸亨三年（672）新妇为阿公录在生功德疏》

（局部，64TAM 29：44）（采自新疆博物馆）

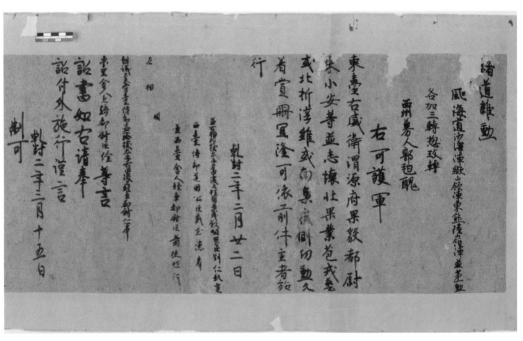

图版七　新疆博物馆藏吐鲁番出土《唐乾封二年（667）郭毡丑勋告》

（65TAM346：1）（采自新疆博物馆）

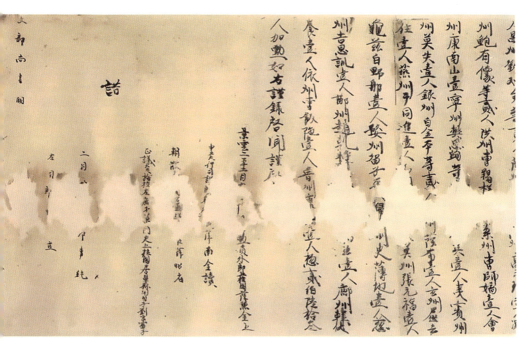

图版八　敦煌研究院藏《唐景云二年 (711) 张君义勋告》( 局部 ) ( 采自《甘肃藏敦煌
文献》第 2 卷，甘肃人民出版社，1999 )

图版九　日本天理图书馆藏《唐景龙三年（709）张君义立功第壹等公验》( 采自大阪市
立美術館編『天理秘蔵名品展』天理教道友社、1992、第 174 頁 )

图版十　日本天理图书馆藏《唐景龙三年（709）张君义立功第贰等公验》
（采自『天理秘藏名品展』、第 174 頁）

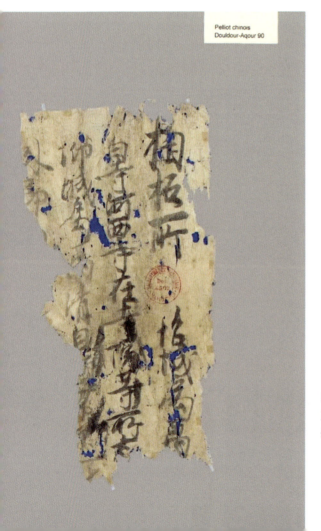

图版十一　法国国家图书馆藏新疆
库车都勒都尔·阿护尔遗址出土唐掏拓
所残帖（Pelliot chinois Douldour–Aqour
90）（采自法国国家图书馆网站）

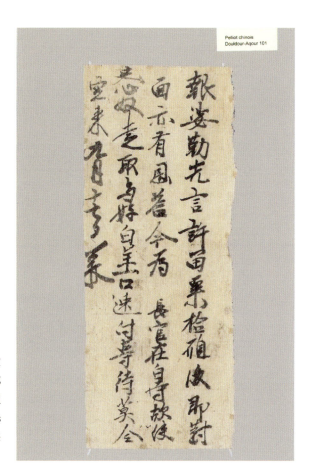

图版十二 法国国家图书馆藏新疆库车都勒都尔·阿护尔遗址出土唐报娑勒文书（Pelliot chinois Douldour–Aqour 101）（采自法国国家图书馆网站）

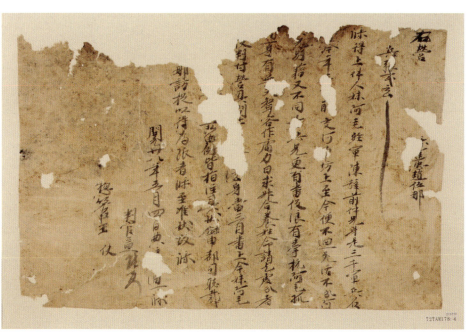

图版十三 新疆博物馆藏吐鲁番出土《唐开元二十八年(740) 土右营下建忠赵伍那牒为访捉配交河兵张式玄事一》（72TAM178：4）（采自新疆博物馆）

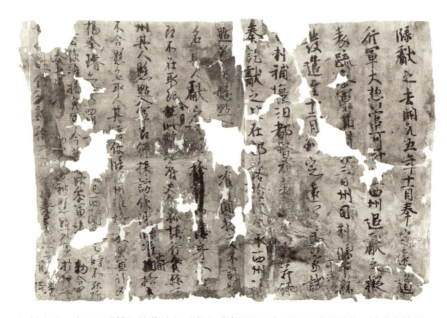

图版十四　中国国家博物馆藏吐鲁番出土《唐开元五年 (717) 后西州献之牒稿为被悬点入军事》( 采自杨文和主编《中国历史博物馆藏法书大观》第 11 卷《晋唐写经·晋唐文书》，东京柳原书店、上海教育出版社，1999 )

图版十五　新疆博物馆藏吐鲁番出土《唐西州都督府上支度营田使牒为具报当州诸镇戍营田顷亩数事》( 72TAM226：51 )（采自新疆博物馆）

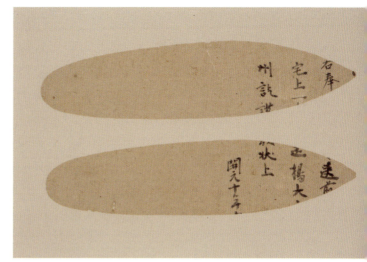

图版十六　新疆博物馆藏吐鲁番出土《唐开元十年(722)残状》(72TAM226：74)（采自新疆博物馆）

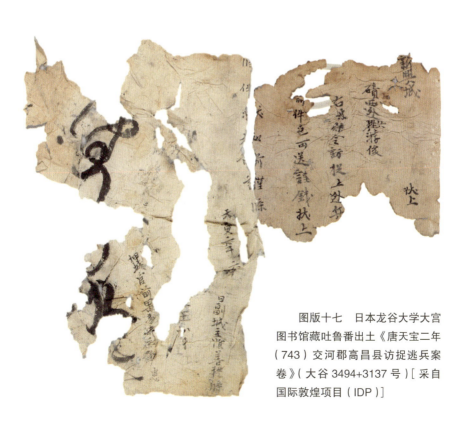

图版十七　日本龙谷大学大宫图书馆藏吐鲁番出土《唐天宝二年(743)交河郡高昌县访捉逃兵案卷》(大谷3494+3137号)［采自国际敦煌项目（IDP）］

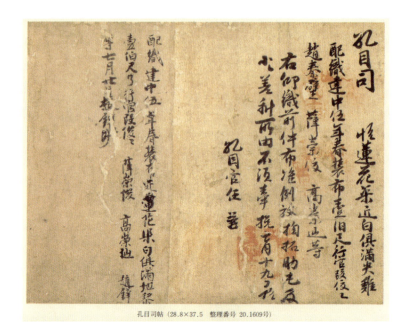

孔目司帖 (28.8×37.5　整理番号 20.1609号)

图版十八　旅顺博物馆藏新疆拜城克孜尔石窟出土《唐建中五年（784）
　　　　　孔目司帖及抄》（采自龍谷大学仏教文化研究所・西域研究
　　　　　会編『旅順博物館藏新疆出土文物研究文集』、1993）

图版十九　日本龙谷大学大宫图书馆藏新疆库车都勒都尔・阿护尔遗址出土
　　　　　《唐安西官府事目历》（大谷 1508+1538 号）（笔者摄于日本龙谷
　　　　　大学大宫图书馆）

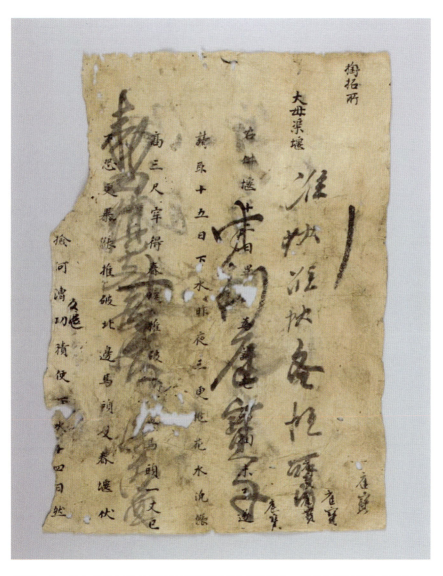

图版二十　日本龙谷大学大宫图书馆藏新疆库车都勒都尔·阿护尔遗址出土《唐安西掏拓所文书》（大谷 8066 号）［采自国际敦煌项目（IDP）］

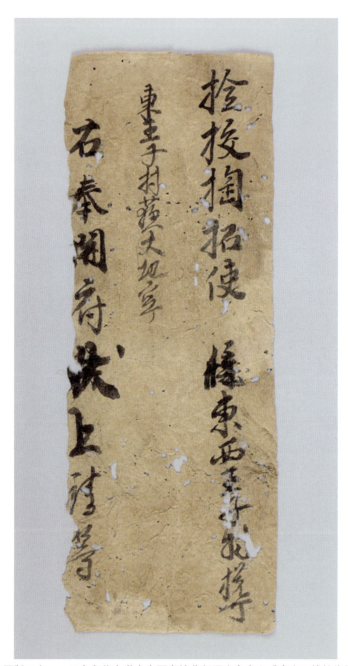

图版二十一　日本龙谷大学大宫图书馆藏新疆库车出土《唐安西检校掏拓使牒》（大谷 8062 号）［采自国际敦煌项目（IDP）］

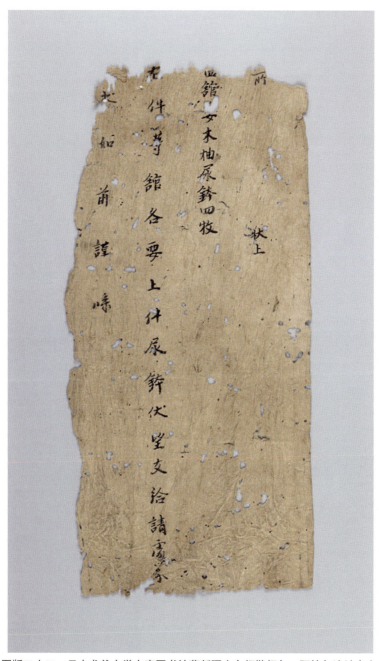

图版二十二　日本龙谷大学大宫图书馆藏新疆库车都勒都尔·阿护尔遗址出土
唐安西残状（大谷 8041 号）〔采自国际敦煌项目（IDP）〕

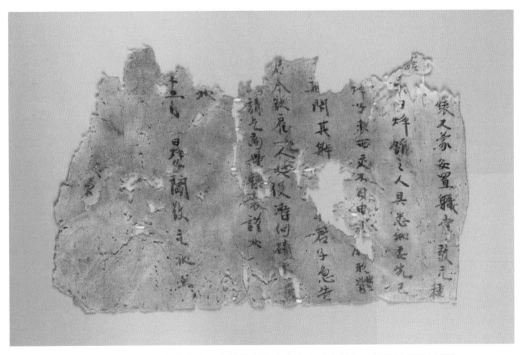

图版二十三　日本龙谷大学大宫图书馆藏新疆库车出土《唐某年二月烽子阎敬元状》
（大谷 8071 号）[采自国际敦煌项目（IDP）]

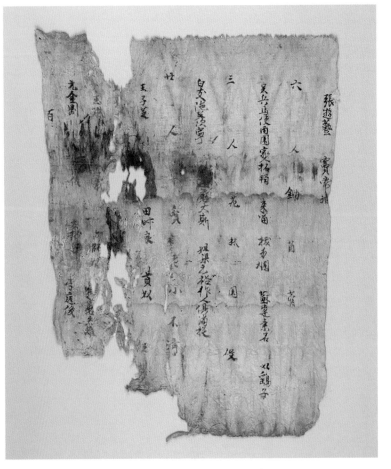

图版二十四　日本龙谷大学大宫图书馆藏新疆库车都勒都尔·阿护尔遗址出土《唐安西差科簿》（大谷 8074 号）[采自国际敦煌项目（IDP）]

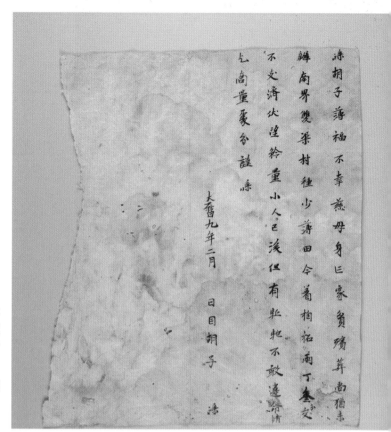

图版二十五　日本龙谷大学大宫图书馆藏新疆库车出土《唐大历九年（774）二月目胡子牒》（大谷8044号）[采自国际敦煌项目（IDP）]

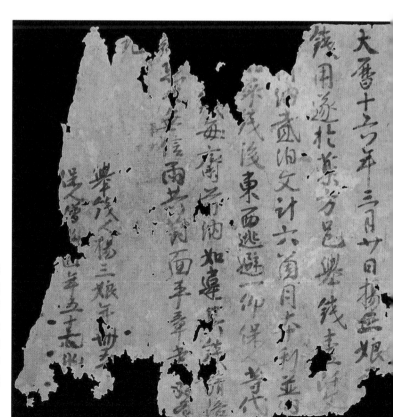

图版二十六　日本龙谷大学大宫图书馆藏新疆库车库木吐拉石窟出土《唐大历十六年（781）三月杨三娘举钱契》（大谷8047号）[采自国际敦煌项目（IDP）]

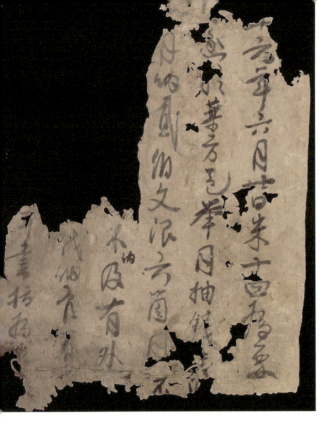

图版二十七　日本龙谷大学大宫图书馆藏新疆库车库木吐拉石窟出土《唐大历十六年（781）六月米十四举钱契》（大谷 8056 号）〔采自国际敦煌项目（IDP）〕

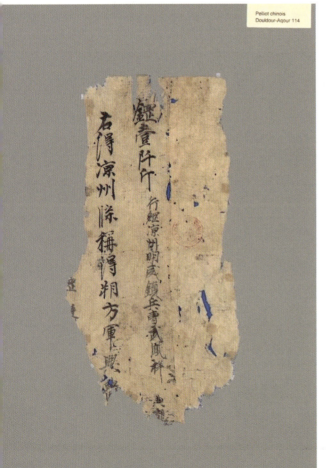

图版二十八　法国国家图书馆藏新疆库车都勒都尔·阿护尔遗址出土唐安西行纲文书（Pelliot chinois Douldour–Aqour 114）（采自法国国家图书馆网站）

社科文献  学术文库

| 文史哲研究系列 |

敦煌吐鲁番文书
与唐代西域史研究

DOCUMENTS FROM DUNHUANG AND TURPAN:
A STUDY OF THE WESTERN REGIONS
DURING THE TANG DYNASTY

（增订本）

刘安志　著

 社会科学文献出版社
SOCIAL SCIENCES ACADEMIC PRESS (CHINA)

# 出版说明

社会科学文献出版社成立于 1985 年。三十年来，特别是 1998 年二次创业以来，秉持"创社科经典，出传世文献"的出版理念和"权威、前沿、原创"的产品定位，社科文献人以专业的精神、用心的态度，在学术出版领域辛勤耕耘，将一个员工不过二十、年最高出书百余种的小社，发展为员工超过三百人、年出书近两千种、广受业界和学界关注，并有一定国际知名度的专业学术出版机构。

"旧书不厌百回读，熟读深思子自知。"经典是人类文化思想精粹的积淀，是文化思想传承的重要载体。作为出版者，也许最大的安慰和骄傲，就是经典能出自自己之手。早在 2010 年社会科学文献出版社成立二十五周年之际，我们就开始筹划出版社科文献学术文库，全面梳理已出版的学术著作，希望从中选出精品力作，纳入文库，以此回望我们走过的路，作为对自己成长历程的一种纪念。然工作启动后我们方知这实在不是一件容易的事。对于文库入选图书的具体范围、入选标准以及文库的最终目标等，大家多有分歧，多次讨论也难以一致。慎重起见，我们放缓工作节奏，多方征求学界意见，走访业内同仁，围绕上述文库入选标准等反复研讨，终于达成以下共识：

一、社科文献学术文库是学术精品的传播平台。入选文库的图书必须是出版五年以上、对学科发展有重要影响、得到学界广泛认可的精品力作。

二、社科文献学术文库是一个开放的平台。主要呈现社科文献出版社创立以来长期的学术出版积淀，是对我们以往学术出版发展历程与重要学术成果的集中展示。同时，文库也收录外社出版的学术精品。

三、社科文献学术文库遵从学界认识与判断。在遵循一般学术图书基本要求的前提下，文库将严格以学术价值为取舍，以学界专家意见为准绳，入选文库的书目最终都须通过该学术领域权威学者的审核。

四、社科文献学术文库遵循严格的学术规范。学术规范是学术研究、学术交流和学术传播的基础，只有遵守共同的学术规范才能真正实现学术的交流与传播，学者也才能在此基础上切磋琢磨、砥砺学问，共同推动学术的进步。因而文库要在学术规范上从严要求。

根据以上共识，我们制定了文库操作方案，对入选范围、标准、程序、学术规范等一一做了规定。社科文献学术文库收录当代中国学者的哲学社会科学优秀原创理论著作，分为文史哲、社会政法、经济、国际问题、马克思主义五个系列。文库以基础理论研究为主，包括专著和主题明确的文集，应用对策研究暂不列入。

多年来，海内外学界为社科文献出版社的成长提供了丰富营养，给予了鼎力支持。社科文献也在努力为学者、学界、学术贡献着力量。在此，学术出版者、学人、学界，已经成为一个学术共同体。我们恳切希望学界同仁和我们一道做好文库出版工作，让经典名篇"传之其人，通邑大都"，启迪后学，薪火不灭。

社会科学文献出版社

2015 年 8 月

# 作者简介

刘安志　1966 年出生，贵州织金人，武汉大学历史学院党委书记、教授、博士生导师，教育部"长江学者"特聘教授，国家社科基金重大招标项目首席专家，日本龙谷大学客座研究员，先后兼任教育部高等学校历史学类专业教学指导委员会委员、中国唐史学会副会长、中国敦煌吐鲁番学会副会长等职。主要研究魏晋南北朝隋唐史暨敦煌吐鲁番文书。出版《吐鲁番文书总目（日本收藏卷）》《敦煌吐鲁番文书与唐代西域史研究》《新资料与中古文史论稿》《周书（点校本二十四史修订本）》等，在《历史研究》等刊物发表论文数十篇，先后获得国家级教学成果奖、宝钢优秀教师奖、湖北省社科优秀成果奖等教学科研奖项。

# 内容提要

本书旨在通过充分挖掘吐鲁番、库车、敦煌等地所出文书资料，并以之与传世文献、历史遗迹相互印证，从微观考察与宏观把握的双重视角，深入探讨唐代前期经营管理西域的历程及实态。主要论点有四。其一，唐朝高度重视西州的经营与管理，无论是贞观年间安西都护府与西州州府从二元分治到一元化管理体制的转变，以及安西都护府对西州人口的调查与统计，还是贞观到龙朔年间西州人口的迁移变化，都是唐朝治理西州的重要举措与方略，目的就是把西州建成经营西域的前沿稳固根据地。其二，唐朝对西域的经营，善于根据西域形势变化，采取灵活多变的战略战术，并及时完善和调整西域边防体制。高宗咸亨年间，针对吐蕃大举进犯西域，唐朝采取"围魏救赵"军事战略，迫使吐蕃从西域撤兵，安西四镇并未完全罢弃；武周时期设置的陇右诸军州大使，目的是对付吐蕃与后突厥的联手进犯；开元十五年后设置天山军，则是因为吐蕃改从中道进犯西域，对西州构成威胁，需要加强西州南面的防御；先天、开元年间伊西、北庭节度的几度分合，皆与西域边防形势息息相关。这些充分体现了唐朝经营西域策略的灵活多变性。其三，唐朝对西域的管理，采取因地制宜、分类管理的原则。对天山东部的伊、西、庭三州，实施与中原正州一样的管理制度；而对西州以西的龟兹地区，则采取中原唐制与当地民族制度相互交融并有机结合的管理办法，推行"胡汉一体"管理体制。其四，在处理西域民族关系问题上，唐朝既秉承胡汉一家、民族平等，又坚持稳定压倒一切的原则。对天山以北叛服不定的突骑施，唐朝采取利用、防范、打击等手段，以确保西域边防稳定。开元年间设置的碛西节度使，统辖整个西域军政，目的就是对付突骑施，体现了唐朝西域民族政策的某些特点。

　　总之，唐朝前期对西域的经营与管理，特色鲜明，措施得当，成效显著，不仅促进了中原制度与文化的西传，密切了西域与内地的交往交流交融，而且推动了唐代大一统政治共同体的发展，有助于中华民族多元一体格局与共同体意识的形成。

# Abstract

This book combining micro examination and macro analysis, the author probes into the process and reality of the management of the Western Regions during the early Tang Dynasty through textual exegesis of materials excavated at sites including Turpan, Kucha, and Dunhuang, and cross-examination of them against secondary sources. There are four main arguments:(1)The Tang court attached great importance to the operation and management of Xizhou. In order to turn the prefecture into a stronghold capable of supporting its operations of the Western Regions, the Tang court adopted a number of significant measures and strategies, including the gradual replacement of a dual administration system in the Anxi Protectorate ( 安西都护府 ) and Xizhou Prefecture ( 西州州府 ) by a unified management system during the Zhenguan reign, the census and other population surveys conducted by the Anxi Protectorate on the Xizhou population, and the migration and demographic changes in Xizhou from the Zhenguan to the Longshuo reigns. (2) For managing the Western Regions, the Tang court adopted flexible strategies and tactics that responded to the changing situation, and made timely improvement and modification to its border defense system. During the Xianheng ( 咸亨 ) reign of Emperor Gaozong, faced with the massive invasion of the Western Regions by Tubo, the Tang court employed the military strategy known as "besieging Wei to rescue Zhao" ( 围魏救赵 ), which led to the retreat by the Tubo forces from the Western Regions. Notably, the Tang Dynasty did not completely abandon the Four Garrisons of Anxi ( 安西四镇 ) during this period. During the Wu Zhou

（武周）period, the establishment of the Longyou Military Commissioner（陇右诸军州大使）was aimed at countering the joint forces of the Tubo and the Eastern Turkic Khaganate. After the 15th year of the Kaiyuan（开元）reign, a military garrison was established in Tianshan（天山军）in response to a change in Tubo's Western Regions invasion route, which posed a threat to Xizhou and called for strengthened defense of the prefecture from the south. The repeated mergers and separations of the Military Governors of Yixi（伊西）and Beiting（北庭）during the Xiantian（先天）and Kaiyuan reigns were all closely related to the border defense situation in the Western Regions. These instances fully illustrate the flexibility and adaptability of Tang Dynasty's strategies for managing the Western Regions. (3)The Tang court tailored its Western Regions policies to suit local conditions and differentiated between different regions. In the three prefectures of Yizhou（伊州）, Xizhou, and Tingzhou（庭州）, which were located in the eastern part of the Tianshan Mountains, the same management system as was in place in the central plains was adopted. But for the Qiuci（龟兹）area, which is west of Xizhou, a hybrid system that integrated and organically combined the central plains system and the local ethnic system was implemented. （4）In dealing with ethnic relations in the Western Regions, the Tang court adhered to the principles of treating Hu and Han as one family and all ethnic groups as equals, while insisting on the paramount importance of stability. With regard to the recalcitrant Türgesh in the north of Tianshan Mountains who were a constant threat to border security of the Western Regions, the Tang court alternated among taking advantage of them, defensive, and offensive measure. The Military Governor of Qixi（碛西节度使）, established during the Kaiyuan reign, was in charge of the entire military and political affairs of the Western Regions and tasked with dealing with the TÜrgesh. This also sheds light on the Tang Dynasty's ethnic policies in the Western Regions.

In summary, the strategies, tactics and measures implemented in the early Tang Dynasty to manage the Western Regions were distinctive, appropriate, and effective. Not only did they introduce the central plain's apparatus and cultures to the Western Regions, foster closer interactions, exchanges, and integration between the two regions, but they also contributed significantly to the development of a uniform political community in the Tang Dynasty, and the formation of Chinese nation that is ethnically diverse yet integrated, and with a shared sense of community and national identity.

# 原版序

　　《敦煌吐鲁番文书与唐代西域史研究》是刘安志自 1996 年攻读博士学位以来，迄今为止，围绕敦煌吐鲁番学与西域史关系这一主题，开展学术研究的成果结集。

　　安志博士的学位论文《唐朝西域边防研究》，就是利用敦煌吐鲁番文书对唐代西域的边防体制、军事部署、后勤保障等问题进行探讨的研究成果，其中所依据的出土文献资料除了敦煌、吐鲁番出土的以外，还有新疆其他地方出土的文献、内地出土的碑刻墓志等，其搜罗应该说是充分的。在此基础上，他结合史籍文献记载以及前人的研究，广为联系，深入剖析，探讨出许多有价值的新结论，应该说是一篇有学术质量的学位论文。在 1999 年他获得博士学位以后，我曾多次与他谈及，让他将学位论文补充修改出版。安志博士总是觉得：有些东西还没有弄得十分清楚，有许多问题都有待深化，还有些东西仍需进一步考订、落实。转眼 10 年过去了，虽然他的学位论文没有出版，却诞生了一批围绕着西域史的专题研究成果，也就是这里提交的 16 篇专题研究论文。这些研究中，有宏观的新认识，如《唐初对西州的管理——以安西都护府与西州州府之关系为中心》《从吐鲁番出土文书看唐高宗咸亨年间的西域政局》《唐初的陇右诸军州大使与西北边防》《敦煌所出张君义文书与唐中宗景龙年间西域政局之变化》《跋吐鲁番鄯善县所出〈唐开元五年（717）后西州献之牒稿为被悬点入军事〉》等；也有微观的考订和论证，如《唐代安西、北庭两任都护考补——以出土文书为中心》《对吐鲁番所出唐天宝间西北逃兵文书的探讨》《敦煌吐鲁番文书所见唐代"都司"考》《唐代龟兹白寺城初考》等。这大概就是安志博士对唐代西域史深化认识、考订论证的努力。他的每一篇研究，表面看来似乎都是互不联系的单独篇章，实际上都是有内在联系的，有的甚至是环环相扣的。这种对尚不清楚问题的点点求索和深化，极大地提高了他对唐代西域历史认识的水平。实践证明，他选择这样一种研究道路是完全正确的，也是一条一步一个脚印、务实求真的道路，本书的出版就是一个很好的说明。

安志博士的研究采取的是微观考察、论证与宏观把握相结合的方法，同时将出土文献与传统史籍以及历史遗址实物等多种资料相结合论证的方法，将研究的问题层层推向深入，最后能落到实处，得出令人信服的新结论。例如唐在西域所设安西四镇，曾几次遭到吐蕃侵扰破坏，出现了三罢三置的记载，其中第一次见于咸亨元年，《新唐书》《旧唐书》《资治通鉴》均记此年四月"罢安西四镇"，学术界大多也认为此次四镇就是罢废了。而安志博士在《从吐鲁番出土文书看唐高宗咸亨年间的西域政局》中，依据对多件吐鲁番出土咸亨年间涉及安西文书的仔细分析，以及对唐命"薛仁贵为逻娑道行军大总管，以伐吐蕃"、在青海开辟进攻吐蕃新战线，阻止了吐蕃对安西进攻的宏观分析，得出结论说："唐廷虽于咸亨元年四月被迫下令罢安西四镇，但由于西域形势发生变化，实际罢弃的只是于阗、疏勒二镇，龟兹、焉耆二镇仍在唐手，并未放弃。"同时还得出一个新的认识："透过以上描述可以清楚看出，高宗统治时期，唐朝对西域的经营并非软弱无力，而是比较积极主动的。"

　　类似的对出土文献与传统史籍相结合的细心考察和分析论证，可以说贯穿于本书的每一篇研究论文之中，正如安志博士在"后记"中说的："我还感受到了学术的尊严，深悉严谨踏实和创新实乃为学之重要标尺。本书所收诸论文，不管论题大小，深浅如何，大都严格遵循这一标尺，绝不为有辱唐门学风的粗制滥造之作。"正因为他能牢牢把住严谨踏实、开拓创新这样一个为学之道的基本标准，所以他的每一篇研究既呈现出求真务实的特点，又能析出新义，推陈出新，为西域史和敦煌吐鲁番学的研究做出了新的贡献。

　　西域史的研究，随着地下文献不断出土，必然会不断向纵深发展，对于从事西域史和敦煌吐鲁番学方面的研究者来说，则是一个不断深化求索、开创新局面的过程。展望未来，前程似锦，希望安志博士在未来似锦的学术征程中，继续不断地锦上添花。

陈国灿

2009 年 3 月 28 日于珞珈山

# 目　录

绪　论 ……………………………………………………… 001

第一章　唐初对西州的管理
　　　　——以安西都护府与西州州府之关系为中心 …………… 018

第二章　唐初西州的人口迁移 ……………………………… 038

第三章　读吐鲁番所出《唐贞观十七年（643）西州奴俊延妻
　　　　孙氏辩辞》及其相关文书 ………………………… 057

第四章　从吐鲁番出土文书看唐高宗咸亨年间的西域政局 …… 079

第五章　唐初的陇右诸军州大使与西北边防 ……………… 112

第六章　敦煌所出张君义文书与唐中宗景龙年间西域政局之
　　　　变化 ……………………………………………… 128

第七章　敦煌吐鲁番文书所见唐代"都司"考 …………… 162

第八章　跋吐鲁番鄯善县所出《唐开元五年（717）后西州献之
　　　　牒稿为被悬点入军事》 ……………………………… 188

第九章　唐代西州天山军的成立 ……………………………… 215

第十章　伊西与北庭
　　　　——唐先天、开元年间西域边防体制考论 ……………… 234

第十一章　对吐鲁番所出唐天宝间西北逃兵文书的探讨 ………… 276

第十二章　唐代安西都护府对龟兹的治理 ……………………… 302

第十三章　唐代龟兹白寺城初考 ………………………………… 342

第十四章　关于唐代沙州升为都督府的时间问题 ……………… 356

附录一　库车出土唐安西官府事目历考释 ……………………… 372

附录二　唐代安西、北庭两任都护考补
　　　　——以出土文书为中心 ………………………………… 381

参考文献 ………………………………………………………… 392

本书各篇章原发表出处 ………………………………………… 411

索　引 …………………………………………………………… 413

原版后记 ………………………………………………………… 429

增订本后记 ……………………………………………………… 432

# Contents

Introduction                                                    / 001

Chapter 1    The Management of Xizhou in the Early Tang Dynasty: With
             a Focus on the Relationship between Anxi Protectorate ( 安
             西都护府 ) and Xizhou Prefecture ( 西州州府 )        / 018

Chapter 2    Population Migration in Xizhou Prefecture in the Early
             Tang Dynasty                                         / 038

Chapter 3    On "Defense by Sun, the Wife of Xizhou Resident Nu
             Junyan ( 奴俊延 ), from the 17th Year of Zhenguan Reign
             (643AD)" Unearthed at Turpan, and Related Documents
                                                                  / 057

Chapter 4    Understanding the Political Situation in the Western
             Regions during the Xianheng ( 咸亨 ) Reign of Tang
             Emperor Gaozong: A Study of Documents Unearthed in
             Turpan                                               / 079

**Chapter 5**   The Longyou Military Commissioner ( 陇右诸军州大使 ) during the Early Tang Dynasty and Border Defense in the Northwest                                    / 112

**Chapter 6**   Zhang Junyi( 张君义 )-related Documents Unearthed in Dunhuang( 敦煌 ) and Changes in the Political Situation in the Western Regions during the Jinglong ( 景龙 ) Reign of Tang Emperor Zhongzong                    / 128

**Chapter 7**   A Study of Dusi( 都司 ) in the Tang Dynasty Based on Documents from Dunhuang and Turpan                    / 162

**Chapter 8**   A Study on a Manuscript Unearthed in Shanshan( 鄯善 ) County of Turpan: "The Draft of an Official Document Concerning the Conscription of Xianzhi ( 献之 ) into the Army in Xizhou after the 5th Year of Kaiyuan( 开元 ) Reign(717AD) in the Tang Dynasty"                    / 188

**Chapter 9**   The Establishment of "Tianshan( 天山 ) Troop" in Xizhou in the Tang Dynasty                    / 215

**Chapter 10**   Yixi( 伊西 ) and Beiting( 北庭 ): A Study of the Border Defense System in the Western Regions                    / 234

**Chapter 11**   A Study of the Documents Unearthed in Turpan Concerning Deserters in the Northwest during the Tianbao( 天宝 ) Reign of the Tang Dynasty

                                                           / 276

**Chapter 12**   Governance of Kucha by the Anxi Protectorate during the Tang Dynasty                    / 302

Chapter 13    A Preliminary Study of Baisi( 白寺 ) City in Kucha during
the Tang Dynasty    / 342

Chapter 14    An Investigation of When Shazhou ( 沙州 ) was Elevated
to Dudufu ( 都督府 ) in the Tang Dynasty    / 356

Appendix Ⅰ    Interpretation of the Catalogue of Official Documents
of the Anxi Government from the Tang Dynasty
Unearthed in Kucha    / 372

Appendix Ⅱ    The Case for Two Newly-identified Protector-Generals
of Anxi and Beiting in the Tang Dynasty: Evidence
from Unearthed Documents    / 381

References    / 392

The Original Sources of Each Chapter in This Book    / 411

Index    / 413

Epilogue to the First Edition    / 429

Epilogue to the Enlarged Edition    / 432

# 绪　论

　　本书各篇章撰写发表时间先后不一，此次都进行了统一增补修订，因多是利用吐鲁番、库车、敦煌等地所出文书，对唐代西域史进行探讨的成果，故书名仍取为《敦煌吐鲁番文书与唐代西域史研究》。以下就全书各篇章的撰写缘起及基本观点做一简单介绍。

　　贞观十四年（640），唐平高昌，置西州，又于同年九月置安西都护府于交河城。而1981年吐鲁番吐峪沟千佛洞出土的一件钤有"西州之印"的帖文，表明西州州府作为地方一级行政机构，确曾在西州行使过管理职权。如此一来，安西都护府与西州州府之间究竟存在一种什么样的关系，就是饶有兴味且值得探究的问题了。第一章"唐初对西州的管理——以安西都护府与西州州府之关系为中心"，就是围绕这一问题而展开的思考与探索。本章通过考辨分析指出，自贞观十四年九月起，安西都护府与西州州府并存于盆地，前者管军，驻交河城，后者理民，治高昌城。这种两套机构、两班人员的客观存在，其实是一种典型的"二元分治"军政管理模式。但这种模式并不利于西州的统一管理，也无法集中力量应付复杂多变的西域形势。于是，随着西突厥乙毗咄陆可汗势力的壮大，以及焉耆的离心背德，唐朝在贞观十六年九月调凉州都督郭孝恪北上，担任安西都护兼西州刺史，统管西、伊、庭三州诸军事，在西域东部构建起"金三角"边防管理体制，同时还把都护府治所从交河城迁至高昌城，与原西州州府合二为一，从而开启了新的"军政合一"一元化管理模式。此种情况一直持续到唐高宗显庆三年（658）安西都护府西迁龟兹之时。概而言之，唐初对西州的治理，经历了一个从"二元分治"到"军政合一"一元化管理模式的转变历程，这不仅体现了唐廷对西州治理的高度重视，也反映了唐初经营西域策略的灵活多变性。西州最终成为唐朝经营西域的前沿根据地与稳固大后方，绝非偶然。

唐初对西州的治理，不仅体现在管理模式的调整上，还反映在人口的数次迁移上。第二章"唐初西州的人口迁移"，就是聚焦于唐初西州人口的几次迁移而展开的探讨。本章认为，唐平高昌后，为了加强对西州的管控，于是把高昌王室、大族豪右、庶民百姓等大量迁移到长安、洛州等地。同时，为了充实西州人力，一方面从内地发遣罪犯，另一方面又有计划地把雍州无地或少地的民户迁到西州。唐高宗即位后，西突厥阿史那贺鲁发动叛乱，导致西域政局不稳，影响唐朝在西州的统治。于是，唐廷又把迁移到中原地区的高昌旧民大部遣还西州，力图稳定西域政局。如此一来，西州人口自然增加不少。但西州土地毕竟有限，不能容纳过多的人口。于是，大致在龙朔、总章年间，唐廷与西州官府又有计划地把盆地拥有土地的民户迁到外地，重点迁出对象则是高昌县崇化乡的昭武九姓粟特人，这一定程度上反映了唐朝的民族政策。西州崇化乡的昭武九姓粟特人迁往何地，并不清楚。不过，沙州从化乡同样也是昭武九姓粟特人聚居之地，且乡名最早出现于武周时期。那么，西州崇化乡粟特人有无可能迁移至沙州，导致沙州从化乡的出现呢？不排除这种可能性。不管如何，总章年间以后，类似唐初这样有一定规模的移民活动（不管是迁出或是移入），在西州就很少发生了。本章的探讨，有助于认识唐初经营管理西州的某些实态及其特点，同时也折射出唐廷对西州治理的高度重视。

贞观十六年九月以后，唐朝开始在西州实施"军政合一"的一元化管理模式，吐鲁番出土文书可以印证此点。第三章"读吐鲁番所出《唐贞观十七年（643）西州奴俊延妻孙氏辩辞》及其相关文书"，即是立足吐鲁番文书整理而展开联系性探讨的成果。本章通过细致考辨分析，确认日本大谷探险队在吐鲁番所获《唐贞观十七年（643）西州奴俊延妻孙氏辩》（大谷2831、1013、1037、1254、1419、1256诸号文书断片），与吐鲁番阿斯塔那209号墓所出《唐贞观十七年（643）符为娶妻妾事》《唐贞观年间西州高昌县勘问梁延台、雷陇贵婚娶纠纷案卷》等，同属唐贞观十七年安西都护府户曹案卷，故而大谷2831、1013、1037、1254、1419、1256号等六件残片，极有可能出自阿斯塔那209号墓。从该户曹案卷看，贞观十七年六月、闰六月，安西都护府户曹在西州展开了一系列的户口清理与调查工作，这表明安西都护府已接手西州地方民政事务，在西州正常行使管理职能。显然，此前安西都护府与西州州府之间军政分离的"二元分治"管理模式已转变为"军政合一"的一元化管理模式了，这是唐朝西州治理体系的一个重要调整。在这一转变过程中，郭孝恪无疑是值得重视的关键人物。他从凉州来到西州后，对外积极防御，主动出击，打退外敌进犯，确保西州安全；对内则积极作为，推诚抚御，妥善处理好西州境内杂居的高昌旧民、镇兵、谪徙者之间的关系与矛盾，取得"咸得其欢心"的显著成效。此后，西州能够成为唐朝经营西域的前沿根据地与稳固大后方，郭孝恪的治理之功是值得充分肯定的。

以上三章主要围绕唐初西州治理问题而展开探讨，各章之间有机相连。如所周知，贞观十四年唐平高昌后，对高昌如何经营与管理，唐中央朝廷是有过讨论和争议的。但唐太宗力排众议，坚持在高昌设西州，把盆地纳入中央王朝的直接管辖之下，反映了一代杰出帝王的政治远见与胆识魄力。太宗的目标很明确，就是要把西州建成唐朝经营西域的前沿根据地与稳固大后方。正是在这样的锐意进取、积极作为之下，西州最终成为唐朝在西域东部地区的坚固堡垒，为唐王朝全力经营西域做出了巨大贡献。

唐高宗显庆三年，安西都护府西迁龟兹，其后龟兹、焉耆、于阗、疏勒四镇成立，唐朝开启对西域民族地区的经营管理历程，但前进之路并非一帆风顺。咸亨元年（670），吐蕃大举进犯西域，给唐朝在西域的统治造成了极大震动。过去学界大多认为，由于吐蕃的进犯，唐朝被迫于咸亨元年罢弃安西四镇，并撤安西都护府回西州，四镇地区全部落入吐蕃之手。但笔者在研读吐鲁番出土文书时，发现咸亨二年至三年，龟兹仍称"安西"，并有不少西州人在当地活动，安西都护府并未撤回西州，仍驻于龟兹王城。为什么会这样？笔者为此展开较长时间的思考与探索。第四章"从吐鲁番出土文书看唐高宗咸亨年间的西域政局"，就是这一思考与探索的初步成果。本章认为，唐高宗龙朔二年（662）以后，随着吐蕃势力介入西域，唐朝在西域的统治受到威胁。龙朔三年十二月，唐廷以安西都护高贤为行军总管，率军击弓月以救于阗，西州府兵、百姓都参与了此次军事行动。其后，吐蕃、疏勒加入战争，致使战争规模扩大，唐军失利。麟德元年（664），唐廷以裴行俭为安西都护，出镇龟兹。可能因为兵力不足，裴行俭并未采取反击行动。直至麟德二年闰三月，唐又派西州都督崔知辩等率西域道行军救援于阗，战争最终取得了胜利，西域局势也因此获得暂时稳定。总章元年（668），吐蕃在大非川一带修筑堡垒，并入犯唐边，唐以阿史那忠为青海道行军大总管进行反击；总章二年，吐蕃又与弓月联手进犯西域，唐以阿史那忠为西域道安抚大使兼行军大总管讨之。其后，唐军把主要目标集中到了北疆的弓月部，从而为吐蕃于该年末大举进犯安西四镇提供了可乘之机。因此，至迟咸亨元年二月末或三月初，吐蕃相继攻陷了西域十八州，随后又与于阗联手陷落龟兹西部重镇拨换城。西域十八州失陷的消息传到朝廷后，唐为挽救西域危局，采取了若干措施：一方面，任命西突厥酋长阿史那都支为左骁卫大将军兼匐延都督，安辑五咄陆部及咽面之众，以稳定北疆局势；另一方面，组建逻娑道行军，由薛仁贵率领，直指吐蕃王都。这些事都发生在咸亨元年，体现了唐朝反击吐蕃的基本方略。吐蕃为全力对付薛仁贵率领的逻娑道行军，撤回了其在西域的主力。咸亨二年、三年间龟兹仍在唐手的事实，表明吐蕃势力已退出龟兹，安西都护府并未迁回西州。咸亨元年以后，由于高句丽的反叛以及吐蕃对凉州等地的进逼，唐无力顾及西域之事。直到咸亨四年高句丽反叛被平定之后，唐才兴兵讨弓月、疏勒，重新恢复对于阗、疏勒的统治。总之，唐廷虽于咸亨元年四月被迫下令罢安西四镇，但由于西域形势发生变化，实际罢弃的只是于阗、疏勒二镇，龟兹、焉耆二镇仍在唐手，并未放弃。

　　唐高宗之后的武则天统治时期，随着吐蕃崛起、后突厥复兴，边疆民族形势变得更加错综复杂。尤其是吐蕃与后突厥联手进犯河西凉州地区，给唐朝关中地区的西部屏障造成极大威胁。对此，武周朝廷如何应对？其采取了什么样的边防策略，影响如何？第五章“唐初的陇右诸军州大使与西北边防”，就是为解答上述问题而作。本章认为，武周圣历元年至唐中宗神龙二年（698—706），唐朝于凉州设置的陇右诸军州大使，先后有娄师德、唐休璟、郭元振等人，俱为唐朝镇边名将。他们例兼凉州都督，权限极大，统辖河陇及西域各地之军政，并在凉州设有综合管理机关“都司”，协调处理西北地区各种军政事务，主要目的就是应对这一时期吐蕃与后突厥对河西地区的联手进扰。这是唐廷根据西北边疆民族形势变化而设置的一个重要使职，充分反映了唐朝边防政策的灵活多变性。唐睿宗景云二年于凉州设置的河西节度使，同样例兼凉州都督，很大程度上就是在陇右诸军州大使的基础上发展演变而来的。对陇右诸军州大使的探讨，有助于认识唐代节度使的起源与产生。

1941年夏，张大千先生在敦煌莫高窟获得张君义文书四件，其中《唐景云二年（711）张君义勋告》较为完整，现藏敦煌研究院，余三件则残损严重，有两件是张君义立功的公验，一件是关于张君义等乘驿马的牒文，现藏日本天理图书馆。日本学者大庭脩、内藤みどり等都曾对张君义立功的两件公验有过不同程度的研究，但仍有进一步探讨之必要。第六章"敦煌所出张君义文书与唐中宗景龙年间西域政局之变化"，正是基于此而作。本章对张君义立功的两件公验进行了详细考察，并结合相关文献梳理了唐中宗神龙、景龙年间西域政局的演变情况，认为唐中宗统治时期，西域政局并不稳定，首先是突骑施乌质勒、娑葛与胡禄屋部酋长阿史那忠节的矛盾及斗争，其次是后突厥默啜对西域的进犯。唐中央朝臣与西域军政长官在应对方略上，意见并不一致。朝臣宗楚客、纪处讷与西域碎叶镇守使周以悌，都支持阿史那忠节，主张消除突骑施娑葛在西域的势力；而安西都护郭元振则支持娑葛，主张迁阿史那忠节部落于瓜、沙一带安置，从而稳定西域政局以全力对付后突厥。但唐廷最终还是选择征讨突骑施娑葛，致使娑葛反叛，杀唐大臣，举兵进扰，包围安西，四镇交通阻绝。在此情况下，碎叶镇守使周以悌乃率镇兵讨击娑葛，取得了"夺其所侵忠节及于阗部众数万口"的胜利。消息传到长安后，朝廷乃擢升周以悌为左（右）屯卫将军，命其代郭元振为四镇经略使，以对付娑葛。周以悌于是组织军队进击突骑施，张君义所在的"四镇经略使前军"就是其中一军，由检校副使薛思楚率领，自天山以北南下，对安西都护府周围的突骑施军队发起了攻击。战斗共分两次：第一次是在景龙三年五月六日至十四日，经历了连山阵、临崖阵、白寺城阵、仏陁城阵、河曲阵、故城阵、临桥阵等十余次战阵，作战方向由北面经雀离塔格山进入安西，再转向西面，又由西转向南面，基本上沿龟兹河道进行；第二次是在同年的六月某日至二十五日，作战方向大致是从安西往东救援焉耆，然后回到渠黎州，继续往西肃清距安西城较远的突骑施军队，经历了城北某阵、城西莲花寺东涧阵等战阵，最终取得了"贼徒因而退败"的胜利。第一次战斗因有胡禄屋部军队参加，故在张君义立功第壹等的公验上钤盖"盐泊都督府之印"。第二次战斗与渠黎州官府发生了联系，故在张君义立功第贰等的公验上钤盖"渠黎州之印"，以保证公验的法定效力。"盐泊都督府之印"与"渠黎州之印"在立功公验中的出现，反映了唐朝法律典章制度在西域地区具有深远影响。由于唐军的打击，突骑施娑葛被迫于景龙三年七月遣使投降。唐廷可能考虑到后突厥西进对西域边防造成的威胁，于是调整了对突骑施娑葛的政策，册封娑葛为归化可汗，并赐名守忠，同时召回周以悌，重新任命张玄表为四镇经略使，并在景龙四年对西域原有边防体制做出了重大调整：由北庭都护兼任碎叶镇守使，统领北疆民族事务，安西都护则主要负责南疆民族事务。不过，突骑施毕竟是西域地区新崛起的一支异姓势力，唐廷对其由征到抚的政策转变，很大程度上是想利用这支力量对付后突厥，睿宗景云二年后突厥默啜西灭突骑施娑葛时，唐朝并无任何救援行动，就很能说明此点。

敦煌、吐鲁番等地所出文书中，有一些特殊的名词、职官及机构名称，不大见诸传世文献记载，其意不明。即使有的见于记载，其准确含义也不易把握，一定程度上影响了我们对文书的理解与认识，"都司"即为其中一例（敦煌文书中的都僧统司，简称"都司"，不在讨论之列）。第七章"敦煌吐鲁番文书所见唐代'都司'考"，即是对此问题的初步探讨。本章认为，隋唐时期，作为中央一级行政机构的"都司"，是指尚书都省辖下的左右司，据其职能和性质，相当于尚书都省的一级职能部门和综合管理机关，宋代的"都司"即承袭此而来。敦煌、吐鲁番等地出土文书中的"都司"，是唐朝为了集中力量稳定西域局势而设置的大使综合管理机关，如陇右诸军州大使、碛西节度大使等。这些大使的权限极大，或统辖整个西北军政，或统辖整个西域军政，其在地方上的综合办公机关即称"都司"，此系模仿尚书都省之"都司"而来。不管是陇右诸军州大使还是碛西节度大使，都是唐廷在特定历史时期派出的使职，有着明确的目标和特殊的使命。如武周时期设置的陇右诸军州大使，目标就是对付吐蕃和后突厥的联手进犯；而开元年间设置的碛西节度大使，则是为了集中力量对付突骑施苏禄。在形势发生变化和使命完成之后，这种权限极大的使职就没有继续存在的必要了。与此相应，作为其综合办公机关的"都司"也随之取消。故有唐一代，除中央尚书都省的"都司"外，在地方上并不存在"都司"这样一级的常设军政管理机关。

1999年，杨文和先生主编《中国历史博物馆藏法书大观》第11卷《晋唐写经·晋唐文书》出版，该书刊布罗复堪先生原藏的一件吐鲁番出土文书，整理者定名为《定远道行军大总管牒》，极富研究价值。第八章"跋吐鲁番鄯善县所出《唐开元五年（717）后西州献之牒稿为被悬点入军事》"，就是围绕这件文书而展开的研究。本章根据相关记载，考证指出这是一件牒文稿，其年代可断在开元九年末，文书准确定名为《唐开元九年（721）末西州献之牒稿为被悬点入军事》。牒文稿中所记阿史那献统率的定远道行军，始建于开元元年或二年初，直到开元五年末仍继续存在。定远道行军之任务，初为征讨碎叶都担，后则移至天山东部，负责防御后突厥。阿史那献率领这支军队在西域东征西讨，并致力于重建唐朝在十姓故地的统治。又牒文稿所记阿史那献为"可汗"，说明他在开元五年仍拥有"十姓可汗"之衔。《新唐书·焉耆传》所记开元七年"于是十姓可汗请居碎叶"，是指阿史那献请居碎叶，而非苏禄，因为唐朝不可能把"十姓可汗"称号转封给突骑施苏禄这样的异姓势力。不过，阿史那献终究还是不敌苏禄，故开元九年被唐廷调出西域。此后，唐朝在西域设置碛西节度使，统管整个西域军政，就是为了全力对付突骑施苏禄。

　　唐高宗仪凤年间（676—679）以后，随着"军"制度在全国沿边各地的展开，西域"军"也相继成立。武周长寿元年（692），王孝杰率唐军收复安西四镇后，以汉兵30000人镇守西域。到唐玄宗开元、天宝年间，四镇唐军也有24000人之多。武周长安二年至三年（702—703），唐于庭州置瀚海军，统兵12000人；唐中宗景龙四年（710），又于伊州设置伊吾军，统兵3000人。唐朝相继在西州的西面、北面、东面设置了四镇镇守军、瀚海军、伊吾军，统兵总达40000余人，为西州筑起了三道强有力的军事屏障。尽管如此，到了唐玄宗开元年间，西州还是出现了天山军的设置，而且统兵达5000人，兵额远超东面伊州的伊吾军。问题是，西州天山军始置于何时？其产生背景是什么？此前学界据《元和郡县图志》《新唐书》，普遍认为天山军始置于开元二年（714），此说几成定论。然而，笔者在研读《唐六典》《旧唐书》及吐鲁番出土文书时，发现"开元二年说"存在诸多疑问，且与相关史料无法相互印证，遂展开思考与探索。第九章"唐代西州天山军的成立"，就是这一思考与探索的成果。本章认为，《唐六典》始撰于开元十年，开元二十六年成书。该书卷五所记碛西节度使管辖西域诸军，称"又有伊吾、瀚海二军，西州镇守使属焉"，其中并无"天山军"之名，这说明《唐六典》始撰之时的开元十年，天山军并未设置，否则不会有"西州镇守使属焉"这样的记载。不仅如此，吐鲁番阿斯塔那226号墓所出多件唐开元十年前后伊、西、庭三州诸镇戍、烽铺机构具报屯营田顷亩数文书，也可佐证当时天山军并未设置。据该墓所出《唐西州都督府上支度营田使牒为具报当州诸镇戍营田顷亩数事》第1行记"西州都督府　牒上　敕□□"，表明开元十年前后，有关西州辖境诸镇戍营田顷亩数的统计汇报，仍由西州都督府具体负责，而不是天山军。如果天山军此时已有设置，理当由其负责向支度营田使上牒汇报，因为同墓出土有多件伊吾军牒文，上钤"伊吾军之印"，表明伊州境内的镇戍营田顷亩数，都是由伊吾军直接上牒汇报的。《旧唐书》《太平寰宇记》中有关天山军置于"开元中"的记载，虽然比较笼统，但应是比较可信的。开元十五年，吐蕃与突骑施联手进犯西域，此次吐蕃行军走的是东道，即由图伦碛东南北上进入焉耆、龟兹境内，并进围西夷僻守捉等，给西州造成了很大震动和不安。吐鲁番所出《唐开元间西州都督府诸曹符帖事目历》中，有关"警备""警固"之记载，即深刻反映了此点。有鉴于此，加强西州自身的军事防御力量，以防备吐蕃从东线由南而北的进犯，是唐朝需要考虑的一个重要问题。西州天山军的设置，当即这一背景下的产物。换言之，天山军始置的时间，就是在开元十五年后不久，目的是防御吐蕃。至于《元和郡县图志》的相关记载，有可能是李吉甫把开元二年设置的定远道行军（简称"定远军"）当成了天山军。

唐玄宗统治的先天、开元年间（712—741），西域形势错综复杂，南有吐蕃北犯，北有突骑施苏禄崛起，东有后突厥西征，西有大食东侵。面对这一严峻形势，唐朝做出多方面边防策略调整，先后于西域设置伊西节度使、安西四镇节度使、北庭节度使、碛西节度使、伊西北庭节度使等，开元十五年后又于西州设置天山军，全力加强西域边防力量，确保唐王朝对西域地区的有效统治。其中伊西节度使与北庭节度使几度分合，并直接关涉碛西节度使之兴废，体现了唐朝西域边防体制的种种变化及特点。但碛西节度使的设置时间，史籍记载互有歧异，中日学者对此亦有不同看法。如何在前贤已有成果基础上，进一步推进相关研究？笔者在博士学位论文《唐朝西域边防研究》中，已有初步探讨。第十章"伊西与北庭——唐先天、开元年间西域边防体制考论"，即是笔者在博士学位论文基础上，经过多年思考并不断修订完善而成的研究成果。本章认为，伊西节度使乃唐朝先天元年在西域地区设置的第一个节度使。所谓"伊西"，并非指伊、西二州，而是指"伊吾以西"。伊西节度使统辖范围为伊、西二州和四镇地区，并不包括北庭。阿史那献以北庭大都护、瀚海军使领伊西节度使，节制整个西域军政，主要目的是重建唐对西突厥十姓故地的统治，虽开西域地区一元化军政管理体制的先河，但存在时间不长，并不代表碛西节度使的产生。而至迟开元二年设置的四镇节度使，管及西州，与伊西节度使当存在某种关联，二者很有可能为同职异称。开元二十一年以前出现的"四镇节度使""安西节度使""安西四镇节度使"等名，其实质皆与伊西节度使无异，二者或可等同。碛西节度使始置于开元十二年，首任节度使为杜暹，统及整个西域军政，权限极大，主要目的是对付突骑施苏禄，也兼有防御吐蕃之责。碛西节度使于开元十五年三月至五月、开元二十二年四月至二十三年十月有过两次短暂废置，但时间并不长。开元二十七年，碛西节度使盖嘉运俘吐火仙、灭突骑施，最终完成了自己的历史使命。此后，碛西节度使废置，不复出现。至迟开元十年北庭节度使设置后，唐朝在西域的节度使只有两个：一为安西四镇节度使或伊西节度使，另一为北庭节度使。伊西与北庭的分合，其实关涉碛西节度使的置废。二者合则碛西节度使置，西域边防属一元化军政管理体制；二者分则碛西节度使废，西域边防呈"二元分治"格局。其间的几度分合，皆与西域边防形势息息相关。过去中日学者多把伊西节度使理解为节制伊、西二州的节度使，恐有疑问。因为如果这样理解的话，则西域地区岂不存在安西、北庭、伊西三个节度使了吗？三者之间关系为何，很难讲清楚。开元年间，西域军政中心几度由安西（龟兹）移往北庭，但大多数时间仍在安西。这主要还是因为安西承担着北抗突骑施、西防大食、南御吐蕃的重责，故节制整个西域军政的碛西节度使主要治于安西。而且，安西的最高军政长官多由北庭长官迁转过来，如郭虔瓘、吕休璟、汤嘉惠、张孝嵩、盖嘉运等，皆先为北庭都护，后转迁安西大都护或副大都护，未有一例从安西长官转为北庭长官者，这也反映了安西在西域地区的重要地位。相对而言，北庭的边防压力远没有安西大，虽其在阿史那献主政西域的数年间一度升格为大都护府，但大多数时间为一般都护府建制，其地位显然不如安西重要。开元二十一年以前，伊、西二州受四镇节度使或伊西节度使节制。此后，随着四镇节度使走向"定额"化，伊、西二州逐渐从中游离出来，伊西节度使已失去其存在意义，不复设置了。至开元末，伊、西二州纳入北庭管辖之下，由伊西北庭节度使统一节制，形成一个有机的整体。从此，安西、北庭有了比较明确的职能分工，分别管理天山南北地区的民族与边防事务，有力捍卫着唐朝的西域边防。

1996 年，笔者再次负笈珞珈山，师从陈国灿先生攻读博士学位。在陈师悉心指导下，认真研读日本小田义久教授主编的《大谷文书集成》，较早发现两个值得研究的问题：一是吐鲁番出土的多件逃兵文书，二是库车都勒都尔·阿护尔遗址出土的事目文书（详后）。关于这批逃兵文书，中日学者此前虽有过研究，但存在若干疑问，值得再做进一步探讨。第十一章"对吐鲁番所出唐天宝间西北逃兵文书的探讨"，就是笔者读博期间撰写发表的成果。本章根据相关内容，将这批逃兵文书分为《唐天宝二年（743）交河郡高昌县访捉逃兵刘德才、任顺儿、梁日新案卷》《唐天宝二年前后交河郡高昌县访捉碛西逃兵樊游俊案卷》《唐天宝二年前后交河郡高昌县访捉逃兵未获文书》三组，并对第二组文书所记"河东郡行营"进行了考辨分析，认为这是河东郡军队驻防于碛西的行营，且"行营"之称，早在唐玄宗天宝十五载（756）之前就已出现。第二组文书时间同在天宝二年，不可能晚至天宝十五载。又第三组文书中的大谷 3494 号，可与大谷 3137 号文书前后缀合，而 3137 号上有"天宝二年六（月）"的明确记载，可证第三组文书年代也在天宝二年。这三组文书都与访捉逃兵有关，是唐天宝二年交河郡高昌县访捉逃兵文案的有机组成部分。通过这批逃兵文书不难看出，唐天宝初年发生在西域地区的逃兵问题比较严重，而地方官府对此亦高度重视，访捉到与访捉不到均有明文记载。

这既反映了驻防西域士兵的某些生存实态,同时也透示了交河郡(西州)地方官府较高的行政效率。

需要补充说明的是,《对吐鲁番所出唐天宝间西北逃兵文书的探讨》这篇小文,系笔者读博期间在陈国灿师悉心指导下,撰写发表的第一篇有关吐鲁番出土文书整理与研究的论文。从初稿撰写到成文发表,其间五易其稿。每一次修改,对笔者来说,都是一种磨炼与提升。正是由于这种悉心指导与严格训练,笔者才真正掌握了吐鲁番出土文书整理与研究的方法。当年在陈师家中,手上拿着复印的文书纸片,与《大谷文书集成》所附图版进行详细比对的情景,至今依然历历在目,难以忘怀。

20 世纪初,日本大谷探险队在我国新疆库车地区发掘获取若干纸质文书,其中都勒都尔·阿护尔遗址出土的汉文文书就有数十件,大部载于小田义久教授主编《大谷文书集成》第一卷,编号为 1503—1538。其中 1508 号与 1538 号两件残片性质类同,都属事目文书一类,笔者曾怀疑二者本属一件,但因 1538 号未附图版,无法比对。后蒙陈国灿师写信向日本池田温先生求助,承池田先生厚爱,惠寄了大谷 1538 号图版的复印件以及他早年对两件残片进行拼合的录文,最终确认两件残片同属一件文书,于是撰写习作《库车出土唐安西官府事目历考释》,发表在《西域研究》1997 年第 4 期(修订稿已收入本书附录一)。陈师见笔者对库车出土文书颇感兴趣,遂鼓励笔者进一步搜集相关资料,尤其是法国伯希和在都勒都尔·阿护尔遗址所获汉文文书,展开对唐朝治理龟兹问题的探讨。经过努力,笔者草成《从库车出土文书看唐安西都护府府治地区的政治经济生活》初稿,并经陈师多次增补修改,最后联合署名提交 1998 年 9 月在克孜尔石窟召开的"唐代西域文明——安西大都护府国际学术讨论会",会上由笔者代为宣读论文。其后,此文删减改题为《唐代安西都护府对龟兹的治理》,发表在《历史研究》2006 年第 1 期。第十二章"唐代安西都护府对龟兹的治理"，系在《历史研究》原刊论文基础上，补入大量此前引用过的库车出土文书资料，并进一步修订完善的成果。本章认为，唐朝通过安西都护府对龟兹地区进行了行之有效的管辖与治理。唐朝的政治、经济制度在龟兹得到不同程度的推行，尤其是地方行政建制的建立和各类管理机构的设置，以及大规模屯田和各种赋役制度的实施等，无不体现了以中原制度为主体，同时又与龟兹地方民族实际相结合的特色。伴随而来的则是汉文化的西传，如出土文书中各种公文格式的使用，契券的借贷方式，村、坊的建制与取名，社邑组织的出现，无不带有汉文化的烙印，这无疑会大大促进当地民族文化的发展。另外，唐朝通过安西都护府在龟兹推行大规模屯田，并高度重视当地河渠水堰的管理、馆驿交通的建设，以及铜、铁矿的开采和冶炼，也会有力推动龟兹地区经济社会的发展。在安西都护府的有效治理之下，龟兹地区各民族杂居混处、平等交往、互通有无，不仅大大丰富了当地人民的社会经济文化生活，也促进了各民族之间的交往交流交融，有助于增进西域各族人民历史文化认同，铸牢中华民族共同体意识。

第十三章"唐代龟兹白寺城初考"，实系本书第六章"敦煌所出张君义文书与唐中宗景龙年间西域政局之变化"、第十二章"唐代安西都护府对龟兹的治理"的副产品。因为在敦煌所出张君义立功第壹等的公验上，明确记载张君义等唐军救援安西所经历的诸战阵中，即有"白寺城阵"。此"白寺城"具体位于何处，不见史籍记载。而法国伯希和在库车都勒都尔·阿护尔遗址所获 D. A90 号、D. A101 号两件文书中，均有"白寺"的记载，以"白寺"名城的"白寺城"，当距"白寺"不远。本章即是尝试探求"白寺城"具体方位的成果。本章根据库车出土文书，结合黄文弼先生等的考古调查报告，并辅以个人实地调研考察，认为张君义立功第壹等公验中所记的"白寺城"，是唐代龟兹都督府统辖下的一级行政管理机构，与中原内地的县大致相当，其地理位置当在今库车西面的玉其土尔遗址。

根据相关史籍记载，唐代沙州的行政建制，有一个从州升格为都督府的演变历程。但何时升为都督府，今传武英殿本、江苏书局本《唐会要》卷七〇《州县分望道》都记为唐高宗永徽二年（651）。日本池田温先生较早注意到这一问题，他认为"永徽二年"应为唐代宗永泰二年（766）之误。但由于缺乏充足有力的证据，池田先生的观点并未得到学界普遍认同，不少学者仍坚持认为"永徽二年"是沙州升为都督府的时间，并据以展开相关问题的探讨。第十四章"关于唐代沙州升为都督府的时间问题"，就是为解决这一疑难问题而撰写。本章参据敦煌文书，从沙州长官官衔、六曹机构及官员称谓、六曹属吏设置及名称、官文书钤印等方面，对沙州建制进行了全方位探讨，确认从武周到开元、天宝年间，沙州一直是刺史州建制，而非都督州建制。不仅如此，文渊阁四库全书本《唐会要》卷七〇《州县分望道》还明确记载，沙州升为都督府的时间，是代宗"永泰二年"，而非高宗"永徽二年"。至此，唐代沙州升为都督府的时间问题，得到了圆满解决。本章还指出，永泰二年沙州由下州升格为都督府（行政级别应为中都督府），当与同年五月河西节度使杨休明徙镇沙州有关。因为此前河西节度使例兼凉州都督（凉州属中都督府），如今徙镇沙州后，自然例兼沙州地方军政长官，故要提升沙州的行政级别（中都督府），使之与河西节度使原有官衔相匹配。

关于附录文章《库车出土唐安西官府事目历考释》的撰写缘起，上文已有说明，此处不再赘述。本文经过考证分析，认为大谷1508、1538号文书，是唐代龟兹某地官府的事目历。该事目历残存8行文字，所记多为"某某状为某某事"，表明这是下达上"状文"事目的汇编。这些状文涉及"宴设""过所""停粮""大井馆步硙""漆器什物"等事，内容颇丰富，显示文书出土地的库车都勒都尔·阿护尔遗址附近，是经济繁荣地区。从文书格式及相关用语看，唐朝制度在龟兹得到了切实有效的推行，这不仅反映出汉文化的西传及对龟兹当地的影响，而且还透示了唐代安西都护府对龟兹进行有效管理的某些实态。

至于附录文章《唐代安西、北庭两任都护考补——以出土文书为中心》，则是笔者1999年博士毕业留校工作之初，应时任《武汉大学学报》编辑张琳女士的约稿而撰写的一篇习作，发表在该刊2001年第1期。本文根据新疆库车、甘肃敦煌等地所出文书，考补了两位不见史载的安西、北庭都护，一位是唐高宗上元三年（676）的安西某都护，另一位是唐玄宗开元十五年至二十一年的北庭都护阴某。还据吐鲁番阿斯塔那506号墓所出唐开元十九年前后领料钱、练抄等文书，推测北庭都护阴某有可能就是吐鲁番出土文书中所记的阴嗣瓛。阴嗣瓛一名，又见于敦煌文书伯2625号《敦煌名族志》，显然出自敦煌名门望族。其兄阴嗣监，唐中宗景龙四年（710）前后，"见任正议大夫、北庭副大都护、瀚海军使兼营田支度等使、上柱国"；堂兄阴嗣宗，"唐任昭武校尉、庭州咸泉镇将、上柱国"。可知敦煌大族阴氏一门，多有任职北庭的传统，他们走出敦煌，效力北疆，为捍卫唐朝西域边防做出了积极贡献。

以上就本书各篇章的撰写缘起及基本观点进行了简要介绍。这些篇章不管论题大小，深浅如何，笔者始终恪守严谨扎实的学风，坚持以问题为导向，从具体材料的分析论证出发，求真问实，杜绝浮言，以期获得平实稳妥的结论，进而推动相关问题研究走向深入，为唐代西域史研究贡献绵薄之力。这当然是笔者孜孜以求的目标和期望之所在，至于目标是否达到，期望能否如愿，尚有待时间的检验，同时也真诚期待来自学界同仁与读者朋友的批评指正。

唐代西域史研究，关涉边疆治理、民族关系、中外交通、丝路贸易、文化交流等大问题，历来受到中外学者的高度关注。百余年来，随着新疆、敦煌等地文书的不断发现与整理刊布，经过中外学者长期不懈的努力，唐代西域史研究已取得众多成果。但也要清醒地认识到，由于传世文献记载的不足，以及出土文书的局限，有些关键问题的研究仍没有取得突破性进展。兹以唐初安西四镇研究为例，略加说明。唐高宗显庆三年，安西都护府从西州迁到龟兹后，龟兹、焉耆、于阗、疏勒四镇随即成立，但四镇性质及内部构造如何，其与四镇都督府关系为何，并不清楚。至于唐初安西四镇的弃置，中外学界更有三置三弃、四置四弃、五置五弃、六置六弃等种种不同说法，① 可谓众说纷纭、莫衷一是。在史料记载不足的情况下，学术争论当然不可避免。但如果争议长期存在，悬而未决，且说法众多，就会让人无所适从，影响我们对唐代前期西域史的总体认识，相关著作与教材的描述也很难清晰起来。从这个意义上讲，唐代西域史的研究依然任重而道远。

---

① 参见尚永亮《唐碎叶与安西四镇百年研究述论》，《浙江大学学报》（人文社会科学版）2016 年第 1 期。

# 第一章

# 唐初对西州的管理

——以安西都护府与西州州府之关系为中心

    贞观四年（630），唐军一举灭掉东突厥，不仅彻底清除了南北朝以来长期威胁中原王朝统治的北部边患，进而奠定了唐王朝向周边地区扩展的基础，而且对亚洲的地缘政治也产生了深远的影响。同年九月，西域伊吾城主石万年来降，唐以其地置西伊州，[①] 贞观六年改名伊州，开启唐朝经营西域的历程。贞观九年，为了扫除来自青海一带吐谷浑的威胁，巩固河陇地区的稳定，唐出兵平定吐谷浑，[②] 铺平进军西域的道路。贞观十四年，唐出兵灭掉盘踞吐鲁番盆地的麴氏高昌王国，于其地置西州，同时在天山北部的可汗浮图城（新疆吉木萨尔）设置庭州；同年九月，"置安西都护府于交河城，留兵镇之"。[③]

---

    ① 《资治通鉴》卷一九三，太宗贞观四年九月条，中华书局，1956，第6082页。敦煌所出斯367号《沙州伊州地志残卷》，此据〔日〕羽田亨《唐光启元年写本沙州伊州地志残卷考》，万斯年辑译，《唐代文献丛考》，商务印书馆，1957，第77页；又参见唐耕耦、陆宏基编《敦煌社会经济文献真迹释录》第1辑，书目文献出版社，1986，第40页。

    ② 《资治通鉴》卷一九四，太宗贞观九年，第6110—6113页。

    ③ 《资治通鉴》卷一九五，太宗贞观十四年九月条，第6156页。

至此，在西域天山东部，南有西、伊二州，北有庭州，均为唐朝直接管辖下的正州。唐朝通过伊、西、庭三个正州的设置，在西域东部扎根筑营，建立起稳固的根据地，为此后进一步经营西域打下了坚实的基础。

唐廷先于高昌置西昌州，不久更名为西州。[①] 卢向前先生曾对西州的成立时间有过探讨，认为西昌州改为西州的时间与安西都护府设置的时间是相同的。[②] 不管如何，西昌州的设置早于安西都护府，当无疑问。但值得注意的是，安西都护府治于交河城，史有明文，而西昌州或西州治于何地，则未见记载。这里不排除两种可能性：一种可能是西州与安西都护府同治于交河城，另一种可能则是西州治于高昌城。由于高昌城此前是高昌王国的政治、经济、军事中心，故学者多认为西州治于高昌城。[③] 但不管西州治于何地，都存在其与安西都护府是何关系的问题，这其实关涉唐初治理西州的方略与政策调整，颇值探究。

安西都护府乃唐初设置的第一个都护府，取名"安西"，带有"安定西方"之意。至唐高宗显庆三年，安西都护府方由西州迁往龟兹，其在西州时间长达十几年之久。那么，安西都护府初治于交河城的原因何在？而且，唐代都护府与州的性质和职能并不相同。据《唐六典》卷三〇《三府督护州县官吏》，"京兆、河南、太原牧及都督、刺史掌清肃邦畿，考核官吏，宣布德化，抚和齐人，劝课农桑，敦谕

---

① 王溥《唐会要》卷九五《高昌》载："（贞观）十四年八月十日，交河道行军大总管侯君集、副总管牛进达平高昌国……太宗欲以其地为州县，魏徵谏曰……上不从，以其地为西昌州，又改为西州。"（上海古籍出版社，2006，第2016页）《新唐书》卷二二一上《高昌传》载："……捷书闻，天子大悦，宴群臣，班赐策功，赦高昌所部，披其地皆州县之，号西昌州。特进魏徵谏曰……不纳。改西昌州曰西州，更置安西都护府，岁调千兵，谪罪人以戍。"（中华书局，1975，第6222页）

② 卢向前：《唐代西州土地关系述论》，上海古籍出版社，2001，第4—8页。

③ 柳洪亮：《"西州之印"印鉴的发现及相关问题》，《考古与文物》1992年第2期，又收入氏著《新出吐鲁番文书及其研究》，新疆人民出版社，1997，第369页；李方：《唐西州行政体制考论》，黑龙江教育出版社，2002，第29页。

五教。每岁一巡属县，观风俗，问百姓，录囚徒，恤鳏寡，阅丁口，务知百姓之疾苦"，"都护、副都护之职，掌抚慰诸蕃，辑宁外寇，觇候奸谲，征讨携离；长史、司马贰焉。诸曹如州、府之职"。① 由此可知，都护府的职责是管理民族地区事务，"辑宁外寇，觇候奸谲，征讨携离"，其与州的职责明显不同。如此说来，安西都护府驻于西州之时，其与西州州府之间究竟是一种什么样的关系，就是一个饶有兴味的问题了。

柳洪亮先生认为，从贞观十四年到显庆三年，安西都护府与西州州府并存于西州，各有一套办事机构，前者主西域诸蕃，后者主西州政务，安西都护虽兼西州刺史，"而不检校州事"。② 陈国灿师则依据吐鲁番出土文书提供的信息，首次提出了"合署办公"的观点。陈师指出，在显庆以前的西州，实际是安西都护府在行使州官的职权，而西州虽有其名，实无其制。贞观十六年郭孝恪任安西都护兼西州刺史，这种长官的一身二任使西州建制很可能也并到了安西都护府合署办公，由安西都护府代行了西州州府的职权。此种情况一直维持到显庆三年安西都护府西迁龟兹之时。③ 李方先生进一步发挥了陈师提出的"合署办公"之说，并考察了显庆三年以后西州都督府与西州州府之间的关系。④ 前贤所论，给人诸多启发，也引导我们进一步深入思考安西都护府与西州州府之间的关系。

陈师所论，多为贞观十六年以后的情况，而此前情形也有迹可循。《旧唐书·谢叔方传》载：

① （唐）李林甫等：《唐六典》，陈仲夫点校，中华书局，1992，第747、755页。
② 柳洪亮：《"西州之印"印鉴的发现及相关问题》，《新出吐鲁番文书及其研究》，第363—371页。
③ 陈国灿：《吐鲁番出土汉文文书与唐史研究》，黄约瑟、刘健明编《隋唐史论集》，香港大学亚洲研究中心，1993，第295—296页。
④ 李方：《唐西州行政体制考论》，第1—32页。

> 谢叔方，雍州万年人也。……历迁西、伊二州刺史，善绥边镇，胡戎爱而敬之，如事严父。贞观末，累加银青光禄大夫，历洪、广二州都督。永徽中卒。①

由此可知，谢叔方在贞观年间先后担任西州、伊州刺史。根据上揭记载，荣新江先生认为谢叔方为贞观十四年至十五年初的西州刺史；② 柳洪亮先生则系于贞观十四年八月至十六年九月；③ 郁贤皓先生推断谢叔方刺西约在贞观十四年，刺伊约在贞观十六年至十八年。④ 就目前所见资料看，谢叔方当为首任西州刺史，却不是驻于西州的首任安西都护。因为唐代都护的品级为正三品（上都护）到从二品（大都护），而州刺史的品级为正四品下到从三品。⑤ 伊州为下州，初置时期的西州品级应与此相当，刺史同为正四品下，这与都护的品级并不相配。且由"历迁西、伊二州刺史"的记载看，谢叔方不可能担任安西都护兼西州刺史，因为由安西都护（正三品）转为伊州刺史（正四品下），是降职，而不得言"迁"了。贞观十六年九月，唐"以凉州都督郭孝恪行安西都护、西州刺史"，⑥ 凉州为中都督府，都督为正三品，当时安西都护的品级，应与凉州都督相当，同为正三品。从这一意义上讲，谢叔方不可能是首任安西都护。种种迹象表明，驻于西州的安西都护府首任都护，当是乔师望。《文馆词林》卷六六四《贞观年中巡抚高昌诏》有载：

> 宜遣五品一人，驰驿往西州宣扬朝旨，慰劳百姓，其僧尼

----

① 《旧唐书》卷一八七上《谢叔方传》，中华书局，1975，第4873页。
② 荣新江：《〈唐刺史考〉补遗》，《文献》1990年第2期，第89页。
③ 柳洪亮：《"西州之印"印鉴的发现及相关问题》，《新出吐鲁番文书及其研究》，第367—368页。
④ 郁贤皓：《唐刺史考全编》（一），安徽大学出版社，2000，第507、511页。
⑤ （唐）李林甫等：《唐六典》卷三〇《三府督护州县官吏》，第745—746、754页。
⑥ 《资治通鉴》卷一九六，太宗贞观十六年九月癸酉条，第6177页。

等亦宜抚慰。高昌旧官人并首望等，有景行淳直，及为乡闾所服者，使人宜共守安西都护乔师望景［量］拟骑都尉以下官奏闻。①

诏文时间为贞观十六年正月，② 柳洪亮先生据以推断乔师望任安西都护时间为贞观十四年九月至十六年九月，③ 郁贤皓先生则断为贞观十五年至十六年，并说乔师望应是以西州刺史守安西都护的。④ 按唐制："凡注官，阶卑而拟高则曰'守'，阶高而拟卑则曰'行'。"⑤ 这是针对散官与职事官而言的，乔师望"守安西都护"，是指其散官阶低于职事官"安西都护"。按西州刺史为职事官，不可能去"守安西都护"，因为安西都护也是职事官。显庆三年，乔师望官衔为"正议大夫、守凉州都督、驸马都尉"，⑥ 正议大夫为文散阶正四品上，凉州都督为职事官正三品，乃阶卑官高，故曰"守"。由此可以推知，乔师望在贞观十五年前后的散阶，明显是低于职事官安西都护的，故称"守安西都护"。诏文仅记乔师望官衔为"守安西都护"，而未记其兼西州刺史之职。联系谢叔方任职西州刺史的时间，可以初步推断，当时的安西都护府与西州州府并存于西州，是两套不同的行政机构；安西都护与西州刺史亦分别由两人担任，即乔师望与谢叔方，两人应该

① （唐）许敬宗编，罗国威整理《日藏弘仁本文馆词林校证》，中华书局，2001，第249页。
② 王钦若等编《册府元龟》卷一六四《帝王部·招怀二》载："（贞观）十六年正月乙丑，遣使往西州抚慰。其田首望有景行淳直者，量拟骑都尉以下官奏闻。百姓疾患赐医药；老病茕独粮乏绝者，咸加赈给。"（中华书局，1960，第1982页）《新唐书》卷二《太宗本纪》载："十六年正月乙丑，遣使安抚西州。"（第41页）参见〔日〕池田温编《唐代诏敕目录》，三秦出版社，1991，第39页。
③ 柳洪亮：《安西都护府初期的几任都护》，《新疆历史研究》1985年第3期，后收入氏著《新出吐鲁番文书及其研究》，第355—362页。
④ 郁贤皓：《唐刺史考全编》（一），第511页。
⑤ （唐）李林甫等：《唐六典》卷二《尚书吏部》，第28页。
⑥ （宋）宋敏求编《唐大诏令集》卷六二《册乔师望凉州刺史文》，商务印书馆，1959，第339页。

在西州共事过，但互不统属。[①] 从某种意义上讲，这是一种"二元分治"的行政管理体制（详后）。而吐鲁番所出"西州之印"文书的发现，可进一步说明这一问题。

1981 年 8 月初，吐鲁番吐峪沟千佛洞出土一件有关西州官府征车牛的帖文（参见图版一），上钤"西州之印"一方，极富学术研究价值，兹引录如下：

（前缺）

1 ＿＿＿＿＿＿帖 宁 ＿＿＿＿

2 ＿＿＿＿＿冰请 车牛 ＿＿＿

3 ＿＿＿＿＿牛供拟 畜 ＿＿＿

4 宁□ 寺 一乘丁谷寺一乘＿＿＿

5 右检案内每寺 ＿＿＿＿

6 前件车牛帖至 ＿＿＿＿

7 收如迟违 ＿＿＿＿

（后缺）[②]

据文书残存内容，本件乃帖文，但缺纪年，第 4—6 行间钤有方形朱泥"西州之印"一方，引人注目。柳洪亮先生据文书内容和性质，拟题为《唐西州下宁戎、丁谷等寺帖为供车牛事》，并参据西州设置之史实，推断该文书的书写年代在贞观十四年至显庆三年（640—658）之间。[③]

---

① 柳洪亮《"西州之印"印鉴的发现及相关问题》一文，业已指出乔师望与谢叔方分别为第一任安西都护和西州刺史，实为卓见。参见氏著《新出吐鲁番文书及其研究》，第367—368 页。

② 柳洪亮：《新出吐鲁番文书及其研究》，录文第 123 页，图版第 471 页。

③ 柳洪亮：《"西州之印"印鉴的发现及相关问题》，《新出吐鲁番文书及其研究》，第363—371 页。

李方先生同意此说，但不赞成将显庆三年之后西州的废置作为断代的依据，认为显庆三年之后西州州府与都督府合署办公，"西州之印"不独立使用，才是断定此文书时间的依据。① 陈国灿师则认为："本件缺纪年，从此印文推测，当在唐初。因自贞观十九年起，即见有安西都护府直接管理县、乡事务文书，故暂置本件于贞观十八年末。"② 以上认识和看法都极具启发性。笔者认为，这件钤有"西州之印"的帖文，其年代断在贞观十四年至十六年九月以前，可能更为合理。其一，从目前所知吐鲁番出土唐代西州官府文书看，所钤之印多为"安西都护府之印"和"西州都督府之印"或"交河郡都督府之印"，而"西州之印"则仅此一见，说明西州州府作为一个独立的地方一级行政机构，确实在西州有过设置，并在当地行使自己的管理职责，但其存在时间并不长，这种情况可能仅限于唐初；其二，贞观十六年九月以后，郭孝恪、柴哲威、麴智湛相继为安西都护兼西州刺史，这与此前的谢叔方、乔师望任职明显不同。而吐鲁番所出西州官府文书又都表明，自贞观十九年起，安西都护府即在西州直接管辖地方行政事务，且文书所钤之印皆为"安西都护府之印"。③ 不仅如此，早在贞观十七年时，安西都护府的户曹还在西州进行人口清理、调查等审案工作，④ 当时的户曹参军名"实心"。⑤ 按唐制："户曹、司户参军掌户籍、计帐、道路、逆旅、田畴、六畜、过所、蠲符之事，而剖断人之诉竞。"⑥ 在地方一级行政机构，只有都督府、都护府才有户曹设置，一般刺史州所设

---

① 李方：《唐西州行政体制考论》，第 3 页注释②。

② 陈国灿：《吐鲁番出土唐代文献编年》，台北：新文丰出版公司，2002，第 25 页。

③ 参见陈国灿《吐鲁番出土汉文文书与唐史研究》，黄约瑟、刘健明编《隋唐史论集》，第 295—296 页。

④ 参见本书第三章"读吐鲁番所出《唐贞观十七年（643）西州奴俊延妻孙氏辩辞》及其相关文书"。

⑤ 唐长孺主编《吐鲁番出土文书》（图文本）第 3 册，文物出版社，1996，第 318 页。参见李方《唐西州户曹参军编年考证——唐西州官吏考证（六）》，《敦煌学辑刊》1997 年第 2 期。

⑥ （唐）李林甫等：《唐六典》卷三〇，第 749 页。

称"司户"。如果贞观十七年西州州府仍然存在的话，则该年有关西州人口清理、调查等事务，例由州府的"司户参军"管理，而非"户曹参军"。据此不难判断，贞观十七年时，安西都护府已在实际管辖西州事务，西州州府当已废置，"西州之印"亦不复行用了。之所以如此，与贞观十六年九月郭孝恪由凉州都督改官安西都护兼西州刺史存在很大关联（详后）。综合以上两点分析，"西州之印"的行用时间，当在贞观十四年至十六年九月，文书的年代也可断在此期间。

"西州之印"的行用，表明贞观十六年九月以前西州州府确实独立存在，并在当地行使自己的行政管理职权，其与安西都护府并存，分治高昌城与交河城。① 这样一来，在西州就出现了性质不一的两套管理机构和人马。问题是，二者之间的职能和分工究竟是怎样的呢？柳洪亮先生业已注意到了安西都护府与西州州府之间的职能分工问题，他认为郭孝恪贞观十八年讨焉耆，二十一年讨龟兹，是在履行都护"掌统诸蕃，抚慰、征讨、叙功、罚过，总判府事"的职能；② 而吐鲁番所出的《唐西州下宁戎、丁谷等寺帖为供车牛事》，反映的是西州州府行使地方政府征发徭役的职能，二者职权泾渭分明。③ 这一说法颇富情理，但认为此种情况在西州一直持续到显庆三年，则有未安。因为在贞观十六年九月以后，安西都护府已全盘接管了西州的军政事务。关于此点，容下文再论。

唐平高昌后，"仍于西州置安西都护府，每岁调发千余人，防遏其地"，④ 驻守西州的镇兵当由安西都护府所统管。又前揭唐太宗《贞观年中巡抚高昌诏》中，令使人与安西都护乔师望"景〔量〕拟

---

① 笔者亦认同西州州府治于高昌城这一观点。因为高昌城原为高昌王国的都城，是盆地的政治、经济、军事中心，西州州府设于此，对于整个西州地区的统治和管理极为有利。后来的西州都督府就一直治于高昌城，可证此点。

② 《新唐书》卷四九下《百官志四》，第1317页。

③ 柳洪亮：《"西州之印"印鉴的发现及相关问题》，《新出吐鲁番文书及其研究》，第369页。

④ （唐）吴兢撰，谢保成集校《贞观政要集校》，中华书局，2003，第507页。

骑都尉以下官奏闻"，此属授勋官事，亦为军政事务。因此，安西都护府的职责可能主要体现在军事方面，而西州州府则负责民政事务。两套机构、两班人员，分治交河城与高昌城，一管军，一理民，体现的是一种"二元分治"的行政管理体制。

然而，这种"二元分治"行政管理体制并不利于西州的统一管理，也无法集中力量应付复杂多变的西域形势。于是，在贞观十六年九月以后，唐廷对此进行了调整，实施新的管理体制。

贞观十六年九月，唐朝以原凉州都督郭孝恪为安西都护兼西州刺史，并统管西、伊、庭三州诸军事。从此，安西都护府兼理西州政务，开启"军政合一"的一元化管理模式，从而改变了原有的"二元分治"管理体制。《册府元龟》卷三九八《将帅部·抚士卒》载：

> 郭孝恪为安西都护，督西、伊、庭三州诸军事。①

郭孝恪于贞观十六年九月癸酉由凉州都督转任安西都护兼西州刺史，②贞观二十二年战死于龟兹。③此后，继郭孝恪担任安西都护的是柴哲威。吐鲁番南郊出土《唐永徽五年（654）天山县南平乡令狐氏墓志》记贞观二十三年九月柴哲威的职衔为"敕使使持节西、伊、庭三州诸军事、兼安（西）都护、西州刺史、上柱国、谯国公"。④柴哲威之后，麹智湛继为安西都护，同样兼西州刺史。⑤这种情况一直

---

① （宋）王钦若等编《册府元龟》卷三九八，第4734页。
② 《旧唐书》卷八三《郭孝恪传》，第2774页；《资治通鉴》卷一九七，太宗贞观十六年九月癸酉条，第6177页。
③ 《资治通鉴》卷一九九，太宗贞观二十二年闰十二月，第6264页。
④ 柳洪亮：《新出吐鲁番文书及其研究》，第355—356页；侯灿、吴美琳：《吐鲁番出土砖志集注》，巴蜀书社，2003，第477—478页。
⑤ 《册府元龟》卷九一一《外臣部·备御四》载："高宗永徽二年十一月丁丑，以高昌故地置安西都护府，以尚书奉御、天山县公麹智湛为左骁卫大将军，兼安西都护、府（西）州刺史，往镇抚焉。"（第11641页）

维持到显庆三年安西都护府西迁龟兹之时。

自郭孝恪始，安西都护不仅兼西州刺史，还统管西、伊、庭三州诸军事，实乃唐朝在西域的最高军政长官，权限颇大。如上所述，在郭孝恪赴任的第二年，即贞观十七年，安西都护府户曹即在西州进行人口清理、调查等审案工作，说明安西都护府业已直接管理西州政务，代行了西州州府的职权。此后的西州官府文书所钤之印，多为"安西都护府之印"，而无一例钤"西州之印"者，都反映了安西都护府已成为西州的最高军政管理机构。很显然，这是一种"军政合一"的一元化管理模式，与此前的"二元分治"管理体制迥然不同。

唐朝最初设安西都护府于交河城，其真实意图和目的何在？限于资料，并不十分清楚。敦煌所出《西州图经》记交河县通往外界有两道："他地道：右道出交河县界，至西北，向柳谷，通庭州四百五十里，足水草，唯通人马。白水涧道：右道出交河县界，西北向处月已西诸蕃，足水草，通车马。"[1] 由此可知，由交河经他地道和白水涧道可达天山以北地区。据吴玉贵先生研究，唐朝之所以出兵高昌，主要还是由于西突厥乙毗咄陆可汗的东进，对刚刚进入西域边缘的唐朝势力构成了直接威胁。[2] 因此，唐朝在灭掉麹氏高昌王国之后于交河城设置安西都护府，而不选择高昌城，恐怕也是出于这方面的考虑，即主要是为了对付与唐为敌的西突厥势力。但贞观十六年九月以后，唐廷以郭孝恪为安西都护兼西州刺史，安西都护府与原西州州府合二为一，郭孝恪全权管理西州军政事务。在此情况下，安西都护府治所若仍置于交河城，恐怕并不利于对西州全境的有效管理，交河城毕竟不是西州的政治、经济、军事中心。严耕望先生业已注意到这一问题，认为"然安西都护府先后两度在西州，而治所却不同"，一治交河，

---

① 唐耕耦、陆宏基编《敦煌社会经济文献真迹释录》第1辑，第55页。
② 吴玉贵：《突厥汗国与隋唐关系史研究》，中国社会科学出版社，1998，第323—324页。

一治高昌。① 薛宗正先生亦指出，贞观十六年，安西都护府由交河移治高昌，与西州同治。② 遗憾的是，薛先生对此观点并未加以论证和说明。而种种迹象表明，他的这一推断是极有道理的。

首先，贞观十六年，西突厥乙毗咄陆可汗遣兵进犯伊州时，安西都护郭孝恪率轻骑两千自乌骨道邀击之。③ 乌骨道，据《西州图经》记载："右道出高昌县界北乌骨山，向庭州四百里，足水草，峻岭石粗，唯通人径，马行多损。"④ 此道出高昌，可达庭州。如果当时的安西都护府治于交河城，身为长官的郭孝恪完全可以取道他地道，直接率军由交河城北上邀击西突厥军队。而且，乌骨道"峻岭石粗，唯通人径，马行多损"，相比他地道"足水草，唯通人马"而言，交通状况并不理想，更何况郭孝恪所率唐军又都是"轻骑"。这些情况表明，当时的安西都护郭孝恪驻于高昌城，且两千"轻骑"是从高昌城出发的。因此，当时的安西都护府治所可能已由交河城移至高昌城。

其次，据吐鲁番阿斯塔那 221 号墓所出《唐贞观廿二年（648）安西都护府承敕下交河县符为处分三卫犯私罪纳课违番事》，⑤ 尚书省兵部于贞观二十二年三月连写敕旨下符给安西都护府，安西都护府是年六月接到符文，并于该月二十□日连写敕旨下符给交河县，而交河县在七月五日才收到安西都护府下达的符文，中间相隔时间长达五日以上。又据同墓所出《唐永徽元年（650）安西都护府承敕下交河县符》，⑥ 安西都护府于永徽元年二月某日接到尚书省虞部连写敕旨所下的符文，随即在同月四日连写敕旨下符给交河县，而交河县收到符文

① 严耕望：《唐代交通图考》第 2 卷《河陇碛西区》，台北："中研院"历史语言研究所专刊之八十三，1985，第 476 页。

② 薛宗正：《安西与北庭——唐代西陲边政研究》，黑龙江教育出版社，1998，第 48 页。

③ 《新唐书》卷二一五下《突厥传下》，第 6059 页；《资治通鉴》卷一九六，太宗贞观十六年九月条，第 6177 页。

④ 唐耕耦、陆宏基编《敦煌社会经济文献真迹释录》第 1 辑，第 54 页。

⑤ 唐长孺主编《吐鲁番出土文书》（图文本）第 3 册，第 303—305 页。

⑥ 唐长孺主编《吐鲁番出土文书》（图文本）第 3 册，第 310—311 页。

的确切时间为"二月九日辰前",中间相隔五日。这两件官文书所反映的安西都护府与交河县之间公文来往的付受时间,很能说明问题。①如果安西都护府仍治于交河城,与交河县衙同处一城之中,双方之间的公文来往会需要长达五日或五日以上的时间吗?这显然让人无法理解。

通过对众多吐鲁番所出唐代官府文书的初步考察可发现,同处一地的各级机构之间公文来往,其付受时间多在两日以内,异地则有长达五日以上者。如据阿斯塔那 29 号墓所出《唐垂拱元年(685)西州都督府法曹下高昌县符为掩劫贼张爽事》记载,②西州都督府下符时间为"十二月十八日",高昌县受符时间为"十二月廿日",中间相隔二日;又日本桔文书《唐仪凤二年(677)西州北馆文书》记,③北馆厨典周建智牒上时间为"仪凤二年十月十六日",西州都督府受牒时间为十七日,中间仅相隔一日。不仅如此,日本东京古典会馆藏《唐仪凤二年(677)西州北馆文书》更明确记载,④北馆与西州都督府公文的付受时间为同一天,即仪凤二年十月十八日。据孙晓林先生考证,北馆位于高昌城内。⑤而高昌城以外的机构与西州都督府之间的公文来往,时间则多在数日以上。如据日本宁乐美术馆所藏《唐开元二年(714)西州都督府牒下蒲昌府为□守节年老改配仗身事》,⑥西州都督府下牒时间为"开元二年三月二十六日",蒲昌府受牒时间为"四月三日",

---

①　张广达先生《唐灭高昌国后的西州形势》(收入氏著《西域史地丛稿初编》,上海古籍出版社,1995,第145—146页)一文,曾讨论过第二件文书的付受时间,并以之证明永徽元年的安西都护府仍治于西州,并未迁到龟兹。观察敏锐,令人敬佩。

②　唐长孺主编《吐鲁番出土文书》(图文本)第3册,第345页。

③　内藤乾吉「西域發見唐代官文書の研究」西域文化研究會編『西域文化研究』第3(敦煌吐魯番社會經濟資料下)、法藏館、1960、第54頁、插圖六。

④　大津透「唐日律令地方財政管見——館驛·驛伝制を手がかりに——」『日本律令制論集』(上)、吉川弘文館、1993、第394—395頁。圖版見東京古典会編『古典籍下見展観大入札会目録』、1990、第41頁。

⑤　孙晓林:《关于唐前期西州设"馆"的考察》,《魏晋南北朝隋唐史资料》第11期,武汉大学出版社,1991,第251—252页。

⑥　陈国灿、刘永增编《日本宁乐美术馆藏吐鲁番文书》,文物出版社,1997,第54—55页。

中间相隔六日。又据斯坦因所获《唐神龙元年（705）交河县录申上西州兵曹为长行官马致死金娑事》，① 交河县申上西州都督府兵曹的时间为"二月廿九日"，西州都督府受状时间为"三月九日"，相隔九日。② 由此不难看出，同处一地的不同机构之间公文往来时间，与异地不同机构之间公文往来时间相比，长短明显存在差异，这显然是不同机构之间距离的远近导致的。不仅如此，唐朝对制敕一类官文书的施行还有着严格的规定，《唐律疏议》卷九《职制》云："诸稽缓制书者，一日笞五十，（原注：誊制、敕、符、移之类皆是）一日加一等，十日徒一年。"③ 安西都护府连写敕旨下符给交河县，双方公文付受时间竟长达五日或五日以上，这只能说明当时的安西都护府与交河县治所并不驻于同地。

最后，《旧唐书·郭孝恪传》载："贞观十六年，累授金紫光禄大夫、行安西都护、西州刺史。其地高昌旧都，士流与流配及镇兵杂处，又限以沙碛，与中国隔绝，孝恪推诚抚御，大获其欢心。"④ 按"高昌旧都"四字，《新唐书·郭孝恪传》所记同，⑤《册府元龟》则作"高昌之都"，⑥ 都是指原高昌王国之都城高昌城。由此亦可说明郭孝恪改官西州时，安西都护府的治所已由交河城迁至高昌城。

基于以上几点分析，笔者认为，贞观十六年九月以后，安西都护府治所确由交河城迁到了高昌城。高昌城本属盆地的政治、经济、军事中心，安西都护府治所迁移至此，可以更好地行使其管辖

---

① 陈国灿：《斯坦因所获吐鲁番文书研究》（修订本），武汉大学出版社，1997，第245—247 页。

② 斯坦因所获《唐神龙元年（705）西州都督府兵曹处分死马案卷》中，记有柳谷镇于神龙元年三月一日上给西州兵曹的状文，西州兵曹受状时间为三月九日，中间相隔亦有八日之久。文书录文参见陈国灿《斯坦因所获吐鲁番文书研究》（修订本），第249—251 页。

③ （唐）长孙无忌等：《唐律疏议》，刘俊文点校，中华书局，1983，第196 页。

④ 《旧唐书》卷八三《郭孝恪传》，第2774 页。

⑤ 《新唐书》卷一一一《郭孝恪传》，第4132 页。

⑥ （宋）王钦若等编《册府元龟》卷三九八《将帅部·抚士卒》，第4734 页。

西州全境的职能，也有利于应付复杂多变的西域形势。唐高宗显庆
三年五月，安西都护府西迁龟兹，西州改为西州都督府，原安西都
护兼西州刺史麴智湛改官西州都督兼西州刺史。① 此后的西州都督府
治所，一直驻于高昌城，从未有过改变，正可说明该城在整个西州具
有重要地位。

　　唐朝把凉州都督郭孝恪北调，改官安西都护兼西州刺史，令其统
管西、伊、庭三州诸军事，并把安西都护府治所从交河城迁到高昌
城，在西州实施"军政合一"的一元化管理体制，这无疑是唐初西州
治理方略的一个重要调整，与当时的西域形势变化息息相关。

　　贞观十四年以后，唐朝虽然控制了西域东部地区，但未能有效地
控制西域的政局。② 尤其是与西州相邻的焉耆，在唐军平高昌时，主
动发兵表示声援，唐朝还归还了被高昌掳掠的焉耆人口，双方关系当
时趋于友好。但焉耆后来受到西突厥的胁迫，并与之联姻，公开站到
了唐朝的对立面，史称："西突厥重臣屈利啜为其弟娶焉耆王女，由
是相为唇齿，朝贡遂阙。安西都护郭孝恪请击之，太宗许焉。"③ 又
《册府元龟》卷一二五《帝王部·料敌》载：

　　　高昌破焉耆而虏其生口七百，初，王师之灭高昌也，尽以还
　　之。焉耆王背德怀二，归诚于咄陆可汗，诏安西都护郭孝恪伺机
　　便以讨之。④

　　① 《唐会要》卷七三《安西都护府》载："至（显庆）三年五月二日，移安西都护府于
龟兹国，旧安西复为西州都督，以麴智湛为之，以统高昌故地。"（第 1568 页）又《册府元
龟》卷九六四《外臣部·封册二》记："（显庆三年）五月，以左骁卫大将（军）兼安西都
护、天山县公麴智湛为西州都督，统高昌之故地。"（第 11340 页）
　　② 吴玉贵：《突厥汗国与隋唐关系史研究》，第 330 页。
　　③ 《旧唐书》卷一九八《焉耆传》，第 5301—5302 页。
　　④ （宋）王钦若等编《册府元龟》，第 1502 页。此事又略见于同书卷九八五《外臣
部·征讨四》，第 11570 页。

在西突厥的支持下，焉耆与唐朝离心背德，势必会从西面影响到西州的安危，从而不利于唐朝初期在西域东部地区的统治。不仅如此，一直与唐为敌的西突厥乙毗咄陆可汗也在尽力扩大其势力，《通典》卷一九九《边防·突厥下》载：

> 于时（贞观十五年），咄陆可汗与叶护频相攻击。会咄陆遣使诣阙，太宗谕以敦睦之道。咄陆兵众渐强，西域诸国复来归附。未几，咄陆遣石国吐屯攻叶护，擒之，送于咄陆，寻为所杀。咄陆可汗既并其国，弩失毕诸姓不服咄陆，皆叛之。咄陆复率兵击吐火罗，破之。遣兵寇伊州，安西都护郭孝恪率轻骑二千自乌骨邀击，败之。咄陆又遣处月、处密等围天山县，郭（孝）恪又击走之。①

随着乙毗咄陆可汗势力的扩大，其必然会向东进一步挺进，其后"遣兵寇伊州""遣处月、处密等围天山县"，都可说明此点。乙毗咄陆可汗胁迫焉耆从天山南路东进，他自己则从天山北路南进，形成两面出击之势，大有把唐朝势力全部赶出西域的意图，这无疑会对唐朝在西、伊、庭三州的统治造成极大威胁。贞观十六年九月，郭孝恪由凉州都督改官安西都护兼西州刺史，并统管西、伊、庭三州诸军事，当即这一背景下的产物。这是唐朝针对西突厥乙毗咄陆可汗势力扩大，为稳定西域天山东部边防局势而做出的重要战略调整。

郭孝恪果然不负朝廷所望，他一方面在西州展开人口调查、统计等工作，②协调各方力量，加强内部管理，取得显著成效，史称："高

---

① （唐）杜佑：《通典》，王文锦等点校，中华书局，1988，第5458页。
② 参见本书第三章"读吐鲁番所出《唐贞观十七年（643）西州奴俊延妻孙氏辩辞》及其相关文书"。

昌旧民与镇兵及谪徙者杂居西州，孝恪推诚抚御，咸得其欢心。"[1] 另一方面则对西突厥乙毗咄陆可汗的进犯予以有力还击，不仅打退来犯之敌，还乘胜攻入处密、处月所在之地，"降处密之众而归"。[2] 在此基础上，郭孝恪还于贞观十八年率军一举灭掉焉耆。郭孝恪的这些举措，不仅有力地稳定了西州局势，还成功解除了西突厥与焉耆联手对唐朝在西域东部地区统治所构成的威胁，为唐王朝之后的向西挺进奠定了坚实基础。

从地理位置看，伊州处于西州之东，庭州处于西州之北，以西州为中心，由安西都护统管伊、西、庭三州之军事，使三者互为呼应，有机协调，可以形成一个统一的军事整体，有利于调动三州的有生力量，共同抗御外敌。对此，可以概括为"金三角"边防管理体制。这一边防体制的建立，是唐王朝经营西域之初，根据边疆形势变化而做出的边防策略调整，具有很强的针对性与灵活性。事实证明，伊、庭二州分别从东面、北面拱卫着西州，这对唐初安西都护府在西域天山东部的统治极有助益，西州也因此成为此后唐朝经营西域的稳固根据地与大后方。

安西都护府由交河迁至高昌，与西州州府合二为一，从而开启了"军政合一"的一元化管理模式，形成真正意义上的"合署办公"格局。而原有西州州府机构及人员当已废置，取而代之的则是都护府辖下各类机构和人员，如功曹、户曹、仓曹、法曹、兵曹及属下府、属下史等，原西州州府的司功、司户、司仓、司法、司兵及属下佐、属下史等，则不复存在。总之，此后的西州，在安西都护府于显庆三年西迁龟兹之前，只存在都护府一套机构和人员，安西都护府是西州的最高军政管理机构，大量吐鲁番所出西州官府文书可以证明此点。[3]

---

① 《资治通鉴》卷一九六，贞观十六年九月条，第6177页。
② 《资治通鉴》卷一九六，贞观十六年九月条，第6177页。
③ 这方面的例证很多，荣新江《新出吐鲁番文书所见西域史事二题》（北京大学中国中古史研究中心编《敦煌吐鲁番文献研究论集》第5辑，北京大学出版社，1990，第339—354页）、陈国灿《吐鲁番出土汉文文书与唐史研究》等文对此多有论列，可参见。

需要补充说明的是，过去学者多据《旧唐书·龟兹传》"先是，太宗既破龟兹，移置安西都护府于其国城，以郭孝恪为都护，兼统于阗、疏勒、碎叶，谓之'四镇'。高宗嗣位，不欲广地劳人，复命有司弃龟兹等四镇，移安西依旧于西州"一段记载，[①] 认为贞观二十二年唐平龟兹，迁安西都护府于龟兹王城，并置龟兹、于阗、疏勒、碎叶等安西四镇。1985 年，柳洪亮先生发表《安西都护府初期的几任都护》一文，依据吐鲁番新出《唐天山县南平乡令狐氏墓志》及相关文书和传世文献，考证了安西都护府初期驻于西州的几任都护，他认为安西都护府始迁龟兹的时间是在唐高宗显庆三年，《旧唐书·龟兹传》相关记载是有疑问的孤立史料，不可凭信。[②] 这一突破性见解受到学界同仁高度重视，张广达、荣新江、王小甫等相继撰文，对柳氏新见予以充分肯定，并展开探讨以证其说。[③] 笔者认为，柳洪亮先生提出的这一创见，完全可以视为定论，成为以后研究的基础。如前所论，郭孝恪、柴哲威、麴智湛等三人相继于贞观、永徽年间出任安西都护兼西州刺史，如果安西都护府已于贞观二十二年迁至龟兹的话，那么身在龟兹的安西都护柴哲威如何管理西州事务？其所任"使持节西、伊、庭三州诸军事、兼安（西）都护、西州刺史"的意义

---

① 《旧唐书》卷一九八《龟兹传》，第 5304 页；（宋）王钦若等编《册府元龟》卷九六四《外臣部·封册二》，第 11340 页。

② 柳洪亮：《安西都护府初期的几任都护》，《新出吐鲁番文书及其研究》，第 355—362 页。

③ 张广达：《唐灭高昌国后的西州形势》，收入氏著《西域史地丛稿初编》，第 144—147 页；荣新江：《新出吐鲁番文书所见西域史事二题》，《敦煌吐鲁番文献研究论集》第 5 辑；王小甫：《唐初安西四镇的弃置》，《历史研究》1991 年第 4 期。王文考证指出，《旧唐书·龟兹传》及《册府元龟》的相关记载，源于崔融《拔四镇议》，但后来被改动，已非崔融本意了。需要补充说明的是，有关太宗时安西都护府已迁龟兹和安西四镇已有设置的记载，又见于李昉等撰《太平御览》卷七九二《四夷部·龟兹》所引《唐书》（中华书局，1960，第 3514 页），而《太平御览》所引《唐书》与《旧唐书》又多有不同，很有可能是唐人所撰之国史和实录。参见岑仲勉《〈旧唐书逸文〉辨》，《岑仲勉史学论文集》，中华书局，1990，第 589—597 页；陈高华、陈智超等《中国古代史史料学》（修订本），天津古籍出版社，2006，第 155 页。因此，这一记载当是唐代史家在撰写国史时，据崔融《拔四镇议》而作的改写，这说明唐人对唐初的西域史事已不能完全准确掌握了。

何在？岑仲勉先生曾指出："余按隋、唐间总管或都督，略与后来节度使同，率兼驻在州之刺史。"① 安西都护兼西州刺史这一职衔，同样表明当时的安西都护府治于西州，而非龟兹。更何况近几年新出的吐鲁番文书中，有多件即属唐永徽年间的安西都护府官文书，如 2004年吐鲁番木纳尔 102 号墓所出的《唐永徽四年（653）八月安西都护府史孟贞牒为勘印事》，② 2006 年征集的《唐永徽五年（654）安西都护府符下交河县为检函所等事》《唐永徽五年至六年（654—655）安西都护府案卷为安门等事》等。③ 其中《唐永徽五年至六年（654—655）安西都护府案卷为安门等事》存十四件残片，文书多处钤有"安西都护府之印"，联系前揭吐鲁番阿斯塔那 221 号墓所出《唐永徽元年（650）安西都护府承敕下交河县符》，足证从贞观末到永徽年间的安西都护府一直治于西州，并在当地行使自己的管辖职权。安西都护府并未迁到龟兹，这是显而易见的史实，毋庸置疑。另外，如果贞观末龟兹、于阗、疏勒、碎叶等安西四镇已建立的话，那又如何理解唐高宗咸亨元年（670）所罢四镇名单中有"焉耆"而无"碎叶"这一史实呢？因此，前揭《旧唐书·龟兹传》中的有关记载，确实不可凭信，安西都护府西迁龟兹的时间是显庆三年，而非贞观末年。

以上就唐初西州的管理体制进行了若干粗浅的探讨，基本结论如下。都护府作为管理边疆地区民族事务的机构，其与作为正州的都督府和州相比，在性质和职能方面是有明显区别的。因此，唐朝虽然在西州设置了安西都护府，但其职能乃是管理西域地区的民族事务，而不是管理西州事务，安西都护府初治于交河城，而不治于高昌城，或可说明此点。而且，在安西都护府设置之前，西州州府

---

① 岑仲勉：《通鉴隋唐纪比事质疑》"都督与刺史"条，中华书局，1964，第 44 页。
② 荣新江、李肖、孟宪实主编《新获吐鲁番出土文献》，中华书局，2008，第 106—109 页。
③ 荣新江、李肖、孟宪实主编《新获吐鲁番出土文献》，第 303—307 页。

业已设置，并在行使自己的行政管理职能，"西州之印"的出现，可为明证。这样一来，西州就出现了安西都护府与西州州府两套行政机构，且分治交河城与高昌城，安西都护府管军，西州州府理民，这是一种典型的"二元分治"管理体制。然而，这种行政体制既不利于西州的统一管理，也不能很好应对复杂多变的西域局势。尤其在贞观十五年至十六年，西突厥乙毗咄陆可汗向东进逼，焉耆又在西突厥的支持下与唐为敌，从而对唐朝在西域东部的统治造成严重威胁。在此情况下，唐廷对西州原有管理体制做出新的调整，于贞观十六年九月调凉州都督郭孝恪为安西都护兼西州刺史，并扩大其权限，令其统管西、伊、庭三州诸军事，在西域天山东部构建起"金三角"边防管理体制。同时，还把都护府治所从交河迁至高昌，与原西州州府合二为一，开启"军政合一"的一元化管理模式，由安西都护府直接管辖西州所有军政事务，以便集中力量抗御西突厥的东进，确保唐初在西域东部地区的统治稳定。郭孝恪不负众望，对内推诚抚御，加强各方力量的团结，深得杂居西州的高昌旧民、镇兵及谪徙者等各类人士的欢心拥戴，所谓"咸得其欢心"是也，西州治理取得显著成效；对外则积极备战，主动出击，打退西突厥的进犯，并于贞观十八年出兵一举灭掉焉耆，有力地稳固了唐初在西域东部地区的统治。郭孝恪之后，柴哲威、麴智湛相继担任安西都护，例兼西州刺史。迨显庆三年，安西都护府西迁龟兹，西州遂改为都督府建制，西州都督例兼西州刺史。此后，西州都督府建制一直未改，直到9世纪初回鹘进入盆地，唐朝才失去对西州的管控。

总之，唐初安西都护府治于西州之时，其与西州州府之关系，经历了一个从"二元分治"到"军政合一"管理体制的转变历程，这是唐朝根据西域边防形势变化而做出的重要战略调整，在一定程度上体现了唐初经营西域策略的灵活多变性，同时也反映了唐廷对西州治理的高度重视。事实证明，唐初对西州的治理是卓有成效的。此后的西州，成为唐朝经营西域的稳固根据地与大后方，在稳定西域边防、捍卫丝路畅通、促进中外交流等方面都发挥了十分重要的作用。

# 第二章

# 唐初西州的人口迁移

贞观十四年（640），唐平高昌，置西州，把吐鲁番盆地纳入直接管控之下，并在当地全面推行均田制、租庸调制、府兵制等，切实加强管理，使西州成为唐经营西域的稳固根据地与大后方。对此，张广达先生《唐灭高昌国后的西州形势》一文已有深入探讨与精湛揭示。[1] 本章所要讨论的，是唐初西州的人口迁移变化及其特点，希望能借此加深对唐初治理西州方略的认识和了解。

麴氏高昌以一个小国之力公然与唐朝对抗，其原因如学者们所分析的，有麴文泰统治后期王权膨胀、西域处在权力真空之中、西突厥势力支持等方面。[2] 不过，朱雷先生提示，高昌国内还存在一股以王室为主的大族割据势力，[3] 此点亦不容小视。职是之故，唐出兵灭掉

---

① 张广达：《唐灭高昌国后的西州形势》，收入氏著《西域史地丛稿初编》，第113—173页。

② 参见王素《高昌史稿·统治编》，文物出版社，1998，第401—412页。

③ 朱雷：《龙门石窟高昌张安题记与唐太宗对麴朝大族之政策》，原载黄约瑟、刘健明编《隋唐史论集》，第49—53页，收入氏著《敦煌吐鲁番文书论丛》，甘肃人民出版社，2000，第89—96页。

高昌后，要想完全掌控西州，使之成为经营西域的根据地，势必会对高昌地方大族势力有所处置。《文馆词林》卷六六四唐太宗《贞观年中慰抚高昌文武诏》载：

> 今即于彼置立州县管领……其伪王以下及官人头首等，朕并欲亲与相见，已命行军发遣入京……秋序稍冷，想比无恙，家门大小，当并平安。[1]

诏文时间，池田温先生编《唐代诏敕目录》系于贞观十四年九月。[2]再联系新、旧《唐书·高昌传》所记，[3]知高昌王室及其豪右被迁入了中原内地。但具体迁于何地，史无明文。学者们业已据吐鲁番出土文书及碑刻墓志，指出迁于洛州一带。[4]需要补充指出的是，高昌豪右大都迁入洛州，而高昌王室则迁至长安。据西安出土《唐尼真如塔铭》，[5]尼真如乃麴文泰之孙、麴智湛之女，其作为高昌王室后裔定居长安，是可以肯定的。又据新、旧《唐书·高昌传》所记，麴氏高昌王室入朝后，麴智盛被封为左武卫将军，麴智湛被封为右武卫中郎将，智湛其后还升至左骁卫大将军，所封皆为侍卫京城的诸卫军将。由此可知，高昌王室被安置于长安，而其余之人则迁至洛州。

迁入中原内地的这批高昌王室及豪右人数究竟有多少，人员结构如何，史无明载，此处不妨做些分析判断。关于高昌王国灭亡时的户口数，诸书所记户数多为8046户，口数则有17700口与37700口两种

---

① （唐）许敬宗编，罗国威整理《日藏弘仁本文馆词林校证》，第247—248页。

② 〔日〕池田温编《唐代诏敕目录》，第37页。

③ 《旧唐书·高昌传》："其智盛君臣及其豪右，皆徙中国。"（第5296页）《新唐书·高昌传》："徙高昌豪桀于中国。"（第6223页）

④ 参见陈国灿《跋〈武周张怀寂墓志〉》，《魏晋南北朝隋唐史资料》第2期，1980；后收入氏著《陈国灿吐鲁番敦煌出土文献史事论集》，上海古籍出版社，2012，第189—199页。

⑤ 参见杨兴华《西安曲江发现唐尼真如塔铭》，《文博》1987年第5期。

不同的记载。① 据《旧唐书》卷四〇《地理志三》陇右道西州条记："旧领县五，户六千四百六十六。"② 又北庭都护府条记："旧领县一，户二千三百。"③ 关于旧唐志所记"旧领户"问题，学术界已基本肯定其来自贞观十三年的统计，所记旧领州府县数乃摘录魏王泰《括地志》序略而来，其时间亦应系于该年。④ 问题是，贞观十三年时，西州、庭州还未设置，何来领县、领户问题？因此，有必要先弄清旧唐志所记西、庭二州领县、领户的系年问题。按《初学记》卷八《州郡部·总叙州郡第一》引魏王泰《括地志》载："唐贞观十三年大簿，凡州府三百五十八。"又云："至十四年，西克高昌，又置西州（安西）都护府及庭州并六县，通前凡三百六十州。"⑤ 可见，《括地志》所记唐州府数，主要依据贞观十三年大簿，但也根据形势变化补记了次年新增的西、庭二州。按《括地志》乃魏王泰引萧德言等文人所撰，贞观十六年正月乙丑奏上。⑥ 联系上引《括地志》所记西、庭二州并领县事，则《旧唐书·地理志》所记西、庭二州的"旧领户"，极有可能就是来自贞观十四年或次年二州的户口统计。⑦ 不仅如此，庭州"旧领县一，户二千三百"的记载，也颇能说明这一问题。

---

① 杜佑《通典》卷一九一《边防七·车师（高昌附）》记为"口万七千七百三十"（第 5205 页），《资治通鉴》卷一九五太宗贞观十四年八月条记为"口一万七千七百"（第 6155 页），王溥《唐会要》卷九五《高昌》记为"口三万七千七百三十八"（第 2016 页），《旧唐书·高昌传》记为"口三万七千七百"（第 5295 页），《新唐书·高昌传》记为"口三万"（第 6222 页）。池田温先生认为《旧唐书·高昌传》所记是正确的。参见〔日〕池田温《初唐西州土地制度管见》，收入氏著《唐研究论文选集》，中国社会科学出版社，1999，第 268 页，第 282 页注释⑦。

② 《旧唐书》，第 1644—1645 页。

③ 《旧唐书》，第 1646 页。

④ 参见冻国栋《唐代人口问题研究》，武汉大学出版社，1993，第 16—17 页。

⑤ （唐）徐坚等：《初学记》，中华书局，2004，第 165、166 页。

⑥ 《资治通鉴》卷一九六，太宗贞观十六年春正月条，第 6174 页。

⑦ 吐鲁番所出《唐贞观十四年（640）九月西州高昌县李石住等户手实》表明，唐平高昌的同年，即在当地进行了人口调查与统计。参见唐长孺主编《吐鲁番出土文书》（图文本）第 2 册，文物出版社，1994，第 43—48 页。

贞观十四年唐平高昌后，新增二州六县，西州有高昌、交河、柳中、天山、蒲昌五县，庭州仅有一县，当为金满。据松田寿男先生考证，至迟高宗永徽年间（650—655），庭州已有蒲类县、轮台县的设置。①因此，旧唐志有关庭州旧领户的记载，当来自贞观某年庭州的户口统计。综合言之，旧唐志有关西州旧领户 6466 户的记载，其系年可初步断在贞观十四年或十五年。

唐平高昌后获户 8046，口 37700 余，此为麹氏高昌王国所掌握的籍面数字，但实际恐不止此数。而贞观十四年或十五年的统计数为 6466 户，由原来的 8046 户降到 6466 户，少了 1580 户。发生这一变化的主要原因恐怕还在于不少人被迁到了中原内地。当然，其他方面的原因也不容忽视，如平高昌战争所造成的人员死亡，以及归还贞观六年时高昌所掠焉耆民众，② 还有人员逃亡、隐藏及被配没等等。③不过，这些原因应该不是主要的。

总之，迁入中原内地的高昌旧民并不在少数。从吐鲁番出土文书、碑刻墓志看，有的是举家、举族迁入，有的则是有选择地被强制迁入。据《唐永昌元年（689）张雄夫人麹氏墓志铭》《武周长寿三年（694）张怀寂墓志铭》，④ 张雄虽早卒于高昌延寿十年（633），但

---

① 〔日〕松田寿男：《古代天山历史地理学研究》，陈俊谋译，中央民族学院出版社，1987，第 367—369 页。不过，松田先生认为，贞观十四年在庭州始置的县应是金满、蒲类二县，这一观点却有可商之处，他似乎忽略了《初学记》所引《括地志》有关"又置西州（安西）都护府及庭州并六县"之记载。而《旧唐书》卷三八《地理志一》载"至十四年平高昌，又增二州六县"（第 1384 页），以及《新唐书》卷三七《地理志一》记"明年（贞观十四年），平高昌，又增州二、县六"（第 959 页），有可能即源自《括地志》。

② 《旧唐书·郭孝恪传》载："初，王师之灭高昌也，制以高昌所虏焉耆生口七百尽还之。"（第 2774 页）《资治通鉴》卷一九五太宗贞观十四年亦记："（侯）君集奏并高昌所掠焉耆民悉归之。"（第 6156 页）

③ 贞观十六年正月乙丑，唐太宗《贞观年中巡抚高昌诏》称："自大军平定以后，有良贼被配没及移入内地之徒逃亡在彼及藏隐未出者，并特免罪，即任于彼依旧附贯。"诏书既然提及逃亡、隐藏及被配没之事，则这些事是客观存在的。诏文内容载（唐）许敬宗编，罗国威整理《日藏弘仁本文馆词林校证》，第 249 页；诏文系年则从〔日〕池田温编《唐代诏敕目录》，第 39 页。

④ 侯灿、吴美琳：《吐鲁番出土砖志集注》，第 585—587、595—597 页。

敦煌吐鲁番文书与唐代西域史研究（增订本）

其妻及未成年之子（张怀寂时年 9—10 岁），皆在内徙之列。又《唐显庆三年（658）张善和墓志》记张善和"未冠之岁，从父归朝"，[①]也属举家、举族内徙者。当然，这种情况可能仅限于麴氏王室及像张氏家族那样多为麴朝"官人头首"的高昌望族。此外，也有一些似乎并非高昌望族的民户，同样被强制内徙。据吐鲁番阿斯塔那 24 号墓所出《唐贞观二十年（646）赵义深自洛州致西州阿婆家书》，[②] 居子、赵义深等人"违离累载，思慕无宁"，知居子、赵义深等由高昌迁来洛州，已有数年时间。文书又称"居子等蒙恩且度朝夕，在此亲眷皆悉（后缺）"，可证居子等带有家眷。此外，文书还记居子、赵义深等在西州有"阿婆""大兄""两个阿舅""两个阿姨""妹玉连"等，则二人并非全户迁入，是可以肯定的。赵氏在高昌并非望族，赵义深等被强制迁入内地，或有一定原因。又阿斯塔那 5 号墓所出《唐李贺子上阿郎、阿婆书》存书信四封（参见图版二），文书整理者认为这些书信当写于贞观二十一年之后、总章元年（668）之前。[③] 其中书信一第（一）片，记李贺子向西州的阿郎、阿婆汇报其与举仁两人的子女及买婢情况，文中提到"廿年七月内""次廿一年正月内"，知此信写于贞观二十一年后不久。李贺子向阿郎、阿婆详细介绍其与举仁的家庭情况，表明在此之前双方并无书信来往。而上引居子、赵义深等"违离累载，思慕无宁"，正与此相互印证。这些都反映了唐廷对高昌旧民的防范及控制。书信二记李贺子内徙之前已婚，其弟举仁未婚，故迁来洛州后，官府对举仁曾有"配婚"之举。他们同样并非全户内徙。尤其是举仁，既未结婚，其年龄应该还未及成丁，估计在十八九岁，以此年龄也不可能成为麴朝的"官人头首"，那他为何与兄长李贺子同被强制迁入内地呢？不管怎样，有一点可以

---

① 侯灿、吴美琳：《吐鲁番出土砖志集注》，第 491—492 页。
② 唐长孺主编《吐鲁番出土文书》（图文本）第 2 册，第 172—173 页。
③ 唐长孺主编《吐鲁番出土文书》（图文本）第 3 册，第 201—206 页。

肯定，李贺子、李举仁兄弟二人都是年轻力壮之人，这或许正是他们被强制内徙的原因。又吐鲁番哈拉和卓1号墓所出《唐西州某乡户口帐》第（一）片第1—5行记：

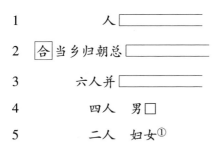

```
1          人□□□□□□□□
2      合 当乡归朝总□□□□□□□
3        六人并□□□□□□
4          四人  男□
5          二人  妇女①
```

本件缺纪年，据唐长孺先生考证，应为贞观间初置军府时文书。② 文书记该乡"归朝"至少有四男二女，惜不知为何种名色，他们被迁入内地的原因同样也不清楚。不过，西州某乡仅迁入这么几人，显然不是较大规模的强制内徙。"归朝"的这四男二女，有可能经过了官府的挑选，带有一定针对性，但具体原因仍然不明。

综上所述，不难看出内徙的高昌旧民大致有三类：一为麴氏高昌王室，二为高昌大族，三为一般民户。除高昌王室之外，这些内徙的大族和一般民户，可能都经过了唐廷有计划、有目的的挑选。因为同属高昌大族的张氏各房支，并没有被全部迁入内地。如吐鲁番出土《唐仪凤二年（677）张氏墓志铭》所记，③ 张某曾祖父、祖父、父亲皆为高昌王国官员，但其家族并未进入内徙之列，张某本人还在西州担任了唐的"校尉"之官。之所以如此，或许与其家族未有对抗唐军行为有关。至于一般高昌旧民，内徙原因可能有多种，但限于资料，

---

① 唐长孺主编《吐鲁番出土文书》（图文本）第2册，第7页。
② 唐长孺：《吐鲁番文书中所见的西州府兵》，唐长孺主编《敦煌吐鲁番文书初探二编》，武汉大学出版社，1990，第35页。
③ 侯灿、吴美琳：《吐鲁番出土砖志集注》，第564—565页。

笔者尚不十分清楚。

总之，唐把不少高昌旧民迁入内地，目的无非是削弱高昌长期以来形成的根深蒂固的旧有势力，从而加强对盆地的控制。但问题也伴随而来，这就是西州人户的补充问题。贞观十六年正月乙丑（九日），唐"遣使安抚西州。戊辰，募戍西州者，前犯流死亡匿，听自首以应募"。① 同月辛未（十五日），"诏在京及诸州死罪囚徒，配西州为户；流人未达前所者，徙防西州"。② 唐朝在平定高昌一年多之后，即下令徙天下犯罪之人配防西州，显然是为了加强和充实西州的力量，亦是为了填补高昌旧民被迁入内地之后留下的空白，同时也透示了西州人力的紧张。张广达先生曾指出，这种征发罪犯充实西州为户的举措，并无律令依据，当属西州急需派遣人力所致。③ 于是，西州地区形成"高昌旧民与镇兵及谪徙者杂居"的人口格局。④

但是，这种征发罪犯配西州为户并非长治久安之计，毕竟罪犯人数有限，且存在一些不稳定的因素。因此，其后唐廷又从内地迁来了不少中原民户。吐鲁番阿斯塔那 91 号墓出有唐苏海愿等家口给粮帐十件，其中给粮三月帐六件，给粮一月帐四件。⑤ 程喜霖先生早年所撰《试释唐苏海愿等家口给粮帐》一文，⑥ 对这批文书进行了较为系统深入的探讨。程先生认为，这十件给粮帐，大约作于贞观末期至高宗统治前期，第一件至第六件所记苏海愿、张赤头等家口给粮帐，是官户、杂户上番三月给粮帐；而第七件至第十件所记刘显志等家口给粮帐，则是官户、杂户上番一月给粮帐。李锦绣先生则认为给粮帐中

<hr />

① 《新唐书》卷二《太宗本纪》，第 41 页。
② 《旧唐书》卷三《太宗本纪下》，第 54 页。
③ 张广达：《唐灭高昌国后的西州形势》，收入氏著《西域史地丛稿初编》，第 148—149 页。
④ 《资治通鉴》卷一九六，太宗贞观十六年九月条，第 6177 页。
⑤ 唐长孺主编《吐鲁番出土文书》（图文本）第 3 册，第 9—19 页。
⑥ 程喜霖：《试释唐苏海愿等家口给粮帐》，《敦煌学辑刊》1985 年第 2 期。

记载的人户，系流放刑徒及其家属，但没有说明理由。① 李并成、吴超对给粮帐亦有所探讨。② 不管苏海愿等家口属何种名色，他们都是从外地迁来西州的人口，这应该没有什么疑义。③ 程喜霖先生主要依据苏海愿等家口的给粮标准，与《唐六典》卷六刑部郎中员外郎条所记官户、杂户的给粮标准相近，从而推断苏海愿等家口属官户、杂户。按唐代的官户、杂户俱属贱民阶层，但二者之间实际存在区别，根据张泽咸先生研究，有如下几点：其一，杂户由官户放免而来，或是由官奴婢直接放免，官户则是官奴婢的初步放免；其二，杂户附贯州县，官户州县无贯，唯属诸司；其三，杂户服役期较短，官户一年三番，番皆一月；其四，同样犯罪，杂户处理较宽，官户则较重；其五，杂户与良民同样受田，而官户受田则只有良民的一半。④ 因此，笼统地把苏海愿等家口视为官户、杂户，恐怕还存有疑问。笔者注意到，给粮帐第一件《唐苏海愿等家口给粮三月帐》中，冯阿怀一家的家口记载颇特别：

20　□□冯阿怀家口四人，三石。

21　　　□人丁男，一日粟三升三合三勺。二人丁妻妾，

一日□□□□□

---

① 李锦绣：《唐代财政史稿》（上卷）第3分册，北京大学出版社，1995，第1073页。

② 李并成、吴超：《吐鲁番出土唐前期给粮帐初探》，《天水师范学院学报》2003年第6期。

③ 裴成国《从高昌国到唐西州量制的变迁》（《敦煌吐鲁番研究》第10卷，上海古籍出版社，2007，第106页注释②）一文，亦对十件给粮帐进行探讨，指出给粮三月帐中的"刘济伯"、一月帐中的"匡延相"，又同见于吐鲁番出土《唐吴相□等名籍》；而"刘济伯"此人，又见于《高昌传用西北坊郡海悦等刺薪帐》，此人由高昌国而入唐，是当地的世居民众。由此他认为，本组给粮帐的给粮对象系外来之刑徒或移民的说法似乎不能成立。按裴氏的这一新发现值得重视，但要否定苏海愿等系外来人户之说法，恐怕还需要更为坚实的证据。原因有二：其一，不排除刘济伯等人存在同名同姓的可能性；其二，如果刘济伯等人为高昌世居民众，其身份究竟是什么，西州官府何以要对他们按月给粮，这需要做出合理解释。

④ 参见张泽咸《唐代阶级结构研究》，中州古籍出版社，1996，第485—486页。

22　　　　　　[　　　　　　]粟一升五合。①

整理者称，第21行"丁妻妾"之"丁"字，由"中"字改写而成。由上可见，冯阿怀有妻有妾，如果冯阿怀一家属官户、杂户，那如何解释他既有妻又有妾呢？类似冯阿怀一家情况的，还有第二件给粮帐《唐张赤头等家口给粮三月帐》中的张赤头一家，② 此家总有家口六人，其中"一人丁男"，"二人丁妻（妾）"，③ "三人中小"。可见，在迁入西州的这批民户中，有妻有妾的民户并不少见。这种情况表明，苏海愿等家口恐非属于贱民的官户、杂户。至于李锦绣先生所说的流放刑徒及其家属问题，也有待进一步证实。诚然，如《唐律疏议》卷三《名例律》载：

> 诸犯流应配者，三流俱役一年，妻妾从之。父祖子孙欲随者，听之。④

所谓"父祖子孙欲随者，听之"，即表明并非所有的"父祖子孙"都随犯罪之人同至配所。据《盖蕃墓志》，在贞观年间，盖蕃兄伯文因罪"减死配流高昌"，为照顾其兄，盖蕃"于是起选，授西州蒲昌县丞，允所祈也"。⑤ 显然，盖伯文的家人可能就未随其同往西州。而十件给粮帐中，所有民户都是有家口的，有的多至七口，有的少至三口，尚未见有一人者。这种情况恐怕很难说明苏海愿等家口属流放刑

---

① 唐长孺主编《吐鲁番出土文书》（图文本）第3册，第10页。
② 唐长孺主编《吐鲁番出土文书》（图文本）第3册，第12页。
③ 原文为"二人丁妻，与粟[　　　]"，据冯阿怀一家的记载，此处"妻"下当漏一"妾"字。
④ （唐）长孙无忌等：《唐律疏议》，第66—67页。
⑤ 墓志文及其研究，参见鲁才全《〈盖蕃墓志〉考释》，《魏晋南北朝隋唐史资料》第7期，1985。

徒及其家属。

其实，同墓所出的《唐残名籍》颇值重视。[①] 该名籍所记郭善□、郭□□、张文达等名下，注有"雍州□阳县""□□云阳县""□□□阳县""□□县""栎阳县"等小字，表明这是张文达等人的原籍。据《元和郡县图志》卷一、卷二关内道京兆府（雍州）条记，雍州下辖有泾阳、栎阳、咸阳、云阳等二十三县。[②] 可见，张文达等人俱属雍州人。这些贯属雍州栎阳、云阳等县的人何以来到西州，他们与给粮帐中的苏海愿等人有无关联，值得做联系性思考。按苏海愿等家口明显由外地迁入，而张文达等人则由雍州来到西州，且给粮帐与张文达等残名籍同出一个墓葬，二者当存在某种关联。那么，苏海愿等民户究竟是从何地迁来西州呢？贞观十八年，唐朝曾有把雍州"尤少田者""移之于宽乡"的重要举措。《册府元龟》卷一〇五《帝王部·惠民第一》载：

> （贞观）十八年二月己酉，幸灵［零］口[③]村落逼侧，问其受田，丁三十亩，遂夜分而寝。忧其不给，诏雍州录尤少田者，并给复，移之于宽乡。[④]

此事不见其他文献记载，故唐朝把这些雍州"尤少田者"移往什么地方，并不清楚。联系西州的张文达等来自雍州云阳、栎阳等县，且苏海愿等家口给粮帐的时间与贞观十八年相去亦不远，有理由推测，苏海愿等家口很有可能就是那些贞观十八年唐太宗下诏"移之于宽乡"

---

① 唐长孺主编《吐鲁番出土文书》（图文本）第 3 册，第 19 页。

② （唐）李吉甫：《元和郡县图志》，贺次君点校，中华书局，1983，第 3、25 页。

③ "灵口"，据朱雷先生考证，当作"零口"。参见朱雷《敦煌两种写本〈燕子赋〉中所见唐代浮逃户处置的变化及其它》，唐长孺主编《敦煌吐鲁番文书初探二编》，第 529 页注释⑥；后收入氏著《敦煌吐鲁番文书论丛》。

④ （宋）王钦若等编《册府元龟》，第 1257 页。

的雍州"尤少田者"。问题是，西州并非"宽乡"，唐朝之所以有此举措，恐怕更多还是出于政治层面的考量，即充实西州的人力，以加强对盆地的控制。

苏海愿等家口从雍州迁来西州的时间，大概在贞观后期。给粮帐第一件第 28、29 行间的骑缝处书有一"赟"字，据程喜霖先生考证认定，此人为贞观后期担任高昌县尉的卫赟。① 据此似可推知，苏海愿等家口从雍州迁来西州后，被安置于高昌县境内。

众所周知，唐朝长期奉行"关中本位"政策，对于关中之地的民户迁移控制极严，主要是为了保证国家赋役的征发，同时也为了使京师地区有足够的兵源。② 《唐会要》卷八四《移户》中，载有贞观元年陕州刺史崔善为的上表，颇能说明这一问题：

> 贞观元年，朝廷议户殷之处，听徙宽乡。陕州刺史崔善为上表曰："畿内之地，是谓殷户，丁壮之民，悉入军府。若听移转，便出关外，此则虚近实远，非经通之义。"其事遂止。③

不过，唐廷毕竟对"户殷之处，听徙宽乡"问题有过讨论，说明"关中本位"政策也并非一成不变。而且，像关中之地这类人户殷繁之地，如果百姓长期普遍受田不足，则唐朝所奉行的"关中本位"政策恐怕也很难维持下去。贞观十八年，唐朝把雍州无地或少地的民户迁往西州，其实就是对"关中本位"政策的破坏，④ 同时也一定程度上反映了西州人力的紧张及唐廷对西州治理的高度重视。

---

① 程喜霖：《试释唐苏海愿等家口给粮帐》，《敦煌学辑刊》1985 年第 2 期。

② 参见冻国栋《中国人口史》第 2 卷《隋唐五代时期》，复旦大学出版社，2002，第 302 页。

③ （宋）王溥：《唐会要》，第 1840 页。

④ 到武则天统治时期，于天授二年（691）大规模迁徙关内之民到洛州，标志着唐朝长期奉行的"关中本位"政策已被打破。参见冻国栋《中国人口史》第 2 卷《隋唐五代时期》，第 311 页。

　　贞观二十三年，雄才大略的唐太宗因病去世。同年，高宗李治即位，次年改元永徽。永徽二年正月，西突厥酋长阿史那贺鲁举兵反叛，处月、处密及西域诸国多附之，贺鲁还进攻庭州，攻陷金岭城，占领了西域广大地区，对西州及唐朝在西域的统治构成极大威胁。在此情况下，唐朝为了稳定西州政局，决定遣返居于长安、洛州的高昌王室及大族成员。《册府元龟》卷九九一《外臣部·备御四》载：

　　　　高宗永徽二年十一月丁丑，以高昌故地置安西都护府，以尚舍奉御、天山县公麴智湛为左骁卫大将军兼安西都护、府（西）州刺史，往镇抚焉。①

　　麴智湛及高昌旧大族等回到西州，估计已是永徽三年或其后之事了。有证据表明，并非所有内徙的高昌旧民都重返故园。如前揭西安出土的《唐尼真如塔铭》，尼真如乃麴智湛之女，她仍居于长安，并没有随父返回西州；又洛阳龙门石窟有总章二年二月十日"高昌张安造像"题记，表明作为高昌大族的张氏，亦有留居洛州未回家乡者。②但不管如何，回到西州的高昌旧民当不在少数，吐鲁番所出诸多墓志可以说明此点。

　　高昌旧民回到西州，唐朝是否归还他们原有的家产、田业，并不清楚，但他们仍能凭借原有的势力和影响在西州为官为宦。如张团儿，内徙后，"授洛州怀音府队正"，"天降慈恩，放还乡[里]，仍授征事郎、西州交河县尉"。③张善和，"未冠之岁，从父归朝……幸蒙恩诏，衣锦故里。释褐从官，补任安西都护府参军事，乘传赴任，且

----

① （宋）王钦若等编《册府元龟》，第11641页。
② 参见朱雷《龙门石窟高昌张安题记与唐太宗对麴朝大族之政策》，《敦煌吐鲁番文书论丛》，第89页。
③ 侯灿、吴美琳：《吐鲁番出土砖志集注》，第472页。

夕恪勤。未经夕年，转迁士曹参军"。① 梁延怀，"后属大唐，转授武骑尉。蒙归授官，又任西州麴都督左右"。② 张相欢，"城宾之际，投化归朝。为 上赤诚，蒙补怀音队正。旋归本邑，旧位转复……"③ 张怀寂，"贞观之际，率国宾王。永徽之初，再还故里。都督麴湛，以公衣缨望重，才行可嘉，年甫至〔志〕学，奏授本州行参军"。④ 其兄张定和，任前庭府折冲都尉。⑤ 可见，重返故园的高昌大族仍在西州充任各级官吏。不管唐朝是否恢复他们原有的家园、田业，他们都会想方设法重建自己的家业，至少可以利用自己合法的官员身份占有为数不少的职田。⑥ 至于一般的高昌旧民，他们回到西州后，仍可按当地的均田办法分到土地。如此，必然会使本就土地不足的西州出现更为紧张的状况。

早在高昌王国时期，一般百姓每丁占田限额为六亩，到唐西州时期推行均田制，规定丁男受常田四亩、部田二亩，很大程度上是继承了高昌国原有的土地占有传统。⑦ 尽管唐灭高昌后，曾把不少高昌旧民迁到内地，从而使西州官府掌握不少官田和无主土地，但贞观十六年以后，随着内地罪犯和一般民户入籍西州，西州官府势必会把手中掌握的土地分给这些外来移民。永徽二年以后，由于西域形势紧张，唐朝为稳固西州政局，又把高昌旧民大部遣回西州，而他们也需要获得土地、重建家园。对于高昌旧大族而言，他们可以通过各种手段和渠道获得土地。而一般的民户，西州官府是否还有多余的土地分给他

---

① 侯灿、吴美琳：《吐鲁番出土砖志集注》，第 492 页。
② 侯灿、吴美琳：《吐鲁番出土砖志集注》，第 518 页。
③ 侯灿、吴美琳：《吐鲁番出土砖志集注》，第 571 页。
④ 侯灿、吴美琳：《吐鲁番出土砖志集注》，第 596 页。
⑤ 侯灿、吴美琳：《吐鲁番出土砖志集注》，第 586 页。
⑥ 参见卢向前《唐代西州土地关系述论》，第 226—237 页。
⑦ 参见陈国灿《高昌国的占田制度》，《魏晋南北朝隋唐史资料》第 11 期，第 226—238 页；后收入氏著《陈国灿吐鲁番敦煌出土文献史事论集》，第 70—92 页。又参〔日〕池田温《初唐西州土地制度管见》，《唐研究论文选集》，第 267—284 页。

们，就很难说了。总之，伴随人口增加而出现的西州土地紧张问题，是唐廷和西州官府需要考虑和解决的一个重要问题。到了唐高宗总章年间，西州高昌县康申海住等户被迁往外地，可能就是为了解决当地土地紧张问题而采取的一个重要举措。

吐鲁番阿斯塔那 42 号墓所出《唐西州高昌县授田簿》存二十九残片，[①] 其中记有"康申海住移户""左熹相移户""白满阁移户""索看移户"等，又有"右给得史阿伯仁部田六亩 穆 石石充 分""右给得康乌破门陀部田三亩郭知德充分"等字样，可知康申海住等户原为西州高昌县民，后被迁出西州，其土地被当地官府分给了穆石石、郭知德充口分田。关于此授田簿，池田温先生较早对其进行过系统整理和研究，[②] 重新排列了《吐鲁番出土文书》第 6 册中所列文书次序，并对文书残缺部分进行了推补，使本件授田簿更显完整。文书缺纪年，池田先生据文书第六残片第 10 行所见"康迦卫"一名，又见于吐鲁番阿斯塔那 35 号墓所出《唐神龙三年（707）高昌县崇化乡点籍样》中，即"户主康迦卫年五十七 卫士 右件户逃满十年，田宅并退入还公"，[③] 认为两处康迦卫应系一人，生年当为 651 年。而当时的田令规定中男 18 岁以上给田，因此康迦卫达法定授田年龄的时间应在 668 年，故授田簿年代可以推定为总章元年或稍后。池田先生还指出，授田簿所记被迁出西州者，如史阿伯仁、康乌破门陀、白满阁、安六□、康申海住等，大半属胡姓；而给田者，胡、汉二者皆有，但大部分属汉族，"这种情况使人推想，旧主大半因高宗时期进出西域

---

① 唐长孺主编《吐鲁番出土文书》（图文本）第 3 册，第 128—143 页。
② 〔日〕池田温：《初唐西州高昌县授田簿考》，黄约瑟、刘健明编《隋唐史论集》，第 178—197 页。
③ 唐长孺主编《吐鲁番出土文书》（图文本）第 3 册，第 536 页。据池田先生《初唐西州高昌县授田簿考》一文，此点是由陈国灿先生指出的。

而从西州迁出，从事开拓和经营西陲，其给田者属高昌县住民之欠田者"。① 卢向前先生也对授田簿进行了整理和研究，他据授田簿第四残片第8行中记有"吕抴子"一名，从"抴"字不避唐太宗讳，推测文书的上限在贞观十四年，下限在唐高宗显庆三年。卢先生还指出，唐初西州曾有两次移民中原之举，一次是在贞观十四年，另一次是在贞观十七年，康申海住等户即属此次迁入中原的高昌旧民，授田簿的年代也可因此断在贞观十六年、十七年间。②

综合各种情况分析，笔者倾向于认为，池田温先生的观点更具说服力。阿斯塔那42号为夫妇合葬墓，出有《唐永徽二年（651）杜相墓志》一方，③ 男尸杜相先葬，从其纸帽、纸鞋上拆出的文书皆属唐代，有纪年及可考者都在贞观末或永徽元年。又该墓墓道口出有龙朔三年（663）残书札一件，知女尸葬于此年之后，而授田簿拆自女尸纸冠与纸鞋，其年代似不应早于男尸纸帽、纸鞋上的文书。诚然，授田簿中"吕抴子"之"抴"字，不避唐太宗李世民讳，但仅以此来判断文书的年代属贞观十六年至十七年，证据略显薄弱。在吐鲁番所出唐高宗显庆三年以后的文书中，此"抴"字仍时有出现，如阿斯塔那363号所出《唐麟德二年（665）西州高昌县宁昌乡卜老师举钱契》载："若身东西不在，一仰妻儿收后上（偿）钱，听抴家财平为钱值。两和立契，获指为信。"④ 如果此件文书纪年已缺，恐怕不能仅据其中的"抴"字即断定其为贞观年间的文书。关于唐代文献中"世""民"两字的避讳问题，中村裕一先生曾有过详细的探讨。⑤ 另

① 〔日〕池田温：《初唐西州高昌县授田簿考》，黄约瑟、刘健明编《隋唐史论集》，第190页。

② 卢向前：《〈唐西州高昌县授田簿〉整理与断代——唐代西州田制研究之二》，《学人》第11辑，江苏文艺出版社，1997，第51—73页；又见氏著《唐代西州土地关系述论》，第32—56页。

③ 侯灿、吴美琳：《吐鲁番出土砖志集注》，第466页。

④ 唐长孺主编《吐鲁番出土文书》（图文本）第3册，第568页。

⑤ 中村裕一『唐代官文書研究』中文出版社、1991、第508—522頁。

外，如果把授田簿的年代断在贞观十六年至十七年，则康申海住等户移出西州的时间，更在此前，但从他们迁出后所退土地的登记内容和程序看，业已是较为成熟的均田制下的给、退田制，而西州真正开始推行均田制，是在贞观十六年以后。要在西州推行均田制，首先得掌握和了解当地民户和土地占有情况，这需要时间。故池田温先生认为，贞观十八年前后，在西州已经实行了以常田、部田为标准的给田制。[①] 这一看法，显然是较为客观而又审慎的判断与认识。从这一意义上说，把授田簿的年代断在贞观十六年至十七年，恐怕还很难成立。

按授田簿中所记的康迦卫，应是粟特人，而崇化乡点籍样中的康迦卫，也是粟特人，二者为同一人的可能性较大。以此来判断授田簿的年代在总章元年或其后，当更为合理。从授田簿中史阿伯仁、康乌破门陀、安六□、康申海住、康迦卫等姓名看，他们都是粟特人，而西州高昌县崇化乡正是粟特人集中居住的地方。[②] 因此，史阿伯仁、康乌破门陀等人应该也是崇化乡人，该授田簿实即唐西州高昌县崇化乡的授田簿。

史阿伯仁等户从西州迁出的时间，当在总章元年前。从授田簿所登记的情况看，迁出者胡姓居多，且在当地拥有数量不等的土地。据池田温先生考察，退田最多者有常田六亩、部田九亩，总计十五亩，最少者仅部田二亩，其中退十亩者有二例。[③] 可以想见，这批人被迁出西州，应是当地官府有计划的行为。那么，他们被迁出西州的原因是什么呢？

白须净真先生十分敏锐地观察到，吐鲁番阿斯塔那和哈拉和卓古

---

[①] 〔日〕池田温：《初唐西州土地制度管见》，第277页。

[②] 姜伯勤：《敦煌吐鲁番文书与丝绸之路》，文物出版社，1994，第162—174页。

[③] 〔日〕池田温：《初唐西州高昌县授田簿考》，黄约瑟、刘健明编《隋唐史论集》，第188页。

墓群从 661 年开始的十年间（龙朔至咸亨），墓志数量增加近两倍，远远超出人口的自然增长率。对于这一引人注目的现象，他认为根本原因是唐代西州新兴庶民阶层的兴起，而很难从人口的增长去进行解释。① 这一揭示极具新意，颇值重视。不过，除此之外，战争所导致的死亡与人口的增长亦不容忽视。据考，吐鲁番所出《唐麟德元年（664）氾相达墓志》《唐刀柱柱墓志》中，氾相达、刀柱柱二人皆死于龙朔三年的唐军救援于阗之役。② 由此可见战争之残酷。一般而言，人口死亡数的增长，与人口的增加存在一定的关联。龙朔至咸亨时期吐鲁番墓志数量的增长，当与高昌旧民重返家乡导致西州人口增加有关。总之，唐高宗统治前期，西州人口有所增加，应是客观事实。但西州毕竟土地资源有限，无法承受过大的人口压力。因此，将一部分有土地的民户迁出西州，从而缓解当地的土地压力，不失为一种好的选择。但选择哪些民户迁出西州，也是需要唐廷与当地官府认真考虑的问题。在西州定居的百姓，既有汉人，又有胡人。汉民除长期生活定居在盆地的世居民众外，还包括从内地迁来的罪犯和一般民户，以及重返西州的高昌旧民。胡人则有粟特人及其他少数民族。从被迁出的史阿伯仁等户情况看，他们在西州拥有土地，且多为胡人。由此不难看出，在西州定居的胡人，是唐廷与当地官府首先考虑的迁出对象。这想必是从西州治理大局出发而采取的措施，但也从侧面反映了唐朝的民族政策。

西州的史阿伯仁等户被迁至何地，并不清楚。《元和郡县图志》卷四〇陇右道庭州条记："其汉户，皆龙朔已后流移人也。"③ 史阿伯

---

① 白須淨真「吐魯番社会——新興庶民層の成長と名族の没落——」谷川道雄編『魏晋南北朝隋唐時代史の基本問題』汲古書院、1997、第 143—171 頁。柳洪亮汉译文载《西域研究》1999 年第 4 期。

② 侯灿、吴美琳：《吐鲁番出土砖志集注》，第 521、648 页。对两方墓志的考证，参见本书第四章"从吐鲁番出土文书看唐高宗咸亨年间的西域政局"。

③ （唐）李吉甫：《元和郡县图志》，第 1033 页。

仁等户于总章以前被迁出西州，时间正与此相近，因此不排除他们被迁至庭州的可能。

另外一种可能，则是迁至沙州。因为西州有崇化乡，沙州有从化乡，所属居民同样多是昭武九姓粟特人。[1] 西州的崇化乡出现较早，吐鲁番阿斯塔那 103 号墓所出《唐西州高昌县崇化乡张雏子户残籍》，[2] 是目前所见最早记载崇化乡的文书，同墓所出唐代文书多属贞观后期，本件年代亦应相当。[3] 因此，西州崇化乡很有可能就置于唐灭高昌后在西州推行州县乡里之制时。而沙州从化乡出现时间则稍晚，迄今所见最早记载从化乡的是大谷 1401 号文书：

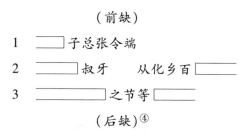

```
                    （前缺）
1    □□□子总张令端
2    □□□叔牙    从化乡百□□□
3    □□□□□之节等□□□
                    （后缺）[4]
```

陈国灿先生业已指出，本件出自吐鲁番阿斯塔那 225 号墓，是来自敦煌的文书。[5] 按该墓所出文书年代多在武周时期，最早为圣历二年（699），最晚为长安四年（704），上揭文书的年代亦不会相差太远，当同属武周时期的文书。从这一意义上说，沙州从化乡至迟武周时已有设置。不管是"崇化乡"，还是"从化乡"，与"归化""慕化"

———————————

① 参见〔日〕池田温《八世纪中叶敦煌的粟特人聚落》，收入氏著《唐研究论文选集》，第 3—67 页；又参见姜伯勤《敦煌吐鲁番文书与丝绸之路》，第 150—197 页。

② 唐长孺主编《吐鲁番出土文书》（图文本）第 2 册，第 130 页。

③ 参见张广达《唐灭高昌国后的西州形势》，收入氏著《西域史地丛稿初编》，第 117 页。

④ 小田義久主編『大谷文書集成』（壹）、法藏館、1984、第 53 頁、圖版一一八。

⑤ 陈国灿：《唐五代敦煌县乡里制的演变》，收入氏著《敦煌学史事新证》，甘肃教育出版社，2002，第 371 页。

等语含义一样，都指所谓归属于"王化"之义。① 更值得注意的是，两乡所辖百姓多为粟特人，二者可能存在一定的关联。从西州高昌县崇化乡迁出的粟特人，有无可能被迁到了沙州，从而导致又一个"从化乡"的出现呢？不排除这种可能性。当然，这仅属联系性推测而已，尚待新资料的发现与进一步的证明。

　　以上据吐鲁番出土文书，就唐初西州的移民问题进行了若干粗浅探讨。从中可以看出，贞观十四年，唐灭高昌王国后，为了削弱高昌旧有势力，加强对西州的控制，唐廷把高昌王室及大族、百姓等不少人迁移到长安、洛州。与此同时，为了充实西州人力，唐廷一方面发遣罪犯，另一方面又有计划地把雍州无地或少地的民户迁到西州。高宗即位后，由于西突厥阿史那贺鲁之叛，西域政局不稳。为了稳定政局，唐廷又把高昌王室及大族豪右等遣还西州，从而使西州人口增加不少。然而，西州毕竟土地有限，不能容纳过多的人口。于是，大致在龙朔、总章年间，唐廷与西州官府又有计划地把西州拥有土地的民户迁出盆地，重点迁移对象是昭武九姓粟特人，这一定程度上反映了唐朝的民族政策。总章以后，类似这样有一定规模的移民活动（不管是迁出或是移入），在西州就很少发生了。由此不难看出，唐朝对西州的治理，是何等的重视。正是在这样的锐意进取、积极作为之下，西州最终成为唐朝在西域东部地区的坚固堡垒，为唐王朝全力经营西域做出了巨大贡献。

---

　　① 姜伯勤：《敦煌吐鲁番文书与丝绸之路》，第 172 页。

# 第三章

# 读吐鲁番所出《唐贞观十七年（643）西州奴俊延妻孙氏辩辞》及其相关文书

　　20世纪初叶，日本大谷探险队在吐鲁番所获的大谷2831、1013、1037、1254、1419、1256诸号文书断片，经池田温先生拼合整理为三件文书，拟题为《唐贞观十七年（643）西州奴俊延妻孙氏辩》（付判、牒三断卷）（参见图版三）。为方便讨论问题，今据池田先生录文并参照小田义久先生主编《大谷文书集成》（壹）图版一〇五、一〇六，转引文书内容如下：

（一）

1　奴俊延妻孙年卅三　　｜｜｜

2　孙辩：被问，善熹所款，破城之日，延陁

3　身在柳中，因何前款称在大城者。谨审，

4　破城之日，延陁实在柳中，前责问日，

5　□□□往在大城。被问，依实谨辩。

6　　　　　贞观十七年六月　日

7                 □心白。

（后缺）

（二）

（前缺）

1  □□□□□□

2  □送粮不虚，前辩所往五月，实是虚

3  妄。被问，依实谨辩。

4         贞观十七年六月二日

5       连。实心白。

6            二日。

（三）

（前缺）

1  牒追□□上件邻人等至，谨牒。

2       六月二日府宋师牒

3       各以状问。其善

4       熹及阿孙更以不

5       尽状问。实心白。

6          二日。[1]

刘俊文先生曾对上列文书进行考释，并定名为《贞观十七年六月高昌县勘问破城之日延陁所在事案卷断片》。[2] 王永兴先生亦对文书有过分

---

① 〔日〕池田温：《中国古代籍帐研究·录文》，龚泽铣译，中华书局，2007，第170—171页；小田義久主编『大谷文書集成』（壹）、第8·36·56·57·103頁、图版一〇五·一〇六。

② 刘俊文：《敦煌吐鲁番唐代法制文书考释》，中华书局，1989，第505—509页。

析和讨论。① 按文书（一）是奴俊延妻孙氏的辩辞，申述"破城之日"延陁其人确实在柳中，上次所言延陁在大城，是指延陁到柳中之前的事。此处"大城"，刘俊文先生怀疑是指高昌城，② 所言甚是。相对西州其他城而言，高昌城确是大城。《隋书》卷八三《高昌传》载："其都城周回一千八百四十步。"③ 可证高昌城规模不小。吐鲁番阿斯塔那 170 号墓所出《高昌章和十八年（548）光妃随葬衣物疏》中，有"佛弟子光妃于高昌大城内命过"一语。④ 又阿斯塔那 169 号墓所出《高昌建昌四年（558）张孝章随葬衣物疏》，记张孝章"今于高昌城内家中命过"，⑤ 同墓所出《高昌延昌十六年（576）信女某甲随葬衣物疏》，亦记该女"于高昌城内奄然殒命"。⑥ 显然，无论是"高昌大城"，还是"高昌城"，都是指高昌王城。因此，孙氏辩辞中的"大城"，确指高昌城无疑。关键是"破城之日"如何理解？刘先生认为是指唐平高昌并攻破其都城之时，⑦ 虽有一定道理，但尚存若干疑问。首先，唐军攻高昌城发生在贞观十四年八月，距孙氏被讯时间将近三年，西州官府在时隔近三年之后调查高昌灭亡前夕当地所发生之事，这似乎有些不合情理。其次，孙氏辩辞分别使用"城"与"大城"两个不同的概念，说明二者并非同地。再次，文书（二）很有可能就是善熹第二次回答官府审讯的辩辞（详后），其中提及"送粮"事，而且还说"前辩所往五月，实是虚 妄 "。据文书（一），官府之所以再次审讯孙氏，乃是因其初次所言与善熹说法不一致，而善熹再次所辩之事，显然与唐军围攻高昌王城事并不相干。最后，根据

---

① 王永兴：《唐代前期西北军事研究》，中国社会科学出版社，1994，第 125—128 页。
② 刘俊文：《敦煌吐鲁番唐代法制文书考释》，第 509 页。
③ 《隋书》，中华书局，1973，第 1847 页。
④ 唐长孺主编《吐鲁番出土文书》（图文本）第 1 册，文物出版社，1992，第 144 页。
⑤ 唐长孺主编《吐鲁番出土文书》（图文本）第 1 册，第 207 页。
⑥ 唐长孺主编《吐鲁番出土文书》（图文本）第 1 册，第 208 页。
⑦ 刘俊文：《敦煌吐鲁番唐代法制文书考释》，第 508 页。

文献记载，唐军最先攻下田地城，高昌城虽被围攻，但未被攻破，最终还是高昌王麹智盛主动打开城门投降唐军。① 吐鲁番所出《唐龙朔三年（663）范隆仁墓志》②、《唐永隆二年（681）张相欢墓志》提及高昌覆亡，都使用"城宾之际"的说法，颇能说明这一问题。基于以上几点分析，并结合善憙辩辞所提及"五月"之时间，笔者初步认为，所谓"破城之日"，似应发生在本案审讯之前不久。

王永兴先生认为"破城之日"，反映的是薛延陀进犯西州之事。③此论极具启发性。从唐平高昌到贞观十七年，在西州境内发生的最有影响的大事，莫过于贞观十六年底西突厥举兵攻围天山县之事。《资治通鉴》卷一九六贞观十六年九月条载：

> 西突厥乙毗咄陆可汗既杀沙钵罗叶护，并其众，又击吐火罗，灭之。自恃强大，遂骄倨，拘留唐使者，侵暴西域，遣兵寇伊州，郭孝恪将轻骑二千自乌骨邀击，败之。乙毗咄陆又遣处月、处密二部围天山，孝恪击走之，乘胜进拔处月俟斤所居城，追奔至遏索山，降处密之众而归。④

关于郭孝恪从凉州都督改任安西都护的时间，司马光《考异》称："按十六年《实录》：九月癸酉（二十日），以凉州都督郭孝恪为安西都护。"⑤ 由此可知，九月癸酉当是朝廷正式下达任命的时间。如此，则郭孝恪由凉州到达西州，最早也应在该年十月。西突厥乙毗咄陆可汗遣兵犯伊州、围天山，虽被郭孝恪率军分别击退，但如果是同时进犯的话，西州天山县的处境就不妙了。《贞观政要》卷九《安边》载：

---

① 《资治通鉴》卷一九五，太宗贞观十四年八月，第6154—6155页。
② 侯灿、吴美琳：《吐鲁番出土砖志集注》，第508页。
③ 王永兴：《唐代前期西北军事研究》，第127—128页。
④ 《资治通鉴》，第6177页。
⑤ 《资治通鉴》卷一九六《考异》，第6179页。

　　至（贞观）十六年，西突厥遣兵寇西州，太宗谓侍臣曰：
"朕闻西州有警急，虽不足为害，然岂能无忧乎？往者初平高昌，
魏徵、褚遂良劝朕立麹文泰子弟，依旧为国，朕竟不用其计，今
日方自悔责。"①

能够让太宗既感到忧虑又"方自悔责"的事，绝非寻常之事。所谓
"西州有警急"，表明事态比较严重。吐鲁番阿斯塔那 302 号墓所出
《唐妇女郭阿胜辞为请官宅事》，亦反映了西突厥袭扰西州的情况，兹
引录文书如下：

　　1 ［＿＿＿＿＿＿＿＿］妇女郭阿胜诉辞

　　2 ［＿＿＿＿＿＿＿＿］贰人　男儿一字尾周，年六［岁］

　　3 ［＿＿＿＿＿＿＿＿］被突厥抄掠转［＿＿］

　　4 ［＿＿＿＿＿＿＿＿］大军一来，天下太平，并［＿＿］

　　5 ［＿＿］无宅住。城北面门内道西有一官小宅，［＿＿＿］

　　6 ［＿＿＿］牒陈，请乞矜裁，谨牒。

　　　　　　　　　　（后缺）②

本件缺纪年，王素先生据该墓所出《唐永徽四年（653）赵松柏墓
志》，认为应在永徽四年前，并指出妇女郭阿胜带有一男孩，年仅六
岁，其自身年龄不过二三十岁，她被突厥抄掠，系唐西州时事。③ 王
先生所言极是。

　　上揭文书中所提及的"城"，是指高昌城还是其他城呢？据《唐
永徽四年（653）赵松柏墓志》，志主曾在魏氏高昌王国担任都官主簿

---

① （唐）吴兢撰，谢保成集校《贞观政要集校》，第 508 页。

② 唐长孺主编《吐鲁番出土文书》（图文本）第 2 册，第 187 页。

③ 王素：《高昌史稿·交通编》，文物出版社，2000，第 452 页。

并行都官参军事，入唐后被授勋官武骑尉。① 又该墓所出文书多属高昌县，据此可知赵松柏为高昌县人，而郭阿胜辞中的"城"也可断为高昌城。稽诸史籍，在永徽四年以前，西州被突厥袭扰似只有贞观十六年这一次。郭阿胜被突厥抄掠，逃到高昌县，因无宅住，遂请求官府矜赐城北门内道西的一处官小宅。按西突厥在贞观十六年底攻围天山县，推测郭阿胜即原属天山县人。据池田温先生研究，中古时期敦煌、吐鲁番地区居民多聚城而居，吐鲁番居民城居特征尤为突出。② 由此推断，郭阿胜母子二人可能原居于天山县某城之中，后因突厥抄掠，母子俩由天山县逃往高昌县。其后安西都护郭孝恪率军击退天山县的突厥军队，情况才有好转。文书第4行所记"大军一来，天下太平"，或即指此。

总之，孙氏辩辞中的"破城之日"，有可能即指西州天山县在贞观十六年底被西突厥攻围之事。那么，西突厥部众是如何进入西州境内并攻围天山县呢？敦煌文书伯2009号《西州图经》记西州通往外界的道路有十一道，其中通往西面的有二道：一为白水涧道，"出交河县界，西北向处月已西诸蕃，足水草，通车马"；一为银山道，"出天山县界，西南向焉耆国七百里，多沙碛卤，唯近烽足水草，通车马行"。③ 既然由白水涧道往西北可至处月以西诸蕃，则贞观十六年处月、处密进犯西州，当由此道首先进入交河县境最为便近。奇怪的是，由交河县进入天山县的道路，在史籍和文书中都没有明确的记载。明代陈诚《西域行程记》载：

> 二十四日，晴。明起，由崖儿城南顺水出峡，向西南行……

① 侯灿、吴美琳：《吐鲁番出土砖志集注》，第470页。
② 池田温「吐魯番・敦煌の文書にみえる地方都市の居住」唐代史研究会編集『中国都市の歴史的研究：唐代史研究会報告第6集』刀水書房、1988、第168—169頁。
③ 唐耕耦、陆宏基编《敦煌社会经济文献真迹释录》第1辑，第55页。

约有五十里，于有草处安营。二十五日，晴。明起，向西行。平川地，约行五十余里，有小城，地名托逊。①

严耕望先生据以指出，此即唐交河县通天山县之道，有五十余公里。②但此道在史籍和文书中没有任何明确记载，恐非官道。如果处月、处密经由白水涧道攻围天山县，势必过交河县境，然有关文献却只字未提交河县，说明此次西突厥部众围攻天山县，并未经由白水涧道。王炳华先生在对吐鲁番阿拉沟进行实地考察后，指出沿阿拉沟山谷既可进入焉耆盆地，又可抵达巩乃斯河谷、伊犁草原。沟口有一座唐代古堡，堡内曾出土过唐代文书残片。沟口往西十二公里和三十一公里处，还发现有古堡两座，说明此山谷在唐代曾有过相当严密的军事设置。③沿阿拉沟山谷既然可到达伊犁草原，则处月、处密部落很有可能经由此谷攻围天山县。

前列第（二）件文书上部残缺，据残剩内容，可知是某人回答官府审讯的辩辞。所谓"送粮不虚，前辩所往五月，实是虚 妄 。被问，依实谨辩"，即是说有关送粮之事不假，而是时间有虚假。联系第（三）件文书中判官"实心"的判辞，即"各以状问。其善熹及阿孙更以不尽状问"，可知善熹与孙氏二人曾被两次推问。文书（一）即是孙氏被第二次推问的答复，而文书（二）和文书（三）的时间，又同为六月二日，由此不难推知，文书（二）即善熹再次回答官府讯问的辩辞。所谓"不尽"，即未完有所隐瞒之意。如《新唐书》卷一二六《韩休传》记韩休性格耿直，其为相时，"时政所得失，言之未尝不尽"；④又同书卷一六三《穆宁传附穆质传》载："质性强直，举贤良方正，

---

① （明）陈诚：《西域行程记》，中华书局，2000，第37页。
② 严耕望：《唐代交通图考》第2卷《河陇碛西区》，第470页。
③ 王炳华：《访古吐鲁番》，新疆人民出版社，2001，第140—141页。
④ 《新唐书》，第4433页。

条对详切，频擢至给事中，政事得失，未尝不尽言。"① 所谓"言之未尝不尽""未尝不尽言"，都指说话直言不讳、毫无隐瞒。善熹和孙氏在最初的辩辞中可能有所隐瞒，双方所述并不一致，故西州官府再次进行推问。

基于上述分析，三件文书的前后顺序应是：文书（三）在前，文书（二）其次，文书（一）居末。综合三件文书内容，可做出如下判断：贞观十六年六月二日前，西州官府为某事（可能就是延陁的行踪）推问善熹和奴俊延妻孙氏，但二人的答词并不统一，于是本案判官"实心"下令让他们的邻居前来接受质询。府吏宋师在六月二日依令追来邻人，"实心"又命逐个审问，并再次提审善熹和孙氏。善熹在第二次审讯中，承认上次辩辞所言时间"五月"有误；孙氏则为自己初次的辩辞进行辩护，确认"破城之日"延陁身在柳中，前言"在大城"，是指延陁去柳中之前的事。本案审讯结果，因文书残缺不得而知。

关于文书的性质，刘俊文先生指出其为法律案卷，这当然没有问题，但认为案卷中的官员"实心"乃高昌县尉，从而判断文书属高昌县官府案卷，② 恐难成立。其实，王永兴先生业已正确指出"实心"乃安西都护府的判官。③ 李方先生据吐鲁番阿斯塔那209号墓所出《唐贞观十七年（643）符为娶妻妾事》中"户曹参军实心"的签署，进一步确认"实心"为安西都护府的户曹参军。④ 不仅如此，文书（三）中"六月二日府宋师牒"之记载，也表明文书并非高昌县案卷。因为据《唐六典》卷三〇《三府督护州县官吏》载，只有京兆、河南、太原三府及都督府、都护府才有府、史的设置，一般州县所置

---

① 《新唐书》，第5016页。
② 刘俊文：《敦煌吐鲁番唐代法制文书考释》，第507—509页。
③ 王永兴：《唐代前期西北军事研究》，第127页。
④ 李方：《唐西州户曹参军编年考证——唐西州官吏考证（六）》，《敦煌学辑刊》1997年第2期。

为佐、史。贞观十七年安西都护府仍驻于西州，文书显然属于安西都护府，而非高昌县。因此，文书可拟题为《唐贞观十七年（643）六月安西都护府户曹勘问延陁行踪案卷》。

据唐制，都护府"诸曹如州、府之职"，户曹参军"掌户籍、计帐、道路、逆旅、田畴、六畜、过所、蠲符之事，而剖断人之诉竞。凡男女婚姻之合，必辨其族姓，以举其违"。[①] 贞观十七年六月，安西都护府户曹勘问善熹、孙氏及其邻人，以调查延陁的行踪，或与其所管户籍、计帐之事有关。值得注意的是，就在同年闰六月，安西都护府户曹也为同类事情进行了审案和调查。如吐鲁番阿斯塔那 209 号墓所出《唐贞观十七年（643）符为娶妻妾事》（参见图版四）所载：

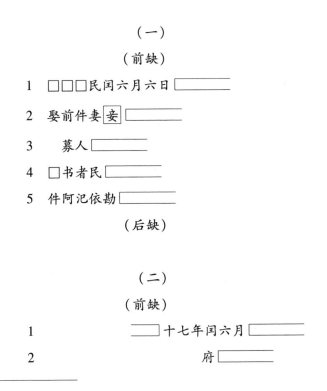

（一）

（前缺）

1　□□□民闰六月六日□────

2　娶前件妻妾─────

3　　募人─────

4　□书者民────

5　件阿氾依勘─────

（后缺）

（二）

（前缺）

1　　────十七年闰六月─────

2　　　　　府───

───────────────

① （唐）李林甫等：《唐六典》卷三〇《三府督护州县官吏》，第 749 页。

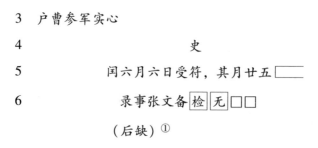

3　户曹参军实心

4　　　　　　　　史

5　　　闰六月六日受符，其月廿五▢▢▢

6　　录事张文备 检 无 ▢▢

　　　　（后缺）①

文书整理者称："本件纪年已缺，唐初纪年至十七年而又闰六月者唯有贞观，今定为贞观十七年，此件与下件疑为同一案卷。"② 所谓"下件"，即指同墓所出的《唐贞观年间西州高昌县勘问梁延台、雷陇贵婚娶纠纷案卷》。整理者推测两件文书属同一案卷，可谓卓识。原因有二：其一，两件文书都涉及"娶妻妾"事，二者具有一体性；其二，两件文书皆有安西都护府户曹参军"实心"的签署，显然同属户曹案卷。

　　上列文书残存两片，第（一）片残存文字有"娶前件妻 妾""募人"等。其中"募人"一称，颇值注意。按募人实指兵募，是由内地征发前来西州镇守的士兵。吐鲁番阿斯塔那 44 号墓所出《唐贞观十八年（644）镇兵董君生等牒为给抄及送纳等事》第 2 行记"（贞观十）八年五月廿二日镇兵董君生牒"，③ 又同墓所出《唐贞观十九年（645）牒为镇人马匹事》第 3 行见"肃州镇人陈文智"，④ 敦煌文书伯 2754 号《唐安西判集》中"奉判伊州镇人侯莫陈等请安西效力事"条，即称侯莫陈等为"伊州兵募"。⑤ 可见，镇兵、镇人、募人都属兵募，系从他州征调前来西州防守的军人，当然也包括发遣

　　① 唐长孺主编《吐鲁番出土文书》（图文本）第 3 册，第 317—318 页。
　　② 唐长孺主编《吐鲁番出土文书》（图文本）第 3 册，第 317 页。
　　③ 唐长孺主编《吐鲁番出土文书》（图文本）第 3 册，第 67 页。
　　④ 唐长孺主编《吐鲁番出土文书》（图文本）第 3 册，第 68 页。
　　⑤ 唐耕耦、陆宏基编《敦煌社会经济文献真迹释录》第 2 辑，全国图书馆文献缩微复制中心，1990，第 612 页。

来的罪犯。唐初镇守西州的军队除兵募外，还有来自内地的府兵，如吐鲁番阿斯塔那 337 号墓所出《唐贞观二十三年（649）西州高昌县范欢进买马契》，① 即反映了贞观年间内地府兵驻防西州的事实。② 问题是，募人并不归属户曹管辖，而且与娶妻妾事也无多大关联，文书却把二者联系在一起，个中原因值得深究。

按《旧唐书》卷三《太宗本纪》，贞观十六年正月辛未，"诏在京及诸州死罪囚徒，配西州为户；流人未达前所者，徙防西州"。③ 又《新唐书》卷二《太宗本纪》记："十六年正月乙丑，遣使安抚西州。戊辰，募戍西州者，前犯流死亡匿，听自首以应募。辛未，徙天下死罪囚实西州。"④《册府元龟》卷六一二《刑法部·定律令四》亦载："（贞观）十六年正月，制徙死罪以实西州，其犯流徒则充戍，各以罪名轻重为年限焉。"⑤ 由此知犯死罪者配西州为户，而犯流、徒者则充戍兵防守西州。当然，罪犯家属也可据需要随之西去，如《盖蕃墓志》所记，盖蕃兄伯文在贞观年间因罪"减死配流高昌"，为照顾其兄，盖蕃乃应选出仕西州蒲昌县丞。⑥ 如此一来，从中原内地来到西州的镇兵、谪徙者，就与高昌旧民混处杂居了。而贞观十六年九月以后，由凉州都督改任安西都护兼西州刺史的郭孝恪，又能较好地协调和处理他们之间的关系和矛盾，取得明显成效，史称："高昌旧民与镇兵及谪徙者杂居西州，孝恪推诚抚御，咸得其欢心。"⑦ 这对唐初西州的稳定极有意义。

文书把募人与娶妻妾事联系在一起，并且由安西都护府户曹处理

---

① 唐长孺主编《吐鲁番出土文书》（图文本）第 2 册，第 223 页。
② 参见本书第十一章"对吐鲁番所出唐天宝间西北逃兵文书的探讨"。
③ 《旧唐书》，第 54 页。
④ 《新唐书》，第 41 页。
⑤ （宋）王钦若等编《册府元龟》，第 7345 页。
⑥ 参见鲁才全《〈盖蕃墓志〉考释》，《魏晋南北朝隋唐史资料》第 7 期，1985。
⑦ 《资治通鉴》卷一九六，太宗贞观十六年九月条，第 6177 页。

其事，或许与募人家口有关。考虑到与之同属一个案卷的纠纷案亦涉及娶妻妾事（详见下文），文书可能反映的正是安西都护府户曹调查西州百姓妻妾以及募人家口的情况。

上列文书第（二）片是一残文尾，但第 5 行所记"闰六月六日受符"，值得注意。符乃上级官府下达给下级官府的公文，即"尚书省下于州，州下于县，县下于乡，皆曰符"。[①] 由此不难推断，安西都护府所受之符，当是来自中央尚书省下达的符。惜文书前部残缺，符文内容不得而知。但中央尚书省下达安西都护府的符，由录事司交付户曹处理，则符文所记之事，应在户曹管辖范围之内。而文书第（一）片所记内容，似又与清查户口有关。因此，笔者推测尚书省下达西州的符文，或与户口调查有关。

与上列两片文书同属一个案卷的《唐贞观年间西州高昌县勘问梁延台、雷陇贵婚娶纠纷案卷》（参见图版五），共存四片，兹录文如下：

（一）

（前缺）

1　实不是□压者。又 _____

2　媒度物，即应 _____

3　细审。答得款 称 ： _____

4　前辩所问，只遣 辩 _____

5　以直答，今既更同乞 从 _____

6　台母既款伏嫁女与 _____

7　得何财娉（？）仰具 _____

---

① （唐）李林甫等：《唐六典》卷一《三师三公尚书都省》，第 10—11 页。

8　嫁女与张干作妾□□□□□□

9　并已领讫，寻即婚了者。□□□□□□

10　夫□何处？仰实答。得款称：延台□□□□□□

11　□法义比为与□□□□□□

（后缺）

## （二）

1　雷陇贵年卅□□□□□

2　陇辩：被问娶阿 赵 □□□□□□

3　款称妻，二状从何为□□□□□

4　是 □□虞候府史杨玉□妻，雷媒媾 娶 □□□□□□□

5　作妾，陇时用绢五匹将充娉财，然 赵 □□□□□□□

6　更无亲眷，其绢无人领受。对雷□□□□□

7　□于是卖绢得钱，赵自回买衣物。□□□□

8　□是妾，娶来一十四年。前妻阿马□□□□□

9　□□□见自理，后娶阿尝之日，阿赵不是不□□□□□

10　□□□口挂言，今日因何顿讳？□□□□

11　□□□系囚，赵及阿尝俱在□□□□□

12　□□□□量各□□□□

13　□□□远□□□同买□□□□

14　下款，浪称是妇，准 如 □□□□□

15　妾名，陇岂能□□□□□

16　不敢妄陈，依实□□□□□

17　　　　　　贞□□□□□

（后缺）

（三）

（前缺）

1　梁台妄勘申不？

2　其雷陇以状问。实

3　心白。

4　　　　　　六日。

（四）

（前缺）

1　问娶 ▢▢▢▢

2　为 ▢▢▢▢

3　今复 ▢▢▢▢

4　心▢。

5　　　　▢▢①

因上揭文书钤有"高昌县之印"一方，故文书整理者拟题为《唐贞观年间西州高昌县勘问梁延台、雷陇贵婚娶纠纷案卷》（以下简称《纠纷案》）。其实，据第（三）片安西都护府户曹参军"实心"的判文，可知文书属安西府户曹案卷，而非高昌县案卷。文书之所以钤盖"高昌县之印"，乃是因涉案人（似为梁延台）属高昌县人，其娶妻妾事发生在高昌县，故安西府户曹需要高昌县协助调查。而高昌县在奉命调查完毕后，会把相关情况汇总并钤盖"高昌县之印"上报给安西府户曹。文书中出现"答得款[称]""得款称"之类的语句，表明并非直接审讯的原始记录。阿斯塔那 61 号墓所出《唐西州

---

① 唐长孺主编《吐鲁番出土文书》（图文本）第 3 册，第 319—321 页。

高昌县上安西都护府牒稿为录上讯问曹禄山诉李绍谨双方辩辞事》，[①]
与此颇为相似。该"辩辞"是高昌县综合审讯曹禄山、李绍谨二人
后，再牒上安西都护府的，故文书中多次出现"又问禄山得款"
"又问绍谨得款"等语，这与直接审讯的"辩辞"存在很大差异。[②]
此外，阿斯塔那 509 号墓所出《唐开元二十一年（733）西州都督府
案卷为勘给过所事》，第 50—67 行是高昌县为麴嘉琰请过所事上给西
州都督府户曹的解文，[③] 文中同样也出现"得保人麴忠诚等五人款"
"又问里正赵德宗款""依问弟嘉瓒得款""依问麴琰得款"之类的
用语。值得注意的是，该解文第 51—60 行亦钤盖"高昌县之印"三
处，但已非高昌县案卷，而属西州都督府户曹案卷。《纠纷案》亦是
如此。

《纠纷案》提及"台母""延台"等数人，据第（三）片户曹参
军"实心"判辞"梁台妾勘申不？其雷陇以状问。实心白。六日"，
知"延台"即梁延台。判辞一是询问有关梁延台妾的勘问状是否申
上，二是令属下以状勘问雷陇贵。可见，梁延台妾之案本由户曹审
理，但有些问题并不清楚，故要其所在之高昌县协助审讯。高昌县接
到指令后，即对梁延台妾及相关人员展开调查，然后再把审理调查结
果钤盖"高昌县之印"申上户曹。因此，《纠纷案》第（一）片，极
有可能就是高昌县申上安西都护府户曹的公文。文书第 4 行所记"前
辩所问"，即表明在此之前曾经有过一次审讯。推测高昌县有关审案
结果的公文，在"六日"这天还未上呈安西府户曹，故户曹参军

---

① 唐长孺主编《吐鲁番出土文书》（图文本）第 3 册，第 242—247 页。
② "辩辞"一般有一套规范的程序：首先是辩者的姓名、年龄及画押，然后是"某辩：
被问……谨审……被问依实谨辩"等内容，接下来要写明具体的时间年月，最后才是主审判
官的判辞。
③ 唐长孺主编《吐鲁番出土文书》（图文本）第 4 册，文物出版社，1996，第 286—
287 页。关于该文书性质属解文的分析与判断，可参拙文《唐代解文初探——以敦煌吐鲁番
文书为中心》，《西域研究》2018 年第 4 期；最后修订稿收入拙编《吐鲁番出土文书新探》，
武汉大学出版社，2019，第 155—185 页。

"实心"才会有此一问："梁台妾勘申不？"

《纠纷案》第（二）片乃雷陇贵的辩辞，内容相对完整，反映的是官府针对雷陇贵妾阿赵前称妾、后称妻二状不一，然后再向雷本人询问的情况。雷陇贵回答说，阿赵是他十四年前经虞候府史杨玉□妻做媒所娶之妾。雷还提及他的"前妻阿马"，这里既称"前妻"，估计已出离。其后，雷又娶了阿尝，但具体情况不是很清楚。最后，雷陇贵指出，阿赵"浪称是妇"有假，其真实身份应为妾。据第（三）片"实心"的判辞"其雷陇以状问"，知雷陇贵直接由户曹审讯，而户曹对雷陇贵的讯问，显然发生在"实心"做出批示之后。换言之，《纠纷案》第（三）片应在第（二）片之前。

《纠纷案》第（四）片残剩数字，但从书法及文书格式看，与前引诸片"实心"的判辞完全一致，且第4行存一"心"字，当即安西府户曹参军"实心"，其后所缺乃"白"字，即"实心白"，第5行所缺二字应即某日。据此，本片亦为户曹参军"实心"的判辞无疑。由第1行"问娶"二字推知，此判辞当与上述婚姻纠纷案有关。

根据以上考证，《纠纷案》四片前后顺序应做如下调整：（三）在前，（二）其次，（一）居三，（四）因无法判明时间，暂列最后。

总之，通过以上分析，可以肯定，前揭《唐贞观十七年（643）符为娶妻妾事》与《唐贞观年间西州高昌县勘问梁延台、雷陇贵婚娶纠纷案卷》，显然都是安西都护府户曹审理有关西州百姓妻妾事务的案卷，可统一拟题为《唐贞观十七年（643）闰六月安西都护府户曹案卷为梁延台、雷陇贵等妻妾事》。

由《纠纷案》所记还可看出，梁延台、雷陇贵娶妾都发生在本案审理之前，雷陇贵娶阿赵甚至远在十四年前，属麹氏高昌统治时期。户曹审案的关键，主要还在于弄清她们的真实身份是妻还是妾。唐代妻和妾名分不同，地位亦不一样，二者不得随便相混。唐朝法律规定，以妻为妾或以妾为妻者，处以一年半至两年的徒刑。[①] 户曹参军虽有如前引"凡男女婚姻之合，必辨其族姓，以举其违"之职责，但梁、雷等婚娶事都发生在贞观十七年之前，而且也不涉及"辨其族姓"之事，则本案当与此无关。再联系户曹其他职掌，与本案有关的，就只有户籍、计帐了。

唐代的手实、户籍等籍帐，都要详细写明每家每户的户主及其成员的基本情况，如姓名、年龄、性别、丁中老小、身份及与户主的关系等等。户主既有妻又有妾的，均须如实标明。如吐鲁番哈拉和卓1号墓所出《唐西州高沙弥等户家口籍》记载，户主孟海仁年龄四十四岁，任县史，有妻姓史，年二十七岁，有妾姓高，年二十八岁，其妾年龄比妻大。[②] 又哈拉和卓39号墓所出《唐永徽二年（651）后某乡户口帐（草）》中，第（一）片所记皆为女口，分别有丁寡、丁妻、丁妾、笃疾妻等，其中丁妾二口。[③] 由此可见，对妻、妾分别记录和统计，是籍帐的主要内容之一。

因此，贞观十七年闰六月安西都护府户曹审理梁延台、雷陇贵等妻妾案，与同年六月户曹勘问延随行踪案一样，实际上都是在清查当地的户口。更何况二案皆发生在贞观十七年，一为六月，一为闰六月，前后衔接，又同为安西都护府户曹审理，且审案内容都与人口调查有关，二者明显同属安西府户曹案卷。据此不难推断，本章开篇所引有关延随行踪案的大谷文书，亦有可能同出于吐鲁番阿斯塔那209号墓。

以上有关贞观十七年安西都护府户曹案卷的讨论，使笔者联想到吐鲁番出土的数十件唐西州诸乡户口帐。其中阿斯塔那103号墓所出《唐贞观十八年（644）三月西州高昌县武城等乡户口帐》，为诸乡户

---

① （唐）长孙无忌等：《唐律疏议》卷一三，第256页。
② 唐长孺主编《吐鲁番出土文书》（图文本）第2册，第10页。
③ 唐长孺主编《吐鲁番出土文书》（图文本）第3册，第59页。

口帐中有纪年之最早者。① 唐长孺先生在《唐西州诸乡户口帐试释》一文中，对吐鲁番所出诸乡户口帐有过精深的研究。② 朱雷先生更在唐先生已有研究基础上，归纳总结出了贞观十八年的"乡帐式"，其中相关内容引录如下："合当乡去年帐后已来户口新旧老小良贱见输白丁并皆依实后若漏妄联署之人依法罪谨牒。"③ 据此，贞观十八年高昌县诸乡户口帐，就是在贞观十七年帐后的基础上，根据当年的户口变化重行登记为帐的。遗憾的是，有关贞观十七年的户口帐迄今尚未发现。不管怎样，贞观十八年西州诸乡户口帐的出现，说明官府在当地进行了户口调查，这与贞观十七年安西都护府户曹审理延陁行踪案、梁延台与雷陇贵等妻妾案，可以说是前后相关联的，这并非偶然巧合。综合观之，笔者有理由做出这样的推断，贞观十七年西州官府很有可能对当地户口进行了全面清理、调查。

吐鲁番阿斯塔那78号墓所出《唐贞观十四年（640）西州高昌县李石柱等户手实》，是唐平高昌、置西州后首次对当地户口、田亩进行的调查记录。④ 为了削弱高昌旧有大族势力，加强对西州的控制，唐太宗下令把高昌王室、大族豪右及一般百姓迁入中原，并安置在长安和洛州一带。⑤ 据《资治通鉴》卷一九五，侯君集献俘是在贞观十四年十二月丁酉（初五），⑥ 高昌大族豪右及一般百姓迁入内地，当在此后。这批人户究竟有多少，史无明载，但高昌原有的户口及田亩

---

① 唐长孺主编《吐鲁番出土文书》（图文本）第 2 册，第 121 页。
② 唐长孺：《唐西州诸乡户口帐试释》，唐长孺主编《敦煌吐鲁番文书初探》，武汉大学出版社，1983，第 126—216 页。
③ 朱雷：《唐代"乡帐"与"计帐"制度初探》，《敦煌吐鲁番文书论丛》，第 169—170 页。
④ 唐长孺主编《吐鲁番出土文书》（图文本）第 2 册，第 43—44 页。
⑤ 参见陈国灿：《跋〈武周张怀寂墓志〉》，《魏晋南北朝隋唐史资料》第 2 期，1980；又收入氏著《陈国灿吐鲁番敦煌出土文献史事论集》，第 189—199 页。朱雷：《龙门石窟高昌张安题记与唐太宗对麴朝大族之政策》，《敦煌吐鲁番文书论丛》，第 89—96 页。本书第二章"唐初西州的人口迁移"。
⑥ 《资治通鉴》卷一九五，第 6159 页。

占有状况，势必会因他们的内迁而发生变化。贞观十六年正月，唐朝把全国犯死罪者发配西州为户，犯流刑者为兵戍守，目的是充实和加强西州的力量。镇兵、罪犯及其家属与高昌旧民混处杂居，这带来了新的户口统计和田亩分配的问题。据《资治通鉴》卷一九六记，贞观十六年正月，唐太宗还下敕检括天下"浮游无籍者"，要求"限来年末附毕"。对此，胡三省注称："附者，附籍也。"① 如果胡注不误，则贞观十七年当为造籍之年。但唐制"造籍以季年"，即在丑、辰、未、戌之年，② 而贞观十七年为癸卯年，与此并不相合，或造籍时间曾经发生过变化，此点暂存疑待考。

同在贞观十六年正月，太宗于乙丑日下《巡抚高昌诏》，诏文称：

> 宜遣五品一人，驰驿往西州宣扬朝旨，慰劳百姓，其僧尼等亦宜抚慰。高昌旧官人并首望等，有景行淳直，及为乡闾所服者，使人宜共守安西都护乔师望景［量］拟骑都尉以下官奏闻，庶其安堵本乡，咸知为善。彼州所有官田，并分给旧官人、首望及百姓等。自大军平定以后，有良贼被配没及移入内地之徒、逃亡在彼及藏隐未出者，并特免罪，即任于彼依旧附贯。使人仍巡问百姓，有病患者，量给医药，老病茕独粮食交绝者，亦量加振给。③

诏文反映了唐廷对西州治理问题的重视。所谓"彼州所有官田"，除高昌国原有公田外，还应包括那些被配没及移入内地人户的土地。对其中逃亡在当地及隐藏不出的人，诏文明言"并特免罪"，

---

① 《资治通鉴》卷一九六，太宗贞观十六年正月条，第6175页。
② （唐）李林甫等：《唐六典》卷三《尚书户部》，第74页。
③ （唐）许敬宗编，罗国威整理《日藏弘仁本文馆词林校证》，第249页。诏文时间，参见〔日〕池田温编《唐代诏敕目录》，第39页。按，此处标点不尽从原点校本。

并要他们在西州"依旧附贯"。从某种意义上讲，这些人也属于"浮游无籍者"。对他们的安排和处置，自然是西州官府需要解决的问题之一。

有趣的是，据前引《新唐书·太宗本纪》，朝廷先遣使安抚西州，然后才徙天下死罪囚充实西州，这些都发生于贞观十六年正月。显然，前者是在为后者预做准备。但罪犯所在诸州距西州有远近之别，他们来到西州的时间也都不同。这就给贞观十六年的西州户口统计带来一定困难。而且，该年底西州还遭到了西突厥的袭扰，战争的破坏和影响也会造成一定程度的人口死亡与流移。前揭天山县妇女郭阿胜因"突厥寇抄"而流移到高昌县，即是如此。到了贞观十七年，西突厥已被安西都护郭孝恪率军击退，西州局势回归正常，由内地诸州前来西州为户的罪犯及其家属，也已安置就绪。于是，在西州出现了"高昌旧民与镇兵及谪徙者杂居"的人口新格局，对这些人进行全面调查和统计，就成为西州官府需要着手开展的重要工作。

还需特别指出的是，在郭孝恪于贞观十六年九月由凉州都督转任安西都护兼西州刺史之前，唐朝在西州实行的是一种"二元分治"的管理体制，即安西都护府与西州州府并存于西州，一治军，一理民，二者互不统属。然而，这种"二元分治"管理体制并不利于西州的统一管理，也不能很好地应对复杂多变的西域形势。尤其在贞观十五、十六年，西突厥乙毗咄陆可汗向东进逼，焉耆又在西突厥的胁迫和控制之下与唐为敌，从而对唐朝在西域的统治构成严重威胁。在此情况下，唐朝对西州原有管理体制做出调整，于贞观十六年九月调凉州都督郭孝恪北上，担任安西都护兼西州刺史，并扩大其权限，令其统管西、伊、庭三州诸军事。郭孝恪赴任后，把安西都护府治所从交河迁至高昌，与原西州州府合二为一，统管西州一切事务，实施"军政合一"的一元化管理模式，以便能集中力量抗御西突厥的东进，稳固唐初在西域东部建立起来的统治秩序。①

上文业已指出，郭孝恪由凉州到达西州的时间，当为贞观十六年十月。其后，他把都护府治所从交河迁到高昌，并率轻骑自乌骨道击退西突厥的进犯，接着又率军解天山县之围，还"乘胜进拔处月俟斤所居城，追奔至遏索山，降处密之众而归"，这一连串的行动显然都需要时间。因此，西州真正稳定下来并回归正常，恐怕已是贞观十七年初的事情了。从这个意义上讲，贞观十七年六月，安西都护府户曹在西州开展一系列的户口统计调查工作，当是郭孝恪在成功解除外患之后，转而致力于西州内政建设的一个重要举措。因为在西州境内，存在高昌旧民、镇兵、谪徙者杂居混处的情况，同样也需要妥善处理，史称："高昌旧民与镇兵及谪徙者杂居西州，孝恪推诚抚御，咸得其欢心。"② 所谓"推诚抚御，咸得其欢心"，说明郭孝恪的西州治理取得了很大成功。而本章所讨论的贞观十七年安西都护府户曹案卷，亦可与史籍记载相互印证。

综上所述，可总结归纳如下。通过考证分析可以确认，日本大谷探险队在吐鲁番所获《唐贞观十七年（643）西州奴俊延妻孙氏辩》（大谷 2831、1013、1037、1254、1419、1256 诸号文书断片），与吐鲁番阿斯塔那 209 号墓所出《唐贞观十七年（643）符为娶妻妾事》《纠纷案》等，同属唐贞观十七年安西都护府户曹案卷，故而大谷 2831、1013、1037、1254、1419、1256 号等六件残片，极有可能亦出自阿斯塔那 209 号墓。从该户曹案卷看，贞观十七年六月、闰六月，安西都护府户曹在西州展开了一系列的户口清理与调查工作，这表明安西都护府已接管西州地方民政事务，在盆地行使正常的行政管理职能。显然，此前安西都护府与西州州府之间军政分开的"二元分治"

---

① 参见本书第一章"唐初对西州的管理——以安西都护府与西州州府之关系为中心"。

② 《资治通鉴》卷一九六，第 6177 页。

管理模式，已转变为"军政合一"的一元化管理体制，这是唐朝西州治理体系的一个重要改变。在这一转变过程中，郭孝恪无疑是值得重视的关键人物。他从凉州调到西州后，对外积极防御，主动出击，打退外敌进犯，确保西州安全；对内则担当作为，推诚抚御，妥善处理好西州境内杂居的高昌旧民、镇兵、谪徙者之间的关系，取得"咸得其欢心"的显著成效。此后，西州能够成为唐朝经营西域的前沿根据地与稳固大后方，郭孝恪的治理之功值得充分肯定。

# 第四章

# 从吐鲁番出土文书看
# 唐高宗咸亨年间的西域政局

学术界一般认为，唐高宗咸亨元年（670），由于吐蕃大举进犯西域，唐朝被迫罢弃安西四镇，并撤安西都护府回西州。少数学者对此持有不同看法，如郭平梁先生认为，《阿史那忠墓志》只字未提"罢四镇"之事，当时的四镇可能只是遭受了一次围困，并未被放弃。[①] 又杨建新先生认为，咸亨元年唐罢四镇，只是撤四镇之兵及其机构，吐蕃并未占据南疆，唐朝通过西域四都督府，仍控制着西域地区。[②] 郭、杨二位先生的见解，启发笔者进一步思考唐高宗咸亨年间的西域政局及其变化，今在前贤已有相关研究基础上，依据吐鲁番等地出土文书，并结合相关传世文献和碑刻墓志，对此问题再做探讨。

---

[①] 郭平梁：《阿史那忠在西域——〈阿史那忠墓志〉有关部分考释》，《新疆历史论文续集》，新疆人民出版社，1982，第182—193页。

[②] 杨建新：《唐代吐蕃在新疆地区的扩张》，《西北史地》1987年第1期。

一

吐鲁番阿斯塔那 29 号墓所出的《唐咸亨三年（672）新妇为阿公录在生功德疏》（参见图版六），是一件长达 94 行的文书，兹摘录与本论题相关的数行文字如下：

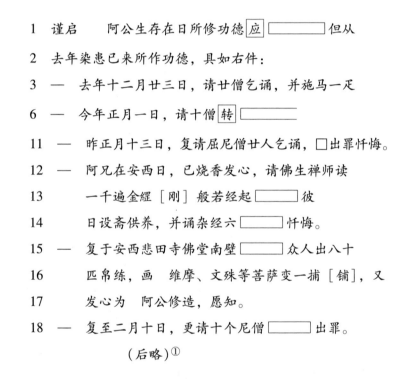

1　　谨启　　阿公生存在日所修功德 [应] [　　　] 但从

2　　去年染患已来所作功德，具如右件：

3　　—　去年十二月廿三日，请廿僧乞诵，并施马一疋

6　　—　今年正月一日，请十僧 [转] [　　　]

11　　—　昨正月十三日，复请屈尼僧廿人乞诵，□出罪忏悔。

12　　—　阿兄在安西日，已烧香发心，请佛生禅师读

13　　　　一千遍金經 [刚] 般若经起 [　　] 彼

14　　　　日设斋供养，并诵杂经六 [　　] 忏悔。

15　　—　复于安西悲田寺佛堂南壁 [　　] 众人出八十

16　　　　匹帛练，画　维摩、文殊等菩萨变一捕 [铺]，又

17　　　　发心为　阿公修造，愿知。

18　　—　复至二月十日，更请十个尼僧 [　　] 出罪。

（后略）①

据文书，"阿公"染患时间在咸亨二年，"新妇"记录其家所做功德始于该年的十二月二十三日。值得注意的是，新妇的"阿兄"在"安西"所做的两件功德：一是请佛生禅师读一千遍《金刚般若经》，并设斋供养，诵杂经若干；二是于安西悲田寺佛堂南壁画维摩、文殊

————————

① 唐长孺主编《吐鲁番出土文书》（图文本）第 3 册，第 334—335 页。

等菩萨变一铺。按本件文书出土于吐鲁番，"阿公""新妇"都是西州人，且"阿兄"即"新妇"的丈夫，这些应该都没有疑问。问题是"阿兄"所在的"安西"具体是指什么地方，是指西州本地，还是指西州之外的某个地方，并不清楚，颇值探究。

贞观十四年，唐平高昌，于其地置西州，并设安西都护府于交河城，贞观十六年九月后迁至高昌城；高宗显庆三年五月，随着西突厥阿史那贺鲁叛乱被平定，西域形势趋于稳定，唐朝始迁安西都护府于龟兹，西州改为西州都督府。[①] 因西迁后的安西都护府治于龟兹王城，即唐代伊逻卢城（今库车皮朗古城），[②] 故龟兹王城又常被称为"安西"，这在敦煌吐鲁番文书中多有明确记载。[③] 此外，有一现象还颇值关注，即上列文书所记诸功德，多详书具体月、日，惟"阿兄"在"安西"所做两件功德，并未记具体时间，仅系于咸亨三年正月和二月之间，这种特殊的区分写法也可证"阿兄"本人并不在西州。[④] 因此，"阿兄"所在之"安西"，是指安西都护府所在地龟兹王城，而非西州，应该是可以肯定的。至于"阿兄"做功德时间，据该文书第19—29 行记载，"阿公"亡于咸亨三年二月初八，第16—17 行记

① （宋）王溥：《唐会要》卷七三《安西都护府》，第 1568 页；《资治通鉴》卷二〇〇，高宗显庆三年五月条，第 6309 页。参见本书第一章"唐初对西州的管理——以安西都护府与西州州府之关系为中心"。

② 参见黄文弼《略述龟兹都城问题》，《文物》1962 年第 7、8 期；又收入氏著《西北史地论丛》，上海人民出版社，1981，第 261—267 页。

③ 如吐鲁番所出《唐麟德二年（665）赵丑胡贷练契》《唐支用钱练帐一》《唐支用钱练帐二》《唐高宗某年西州高昌县左君定等征镇及诸色人等名籍》[唐长孺主编《吐鲁番出土文书》（图文本）第 3 册，第 213、225—226、227、387 页] 及敦煌所出伯 2754 号《唐安西判集》（唐耕耦、陆宏基编《敦煌社会经济文献真迹释录》第 2 辑，第 610—614 页。根据文书内容，此判集应是西州都督府的判集，而非安西都护府的判集。关于此点，当另文讨论）等有关"安西"的记载。需要说明的是，唐代文献和敦煌吐鲁番文书中所记的"安西"，大体上有广义和狭义两方面的内涵，广义的"安西"包括安西都护府直接管辖下的四镇，狭义的"安西"既指安西都护府的所在地龟兹王城，又指龟兹地区。关于此点，可参华涛《西域历史研究（八至十世纪）》（上海古籍出版社，2000，第 40—41 页）一书对"安西"的解释。

④ 此点承荣新江先生教示，谨此鸣谢！

"阿兄"等"又发心为阿公修造，愿知"云云，可知"阿兄"所做功德，并在"阿公"未亡之时，其大致时间当在咸亨二年末至三年二月初八之间。"阿兄"在龟兹的具体身份为何，尚不清楚。文书第15—16行记"阿兄"在安西悲田寺与"众人"出帛练八十匹，并画维摩、文殊等菩萨变一铺。这里的"众人"同样值得注意，他们显然与"阿兄"关系密切，很有可能也是来自西州。若此推论不误，则当时在龟兹活动的西州人并不少见。从"新妇"所录诸功德看，此家曾向寺院捐献大量财物，当是西州的殷富之家。按"阿公"染患在咸亨二年末，则"阿兄"前往安西的时间更在此之前。那么，身在安西的"阿兄"如何知道"阿公"染患的消息呢？而"阿兄"在安西所做的两件功德，"新妇"又是如何获悉的呢？揆诸情势，唯一的渠道与方式，就是通过书信往来或行人的口信传达。果若是，则西州与龟兹两地之间的交通明显是顺畅的，联系也是密切的。如果龟兹已为吐蕃所占，安西都护府又退回西州的话，龟兹与西州之间的交通还能如此顺畅吗？更何况，龟兹王城之所以得名"安西"，乃因安西都护府治于该城。如果安西都护府已撤回西州，龟兹王城还能被称为"安西"吗？

那么，唐高宗咸亨年间的西州建制有无变化？安西都护府是否迁回了西州呢？贞观至显庆年间（640—658）安西都护府驻于西州之时，安西都护自郭孝恪始，一般例兼西州刺史，此后的柴哲威、麹智湛率皆如此，没有例外。[①] 显庆三年五月安西都护府由西州迁往龟兹后，西州改为西州都督府，原安西都护麹智湛改官西州都督。《册府元龟》卷九六四《外臣部·封册二》载：

> （显庆三年）五月，以左骁卫大将（军）兼安西都护、天山县公麹智湛为西州都督，统高昌之故地。[②]

① 参见本书第一章"唐初对西州的管理——以安西都护府与西州州府之关系为中心"。
② （宋）王钦若等编《册府元龟》，第 11340 页。

又《旧唐书》卷一九八《西戎·高昌传》载："智湛，麟德中终于左骁卫大将军、西州刺史。"[①]复据近年西安出土《唐尼真如塔铭》，尼真如父麴智湛官为"皇朝左骁卫大将军、西州都督、上柱国、天山郡开国公"，[②]足证从显庆三年五月到麟德年间这一段时期，麴智湛一直担任西州都督兼西州刺史。又神龙年间的西州都督邓温，其官衔为"使持节都督西州诸军事、西州刺史"。[③]可见，西州都督兼西州刺史乃是常例，诚如岑仲勉先生所指出："余按隋、唐间总管或都督，略与后来节度使同，率兼驻在州之刺史。"[④]

如果咸亨元年以后安西都护府确已撤回西州，那么西州将会面临都护府、都督府两套机构如何处置的问题。黄惠贤先生对此有如是判断："按常例都护与都督不并置于高昌。"[⑤]王小甫先生则认为："大量史实表明，每当安西都护府迫于形势迁回西州时，西州都督府建制便改为州而由都护兼领。"[⑥]但王先生并未举出任何史实例证对此加以说明。李方先生则提出新解，认为安西都护府退治西州时，都护府与都督府可以并存于西州，都护府行使最高军政权力，都督府只是行使政府职责，二者不存在矛盾和冲突。[⑦]不过，从目前所知吐鲁番出土唐代官文书情况看，无论是安西都护府还是西州都督府，都曾在西州行使过最高军政管辖职权，二者同时存在的可能性并不大，也未见有这方面的文书例证。至于王小甫先生的观点，尚未找到文献和文书方面的依据。因此，笔者比较认同黄惠贤先生的看法。

---

① 《旧唐书》，第 5296—5297 页。
② 杨兴华：《西安曲江发现唐尼真如塔铭》，《文博》1987 年第 5 期。
③ 李思宇、樊维岳：《蓝田县出土唐故忠武将军右卫率邓温墓志铭》，《文博》1993 年第 3 期。
④ 岑仲勉：《通鉴隋唐纪比事质疑》"都督与刺史"条，第 44 页。
⑤ 黄惠贤：《〈唐西州高昌县上安西都护府牒稿为录上讯问曹禄山诉李绍谨两造辩辞事〉释》，唐长孺主编《敦煌吐鲁番文书初探》，第 363 页注释⑥。
⑥ 王小甫：《唐、吐蕃、大食政治关系史》，北京大学出版社，1992，第 53 页。
⑦ 李方：《唐西州行政体制考论》，第 31 页。

吐鲁番阿斯塔那 19 号墓所出《唐上元三年（676）西州都督府上尚书都省状为勘放还流人贯属事》，①上钤"西州都督府之印"数方，说明唐高宗上元三年西州是都督府建制，而非都护府建制。又吐鲁番所出《唐仪凤三年（678）度支奏抄·四年金部旨符》，②尚书省仪凤四年正月下达西州的符文中，径称"西州主者，奉旨如右"，亦可进一步证明这一时期的西州并不存在都护府建制。因为如果此时西州是都护府建制，安西都护府在西州行使最高军政权力，就应该如阿斯塔那 221 号墓所出《唐贞观廿二年（648）安西都护府承敕下交河县符为处分三卫犯私罪纳课违番事》中所记的"安西都护府主者"，③而非"西州主者"了。又吐鲁番所出《唐调露二年（680）西州牒为征收折冲阙职仗身钱事》，残存文书六片，其中第三片上钤"西州都督府之印"，④同样反映了西州都督府建制的存在。由此可见，从上元三年到调露二年，西州都督府一直在西州行使最高军政权力，安西都护府不可能与西州都督府并存于西州。不仅如此，吐鲁番阿斯塔那 61 号墓所出《唐西州高昌县上安西都护府牒稿为录上讯问曹禄山诉李绍谨双方辩辞事》（以下简称《牒稿》），⑤还可进一步证明唐高宗咸亨年间安西都护府仍驻于龟兹，并未退回西州。

《牒稿》年代上限在总章元年或二年，下限在咸亨四年三月末；⑥其成稿时间当在咸亨二年，李绍谨向曹禄山兄借绢事，则发生在咸亨

---

① 唐长孺主编《吐鲁番出土文书》（图文本）第 3 册，第 269—270 页。

② 录文参见大津透、榎本淳一「大谷探检队吐鲁番将来アンペラ文书群の复原——仪凤三年度支奏抄·四年金部旨符——」『東洋史苑』第 28 号、1987。

③ 唐长孺主编《吐鲁番出土文书》（图文本）第 3 册，第 304 页。

④ 荣新江、朱玉麒主编《黄文弼所获西域文书》，中西书局，2023，录文第 40—42 页，图版第 280—282 页。

⑤ 唐长孺主编《吐鲁番出土文书》（图文本）第 3 册，第 242—247 页。

⑥ 参见黄惠贤《〈唐西州高昌县上安西都护府牒稿为录上讯问曹禄山诉李绍谨两造辩辞事〉释》，唐长孺主编《敦煌吐鲁番文书初探》，第 353—354 页；李方《唐西州上佐编年考证——唐西州官吏考证（二）》，《敦煌吐鲁番研究》第 2 卷，北京大学出版社，1997，第 191—192 页。日本学者荒川正晴先生更进一步指出文书的上限在咸亨元年四月，参见荒川正晴「唐帝國とソグド人の交易活动」『東洋史研究』第 56 卷第 3 号、1997、第 188 页。

元年二月以前。① 《牒稿》第（一）片第 3 行记"高昌县　牒上安西都护府"，第 5 行称"□□上件人辞称向西州长史（后缺）"，这种"安西都护府"与"西州长史"的区分写法，值得注意。换言之，安西都护府与西州官府两个机构在当时是同时存在的。有学者认为，该文书可以证明咸亨元年四月至咸亨二年安西都护府撤回了西州。② 然仔细考察文书内容，尚得不出这样的结论。首先，从地名称谓看，文书第（一）片记录了曹禄山的诉辞，他在诉辞中并未称龟兹为"安西"，或因其"身是胡，不解汉语"。而在其后高昌县具体审案过程中，龟兹一称不再出现，曹禄山和李绍谨的辩辞都统一称"安西"，这当与官府判案须统一称谓有关。显然，文书中多次出现的"安西"，都指龟兹，具体是指安西都护府所治之龟兹王城，而非西州。曹禄山在诉辞中说，李绍谨在弓月城向其兄举取二百七十五匹绢，然后二人同往龟兹，其兄身边带有不少财物，但后来李绍谨到了龟兹，其兄却不至。曹禄山回答官府的辩辞与诉辞中的内容基本相同，都是说李绍谨向其兄贷练，然后相逐向安西（龟兹），可是其兄不至安西，"所以陈诉，更无（他意）"。③ 文书第（三）片第 8—9 行所记"李三（即李绍谨）今至安西，兄不到来，任勘（其不到来）所由者"，也是讲李绍谨到了龟兹，而其兄不至的情况，所以要勘问李绍谨其兄为何不至。可以肯定，文书中的"安西"，都是指龟兹王城。如果"安西"一称既指龟兹又指西州的话，则整个文书内容就无法准确理解了，更何况，官府判案也不会容许这种一称代指两地的情形出现。其次，文书第（一）片第 5 行记曹禄山的诉辞是递上给"西州长史"的，表明他是在西州起诉李绍谨。如果安西都护府此时驻于西州，曹禄山状告李绍谨，其诉辞应直接递给安西都护府，而非"西州长史"。

① 参见王小甫《唐、吐蕃、大食政治关系史》，第 72—73 页。
② 王小甫：《唐、吐蕃、大食政治关系史》，第 72 页。
③ 按，引文中括号内容文字，原文书无，乃笔者据文书上下文意推补，下同。

因李绍谨向其兄借绢事发生在弓月城，属安西都护府正常管辖范围之内，由安西府断案理所当然。此点实可证当时的安西都护府并不在西州。最后，文书第（四）、（六）两片是李绍谨的辩辞，<sup></sup>① 叙其从弓月城行百余里，即遇二月内发自安西的四位使人，四人在途中"为突厥劫夺弓箭、鞍马"，其中二人是派往箫乡军的，可能与李绍谨相识（因李为安西司马的女婿）。所以，李绍谨请求高昌县牒安西，勘检去年派往箫乡军的两名使人，即可知当时是否有胡人与之相伴而行，这就是文书第（六）片第4—5行所记的"是二月内发安西。请牒安西捡去年（中缺）使向刘监箫乡军使人，问有胡（共相逐否）"。这里的两个"安西"，前者是指作为地理名称的安西都护府所在地龟兹王城，后者是指作为机构名称的安西都护府，如唐麟德年间的敦煌文书伯2754号《唐安西判集》"奉判裴都护左右私向西州事"条中，所记"久牒安西，伫思返报""既曰边兵，尤兹谨慎，牒安西急报"等，<sup></sup>② 都是指作为机构名称的安西都护府。二者性质虽不一样，但都用同一名称，显然与龟兹有关。因此，高昌县之所以要"牒上安西都护府"，很可能与李绍谨的请求有关，同时也与本案的原告、被告、知见人不是西州高昌县人（而是京师长安人），以及弓月城属安西都护府的辖区，高昌县需要越级备案有关。<sup></sup>③ 总之，根据文书内容，还看不出咸亨元年四月以后安西都护府已迁回西州的迹象。那么，为什么曹禄山不在龟兹而要到西州来状告李绍谨呢？这应当与咸亨元年吐蕃大举进犯西域，导致西域政局不稳有关。曹禄山、李绍谨等胡、汉商人都纷纷退回西州，可充分说明此点。实际上，文书中"是二月内发安西。请牒安西捡去年"这一记载，足以表明咸亨二年安西都护府

---

① 两片文书内容虽相近，但从图版看，似无拼合的痕迹。

② 唐耕耦、陆宏基编《敦煌社会经济文献真迹释录》第2辑，第610—614页。

③ 参见黄惠贤《〈唐西州高昌县上安西都护府牒稿为录上讯问曹禄山诉李绍谨两造辩辞事〉释》，唐长孺主编《敦煌吐鲁番文书初探》，第353页。

并不在西州，而仍在龟兹。这与前揭《唐咸亨三年（672）新妇为阿公录在生功德疏》记咸亨二、三年时，"安西"一称仍然存在，是完全吻合的。

吐鲁番阿斯塔那 35 号墓所出的《唐咸亨四年（673）西州前庭府杜队正买驼契》，[①] 是西州前庭府队正杜某于咸亨四年十二月十二日，用练十四匹向康国兴生胡康乌破延买驼一头所立的私契。契文第 11 行记保人为"都护人毅"，颇值注意。按康国乃昭武九姓胡人在中亚所建之国，唐朝于高宗显庆三年在其国设置康居都督府，以其王拂呼缦为都督，[②] 隶安西都护府。[③] 因此，文书中充当保人的"都护人毅"，应即安西都护府辖下的有关人员。这无疑表明咸亨四年时安西都护府建制仍然存在，此时的安西府应当驻于龟兹，而非西州。

另外，吐鲁番哈拉和卓 103 号墓所出《唐自书历官状》第 1—2 行记："从咸亨三年简点蒙补旅帅已来，至四年中从果毅薛逖入疏勒，经余三年以上。"[④] 联系咸亨四年唐派鸿胪卿萧嗣业发兵讨弓月、疏勒的史实，[⑤] 荣新江先生认为，《唐某人自书历官状》所记果毅薛逖和旅帅本人，应即萧嗣业西征的西州折冲府兵将。《唐某人自书历官状》证明萧嗣业西征的确切时间是咸亨四年中，萧嗣业进军的目标之一是疏勒，而且唐军确实进入了疏勒，并取得了胜利。[⑥] 问题是，萧嗣业所率唐军是如何进入疏勒的呢？如果龟兹不在唐手，唐军首先得拿下龟兹，方能取道龟兹进入疏勒，否则只能翻越北疆南下，而这样的行

①　唐长孺主编《吐鲁番出土文书》（图文本）第 3 册，第 485 页。
②　（宋）王溥：《唐会要》卷九九《康国》，第 2105 页；参见吴玉贵《唐代西域羁縻府州建置年代及其与唐朝的关系》，《新疆大学学报》（哲学社会科学版）1986 年第 1 期。
③　《唐会要》卷七三《安西都护府》记显庆二年唐朝平定阿史那贺鲁之叛后，以"其所役属诸胡国，皆置州府，西尽于波斯，并隶安西都护府"（第 1567 页）。
④　唐长孺主编《吐鲁番出土文书》（图文本）第 3 册，第 302 页。
⑤　《资治通鉴》卷二〇二，高宗咸亨四年十二月条，第 6371—6372 页。
⑥　荣新江：《吐鲁番文书〈唐某人自书历官状〉所记西域史事钩沉》，《西北史地》1987 年第 4 期。

军路线恐怕是很难想象的。考虑到该年"都护人毁"的记载，可以推定唐军是经由龟兹进入疏勒的。换言之，咸亨四年，龟兹仍在唐朝的控制之下，安西都护府仍驻于该地，并未退回西州。

法国伯希和氏在库车都勒都尔·阿护尔遗址所获的一件编号D. A91 的汉文文书，很有价值，兹引录如下：

（前缺）

1　　为家贫无物，伏望　都护详察□□────

2　　存馆路得济，请处分。

3　　□件状如前，谨牒。

4　　　　　上元三年三月　　　日捉□────

（后缺）①

关于该文书的年代及性质，笔者曾有初步探讨，认为文书中的"上元三年"是指唐高宗统治时期的上元三年（676），而非唐肃宗在位时的"上元三年"（762），因为肃宗"上元三年"实际并不存在。② 文书出土于库车，即唐代的龟兹，第1行所记"都护"，显然指当时驻于龟兹的安西都护府长官。此"都护"姓甚名谁，并不清楚，但至少表明唐高宗上元三年前后安西是有一任都护的，此可补史之缺。文书还昭示，唐高宗上元三年初，安西都护府在龟兹地区进行行之有效的管理。同在上元三年，西州都督府则在西州地区为流人之事行使自己的管辖职权。二者之间的关系是显而易见的，它们不可能并存于西州。

以上对吐鲁番等地所出文书的相关记载进行了初步的考察与探

---

① 〔法〕童丕、〔日〕池田温、张广达：《库车汉文写本》，巴黎，2000，第86页，图版91。Éric Trombert, Ikeda On et Zhang Guangda, *Les Manuscrits Chinois de Koutcha：Fonds Pelliot de la Bibliothèque Nationale de France*，Paris，2000，p. 86。

② 参见本书附录二《唐代安西、北庭两任都护考补——以出土文书为中心》。

讨，从中可以看出，咸亨二年、三年间，龟兹仍称安西，并有不少西州人在当地活动，西州与龟兹之间的交通是顺畅的，联系也是密切的；从咸亨初年至上元、调露年间，西州都督府建制一直存在，安西都护府并未迁回西州，仍驻于龟兹，龟兹始终在唐朝的有效控制之下。为何会出现这样一种情况？以下拟结合咸亨元年前后的西域形势，对此问题展开进一步的探讨。

## 二

唐朝在经营西域的过程中，遭到了来自青藏高原的吐蕃政权的挑战。唐高宗龙朔二年十二月，唐以苏海政为飐海道行军总管，率军讨龟兹及疏勒。因苏海政冤杀兴昔亡可汗阿史那弥射，弓月引吐蕃抗拒唐军，"海政以师老不敢战，以军资赂吐蕃，约和而还"。[①] 西突厥内部由此出现混乱，史称："由是诸部落皆以兴昔亡为冤，各有离心。继往绝寻卒，十姓无主，有阿史那都支及李遮匐收其余众附于吐蕃。"[②] 也就在龙朔二年，西突厥攻庭州，刺史来济战死。[③] 从此，西域形势因吐蕃的介入而趋于紧张。《资治通鉴》卷二〇一高宗龙朔三年十二月条载：

> 壬寅，以安西都护高贤为行军总管，将兵击弓月以救于阗。[④]

又同卷麟德二年闰三月条记：

① 《资治通鉴》卷二〇一，高宗龙朔二年十二月条，第6333页。
② 《资治通鉴》卷二〇一，高宗龙朔二年十二月条，第6333页。
③ 《资治通鉴》卷二〇一，高宗龙朔二年十二月条，第6333页。
④ 《资治通鉴》，第6339页。

> 疏勒、弓月引吐蕃侵于阗，敕西州都督崔知辩、左武卫将军曹继叔将兵救之。①

可见，龙朔、麟德年间西域战事不断。关于麟德二年西州都督崔知辩率军救于阗之役，敦煌、吐鲁番文书亦有若干反映，经过学者们的深入研究，情况已基本明朗。② 而龙朔三年十二月安西都护高贤率军击弓月以救于阗，其成败未见史籍记载。值得庆幸的是，出土文书及墓志对此透示了若干信息。吐鲁番所出《唐麟德元年（664）氾相达墓志》载：

> 君姓氾，名相达，高昌县人也。……遂蒙西讨，遇际寇掷，斯乃逆载前峰，损于胸首。以春秋卅有□葬于私第。以其麟德元年十一月十七日殁于西野。③

据志文，志主氾相达为西州高昌县人，曾参加过某次"西讨"之役，因冲锋在前，为敌所创而死，年仅三十几岁。按志主死于麟德元年十一月，则其参加"西讨"之役必在此前。根据前面的论述，麟德元年前西域曾有两次战事：一是龙朔二年苏海政率军讨龟兹及疏勒之役，二是龙朔三年高贤将兵击弓月以救于阗之役。史籍多把苏海政领导的飓海道行军系于龙朔二年十二月，④ 这与氾相达战亡时间相隔近两年，而安西都护高贤率军击弓月的时间，则与氾相达战亡时间相近。因

① 《资治通鉴》，第6344页。
② 参见荣新江《新出吐鲁番文书所见西域史事二题》，《敦煌吐鲁番文献研究论集》第5辑，第345—354页。陈国灿《唐麟德二年西域道行军的救于阗之役——对吐鲁番阿斯塔那四号墓部分文书的研究》，《魏晋南北朝隋唐史资料》第12期，武汉大学出版社，1993，第27—36页；后收入氏著《陈国灿吐鲁番敦煌出土文献史事论集》，第295—311页。
③ 侯灿、吴美琳：《吐鲁番出土砖志集注》，第521页。
④ 《资治通鉴》卷二〇一，高宗龙朔二年十二月条，第6333页；（宋）王钦若等编《册府元龟》卷四四九《将帅部·专杀》，第5324页。

此，所谓"西讨"，当指龙朔三年十二月唐军对弓月的征讨。又吐鲁番所出《唐刀柱柱墓志》记：

> 大唐故右戎卫□□副刀住（中缺）君讳柱柱……飑海道□□□营勇（中缺）史君明知阵□□越（中缺）简点立样，选（中缺）补（中缺）弓月鸱张（中缺）又布横阵□□野（中缺）死矸营事（中缺）阵当团（中缺）十一月归于（中缺）之□泣而（中缺）伤哽噎，其月（中缺）春秋卅有二，即（中缺）昌县北原，礼也。①

志文残损过甚，无法卒读，亦缺纪年。按志主刀柱柱隶于右戎卫，据《唐六典》卷二四《诸卫》左右领军卫条注称，龙朔二年改左右领军卫为左右戎卫，咸亨元年复旧，② 故知志文撰写时间当在龙朔二年至咸亨元年之间。文中所记"飑海道"，应指龙朔二年苏海政领导的飑海道行军。吐鲁番阿斯塔那 346 号墓所出《唐乾封二年（667）郭毡丑勋告》（参见图版七），③ 记西州募人郭毡丑参与飑海道行军，立有战功，被授勋官右护军。可见，西州人参与此次行军者不在少数。志文又叙及"弓月鸱张"，当指龙朔三年弓月的反叛进犯。因为该年十二月安西都护高贤率军击弓月以救于阗，显然就是对弓月进犯的反击。志文的后半部分，大意是讲志主刀柱柱死于战场，所谓"死矸营事"是也；十一月尸体运回西州，并于该月埋葬，年仅三十二岁。联系氾相达卒于麟德元年十一月，以及志文中"弓月鸱张"之记载，刀柱柱亦当死于麟德元年十一月前不久。二人的情形有若干相似之处，都是战死沙场，时间大致相当，死时都年仅三十几岁。综合两件志文

---

① 侯灿、吴美琳：《吐鲁番出土砖志集注》，第 648 页。
② （唐）李林甫等：《唐六典》，第 623 页。
③ 唐长孺主编《吐鲁番出土文书》（图文本）第 3 册，第 260—262 页。

可以推断，氾相达与刀柱柱都曾参加了龙朔三年十二月唐军的救援于阗之役，并战死于疆场，这在一定程度上反映了此次战争的残酷性。

敦煌文书伯2754号《唐安西判集》，亦对龙朔三年十二月的这次战争有一定反映。[①] 其中《奉判裴都护左右私向西州事》所记"裴都护"，即麟德年间担任安西大都护的裴行俭，[②] 文书反映的亦是这一时期西域之事。据文书第26—28行载："士达流类，合住高昌。详实台符，理难抑边。后属将军依请，云翅贼庭，都护图方，忽闻夺击，缘兹赴救，更请将行，别降 纶言，始谐所奏。准旨勒令上道，限日便到龟兹。"叙说西州士达等人曾被派往龟兹救援。又第43—44行载："去冬救援之初，恩敕即令发遣。"按西州都督崔知辩率军救援于阗，时为麟德二年闰三月，士达等人赴援龟兹，显然不在此年，而应是麟德元年冬。文书第47—50行又称："都护往任西州，当时左右蒙恩允许，敕有明文。寻后改向龟兹，重奏欲将自遂，中间事意，更不审知。比为西域败军，其日欲加救援，发兵忩逼，方有敕来，西州下僚，依文遣去，不知此色，何故却回。"据内容分析，士达等人被派往龟兹救援，是在裴行俭改任安西都护之后。之所以要进行救援，是因为出现了"西域败军"，即唐军在西域失利。可见，早在麟德元年裴行俭就已担任安西都护。文书第38—39行还有如下记载："麹积出征，图殄凶寇。陵余败役，未见生还。访问行人，多云不死。"这与"西域败军"的记载颇相吻合，都反映了西域唐军的失利。

士达等人被派往龟兹救援，却私自逃回，文书第29—31行所载"而达士（当为士达）、运达，承事多年，送故迎新，遂生去就，巧引冬初符命，不遵年下敕文，无礼私归，有亏公法"，即是指此。所谓"年下敕文"，从文书第35行所载"今者重详后敕，是十一月下

---

① 唐耕耦、陆宏基编《敦煌社会经济文献真迹释录》第2辑，第610—614页。
② 池田温「敦煌本判集三種」末松保和博士古稀記念会編『古代東アジア史論集』下卷、吉川弘文館、1978、第421—462頁。

旬"看，显然是指麟德元年十一月朝廷所发的敕文。唐廷在麟德元年的冬初、十一月下旬连发两道敕令，要求西州等地派人赴援龟兹，表明其对西域战事的重视，同时也反映了当时西域形势的紧张。氾相达与刀柱柱都是死于麟德元年十一月或前不久，从时间上看，这与该年冬初朝廷下令要西州人士赴援龟兹，前后正相吻合。

根据以上分析，可以肯定地说，龙朔三年十二月安西都护高贤率军讨弓月的军事行动失败了。之所以会如此，当与其后疏勒反叛，弓月招引吐蕃进入西域，导致战争规模扩大有关，即前引《资治通鉴》所载的"疏勒、弓月引吐蕃侵于阗"。[①] 正因为高贤的失败，唐于麟德元年以裴行俭为安西都护，力图挽救唐军在西域的败局。但形势仍不容乐观，故唐朝又于该年的冬初和十一月下旬连发两道敕令，要西州派人增援龟兹。或许因为兵力不足，裴行俭并未采取反击行动，这就是文书第56—57行所说的："安西都护，邻接寇场，兵马久屯，交绥未决。非是军谋不及，良由兵力尚微。"到了麟德二年闰三月，朝廷乃令崔知辩、曹继叔率大军讨击，参与这次军事行动的有西州的府兵和兵募、伊州镇人、京畿劲卒及瓜、沙军士等，战争最后取得了胜利。[②] 西域局势也因此获得了暂时的稳定。

高宗乾封、总章年间，唐廷把主要目标集中在征服辽东半岛高句丽上，因而给吐蕃的扩张提供了机会。《资治通鉴》卷二〇一高宗乾封二年条载：

> 二月……生羌十二州为吐蕃所破，三月，戊寅，悉罢之。[③]

---

①　参见王小甫《唐、吐蕃、大食政治关系史》，第52—54页。

②　参见荣新江《新出吐鲁番文书所见西域史事二题》，《敦煌吐鲁番文献研究论集》第5辑，第345—354页。陈国灿《唐麟德二年西域道行军的救于阗之役——对吐鲁番阿斯塔那四号墓部分文书的研究》，《魏晋南北朝隋唐史资料》第12期，第27—36页；又参氏著《陈国灿吐鲁番敦煌出土文献史事论集》，第295—311页。

③　《资治通鉴》，第6351页。

唐廷悉罢生羌十二州，显然并未对吐蕃采取行动。总章元年，吐蕃袭扰唐边，《阿史那忠墓志》载：

> 总章元年，吐蕃入寇，拜使持节青海道行军大总管，长策远振，群凶□迹。武贤不捷，充国徒淹。西海诸蕃，经途万里。①

总章元年，吐蕃进犯与阿史那忠出征青海，二事均不见史载。吐蕃本《大事记年》载：

> 及至龙年（高宗总章元年），赞普驻于"札"之鹿苑，且于且末国建造堡垒。是为一年。②

且末国原作 Jimakhol，日本学者山口瑞凤、美国学者白桂思俱认为是指大非川。③ 按英国藏学家托马斯释 Cercen 为且末，④ 但总章元年吐蕃势力还未扩展到且末地区。因此，把 Jimakhol 比定为大非川，值得信从。结合《阿史那忠墓志》所记，总章元年阿史那忠出征青海，与同年吐蕃在大非川建造堡垒是密切相关的，只是史籍失载而已。又《旧唐书》卷五《高宗本纪下》载：

> （乾封）三年春正月庚寅，诏缮工大监兼瀚海都护刘审礼为西域道安抚大使。⑤

---

① 周绍良主编《唐代墓志汇编》上元〇一四，上海古籍出版社，1992，第 602 页。
② 王尧、陈践译注《敦煌本吐蕃历史文书》（增订本），民族出版社，1992，第 146 页。
③ 山口瑞鳳『吐蕃王国成立史研究』岩波書店、1983、第 692—694 頁；Christopher I. Beckwith, *The Tibetan Empire in Central Asia*, Princeton University Press, 1987, p. 33.
④ 〔英〕F. W. 托马斯编著《敦煌西域古藏文社会历史文献》，刘忠、杨铭译注，民族出版社，2003，第 125 页。
⑤ 《旧唐书》，第 91 页。

按高宗于乾封三年二月改元总章元年，则吐蕃进犯与刘审礼出使西域俱在同年。故郭平梁先生认为，刘审礼出使西域与阿史那忠出征青海是相互配合的，目的都是对付吐蕃的袭扰。① 看来，唐朝似乎已注意到吐蕃与西突厥余部多次联兵的事实，因而在对付吐蕃东进的同时，也考虑到了西域的局势。据研究，阿史那忠出征青海可能取得了胜利，但也只是使局势稍微缓和而已，并未解决根本问题。②

《阿史那忠墓志》又载："而有弓月扇动，吐蕃侵逼。延寿莫制，会宗告窘。以公为西域道安抚大使兼行军大总管。"关于阿史那忠出使西域的时间，郭平梁先生认为是在咸亨元年四月，与薛仁贵率军出讨吐蕃同时；③ 荣新江先生则据志文后记"奉跸东京"事，推测其发生在咸亨二年、三年间。④ 据志文，阿史那忠是在"弓月扇动，吐蕃侵逼"的情形下出使西域的，但所有史籍记咸亨元年初吐蕃大举进犯西域时，却只字未提弓月（详后），这只能说明当时弓月并未与吐蕃联手，而非史籍的疏漏。结合咸亨元年前后西域形势的变化，笔者认为，阿史那忠出使西域的时间当在总章二年。据《唐会要》卷二七《行幸》，总章二年八月详刑大夫来公敏劝谏唐高宗停止西巡凉州时说：

近高丽虽平，扶余尚梗，兼西道经略，兵犹未停，且陇右诸

---

① 郭平梁：《阿史那忠在西域——〈阿史那忠墓志〉有关部分考释》，《新疆历史论文续集》，第188—189页。
② 郭平梁：《阿史那忠在西域——〈阿史那忠墓志〉有关部分考释》，《新疆历史论文续集》，第187—188页。
③ 郭平梁：《阿史那忠在西域——〈阿史那忠墓志〉有关部分考释》，《新疆历史论文续集》，第189页。
④ 荣新江：《吐鲁番文书〈唐某人自书历官状〉所记西域史事钩沉》，《西北史地》1987年第4期。

州，人户尤少，供亿鸾驾，备拟稍难。臣闻在外，实有窃议。①

高宗因此下诏停止西巡，并擢来公敏为黄门侍郎。来公敏劝谏高宗停止西巡凉州事，唐刘肃《大唐新语》卷二《极谏第三》、宋王谠《唐语林》卷一《言语》均有相关记载。来公敏所言"西道经略，兵犹未停"，《资治通鉴》卷二〇一高宗总章二年八月丁未朔条记为"西边经略，亦未息兵"，其义一也，都表明总章二年八月前后，唐在西面有军事行动。"西边"或"西道"究指何处呢？就其本义而言，是指唐朝的西部，但史籍所记唐前期发生于西边之事，多与吐蕃和西突厥有关，其地理范围有时指青海、河陇地区，有时又指西域地区。《册府元龟》卷三九八《将帅部·明天时》记咸亨元年唐军兵败大非川，主帅薛仁贵曾说："今年太岁庚午，岁星在于降娄，不应有事于西方，军行逆岁，邓艾所以死于蜀，吾知其必败也。"② 所谓"有事于西方"，就是针对吐蕃而言的。同书卷一四九《帝王部·舍过》记开耀元年（681）高宗对薛仁贵说："今西边不静，瓜沙路绝，卿可高枕乡邑，不为朕指挥邪？"③ 联系同年黑齿常之率军击吐蕃之事，④ 此"西边不静"当指吐蕃对河陇地区的进犯，以致"瓜沙路绝"。又《册府元龟》卷三六六《将帅部·机略六》载，仪凤年间西突厥阿史那都支与李遮匐联合吐蕃进逼安西，朝议欲发兵讨之，吏部侍郎裴行俭说："吐蕃叛扰，干戈未息，敬玄、审理［礼］，失律丧师，安可更为西方生事？"显然，裴行俭所说的"西方"，就是指与西突厥有关的西域地区。《全唐文》卷一六五员半千撰《蜀州青城县令达奚思敬碑》记垂拱年间"西方不静，北方多难"，据唐长孺先生考证，是

---

① （宋）王溥：《唐会要》，第 602 页。
② （宋）王钦若等编《册府元龟》，第 4727 页。
③ （宋）王钦若等编《册府元龟》，第 1807 页。
④ （宋）王钦若等编《册府元龟》卷三五八《将帅部·立功十一》，第 4242 页；《资治通鉴》卷二〇二系于永隆元年秋七月，第 6395 页。

指垂拱初后突厥骨咄陆崛起，威胁十姓，导致西域西突厥十姓部落散失之事。①

以上考察充分表明，唐代文献所记发生于"西方""西边"之事，多与西突厥和吐蕃在西域及青海、河陇地区的活动有关。那么，总章二年唐与吐蕃在青海、河陇一带有无战事呢？是年八月，高宗打算巡幸凉州，说明河西一带并无战事。又《新唐书》卷三《高宗本纪》载：

> （总章二年）七月癸巳，左卫大将军契苾何力为乌海道行军大总管，以援吐谷浑。②

查陈垣先生《二十史朔闰表》，总章二年七月癸巳为十七日，八月丁未朔为一日，③中间相距仅十四日，则来公敏所言"西道经略"，当与契苾何力出师无关。况且，契苾何力此次出师是否成行，也颇成问题。据《册府元龟》卷九九一《外臣部·备御四》，总章二年九月，朝廷下诏欲徙吐谷浑诺曷钵部落于凉州南山安置，但又担心吐蕃进犯，高宗乃与群臣商议是否发兵击吐蕃。契苾何力也在朝中发表了自己的看法。讨论的结果是"议竟不定，谷浑竟不移而止"。④《资治通鉴》卷二〇一系此事于九月丁丑朔，⑤从七月癸巳到九月丁丑，相隔四十余日，以此时间，要完成一次远赴乌海的行军并返回朝廷，实不可能。何况群臣在讨论时，也丝毫未提及此次援送吐谷浑的军事行

---

① 唐长孺：《唐西州差兵文书跋》，唐长孺主编《敦煌吐鲁番文书初探》，第445页。按李昉等编《文苑英华》卷九三〇员半千《蜀州青城县令达奚君神道碑》作"西蕃不静，北方多难"（中华书局，1966，第4891页）。此"西蕃"当也指西突厥，董诰等编《全唐文》改"西蕃"为"西方"（中华书局，1983，第1683页），或有所本。

② 《新唐书》，第67页。

③ 陈垣：《二十史朔闰表》，中华书局，1962，第88页。

④ （宋）王钦若等编《册府元龟》，第11642页。

⑤ 《资治通鉴》，第6359页。

动。因此，契苾何力在总章二年七月的这次行军，很有可能并未成行。① 由此言之，"西道经略"应该就是指唐朝在西域的军事行动了。

咸亨元年前后弓月部的活动，不见史载。本章第一部分所引《牒稿》表明，咸亨元年二月前后，弓月城仍较稳定，并在唐的控制之下，其时吐蕃正大举进犯西域（详后），而阿史那忠是在"弓月扇动，吐蕃侵逼"的形势下出使西域的，时间当在咸亨元年之前。笔者还注意到，阿史那忠除担任西域道安抚大使外，还兼行军大总管之职。因此，总章二年来公敏所说的"西道经略"，当与阿史那忠出使西域密切相关。

《牒稿》第（六）片还提及当时在西域活动的"玉河军"和"萧乡军"，并设有监军使，二者当属唐朝组建的行军。② 按玉河，乃于阗境内之河，《通典》卷一九二《边防》于阗条记："有水出玉，曰玉河。"③ 萧乡则不知何处。唐朝前期行军多称某某道行军，如交河道行军、西州道行军、弓月道行军、逻娑道行军等等。玉河军的全称应为玉河道行军，萧乡军为萧乡道行军。《大唐故殿中监上柱国唐府君（河上）墓志》载：

> 君讳河上，字嘉会，晋昌人也。……麟德元年，授奉膳大夫，又改司禋大夫，寻出为始州长史兼玉河道行军司马。毗风芋野，将申半刺之荣；剪霭葱山，又展全军之术。金边克定，公其力而。拜上柱国、陕州长史，又迁忻州刺史……上元三年，以公为殿中少监。④

---

① 参见周伟洲《吐谷浑史》，宁夏人民出版社，1985，第104页。
② 参见张广达《唐灭高昌国后的西州形势》，收入氏著《西域史地丛稿初编》，第155页。
③ （唐）杜佑：《通典》，第5225页。
④ 周绍良、赵超主编《唐代墓志汇编续集》仪凤〇〇八，上海古籍出版社，2001，第233页。

志主唐河上于麟德元年后出为始州长史兼玉河道行军司马，由"葱山""金边"等名可知此次行军地点在西域，从行军名称、时间、地点看，都与《牒稿》所记之"玉河军"相吻合，可以初步断定，文书中的"玉河军"，实即唐河上担任行军司马的玉河道行军。由此不难看出，此次行军当即主要由内地兵员所组成而开赴西域作战的军队。

《牒稿》所记，咸亨元年二月内发自安西的四名使人，有二人带有来自长安的"敕函"，准备送往玉河军，可推知行军的组建在总章二年就已开始。联系来公敏所言"西道经略，兵犹未停"，则总章二年西域形势并不稳定，其原因当即《阿史那忠墓志》所载之"弓月扇动，吐蕃侵逼"。早在总章元年，吐蕃就在青海大非川一带修筑堡垒，次年进犯西域并非没有可能。而且，"玉河军"一称也值得注意。如前所论，弓月、疏勒反叛，并引吐蕃进入西域，多把进犯目标集中到于阗，唐军为救援于阗曾多次进行反击。此次玉河军的组建，以于阗境内玉河为行军之名，应该也是针对吐蕃和弓月对于阗的进犯。

由《牒稿》还可看出，当时的弓月城是西域的商业中心，来往于此从事商业贸易的胡、汉商人很多。文书第（七）片记曹延炎与曹毕娑在弓月城外"相打"时，曾被当地官府"捉将向城"，说明咸亨元年二月前后的弓月城还是比较稳定的。关于弓月城的地理位置，学者们大多同意王国维先生的比定，即唐代的弓月城就是元代的阿力麻里城，地在今伊宁地区霍尔果斯北之废城。[①] 作为天山以北地区的重要交通枢纽，弓月城东可至庭州，西可达碎叶，[②] 东南可到安西。文书记李绍谨在弓月城外百里之地遇到该年二月内发自安西的四名使人，

① 王国维：《长春真人西游记注》卷上，《王国维遗书》第 13 册，上海古籍书店，1983，第 30 页。参见〔日〕松田寿男《古代天山历史地理学研究》，陈俊谋译，中央民族学院出版社，1987，第 402—408 页。

② 《新唐书》卷四〇《地理志四》所记由北庭通往碎叶的道路，须经弓月城（第 1047 页）。

则四人当是由安西西北方向前往弓月城的。① 两名使人带有送往玉河军的"敕函"，从他们由安西北上前往弓月城的行程看，当时的玉河军似乎并不在于阗境内，而是在天山以北一带活动，其目的当是集中对付弓月部落。而玉河军北上，自然会给吐蕃大举进犯提供可乘之机。有关史籍记咸亨元年初吐蕃大举进犯西域时，弓月部未见有任何动静，这应该就是唐军在天山以北一带活动的结果。前揭唐河上墓志所记"金边克定，公其力而"，当非虚言。

《阿史那忠墓志》记志主西域之行，也颇值得注意。志文称："公问望著于遐迩，信义行乎夷狄，飨士丹丘之上，饮马瑶池之滨，夸父惊其已远，章亥推其不逮。范文后入，情不论功；冯异却坐，事非饰让。"这里"范文后入"与"冯异却坐"两处用典颇值深思。按"范文后入"典出《左传》卷八成公二年（前589）"晋师归，范文子后入"条，② "冯异却坐"出自《后汉书》卷一七《冯异传》，③ 反映范文子与冯异谦让、不居功自傲的高尚情操。众所周知，墓志一般都是为死者歌功颂德，而志文在此用典却较隐晦，似乎阿史那忠没有什么功劳可言，所谓"情不论功""事非饰让"是也。综合上文论述可以看出，咸亨元年二月前后，弓月城是在唐的控制之下，弓月部的活动很大程度受到了在北疆一带活动的玉河军和萧乡军的打击和牵制。但唐军在北疆的活动，无疑又会为吐蕃大举进攻南疆提供可乘之

---

① 王炳华先生指出，自库车向北，入雀离塔格山中的盐水沟，翻过地势不高的拉巴特大阪，过克孜尔、赛里木、拜城县，直西行，可抵阿克苏。自拜城斜向西北行，沿木札特河谷入天山，翻木札特大阪，可抵伊犁河流域的昭苏盆地。文书中的四位使人当是经由此道前往弓月城。相对安西通往北疆的其他道路而言，此道距弓月城较为近便。参见王炳华《新疆库车玉其土尔遗址与唐安西柘厥关》，氏著《丝绸之路考古研究》，新疆人民出版社，1993，第95页。

② （春秋）左丘明撰，（晋）杜预注，（唐）孔颖达正义《春秋左传正义》，《十三经注疏》（附校勘记），中华书局，1980，第1897页。

③ 《后汉书·冯异传》载："异为人谦退不伐，行与诸将相逢，辄引车避道。进止皆有表识，军中号为整齐。每所止舍，诸将并坐论功，异常独屏树下，军中号曰'大树将军'。"（中华书局，1965，第641—642页）

机。从这一意义上讲，阿史那忠在西域的活动，既有功又有过，这或许正是《阿史那忠墓志》用典较隐晦的主要原因。

据文献记载，咸亨元年初，吐蕃攻陷西域白州等十八州，并与于阗联手陷龟兹拨换城，唐被迫罢安西四镇。《册府元龟》卷九八六《外臣部·征讨五》记：

> 咸亨元年四月，吐蕃陷白州等一十八州，诏右威卫大将军薛仁贵为逻婆〔娑〕道行军大总管，右卫员外大将军阿史那道真、左卫将军郭待封为副，以讨吐蕃，将援吐谷浑还其故地。[①]

又《旧唐书》卷五《高宗本纪下》载：

> （咸亨元年）夏四月，吐蕃寇陷白州等一十八州，又与于阗合众袭龟兹拨换城，陷之。罢安西四镇。辛亥，以右威卫大将军薛仁贵为逻娑道行军大总管，右卫员外大将军阿史那道真、左卫将军郭待封为副，领兵五万以击吐蕃。[②]

《资治通鉴》卷二〇一高宗咸亨元年夏四月条记：

> 夏，四月，吐蕃陷西域十八州，又与于阗袭龟兹拨换城，陷之。罢龟兹、于阗、焉耆、疏勒四镇。辛亥，以右威卫大将军薛仁贵为逻娑道行军大总管，左卫员外大将军阿史那道真、左卫将军郭待封副之，以讨吐蕃，且援送吐谷浑还故地。[③]

---

① （宋）王钦若等编《册府元龟》，第 11579 页。
② 《旧唐书》，第 94 页。
③ 《资治通鉴》，第 6363 页。

《新唐书》卷三《高宗本纪》载：

> （咸亨元年）四月癸卯，吐蕃陷龟兹拨换城，废安西四镇。己酉，李敬玄罢。辛亥，右威卫大将军薛仁贵为逻娑道行军大总管，以伐吐蕃。[1]

又同书卷二一六《吐蕃传上》称：

> 咸亨元年，（吐蕃）入残羁縻十八州，率于阗取龟兹拨换城，于是安西四镇并废。[2]

仔细考察上述诸条记载，就会对咸亨元年初西域政局的变化有一个较为明晰的认识。首先论白州，日本学者森安孝夫先生认为，其名可能因龟兹王姓白氏而来。[3] 王小甫先生则认为，白州或在今库车西北的拜城（阿悉言城），而未必是安西都护府所在的龟兹王城。[4] 二说都各自成理，但也都有疑问。从诸书记载看，吐蕃是先陷白州等西域十八州后，才与于阗联手攻陷拨换城的。拨换城作为龟兹西部重镇，吐蕃若不先占此地，要想东进似乎不太可能。从这一意义上讲，白州更有可能是拨换城以西、以南的十八州之一。据《新唐书》卷四三《地理志七下》四镇都督府条载，龟兹领州九，于阗在上元二年（675）前领州五，疏勒领州十五。同书卷又记，龟兹境内拨换城以西还有小石城、大石城（温肃州）、据史德城（郁头州）等地，据史德城乃龟兹最西境。据研究，麟德二年崔知辩率领的西域道行军在胜利

---

[1] 《新唐书》，第 68 页。
[2] 《新唐书》，第 6076 页。
[3] 〔日〕森安孝夫：《吐蕃在中亚的活动》，劳江译，《国外藏学研究译文集》第 1 辑，西藏人民出版社，1985，第 85 页。
[4] 王小甫：《唐、吐蕃、大食政治关系史》，第 68 页、267 页。

返归时，曾途经□职城、胡乍城、据史德城、拨换城、安西诸地。就其方向而言，基本上是从西往东行进，则唐军肯定进入了疏勒并征服其地，这与《旧唐书》卷八四《裴行俭传》记裴行俭主安西时，"西域诸国多慕义归降"，[①] 是相吻合的。[②] 由此言之，吐蕃攻陷的西域十八州，应当包括疏勒境内之州。以总数而言，拨换城以西、以南包括于阗、疏勒、龟兹境内的羁縻州，大数在二十二州。《新唐书·吐蕃传上》所记"入残十八州"之语，值得重视。所谓"残"者，有残剩不全之意。因此，吐蕃攻陷的仅是其中之十八州。

根据以上记载，薛仁贵出师在咸亨元年四月，新、旧《唐书·高宗本纪》及《资治通鉴》更记其确切时间为四月辛亥（九日）。以常理而言，吐蕃陷西域十八州并非突如其来之事，中间势必有一个过程，其当发生在薛仁贵出师之前。换言之，唐廷是在知晓西域十八州失陷的消息后，才派出了薛仁贵领导的逻娑道行军。前揭《册府元龟》所记二者关系当最为明确。据考，从焉耆到长安，驿骑所需时间为二十七八日，安西又在焉耆西八九百里处，则安西至长安使骑急行，当逾三十日。[③] 拨换城更在安西以西四百二十余里处，[④] 此地以西、以南十八州陷落的消息传到长安，最快也需月余时间。以此推之，则吐蕃攻陷西域十八州，当发生在咸亨元年二月末或三月初。从吐蕃出兵到攻陷西域十八州之地，这恐怕需要一段时间方能完成。据《旧唐书》卷一〇四《高仙芝传》记天宝六载（747）安西副都护高仙芝率军

---

① 《旧唐书》，第2802页。

② 参见荣新江《新出吐鲁番文书所见西域史事二题》，《敦煌吐鲁番文献研究论集》第5辑，第345—354页。陈国灿《唐麟德二年西域道行军的救于阗之役——对吐鲁番阿斯塔那四号墓部分文书的研究》，《魏晋南北朝隋唐史资料》第12期，第27—36页；又参氏著《陈国灿吐鲁番敦煌出土文献史事论集》，第295—311页。

③ 严耕望：《唐代交通图考》第2卷《河陇碛西区》，第489页。又参见孙继民《跋〈唐垂拱四年（公元六八八）队佐张玄泰牒为通当队队陪事〉》，唐长孺主编《敦煌吐鲁番文书初探二编》，第475—476页。

④ 《新唐书》卷四三下《地理志七下》，第1149页。

讨小勃律的行程："自安西行十五日至拨换城，又十余日至握瑟德，又十余日至疏勒，又二十余日至葱岭守捉。"① 由此可知，从拨换城到疏勒就需二十余日，则吐蕃尽陷西域十八州所需的时间就可想而知了。据此不难推断，吐蕃开始大举进犯西域的时间，当在总章二年底。另外，前揭《牒稿》记咸亨元年二月内由安西前往弓月城的四位使人中，有二人带有送往玉河军的朝廷"敕函"，从只给玉河军"敕函"这一情况看，此"敕函"内容或许与吐蕃进犯西域有关。联系西域与长安信息来往时间，也可证明吐蕃在总章二年底就已开始大举进犯西域了。

综上所述，笔者对总章二年的西域形势做出如下推断：总章二年八月以前，吐蕃与弓月联手进犯西域，唐派阿史那忠为西域道安抚大使兼行军大总管，组建玉河军、箫乡军开赴西域进行反击。同年七月，唐还以契苾何力为乌海道行军大总管，出兵青海，以援吐谷浑，此举虽未成行，但定会给吐蕃施加一定压力。因此，吐蕃要想在西域得手，并非易事。但到该年底，唐廷仍未决定出兵青海，吐蕃东面因此并未出现任何威胁。加之，西域唐军为对付弓月而移师北疆，从而导致南疆空虚，这就为吐蕃集中力量大举进犯西域提供了机会。

吐蕃攻陷西域十八州后，又与于阗联手攻下龟兹西部重镇拨换城。按前揭《新唐书·高宗本纪》记拨换城失陷时间在四月癸卯（初一），这与十八州陷落时间相距近一月。又从诸书专门记载拨换城失陷这一情况看，此地可能曾发生了一场激烈的争夺战。吐蕃陷拨换城后，势必会继续东进。面对这一严峻局势，唐廷被迫宣布罢四镇。《唐会要》卷七三《安西都护府》载苏冕《记》曰："咸亨元年四月，罢四镇，是龟兹、于阗、焉耆、疏勒。"② 结合其他相关文献记载可以肯定，唐朝于咸亨元年四月下令罢弃安西四镇，这是没有疑义的。不过，这一命令传到西域，时间已是五月，此时吐蕃是否尽占龟兹全境及焉耆之地，并不

① 《旧唐书》，第 3203 页。
② （宋）王溥：《唐会要》，第 1571 页。

清楚。《唐会要》卷七三《安西都护府》又载："咸亨元年四月二十二日,吐蕃陷我安西,罢四镇。"[①] 此处"安西",当指安西都护府所在地龟兹王城。《旧唐书》卷四○《地理志三》安西大都护府条径称："咸亨元年四月,吐蕃陷安西都护府。"[②]《唐会要》所记的"四月二十二日",究竟是吐蕃陷安西的时间,还是唐朝宣布罢四镇的时间呢?联系苏冕所言,似乎应是唐廷宣布罢四镇的时间。而且,吐蕃陷安西之事,在上列诸条记载中没有任何反映。退一步说,即使吐蕃一度攻陷安西,安西都护府还可据守焉者,不一定非要撤回西州。因为所有史料在记吐蕃攻占西域之地时,都称"陷",说明西域唐军并未完全放弃抵抗。更何况,吐蕃占据时间似乎并不长,因为吐鲁番出土文书业已表明,咸亨二年、三年时,"安西"一称仍然存在,甚至还有不少西州人在龟兹活动,安西都护府显然仍驻于龟兹,并未迁回西州。这些迹象无不表明,吐蕃军队很有可能在咸亨元年四月以后就退出了龟兹,究其原因,当是为了集中力量对付同年薛仁贵率领的逻娑道行军。

咸亨元年四月九日,唐廷任命薛仁贵为逻娑道行军大总管,阿史那道真与郭待封为副大总管,统率大军出讨吐蕃。逻娑即逻些(今拉萨),乃吐蕃王都,以此为行军之名,目标非常明确,即直指吐蕃大本营。[③] 值得注意的是,此次行军主帅薛仁贵、副帅郭待封,此前都曾参加征讨高句丽的战争。总章元年,唐平高句丽后,以薛仁贵为检校安东都护,留兵镇之。[④] 薛仁贵率兵讨吐蕃后不久,高句丽就发生了反叛,[⑤] 推测驻防高句丽的唐军已部分撤回。总章二年九月,唐朝虽未出兵讨击吐蕃,但已把主要目标转向吐蕃,这从薛仁贵自辽东被调回并率大军出讨吐蕃是可以看出端倪的。

---

① (宋)王溥:《唐会要》,第1570页。
② 《旧唐书》,第1647页。
③ 周伟洲:《吐谷浑史》,第105页。
④ 《资治通鉴》卷二○一,高宗总章元年十二月条,第6357页。
⑤ 《新唐书》卷三《高宗本纪》,第68页。

薛仁贵的出兵，并非一次孤立的军事行动。《册府元龟》卷九六四《外臣部·封册二》载：

> 咸亨元年四月，以西突厥首领阿史那都之［支］为左骁卫大将军兼匐延都督，以安辑五咄六［陆］及咽面之众。①

本章第一部分据吐鲁番出土文书业已指出，咸亨元年二月内发自安西的四位使人，曾在途中被突厥劫夺弓箭、鞍马。这一事实反映了当时由安西通往弓月城的交通道路上，已出现一定的混乱局面。② 而此条道路正是西突厥部族经常出没的地方。③ 因此，咸亨元年四月，唐羁縻阿史那都支，授其高官，使其安辑五咄陆及咽面部众，当是针对吐蕃的大举进犯，出于稳定北疆局势而采取的一个重要举措，与薛仁贵在同一时间的出兵是密切相关的。应该说，唐朝此举很有可能就是阿史那忠在西域活动的结果，因为在此之前，阿史那都支与唐关系并不密切。如果没有咸亨元年前阿史那忠在西域的活动，很难想象唐朝会重用一个与自己关系疏远的西突厥部族首领，令其负责安辑五咄陆及

---

① （宋）王钦若等编《册府元龟》，第 11341 页。《资治通鉴》卷二〇二系此事于咸亨二年夏四月（第 6366 页），《新唐书》卷二一五下《突厥传下》系于咸亨二年（第 6064 页）。美国学者白桂思对此有过解释，他认为，《册府元龟》作"咸亨元年"，可能是印错了。阿史那都支的任命，只是表示他急需唐朝的帮助，并不证明其部已降唐。他很可能到朝廷获得此官号（Christopher I. Beckwith, *The Tibetan Empire in Central Asia*, pp. 37-38）。白桂思的解释也基本上是推测之词，如果联系咸亨元年二月前后弓月城仍在唐朝控制之下，而西突厥五咄陆部已出现混乱的事实（详见正文），则《册府元龟》记咸亨元年四月唐以阿史那都支为左骁卫大将军兼匐延都督，负责安辑五咄陆及咽面之众（注意：未记五弩失毕之事），是可以信从的。

② 从安西来的四位使人在途中被突厥劫夺弓箭、鞍马，并不表明当时突厥已反，因为劫掠本是游牧民族获取财物的一个重要手段，而在政局动荡不稳之时更是如此。换言之，如果当时西突厥已反，则四位使人的境遇恐怕就不仅仅是被劫夺弓箭、鞍马了。

③ 据慧立、彦悰《大慈恩寺三藏法师传》（中华书局，1983，第 27 页），玄奘从屈支城（龟兹王城）西行二日，遇突厥军队两千余骑前来抢劫。周连宽先生认为，玄奘逢突厥军队，当在过赛里木之后、抵达拜城之前，他们来自北山（参见氏著《大唐西域记史地研究丛稿》，中华书局，1984，第 70 页）。而伊犁河流域更是西突厥活动的中心地区之一，参见松田寿男《古代天山历史地理学研究》"弓月考"中的有关论述（第 387—427 页）。可见，在安西由西北方向通往弓月城的道路，亦是西突厥游牧部族经常出没的地方。

咽面之众。

咸亨元年七月、八月，薛仁贵所率唐军为吐蕃大将论钦陵败于青海大非川。① 大非川之役，吐蕃出动兵力四十余万，当是倾其全力。诚如王小甫先生所言："一次出兵四十余万，这对兴起不久的吐蕃来说无论如何是一个极为沉重的负担。"② 为全力对付唐军，吐蕃势必会撤回其在西域的主力。大非川之战中，吐蕃军队的进军方向亦值得注意。史籍记载，郭待封所率唐军及其辎重，是在由大非川趋至乌海的途中，遭到了吐蕃二十万大军的邀击，此前薛仁贵已率前军大破吐蕃于河口，并进屯乌海以俟待封。③ 复据严耕望先生研究，大非川东至碛石军，西至伏罗川，由此往西可至于阗，东北至赤岭，西北至伏俟城，南至乌海、河口，是青海一带的交通要道。④ 联系这一地理交通形势，如果吐蕃军队从黄河河口而来，必先遭遇驻于乌海城的薛仁贵军。据此判断，邀击郭待封的吐蕃二十万大军，很有可能就来自伏罗川和伏俟城两个方向。而且，吐蕃最后集结的四十余万大军，也是陆续增援而至的。笔者还注意到，咸亨元年初吐蕃进犯西域势头之盛，前所未见，但在以后不见有更进一步的行动，并不像垂拱年间吐蕃攻陷四镇后，进而"长驱东向，逾高昌壁，历车师庭，侵常乐县界，断莫贺延碛，以临我敦煌"。⑤ 种种迹象表明，咸亨元年吐蕃为集中力量对付薛仁贵率领的逻娑道行军，当撤出了其在西域的主力。于阗王伏阇雄后来凭自身的力量，逐出吐蕃，受到唐廷的封赏，⑥ 也反映了吐

---

① 《旧唐书》卷五《高宗本纪下》，第94页；《新唐书》卷三《高宗本纪》，第68页；《资治通鉴》卷二〇一，咸亨元年秋八月条，第6364页。

② 王小甫：《唐、吐蕃、大食政治关系史》，第54—55页。

③ 《资治通鉴》卷二〇一，咸亨元年秋八月条，第6364页。关于乌海的方位，可参严耕望《河湟青海地区军镇交通网》一文的考证（《唐代交通图考》第2卷《河陇碛西区》，第568页）。

④ 严耕望：《唐代交通图考》第2卷《河陇碛西区》，第552—553、560—561页。

⑤ 崔融：《拔四镇议》，（宋）李昉等编《文苑英华》卷七六九，第4048页。相关研究参王小甫《唐初安西四镇的弃置》，《历史研究》1991年第4期。

⑥ 《旧唐书》卷五《高宗本纪下》，第99—100页。

蕃在西域的势力并不强。

吐蕃主力撤出西域，唐朝并未乘机收复于阗、疏勒二地，恐怕与大非川之役后吐蕃乘胜进逼河陇地区，以及高句丽反叛，唐还无力顾及西域之事有关。大非川之战后，吐蕃进逼凉州，[①] 唐于咸亨元年闰九月任命左相姜恪为凉州道行军大总管，以御吐蕃。[②] 据《旧唐书》卷四○《地理志三》凉州中都督府条载："咸亨元年，为大都督府，督凉、甘、肃、伊、瓜、沙、雄七州。上元二年，为中都督府。"[③] 显然，凉州于咸亨元年升为大都督府，与同年闰九月左相姜恪出镇凉州密切相关，是唐朝为了对付吐蕃进犯而加强河西地区军事防御的重要举措。咸亨三年二月，唐徙吐谷浑诺曷钵部落于鄯州，但因吐蕃的进逼，不久又迁于灵州，置安乐州以处之，而"吐谷浑故地皆入于吐蕃"。[④] 吐蕃对河陇地区的进逼，必然迫使唐朝加强防御，这也说明吐蕃在大非川之战后已把主要进犯目标转到河陇一带，其在西域的军事力量当然不会太强了。

咸亨元年四月，高句丽反叛，到四年闰五月才予平定，历时四年。[⑤] 随后，唐出兵西域。咸亨四年十二月，弓月、疏勒国王来降，应当是该年鸿胪卿萧嗣业出兵的结果。[⑥] 上元元年十二月，于阗王伏阇雄来朝。次年正月丙寅，唐廷"以于阗为毗沙都督府，以尉迟伏阇雄为毗沙都督，分其境内为十州，以伏阇雄有击吐蕃功故也"。[⑦] 可见，唐朝在咸亨末上元初重新恢复了对于阗、疏勒的统治。

---

① （宋）王钦若等编《册府元龟》卷九六二《外臣部·才智》、卷九九八《外臣部·奸诈》载高宗语，第 11322、11711 页。

② （宋）王钦若等编《册府元龟》卷九三九《总录部·讥诮》，第 11063 页；《资治通鉴》卷二○一，高宗咸亨元年闰九月，第 6365 页；《新唐书》卷三《高宗本纪》，第 69 页。

③ 《旧唐书》，第 1640 页。

④ 《资治通鉴》卷二○二，高宗咸亨三年二月条，第 6368 页。

⑤ 《资治通鉴》卷二○二，高宗咸亨四年闰五月条，第 6371 页。

⑥ 《资治通鉴》卷二○二，高宗咸亨四年十二月条，第 6371—6372 页。参见荣新江《吐鲁番文书〈唐某人自书历官状〉所记西域史事钩沉》，《西北史地》1987 年第 4 期。

⑦ 《旧唐书》卷五《高宗本纪下》，第 99—100 页。

据敦煌文书斯 0367 号《唐光启元年（885）写本沙州伊州地志残卷》①、《晋天福十年（945）写本寿昌县地境》②，唐于上元二年改典合城（兴谷城，今若羌）为石城镇，隶沙州，次年改且末城为播仙镇。这一连串加强军事防御力量的举措，显然是针对吐蕃而设，目的是防御吐蕃的北进，以稳固唐朝在西域的统治。复据吐蕃本《大事记年》：

> 及至鸡年（高宗咸亨四年）……冬……以征调后备军事征集青壮户丁。是为一年。
>
> 及至狗年（高宗上元元年）……冬……点验红册（军丁名册）。是为一年。③

咸亨四年，吐蕃为加强后备军事力量而征集青壮户丁，应当是在扩充兵源。次年又点检红册，或是清点军丁人数，这些都与军事密切相关。结合汉文史料可以看出，咸亨末上元初，唐军对吐蕃发起进攻，并取得了一定胜利。上元二年凉州由大都督府降为中都督府，似乎也可证明此点。据新、旧《唐书·高宗本纪》及《新唐书·吐蕃传上》、《资治通鉴》卷二〇二高宗上元二年春正月辛未条等记载，上元二年正月，吐蕃遣大臣论吐浑弥前来请和，且请与吐谷浑修好，高宗不许。高宗有如此强硬的态度，当与吐蕃遭到唐军打击有关。

最后再谈谈唐罢四镇问题。从文意上理解，罢四镇意味着撤出四镇之兵及撤销镇防机构，放弃对四镇地区的统治和管辖。咸亨元年唐宣布罢四镇时，于阗、疏勒二镇已陷于吐蕃，并非唐有。针对吐蕃对西域的大举进犯，唐朝并未直接出兵救援，而是派薛仁贵率

---

① 唐耕耦、陆宏基编《敦煌社会经济文献真迹释录》第 1 辑，第 39—42 页。
② 唐耕耦、陆宏基编《敦煌社会经济文献真迹释录》第 1 辑，第 52—53 页。
③ 王尧、陈践译注《敦煌本吐蕃历史文书》（增订本），第 146 页。

大军直指吐蕃都城，这一举措让人深思。西域距内地途程遥远，如果出军西域，从组建行军到大军开赴西域，中间需要时间，而且能否救援成功，也是未知数；如果派大军直指吐蕃都城，或许会转移吐蕃视线，牵制其主力，减轻西域方面的压力。薛仁贵兵出青海，引来了四十余万吐蕃大军，正可说明此点。从这一意义上讲，唐朝采取了一次"围魏救赵"式的军事战略。① 薛仁贵的出军，迫使吐蕃撤回了其在西域的主力。因此，龟兹、焉耆事实上仍在唐手，并未真正被罢弃。如果说二镇也曾被罢弃，那它们是何时被收复的呢？出土文书和史籍记载对此并没有什么反映。故而，唐朝真正罢弃的，其实只有于阗、疏勒二镇，而二镇的收复则史有明文，这已见本章上述讨论。

# 三

综合以上研究，可总结归纳如下。

唐高宗龙朔二年以后，随着吐蕃势力介入西域，唐在西域的统治受到威胁。龙朔三年十二月，唐以安西都护高贤为行军总管，率军击弓月以救于阗，西州府兵、百姓都参与了此次军事行动。其后，由于吐蕃、疏勒加入战争，致使战争规模扩大，唐军失利。麟德元年，唐廷以裴行俭为安西都护，出镇龟兹。可能因为兵力不足，裴行俭并未采取反击行动。直至麟德二年闰三月，唐又派西州都督崔知辩等率西域道行军救援于阗，战争最终取得了胜利，西域局势也因此暂时稳定下来。乾封、总章年间，吐蕃在沿边地区扩展自己的势力。总章元年，吐蕃在大非川一带修筑堡垒，并袭扰唐边，唐以阿史那忠为青

---

① 黄新亚先生早年仅据《资治通鉴》相关记载就敏锐地指出，大非川之役"是唐为与吐蕃争夺西域地区、恢复安西四镇的一次'围魏救赵'性的战略行动"，实为卓识。参见氏著《唐蕃石堡城之争辨析》，《青海社会科学》1982 年第 6 期，第 100 页。

海道行军大总管，进行反击；总章二年，吐蕃又与弓月联手，进犯西域，所谓"弓月扇动，吐蕃侵逼"，就是指此。是年，唐以阿史那忠为西域道安抚大使兼行军大总管，出使西域，就是为了对付弓月与吐蕃的联手进犯。其后唐军把主要目标集中到了北疆的弓月部，而这为吐蕃于该年末大举进犯安西四镇提供了可乘之机。因此，至迟咸亨元年二月末或三月初，吐蕃攻陷了西域十八州，随后又与于阗联手陷落龟兹西部重镇拨换城。西域十八州失陷的消息传到朝廷后，唐廷为挽救西域危局，采取了若干措施：一方面，任命西突厥酋长阿史那都支为左骁卫大将军兼匐延都督，安辑五咄陆部及咽面之众，以稳定北疆局势；另一方面，组建逻娑道行军，由薛仁贵率领，直指吐蕃王都。这些事都发生在咸亨元年，体现了唐朝反击吐蕃的基本方略。吐蕃为全力对付薛仁贵率领的逻娑道行军，撤回了其在西域的主力。咸亨二年、三年龟兹仍在唐手的事实，表明吐蕃势力已退出龟兹，安西都护府并未迁回西州。咸亨元年以后，由于高句丽的反叛以及吐蕃对凉州等地的进逼，唐无力顾及西域之事。咸亨四年高句丽反叛被平定之后，唐才兴兵讨弓月、疏勒，重新恢复了对于阗、疏勒的统治。

唐廷虽于咸亨元年四月被迫下令罢安西四镇，但由于西域形势发生变化，实际罢弃的只是于阗、疏勒二镇，龟兹、焉耆二镇仍在唐手，并未放弃。

透过以上描述可以清楚看出，高宗统治时期，唐朝对西域的经营并非软弱无力，而是比较积极主动的。

# 第五章

# 唐初的陇右诸军州大使与西北边防

唐初，随着吐蕃的崛起，后突厥的复兴，边疆民族形势变得更加错综复杂。为了应对这一局面，唐廷做出了多方面的边防部署和策略调整，武周时期设置的陇右诸军州大使一职，就是明显的一例。

陇右诸军州大使，又称陇右诸军大使，根据史籍记载，先后担任此职的，有娄师德、唐休璟、郭元振等人，俱为唐朝镇边名将。《旧唐书》卷九三《娄师德传》载：

> 神功元年，拜纳言，累封谯县子。寻诏师德充陇右诸军大使，仍检校河西营田事。圣历二年，突厥入寇，复令检校并州长史，仍充天兵军大总管。是岁九月卒，赠凉州都督，谥曰贞。①

《册府元龟》卷三二九记娄师德"神功元年，拜纳言，又充陇右诸军

---

① 《旧唐书》，第 2976 页。

大使，仍检校河西营田事"，① 与旧传略同。而据《新唐书·则天皇后纪》、《资治通鉴》卷二〇六，娄师德充陇右诸军大使的时间，在圣历元年（698）四月。② 据此可以肯定，至迟圣历元年，陇右诸军大使之职业已设置，娄师德当为首任大使。

娄师德死后，继任者为谁，史籍记载并不是很明确。《旧唐书》卷九三《唐休璟传》记：

> 圣历中，为司卫卿，兼凉州都督、右肃政御史大夫、持节陇右诸军州大使。③

似唐休璟继娄师德后为陇右诸军州大使，但《新唐书》卷一一一本传则记其为"持节陇右诸军副大使"。④ 而且，魏元忠似乎于此期间也曾担任此职，《新唐书》卷一二二《魏元忠传》载：

> 圣历二年，为凤阁侍郎、同凤阁鸾台平章事，俄检校并州长史、天兵军大总管，以备突厥。迁左肃政台御史大夫，兼检校洛州长史，治号咸明。张易之家奴暴百姓，横甚，元忠笞杀之，权豪惮服。俄为陇右诸军大使，以讨吐蕃；又为灵武道行军大总管御突厥。⑤

据《旧唐书·突厥传上》，⑥ 魏元忠久视元年（700）为灵武道行军大

---

① （宋）王钦若等编《册府元龟》卷三二九《宰辅部·奉使》，第3891页。
② 《新唐书》卷四《则天皇后纪》，第98页；《资治通鉴》卷二〇六，圣历元年四月辛丑条，第6530页。
③ 《旧唐书》，第2979页。
④ 《新唐书》卷一一一《唐休璟传》，第4149页。
⑤ 《新唐书》，第4344页。
⑥ 《旧唐书》卷一九四上《突厥传上》载："久视元年，（默啜）掠陇右诸监马万余匹而去，制右肃政御史大夫魏元忠为灵武道行军大总管以备之。"（第5170页）

总管。又《资治通鉴》卷二〇七久视元年闰七月条称：

> 丁酉，吐蕃将麹莽布支寇凉州，围昌松，陇右诸军大使唐休璟与战于洪源谷……庚戌，以魏元忠为陇右诸军大使，击吐蕃。[1]

《册府元龟》卷九八六《外臣部·征讨五》记：

> 久视元年闰七月冬（"冬"为衍字），令左肃政御史大夫魏元忠充陇右令（"令"为衍字）诸军州大使，以讨突厥。[2]

以上记载似乎表明，唐朝于久视元年闰七月先后以唐休璟、魏元忠二人为陇右诸军大使，但《新唐书》卷二一六上《吐蕃传上》载：

> 又遣左肃政台御史大夫魏元忠为陇右诸军大总管，率陇右诸军大使唐休璟出讨。方虏攻凉州，休璟击之，斩首二千级。[3]

可知魏元忠所任为陇右诸军大总管，而非陇右诸军大使，真正的陇右诸军大使是唐休璟。前揭《册府元龟》《新唐书·魏元忠传》《资治通鉴》等记魏元忠为陇右诸军大使，当是指陇右诸军大总管。唐休璟可能先为陇右诸军副大使，娄师德死后则继任陇右诸军大使。

唐休璟之后，郭元振于大足元年（701）被授为陇右诸军州大使。《旧唐书》卷九七《郭元振传》云：

---

① 《资治通鉴》，第 6549 页。
② （宋）王钦若等编《册府元龟》，第 11582 页。
③ 《新唐书》，第 6080 页。

> 大足元年，迁凉州都督、陇右诸军州大使……在凉州五年，
> 夷夏畏慕，令行禁止，牛羊被野，路不拾遗。神龙中，迁左骁卫
> 将军，兼检校安西大都护。①

唐休璟、郭元振都是身兼凉州都督、陇右诸军州大使二职，驻于凉
州。且郭元振任职时间长达五年，这说明陇右诸军州大使已是较为固
定的使职了。不过，郭元振于神龙二年（706）改官安西大都护后，②
此职可能就已废置。在景龙四年（710）的《命吕休璟等北伐制》
中，凉州都督司马逸客职衔为"赤水军大使、凉州都督"，③已无陇
右诸军州大使之职。因此，陇右诸军州大使从圣历元年初置，至神龙
二年废置，存在时间达八年之久。

唐初根据全国山川地理形势分天下为十道，陇右道即为其中一
道。景云二年（711），又从陇右道中分出河西道。④按陇右乃指陇山
之右，地理范围包括整个河陇西域地区。在景云二年以前设置的陇右
诸军州大使，其管辖范围应包括整个河陇西域地区。《唐会要》卷七
八《节度使（每使管内军附）》载：

> 瀚海军，置在北庭都护府，本乌孙王境也。贞观十四年，置
> 庭州。文明元年，废州置焉。长安二年十二月，改为烛龙军。三
> 年，郭元振奏置瀚海军。⑤

又《元和郡县图志》卷四〇陇右道下庭州条记瀚海军：

---

① 《旧唐书》，第 3044 页。
② 《资治通鉴》卷二〇八，中宗神龙二年十二月条，第 6608 页。
③ （宋）李昉等编《文苑英华》卷四五九，第 2335 页；（宋）宋敏求编《唐大诏令集》
卷一三〇，第 705 页。
④ （宋）王溥：《唐会要》卷七〇《州县分望道》，第 1458—1459 页；《旧唐书》卷
四〇《地理志三》，第 1639 页。
⑤ （宋）王溥：《唐会要》，第 1690 页。

北庭都护府城中。长安二年初置烛龙军，三年，郭元振改为瀚海军。①

二书所记虽略有不同，但有一点是相同的，即瀚海军由烛龙军所改而来，而且与郭元振有关。长安三年（703），郭元振在凉州都督任上，却能"奏置瀚海军"或改烛龙军为瀚海军，说明北庭瀚海军由其节制，这显然与郭元振任陇右诸军州大使有关。复据唐长孺先生研究，陇右诸军州大使还兼统四镇。② 可见，西域军政亦由陇右诸军州大使所节制。

作为唐廷派到地方的使职，陇右诸军州大使驻于凉州，设有一综合管理机关，名曰"都司"。1933 年底，苏联科学院探险队于中亚塔吉克斯坦唐代粟特城发掘出数件汉文文书，其中一件为唐代官府牒文，存 7 行，转录如下：

（前缺）

1　访察前置监军御史者宜▢▢▢▢▢

2　　　　　神龙二年闰正月十四日

3　都司　　　牒伍洞

4　　交城守捉使　　　大斗守捉使

5　牒：被　　　敕监覆仓库兼访察诸州军使牒称：检

6　案内，被　　　敕访察诸州军使牒称：得东都右御史

7　▢▢▢得吏部牒称：奉　　　敕旨如右。牒至，准

（后缺）③

---

① （唐）李吉甫：《元和郡县图志》，第 1033 页。

② 唐长孺：《唐书兵志笺正》，科学出版社，1957，第 57 页。

③ 参见〔日〕岩佐精一郎《唐代粟特城塞之发掘及其出土文书》，《唐代文献丛考》，万斯年辑译，商务印书馆，1957，第 148 页。

苏联波利雅科夫、日本菊池英夫先生都对上件文书有过探讨。[1] 菊池先生介绍，该件文书字体相当潦草，其正中间处有钤印的痕迹，但印文不明，据此可知为官文书无疑。

文书记"都司牒伍涧"之后，接书"交城守捉使"与"大斗守捉使"，说明它们之间存在某种关联。"伍涧"颇像地名，但据唐代牒文格式，应该是一机构名，可惜不见史籍记载。菊池先生认为"伍涧"在凉州境内，当是因"交城守捉"与"大斗守捉"位于凉州境内。[2] 至于"都司"，明显是一机构名，但是什么机构呢？菊池英夫先生不同意波利雅科夫关于"都司"是指尚书都省的观点，认为文中之"都司"与日本有邻馆所藏第 39 号文书《都司牒阴副使衙》中的"都司"，皆不是指尚书都省，而应指边军军使、都护府、都督府等长官之司，本件"都司"是指凉州都督府，而非中央尚书都省。根据初步考证，此处"都司"，其实是陇右诸军州大使驻于凉州的综合管理机关，乃模仿尚书都省之"都司"而设置。[3]

作为陇右诸军州大使的综合管理机关，"都司"的职责当是协调处理西北地区各种军政事务，实乃大使与中央及所辖地方各级军政机构联系的重要中介。但限于资料，有关"都司"的具体运作情况，尚不明晰。

从武周圣历元年至唐中宗神龙二年（698—706），唐朝所设陇右诸军州大使存在时间达八年之久，其设置的目的和原因何在？种种迹象表明，该使职的设置，主要是为了对付吐蕃与后突厥的联合进犯。

---

① 菊池英夫「唐代邊防机関としての守捉・城・鎮等の成立過程について」『東洋史學』第 27 号、1964、第 49—52 頁。波利雅科夫文未见，其观点系据前揭岩佐精一郎氏文及菊池先生文介绍。

② 据《元和郡县图志》卷四〇陇右道下凉州条（第 1018 页），交城守捉与大斗军皆位于"凉州西二百里"，且大斗军"本是赤水军守捉，因大斗拔谷为名也"。文书所记"大斗守捉"，很有可能就是赤水军守捉。

③ 参见本书第七章"敦煌吐鲁番文书所见唐代'都司'考"。

武后统治时期，后突厥默啜强盛，时扰唐边。万岁通天元年（696）九月，默啜入犯凉州，数万突厥军队直逼凉州城下，并俘凉州都督许钦明而去。① 关于此事，《通典》《册府元龟》《旧唐书》《新唐书》等皆记吐蕃所为，司马光《资治通鉴考异》对此有所辨析："《实录》云：'吐蕃寇凉州，都督许钦明为贼所杀。'按明年正月默啜寇灵州，以钦明自随；又默啜将袭孙万荣，杀钦明以祭天。《实录》云吐蕃，误也。"② 可知万岁通天元年扰凉州一事，确为后突厥默啜所为。但《实录》及诸书皆记在吐蕃头上，是否暗示此事与吐蕃有关呢？换言之，后突厥此次进扰凉州，可能与吐蕃有直接关联。因为在此之前，骨笃禄、默啜虽曾多次进犯唐边，但多集中在唐朝北部边境诸州，③ 极少进扰河西地区。此次进扰凉州，似为首次。继此之后，后突厥兵扰河西的次数增多，且多与吐蕃联手（详下）。因此，万岁通天元年后突厥首次进犯凉州，可能事先与吐蕃有过某种协谋。此后不久，唐朝即于圣历元年四月设置陇右诸军州大使，显然与此事有着密切的关联。

圣历二年，默啜以其子匐俱为小可汗，又号拓西可汗，意欲西进；④ 唐廷乃于久视元年腊月，以西突厥竭忠事主可汗阿史那斛瑟罗为平西军大总管，镇守碎叶，以稳定十姓故地；⑤ 同年十二月，后突厥又掠陇右诸监马万余匹而去。⑥ 而后突厥对河西的进犯，又多与吐蕃联手进行。《文苑英华》卷九七二张说《兵部尚书（代）国公赠少保郭公（元振）行状》载：

---

① 《资治通鉴》卷二〇五，则天后万岁通天元年九月条，第6507页。
② 《资治通鉴》卷二〇五，则天后万岁通天元年九月条，第6507页。
③ 关于后突厥对唐朝北部边境诸州的进犯情况，《资治通鉴》卷二〇三、二〇四、二〇五诸卷都有明确记载，可参见。
④ 《资治通鉴》卷二〇六，则天后圣历二年末条，第6543—6544页。
⑤ 《资治通鉴》卷二〇六，则天后久视元年十二月条，第6545页。
⑥ 《资治通鉴》卷二〇七，则天后久视元年十二月条，第6553页。

吐蕃与突厥连和，大入西河，破数十城，围逼凉州，节度出城战殁，蹂禾稼，米斗万钱。则天方御洛城门酺宴，凉州使至，因辍乐，拜公为凉州都督兼陇右诸军大使，调秦中五万人，号二十万，以赴河西。①

《新唐书·郭元振传》亦称：

突厥、吐蕃联兵寇凉州，后方御洛城门宴，边遽至，因辍乐，拜元振为凉州都督，即遣之。②

按郭元振于长安元年十一月以主客郎中出任凉州都督、陇右诸军大使，③而久视元年十二月后突厥掠陇右诸监牧马万余匹而去。因此，吐蕃与后突厥联合进攻河西，时间当在久视元年末至长安元年十一月。又《资治通鉴》卷二○七则天后长安元年条记：

先是，凉州南北境不过四百余里，突厥、吐蕃频岁奄至城下，百姓苦之。元振始于南境硖口置和戎城，北境碛中置白亭军，控其冲要，拓州境千五百里，自是寇不复至城下。④

由上可见，武则天统治后期，吐蕃与后突厥多次联手，进犯河西地区。而河西乃关中的西部屏障，河西的安危势必会影响关中地区的稳定，唐廷对此当然十分重视，前揭"突厥、吐蕃联兵寇凉州，后方御洛城门宴，边遽至，因辍乐"一段记载，可深刻反映此点。显然，唐

---

① （宋）李昉等编《文苑英华》，第5112页。
② 《新唐书》卷一二二《郭元振传》，第4362页。
③ 《资治通鉴》卷二○七，则天后长安元年十一月条，第6557页。
④ 《资治通鉴》，第6557—6558页。

朝设置陇右诸军州大使，令其节制整个河陇西域军政，特别扩大其权限，目的就是对付吐蕃与后突厥的联手进犯，以确保河西地区的安全与稳定。

张说《兵部尚书（代）国公赠少保郭公（元振）行状》又记：

> 公至凉州，吐蕃素闻威名，相谓曰："我赞普犹惧，吾辈何可敌乎！"相率而去。公收合余众，缮修城壁，施法令屯田，一年而复，公之功也。公以凉州西拒吐蕃，北有突厥，久示其弱，未扬天威，因征陇右兵马一百二十万，号二百万，集于湟州，营幕千里，举锋号令……兵既大集，人又知教，分兵十道齐进，过青海，几至赞普牙帐，赞普屈膝请和，献马三千匹，金三万斤，牛羊不可胜数。公大张军威，受其蕃礼而还。既伏西戎，震威北狄，突厥献马二千匹，所获凉州人士，皆放归塞上。从此方镇肃清，蕃落畏慕，令行禁止，道不拾遗。凡所规模制作，率为后法。河西、陇右十余处置生祠堂，立碑颂德，阎立均等为其文。[①]

行状称郭元振能调动陇右兵马一百二十万，虽然有所夸大，但表明其权限颇大。至于他率大军出击吐蕃之事，则不见史载。但郭元振在任期间，大力推行屯田、发展生产、增置军镇、加强防御，取得的成效颇为显著。所谓"河西、陇右十余处置生祠堂，立碑颂德，阎立均等为其文"，都表明他在这些地区的所作所为，得到当地军民的高度赞扬和充分肯定。史称："元振又令甘州刺史李汉通开置屯田，尽水陆之利。旧凉州粟麦斛至数千，及汉通收率之后，一缣籴数十斛，积军粮支数十年。"[②] 在此之前的娄师德，亦多有德政，史称："师德在河

---

① （宋）李昉等编《文苑英华》，第 5112 页。
② 《资治通鉴》卷二〇七，则天后长安元年条，第 6558 页。

陇，前后四十余年，恭勤不怠，民夷安之。"①

在增置军镇方面，唐于久视元年置临洮军于狄道。② 大足元年（701），郭元振奏置新泉军于会州西北。③ 长安二年，唐置烛龙军于北庭，三年郭元振改为瀚海军。神龙元年又置合河戍于瓜州。④ 此外，为了加强凉州的军事防御能力，郭元振还于凉州南境硖口置和戎城，北境碛中置白亭军，从而"控其冲要"，"至是寇不复至城下"。显然，这些军事举措与部署，都是为了防御吐蕃和后突厥的进犯。如凉州城内的赤水军，"管兵三万三千，马万三千匹。本赤乌镇，有青赤泉，名焉。军之大者，莫如赤水，幅员五千一百八十里，前拒吐蕃、北临突厥者也"。⑤

而烛龙、瀚海军的设置，从其名称看，似都与后突厥有关。按瀚海，唐代是蒙古高原大沙漠以北及其迤西今准噶尔盆地一带广大地区的泛称。⑥ 贞观二十一年，唐以回纥部置瀚海都督府；⑦ 次年三月，又分瀚海都督府所统俱罗勃部置烛龙州，⑧ 瀚海都督府治在今蒙古国车车尔勒格一带。⑨ 回纥诸部后为后突厥所并，《旧唐书》卷一九九下《铁勒传》载：

> 至则天时，突厥强盛，铁勒诸部在漠北者渐为所并，回纥、

---

① 《资治通鉴》卷二〇六，则天后圣历二年条，第6541页。

② （唐）李吉甫：《元和郡县图志》卷三九，陇右道上临州条，第1002页。

③ （宋）王溥：《唐会要》卷七八《节度使（每使管内军附）》，第1689页；（唐）李吉甫：《元和郡县图志》卷四〇，陇右道下凉州条，第1018页。

④ （唐）李吉甫：《元和郡县图志》卷四〇，陇右道下瓜州条，第1028页。

⑤ （唐）李吉甫：《元和郡县图志》卷四〇，陇右道下凉州条，第1018页。

⑥ 参罗竹风主编《汉语大词典》（缩印本）中卷"瀚海"条，汉语大词典出版社，1997，第3468页；又《中国历史大辞典·历史地理卷》"瀚海"条，上海辞书出版社，1996，第1012页。

⑦ 《旧唐书》卷一九五《回纥传》，第5196页；又同书卷一九九下《铁勒传》，第5348页。

⑧ 《资治通鉴》卷一九八，太宗贞观二十二年三月条，第6253页。

⑨ 《中国历史大辞典·历史地理卷》"瀚海都护府"条，第1044页。

契苾、思结、浑部徙于甘、凉二州之地。①

唐在北庭置军，取名烛龙、瀚海，应是针对后突厥而言的，主要目的就是防御后突厥之西进。

针对后突厥曾掠去陇右诸监马万余匹，唐朝还派使赴西州买马，加强战备。吐鲁番阿斯塔那 188 号墓所出《唐残牒》，存文字 7 行，兹转录如下：

（前缺）

1　　　　　十二月九日典　纪

2　　　　判官凉府录事梁名远

3　　　　副使检校甘州司马綦使

4　　　大使正议大 夫 行甘州刺史李□□

5　　　正月七日录事□□

　　七日□

6　　　录事参军□□

7　　　检署白

（后缺）②

本件缺纪年，但第 7 行"署"字签署，又见于同墓所出的《唐神龙二年（706）残牒》，③ 所署月份为"闰正月"，而本件第 5 行所署为"正月七日"。又斯坦因编阿斯塔那 3 区 4 号墓所出《唐神龙元年（705）西州都督府兵曹处分死马案卷》中，第 3 行、第 20 行都记有

① 《旧唐书》，第 5349 页。
② 唐长孺主编《吐鲁番出土文书》（图文本）第 4 册，第 25 页。
③ 唐长孺主编《吐鲁番出土文书》（图文本）第 4 册，第 24 页。

"连晉白","晉"即第 41 行的西州都督府兵曹参军程待晉。① 因此,上揭文书的年代可以大致确定在神龙二年。第 2 行所记"凉府"即凉州都督府,文书中大使由甘州刺史李某担任,查郁贤皓先生《唐刺史考全编》(一),长安年间至景龙四年(710),任甘州刺史者有李汉通、李释子、李守征三人。② 文书第 4 行最后一字所残笔画,颇类"通"字,或即甘州刺史李汉通。副使亦由甘州司马担任,判官则由凉州都督府录事梁名远担任。很显然,此次使团成员主要由河西官员组成,他们前往西州的原因是什么呢? 同墓所出市马文书多件,其中《唐上李大使牒为三姓首领纳马酬价事》残存 6 行,兹转录如下:

(前缺)

1 ┌─────────────────────┐九日

......................................................................

2　三姓首领胡禄达干马九匹,　一匹□州拾┌──────┐
　　　　　　　　　　　　　　　　　□匹各柒┌──────┐

3　三姓首领都担萨屈马六匹,匹别各┌──────┐

4　右检案内去十一月十六□得上件┌──┐

5　牒请纳马,依状检到前官┌──────┐

6　□□牒上李大使,请牒┌────┐

(后缺)③

本件第 6 行所记"李大使",当即上引文书中的甘州刺史李汉通,本件文书之年代,也可因此断在神龙元年末或神龙二年初。又同墓所出

---

① 陈国灿:《斯坦因所获吐鲁番文书研究》(修订本),第 249、251、253 页。
② 郁贤皓:《唐刺史考全编》(一),第 484—485 页。
③ 唐长孺主编《吐鲁番出土文书》(图文本)第 4 册,第 40 页。

《唐西州都督府牒为请留送东官马填充团结欠马事》，① 记有"所市得马欲送向东""前已上使""别牒上使听裁"等内容，也都与市马有关，而"使"即大使李汉通。又《唐译语人何德力代书突骑施首领多亥达干收领马价抄》载：

（前缺）

1　　□钱式拾贯肆伯文

2　　　右酬首领多亥达干马三匹直

3　　　十二月十一日付突骑施首领多亥达

4　　　干领。

5　　　　　　译语人何　德力②

按突骑施为西突厥十姓部落之一，前揭胡禄达干属胡禄屋部，都担亦属十姓部落。③ 可见此次前来西州卖马者，多为西突厥十姓部落的首领。

通过以上分析可以看出，唐廷于神龙元年派出了以甘州刺史李汉通为大使的市马使团，前往西州市马，使团成员中的大使、副使、判官等，皆由河西地方官员担任，而卖马者多为西突厥十姓部落首领，这说明此次市马当主要是为了解决河西地区的用马问题。这或许与久视元年十二月后突厥掠去陇右诸监马万余匹，唐朝需要加强河西地区军备有关。神龙元年郭元振仍在凉州都督、陇右诸军州大使任上，则此次西州市马，很有可能是郭元振加强河西军备的一项重要举措。从上揭数件文书"牒上李大使，请牒""前已上使""别牒上使听裁"

---

① 唐长孺主编《吐鲁番出土文书》（图文本）第 4 册，第 39 页。
② 唐长孺主编《吐鲁番出土文书》（图文本）第 4 册，第 41 页。
③ 参见姜伯勤《敦煌吐鲁番文书与丝绸之路》，第 119 页。

等记载看，西州有关方面对李大使是比较尊重的。这当然主要是因为李汉通乃唐廷派来的市马大使，也可能与当时西州受陇右诸军大使节制有关。

武后长安四年（704，即吐蕃龙年），吐蕃赞普赤都松卒，吐蕃统治集团内部争权夺利，互相倾轧，政局不稳。① 诚如安西大都护郭元振在景龙二年疏中所说：

> 今吐蕃不相侵扰者，不是顾国家和信不来，直是其国中诸豪及泥婆罗门等属国自有携贰。故赞普躬往南征，身殒寇庭，国中大乱，嫡庶竞立，将相争权，自相屠灭。兼以人畜疲疠，财力困穷，人事天时，俱未称惬。所以屈志，且共汉和，非是本心能忘情于十姓、四镇也。如国力殷足之后，则必争小事，方便绝和，纵其丑徒，来相吞扰，此必然之计也。②

另外，敦煌所出吐蕃本《大事记年》亦载：

> 及至蛇年（705），赞普王子野祖茹与祖母墀玛类驻于"准"地，岱仁巴农囊札、开桂多囊等叛，于本教之"那拉"山顶杀岱仁巴等诸叛臣。于邦拉让，赞普兄乞黎拔布自王位被迫引退……冬，赞普野祖茹与祖母墀玛类驻于"许尔"，任命曲·莽布支拉松为大论。其后，于林仁园，曲·莽布支拉松获罪。任命韦·乞力徐尚辗为大论。悉立叛。是为一年。③

---

① 敦煌本吐蕃《大事记年》龙年（704）条，见王尧、陈践译注《敦煌本吐蕃历史文书》（增订本），第149、182—183页注释㊸；又黄布凡、马德编著《敦煌藏文吐蕃史文献译注》龙年（704）、蛇年（705）条，甘肃教育出版社，2000，第46页。

② 《旧唐书》卷九七《郭元振传》，第3045—3046页；又《资治通鉴》卷二〇九，中宗景龙二年条，第6626页。

③ 王尧、陈践译注《敦煌本吐蕃历史文书》（增订本），第149页；黄布凡、马德编著《敦煌藏文吐蕃史文献译注》，第46页。

在此情况下，吐蕃转而结好唐朝。神龙三年二月，吐蕃赞普遣其大臣悉董热献方物；① 同年四月，唐中宗下诏以所养嗣雍王守礼女金城公主，出降吐蕃赞普。② 双方关系趋向和好。这样一来，唐朝西面边防压力大大减轻。于是，剩下的强敌就是北面的后突厥了。景龙四年，中宗颁发《命吕休璟等北伐制》，③ 部署和调动西域、河西、关内诸道蕃汉数十万唐军，谋图大举征讨后突厥。该制文仅记默啜"虐刘肆暴，桀骜反常，独为匪人，假命骄子者，有岁时矣"，而对吐蕃只字未提，都表明此时的唐蕃关系已趋和缓。遗憾的是，由于唐廷发生政变，这次讨伐后突厥的大规模军事行动未能成行。

神龙二年末，郭元振改任安西大都护，并任金山道行军大总管，谋图征发西突厥诸部共同征讨后突厥。④ 郭元振的改任，表明陇右诸军州大使的历史使命已经完成。之后，此职就不复存在了。不过，唐睿宗景云二年四月于凉州设置的河西节度使，⑤ 却与陇右诸军州大使存在着渊源。河西节度使作为唐朝设置的第一个节度使，其设置之初，领凉、甘、肃、伊、瓜、沙、西等七州，权限虽小于陇右诸军州大使，但统领数州之军政，则是一脉相承的。另外，河西节度使设置后，治于凉州，例兼凉州都督，⑥ 而陇右诸军州大使亦是如此，说明二者之间有着继承关系。可以这样说，河西节度使就是在陇右诸军州大使的基础上演变而来。从这一意义上讲，对陇右诸军州大使个案的考察与探讨，亦有助于认识和了解唐代节度使的产生。

---

① （宋）王钦若等编《册府元龟》卷九七〇《外臣部·朝贡三》，第 11404 页。

② （宋）王钦若等编《册府元龟》卷九七九《外臣部·和亲二》，第 11498 页。

③ （宋）李昉等编《文苑英华》卷四五九，第 2335—2336 页；（宋）宋敏求编《唐大诏令集》卷一三〇，第 705 页。

④ 参见王小甫《唐、吐蕃、大食政治关系史》，第 282—288 页。

⑤ （宋）王溥：《唐会要》卷七八《节度使（每使管内军附）》，第 1689 页；（唐）杜佑：《通典》卷三二《职官十四》，第 895 页。参见张国刚《唐节度使始置年代考定》，收入氏著《唐代藩镇研究》，湖南教育出版社，1987，第 235—236 页。

⑥ 参见郁贤皓《唐刺史考全编》（一），第 473—481 页。

综上所述，武周圣历元年至唐中宗神龙二年（698—706），唐朝于凉州设置的陇右诸军州大使，统辖河陇西域各地之军政，权限极大，主要目的是对付这一时期吐蕃与后突厥对河西地区的联手进扰。这是唐廷根据西北边疆民族形势变化而设置的一个重要使职，充分反映了唐朝边防政策的灵活多变性。唐睿宗景云二年于凉州设置的河西节度使，很大程度上就是在陇右诸军州大使的基础上演变而来。

# 第六章

# 敦煌所出张君义文书与唐中宗
# 景龙年间西域政局之变化

　　1941 年夏，著名画家张大千先生在敦煌莫高窟获得张君义文书四件，其中《唐景云二年（711）张君义勋告》较为完整（参见图版八），现藏敦煌研究院，余三件则残损严重，有两件是张君义立功的公验，一件是关于张君义等乘驿马的牒文，现藏日本天理图书馆。[①] 1961 年，大庭脩先生发表《关于敦煌发现的张君义文书》，首次对文书进行了整理和研究，提出了若干颇具启发性的见解。[②] 1982年，朱雷先生发表《跋敦煌所出〈唐景云二年张君义勋告〉——兼论"勋告"制度渊源》，重点探讨了张君义文书所反映的"勋告"

---

制度。① 1991 年，中村裕一先生在《唐代官文书研究》一书中，对两件公验有过释文和简单考释，并刊布了三件较为清晰的文书图版。② 1992 年，日本大阪市立美术馆编《天理秘藏名品展》，刊布了张君义立功第壹等、第贰等公验的两件高清彩色图版（参见图版九、图版十）。③ 1995 年，内藤みどり先生发表《"张君义文书"与唐、突骑施娑葛的关系》，在大庭脩先生已有研究基础上，对文书残损部分进行了一定推补，并结合相关史实考察了唐与突骑施娑葛的关系。④ 中日学者已有的研究，为深入认识张君义文书奠定了坚实的基础。本章拟在前贤研究基础上，重点考察张君义立功的两件公验文书，并结合相关传世文献，对唐中宗景龙年间西域政局的变化展开进一步探讨。

一

为方便下文讨论，兹先转录两件公验文书并试做标点如下：

（一）

1　敕四镇经略使前军　　　碟张君义

2　　五月六日（破）连山阵　　同日 ☐☐☐☐☐ 七日破临崖阵

3　　同日破白寺城阵　　　九日破☐坎阵　　同 ☐☐☐ 同日破仏陌城阵

---

① 朱雷：《跋敦煌所出〈唐景云二年张君义勋告〉——兼论"勋告"制度渊源》，《中国古代史论丛》1982 年第 3 辑，福建人民出版社，1982，第 331—349 页；收入氏著《敦煌吐鲁番文书论丛》，第 225—243 页。以下引用此文观点，不另注。
② 中村裕一『唐代官文書研究』、第 443—446 頁、図版七·八·九。
③ 大阪市立美術館編『天理秘藏名品展』天理教道友社、1992、第 174 頁。
④ 内藤みどり「「張君義文書」と唐·突騎施娑葛の関係」小田義久先生還暦記念事業会編『小田義久博士還暦記念東洋史論集』龍谷大学東洋史研究会、1995、第 181—208 頁。以下引用此文观点，不另注。

4　　十一日破河曲阵　　　十二日破 _____　　　十四日破故城阵

5　　同（日）破临桥阵

6　　　傔人（张君义）

6′　　　（右使注殊功第壹等）

7　牒：得牒（称）_____（突骑施背）□，围绕

8　安西，□_____命（?）君义

9　等从_____散府

10　镇_____获凶

11　丑□_____等城，并煞

12　获逻斯□首。前_____用命副使亲监于

···························································（纸缝）

13　□□件蒙_____第壹等，于后恐无

14　凭准，请给公验，故牒。_____（请）裁者，件检如前，

15　并（?）准状各牒_____状牒_____任为

16　公验，故牒。

17　　　　　　　　景龙三年九月五日　　　　　典洪璧牒

18　　　　　　　□ _____

19　（用）盐泊都（督府之印）

20　　　　检校副使云（麾将军□□县开国男薛思楚）

## （二）

1　敕四（镇经略使前军　　　牒张君）义

2　六日_____蓿园阵

3　同日_____碛内阵

4　　廿一日城北（破□□阵□日城西本□阵廿）五日城西

破莲花寺东涧阵

5 　　傔人　张君义

6 　　　　右使（注殊）功第贰等

7 牒：得牒称：（突骑施背）叛，围绕安西，路隔绝。君

8 义等不顾微命，遂投□[_____]使突围救援府

9 城，共贼苦□□阵先[_____]件等阵，当

10 蒙使对定殊功第贰等讫。恐后无有凭准，

11 请给公验，请裁者。依检□[_____]使注如前者。

12 君义等救援焉者，[_____]入（？）都府自至，每

13 经行阵，前□□□□[____]获，贼徒因而退

14 败，有功[_____]由（？）勘检

15 既与状[_____]牒准

16 状，故牒。

17 　　　　　　　[_____]洪壁　牒

18 用渠黎州之印　　　　　　　筹　（署名）

19 　　　检校副使云麾将军□□县开国男薛思楚（署名）①

据上所记，文书（一）明确记载时间为唐中宗景龙三年（709）九月，文书（二）因残损不知年月，但两件公验皆为典洪壁所作，且所记都为张君义等突围救援立功之事，年代应大致相当。至于张君义等唐军作战的对象，内藤みどり氏根据文书（二）第7行残存笔画，推补该行所缺数字为"突骑施背"，从而表明与唐军交战的是突骑施。联系中宗景龙年间唐与突骑施之间的战事（详后），内藤氏的这一推

---

① 笔者未见文书原件，此处录文主要参据『唐代官文书研究』『天理秘藏名品展』二书中所附图版及上述诸家的录文，并参考利用了内藤みどり氏的增补成果（括号内容）。此外，文书录文又见唐耕耦、陆宏基编《敦煌社会经济文献真迹释录》第4辑，全国图书馆文献缩微复制中心，1990，第273—274、276—277页。

补值得信从。

两件文书分别记录了唐军与突骑施的两次战事，一次是在文书（一）所揭示的景龙三年五月六日至十四日，另一次具体时间不明。内藤氏据文书（一）记录格式，推测文书（二）第2行的"六日"为"六月"之误，进而确认唐军与突骑施的另一战事发生在景龙三年六月某日至六月二十五日。这一推测也颇合情理，值得信从。

总之，根据上揭文书记载及已有相关研究，可以获得如下初步认识与判断：唐中宗景龙三年五月至六月，西域唐军与突骑施两次交战，并取得了救援安西的胜利。不过，在对文书的认识和研究上，仍有若干问题并不清楚。如张君义等唐军从何地而来？唐军与突骑施交战的地点位于何处？两件文书为何要分别钤盖"盐泊都督府之印"和"渠黎州之印"？景龙年间的四镇经略使有何变化？这一时期的西域形势究竟怎样？等等。本章正是围绕上述问题而展开的初步探讨。

两件文书分别记录了若干唐军与突骑施交战的地点，对这些交战地点所在方位的初步考察，可以揭示出唐军的大致行军作战方向。

文书（一）第2行所记"五月六日（破）连山阵""七日破临崖阵"，表明"连山""临崖"两地皆有突骑施军队驻守。从名称看，连山、临崖当为形势险要之地。第3行记"同日破白寺城阵"，联系上下文，此"同日"应指五月七日。"白寺城"一名，不见史载。法国伯希和氏于库车都勒都尔·阿护尔遗址所获汉文文书中，有两件载有"白寺"之名，其中 D. A90 号文书存4行（参见图版十一），兹引录如下：

1　掏拓所　　　帖城局万□□□□

2　白寺、河西寺在寺院等所有□□□□

3　仰城局万清自须带来一□□□□

4　外即 ☐☐☐☐

（后缺）①

另一件编号为 D. A101（参见图版十二），亦存 4 行文字，引录如下：

（前缺）

1　报，娑勒先言许留粟拾硕，后即对

2　面，亦有恩答。今为　长官在白寺，故使

3　吏心奴走取与好白羊一口。速付专待，莫令

4　空来。九月十七日。羲②

上揭两件文书俱缺纪年，但从文书格式及官称看，二者均属唐代文书，这是可以肯定的。第一件 D. A90 号为帖文，大意是指主管渠堰缮修事务的掏拓所下帖给城局万清，要其带领该城白寺、河西寺在寺若干人，即日至某处劳作。第二件 D. A101 号性质亦与帖文相近，其中第 4 行最后一字 "羲"，应是某官员的签名。遗憾的是，文书前部残缺，不知该帖具体发往何处。就残存 4 行内容看，文书涉及二事：一是 "羲" 对过去某事的处理意见；二是 "羲" 目前跟随某 "长官" 在白寺，为款待上司，下令要某地有关人员准备 "好白羊一口"，并派吏心奴前去领取，而且要求 "速付"，不得延误，且不能让心奴空手回来。从语气分析，"羲" 当为某机构长官。按都勒都尔·阿护尔遗址，即库车渭干河西面的夏克土尔遗址。③ 两件文书既出于同地，

---

① Éric Trombert, Ikeda On et Zhang Guangda, *Les Manuscrits Chinois de Koutcha：Fonds Pelliot de la Bibliothèque Nationale de France*, p. 86. 文书中出现的人名 "万清"，整理者释为 "葛清"，细审该书后面所附图版，似应为 "万清"。

② Éric Trombert, Ikeda On et Zhang Guangda, *Les Manuscrits Chinois de Koutcha：Fonds Pelliot de la Bibliothèque Nationale de France*, p. 91.

③ 参见王炳华《唐安西柘厥关故址并有关问题研究》，《西北史地》1987 年第 3 期；后改题为《新疆库车玉其土尔遗址与唐安西柘厥关》，收入氏著《丝绸之路考古研究》，第 82—105 页。

所记"白寺"当是指同一寺院，而且距夏克土尔遗址不会太远。既然如此，以"白寺"名城的"白寺城"，也不会距夏克土尔遗址太远。

笔者在本书第十三章"唐代龟兹白寺城初考"中初步认定，所谓"河西寺"，当位于夏克土尔遗址，伯希和、黄文弼两位先生早年皆视该遗址为古代寺庙遗址。"白寺"则可能位于今库木吐拉石窟。渭干河东面与夏克土尔遗址隔河相望的玉其土尔遗址，当即古代龟兹"白寺城"之所在地。张君义文书中所记唐军"破白寺城阵"，即发生于此地。

又文书（一）第3行还记有"同日破仏陁城阵"，此"同日"即五月九日。按"仏陁"即佛陀或浮图，乃梵文Buddha的译名。"仏陁城"以仏陁命名，当有其特殊含义。据《大唐西域记》卷一《屈支国》"大会场"条，龟兹王城西门外，立有高九十余尺的佛像，龟兹国于像前建五年一大会处，此地在龟兹政治、宗教生活中曾发挥重要作用。[①] 仏陁城有无可能就在此地呢？由于库车皮朗古城西面尚未发现有古城遗址，暂存疑待考。

文书（一）第4行又记"十一日破河曲阵""十四日破故城阵"。按"河曲"，一般指河流弯曲之地。据《水经注》卷二《河水二》，龟兹境内有东川水和西川水，东川水即今天的铜厂河，西川水即唐代白马河。既然确定白寺就在白马河附近，则"河曲"当指该河的某一弯曲之地。换言之，唐军是沿白马河行军作战的。按"故城"，《水经注》记东川水有一支自西南入龟兹城，继续往东南流，与流经龟兹城南的一支西川水相合，汇为一水，"水间有故城，盖屯校所守也"。[②] 按"屯校"，当指屯田校尉。西汉时，朝廷为经营西域，曾在

---

① （唐）玄奘、辩机原著，季羡林等校注《大唐西域记校注》，中华书局，1985，第61页。

② （北魏）郦道元注，杨守敬、熊会贞疏《水经注疏》，段熙仲点校，陈桥驿复校，江苏古籍出版社，1989，第108—112页。

渠黎等地推行屯田，置校尉领护之。[①] 屯田校尉可能也在龟兹城南进行屯田，并筑城屯守。黄文弼先生 1928 年 10 月在库东南面沙乌勒克以北之古址考察时，推论这一带地区"当原为汉代屯田区，至唐代仍在此地垦殖"。[②] 东汉以后，中原王朝势力退出龟兹，原汉兵屯守之地也就变成了"故城"。黄文弼先生在库车南部考察时，据穷沁旧城的古建筑形式属圆形，颇类轮台之着果特旧城，推断该城可能就是《水经注》中所说的"故城"。[③] 此地临河，又有城，无疑是一理想的屯防之地。文书中"故城"与此同名，二者应指同一地方。

文书（一）第 5 行记"同（日）破临桥阵"，此"同日"即五月十四日。唐军在一天时间内连破故城阵、临桥阵，说明两地相距不会太远；而且，"临桥"二字，也与河道有关。《水经注》卷二《河水二》记东川水支流与西川水支流在龟兹城南交汇后，往东南流入东川水。此河道既然架桥，则必有道通往东面。在古代西域地区，交通道路多依水道而成。

综上对文书（一）的考察，可以得出如下几点认识：第一，唐军作战经由白寺城、仏陁城、河曲、故城、临桥等地，其行军方向大致是由西而东，再转向安西城的南面，而且多沿河道推进，一定程度上反映了唐代龟兹交通道路的基本面貌；第二，从五月六日至十四日，历时九天，唐军共历战阵十余次，反映了此战的艰巨与残酷，这应该就是张君义立功第壹等的主要原因；第三，这十余次战阵都发生在安西城周围，而两件文书又都提及突骑施"围绕安西"事，可知突骑施军队主要驻扎在安西城周围的各个交通要道上，故唐军在五月份的救援作战，也基本围绕安西城而展开。

文书（二）所记唐军破阵部分残损严重，这里仅就相关记载展开

① 《汉书》卷九六下《西域传》，中华书局，1962，第 3923 页。
② 黄烈编《黄文弼历史考古论集》，文物出版社，1989，第 251 页。
③ 黄烈编《黄文弼历史考古论集》，第 249—250 页。

讨论。第 2 行末存"蓿蔺阵"三字，此"蓿蔺"即苜蓿园。苜蓿乃是一种牧草，可供牛、马等牲口食用，在西州还可作为商品出售。[①]苜蓿园就是专门种植苜蓿的场所。第 4 行"廿一日城北"后缺战阵名，但其大体方位应在安西城北面。该行最后所记"廿五日城西破莲花寺东涧阵"，值得注意。莲花寺，唐代龟兹有此寺名，《贞元新定释教目录》卷一七载：

> 佛说十力经一卷
> 右一部一卷，龟兹三藏沙门勿提提犀鱼（唐言莲花精进）于安西城西莲花寺译。[②]

又《宋高僧传》卷三《唐丘慈国莲华寺莲华精进传》载：

> 释勿提提羼鱼，华言莲华精进，本屈支城人也，即龟兹国，亦云丘慈，正曰屈支。时唐使车奉朝到彼土，城西门外有莲华寺，进居此中，号三藏苾蒭。……安西境内有前践山，山下有伽蓝，其水滴溜成音可爱，彼人每岁一时采缀其声以成曲调，故《耶婆瑟鸡》，开元中用为羯鼓曲名，乐工最难其杖撩之术。进寺近其滴水也。[③]

据上，莲花寺又作莲华寺，乃安西城西的一座佛寺。而文书所记"莲花寺"也位于城西，二者同名，又在同一方位，显然是同一个寺院。

---

① 如大谷 3049 号《唐天宝二年（743）交河郡市估案》载："苜蓿春荛壹束，上直钱陆文，次伍文，下肆文。"〔日〕池田温：《中国古代籍帐研究·录文》，第 309 页；小田义久主编『大谷文书集成』（貳）、法藏館、1990、第 12 页、图版一〇。

② 〔日〕高楠顺次郎等编集《大正新修大藏经》第 55 册，东京：大正一切经刊行会，1924—1934，第 896 页。此据台北新文丰出版公司影印本。

③ （宋）赞宁：《宋高僧传》，范祥雍点校，中华书局，1987，第 45—46 页。

据韩翔、陈世良二位先生考证，"滴滴泉"即"耶婆瑟鸡"的意译，实即今克孜尔千佛洞之泪泉（又名千滴泉）。[①] 既然"进寺近其滴水"，则莲花寺应在今克孜尔千佛洞附近。[②] "莲花寺东涧"，按"涧"指山间的水沟，《说文·水部》云："涧，山夹水也。"[③] 莲花寺附近有"滴滴泉"，泉水下流形成一条水沟，直到今天水沟依然存在。[④] 因此，"莲花寺东涧"应指"滴滴泉"流淌而成的水沟，之所以称"东涧"，或是因此涧位于莲花寺东面。

由文书（二）的零星记载大致可以看出，唐军第二次作战经由安西城北某地，然后转往城西，在莲花寺东涧进行最后一场战斗，并最终取得了胜利。有趣的是，文书第 12 行记"君义等救援焉耆"，说明唐军不仅救援安西，还向东救援焉耆。关于此点，详见下文讨论。

仔细比较文书（一）与文书（二）则不难发现，二者在记录战阵方面存在着一定的差异。首先，文书（一）记唐军作战地点，并不标明其在安西城的方位，而文书（二）则具体写明"城北""城西"方位。两件文书之所以有此差别，或是因唐军两次作战地点距安西城远近不同：第一次作战地点基本上是在安西城周边不远的地方；第二次则相对较远，如莲花寺更在白寺城西面，距安西城一百余里远，故标明其在"城西"的方位。由此可做出如下推断，文书（一）反映的是唐军与突骑施之间的一场内围战，文书（二）所记则是一场外围战，两场战争都是围绕安西城而进行。其次，两件文书揭示了两场战争剧烈程度的不同。文书（一）记唐军第一场作战，历时九天，经历了十余

---

① 韩翔、陈世良：《龟兹佛寺之研究》，新疆龟兹石窟研究所编《龟兹佛教文化论集》，新疆美术摄影出版社，1993，第 59 页。

② 参见陈国灿《关于〈唐建中五年（784）安西大都护府孔目司帖〉释读中的几个问题》，《敦煌学辑刊》1999 年第 2 期；收入氏著《陈国灿吐鲁番敦煌出土文献史事论集》，第 583—596 页。

③ （东汉）许慎：《说文解字》（附检字），中华书局，1963，第 232 页。

④ 1998 年 9 月，笔者曾随陈国灿师赴新疆克孜尔石窟参加"唐代西域文明——安西大都护府国际学术讨论会"，其间考察过此泉及流淌而成的水沟，印象颇为深刻。

次战阵，有时一天经历两次或三次战阵，战争之剧烈程度不难推知；而文书（二）所记唐军第二场作战，相对第一场作战而言，剧烈程度略有降低。正因如此，才会出现张君义立功第壹等和第贰等的区别。

## 二

文书（一）（二）首行记"敕四镇经略使前军　牒张君义"，末行为"检校副使云麾将军□□县开国男薛思楚"。此处"检校副使"，当为检校四镇经略副使之略称。唐人杜佑曾对"检校"一词有过解释，称"检校者，云检校某官"，"皆是诏除，而非正命"。① 薛思楚正是以代理四镇经略副使的身份，统领"四镇经略使前军"前去救援安西的。那么，景龙三年的四镇经略使是谁呢？《文苑英华》卷九七二张说《兵部尚书（代）国公赠少保郭公（元振）行状》载：

> 景龙年中，宗楚客、韦（纪）处讷等潜结朋党，憎功害能，授公骁骑大将军兼安西大都护、四镇经略使、金山道大总管。②

又《旧唐书》卷九七《郭元振传》载：

> 神龙中，迁左骁卫将军，兼检校安西大都护。③

再结合《资治通鉴》卷二〇八中宗神龙二年十二月条之相关记载，④ 可以初步断定，至迟神龙二年十二月时，郭元振已由凉州都督改任安

---

① （唐）杜佑：《通典》卷一九《职官一》"历代官制总序"条，第472页。
② （宋）李昉等编《文苑英华》，第5112页。
③ 《旧唐书》，第3044页。
④ 《资治通鉴》，第6608页。

西大都护兼四镇经略使。不过，景龙年中的四镇经略使并非郭元振，而是周以悌。《资治通鉴》卷二〇九中宗景龙三年二月条《考异》引《景龙文馆记》载：

> 初，娑葛父子与阿史那忠节代为仇雠，娑葛频乞国家为除忠节，安西都护郭元振表请如其奏。宗楚客固执，言："忠节竭诚于国，作捍玉关，若许娑葛除之，恐非威强拯弱之义。"上由是不许。无何，娑葛擅杀御史中丞冯嘉宾、殿中侍御史吕守素，破灭忠节，侵扰四镇。时碎叶镇守使、中郎（将）周以悌率镇兵数百人大破之，夺其所侵忠节及于阗部众数万口。奏到，上大悦，拜以悌左屯卫将军，仍以元振四镇经略使授之。敕书簿责元振。宗议发劲卒，令以悌同郭虔瓘北讨，仍邀吐蕃及西域诸部计会同击娑葛；右台御史大夫解琬议称不可。后竟与之和。[①]

此段记载非常重要，值得充分重视。根据上述记载，可知碎叶镇守使、中郎（将）周以悌是在娑葛杀唐大臣、破灭忠节、袭扰四镇之后，才率镇兵数百人反击娑葛并取得一定胜利的。消息传到长安后，中宗乃擢周以悌为左屯卫将军，并命其代郭元振为四镇经略使。但其他史籍所记与此颇有不同。《旧唐书》卷九七《郭元振传》、《资治通鉴》卷二〇九中宗景龙二年十一月条均记阿史那忠节在播仙城遇周以悌时，周的官衔为"经略使、右威卫将军"，[②] 而《册府元龟》卷三六六《将帅部·机略六》则记周以悌为"经略使、左威卫（将）军"，[③]《新唐书》卷一二二《郭元振传》仅记"经略使周以悌"。[④]

① 《资治通鉴》，第 6632 页。
② 《旧唐书》，第 3045 页；《资治通鉴》，第 6625 页。
③ （宋）王钦若等编《册府元龟》，第 4356 页。
④ 《新唐书》，第 4363 页。

这几种记载虽存在"左威卫将军"与"右威卫将军"的不同，但都出自同一史源，当可肯定。问题是，除《景龙文馆记》以外，诸史籍都记周以悌在娑葛进犯四镇前已任四镇经略使，而后又记宗楚客奏请周以悌代郭元振统众，前后存在相互抵牾之处。更何况，唐中宗景龙年间，中央十二卫中只有"左右屯卫"，并无"左右威卫"之名。《唐会要》卷七一《十二卫》载：

> 左右威卫：光宅元年，改为左右豹韬卫。神龙元年，复改为左右威卫。其年七月，又改为左右屯卫。景云二年八月二十八日，又改为左右威卫。①

又《旧唐书》卷七《睿宗本纪》景云二年八月庚午条记：

> 改左右屯卫为左右威卫，左右宗卫率府为左右司御府。②

根据上述两条记载，可知唐中宗神龙元年（705）七月改左右威卫为左右屯卫，至睿宗景云二年（711）八月才恢复左右威卫之名，左右屯卫实际存在时间长达六年。奇怪的是，此事未见《唐六典》《通典》《旧唐书·职官志》《新唐书·百官志》等史籍记载，却得到相关史籍、出土文书及碑刻墓志的证明。如《旧唐书》卷七《中宗本纪》记神龙、景龙年间，张仁愿曾任"左屯卫大将军"之职。③ 又《册府元龟》卷九六四《外臣部·封册二》记神龙二年十二月时，十姓可汗阿史那怀道为"右屯卫大将军"。④ 又现藏日本正仓

---

① （宋）王溥：《唐会要》，第1518—1519页。
② 《旧唐书》，第158页。
③ 《旧唐书》，第144、146页。
④ （宋）王钦若等编《册府元龟》，第11342页。

院的唐景龙四年四月的写本《根本说一切有部毗奈耶尼陀那颂译场列位》记:

> 翻经婆罗门东天竺国左屯卫翊府中郎将员外置同正员臣瞿金刚证译。[1]

瞿金刚一名,又见于同时的《根本说一切有部尼陀那目得迦卷十译场列位》,[2] 官衔与上同。碑志方面的记载亦是如此,如《大唐故左屯卫将军卢府君(玢)墓志铭并序》记志主卒于唐睿宗景云元年十一月二十九日,享年五十四岁,卒前官衔为"左屯卫将军、东都留守兼判左卫及太常卿事"。[3]

以上史实足可证明,唐中宗神龙、景龙年间(705—710),中央十二卫中,只有"左右屯卫",并无"左右威卫"。《景龙文馆记》记周以悌由碎叶镇守使、中郎将升为四镇经略使、左屯卫将军,其中"左屯卫将军"一称,正与当时的机构改名史实相吻合。复据《唐周晓墓志》:"大父以悌,宕、岷州刺史,四镇经略使、右屯卫将军、西平县开国男,赠特进。"[4] 可证《景龙文馆记》所记非虚。更何况,《景龙文馆记》的作者武平一,在景龙二年五月入修文馆为直学士,同时的大学士有李峤、宗楚客等人。[5] 武平一无疑知晓当时朝中大事,其所记当更为可信。至于《旧唐书·郭元振

---

① 池田温编『中國古代寫本識語集錄』東京大學東洋文化研究所、1990、第273頁。

② 池田温编『中國古代寫本識語集錄』、第274頁。

③ 周绍良主编《唐代墓志汇编》景云〇一四,第1126—1127页。

④ 吴钢主编《隋唐五代墓志汇编·陕西卷》第4册,天津古籍出版社,1991,第30页。《景龙文馆记》记周以悌为"左屯卫将军",而墓志则记为"右屯卫将军",左、右二字形近易讹,尚难断其是非,暂存疑待考。

⑤ (宋)王溥:《唐会要》卷六四《弘文馆》,第1316—1317页;《新唐书》卷一一九《武平一传》,第4293—4295页。关于武平一生平及《景龙文馆记》之研究,可参陶敏《〈景龙文馆记〉考》,《文史》第48辑,中华书局,1999,第221—236页。

传》《册府元龟》等有关周以悌在景龙年间官职变动之记载，则显得有些混乱，不可偏信。因此，考察周以悌与阿史那忠节在西域的活动，尚需对相关史料进行认真考辨分析，方能得出较为合理的判断。

周以悌代郭元振为四镇经略使的时间，据前揭《景龙文馆记》记载，是在唐廷接到周以悌大破娑葛的消息之后。又据《资治通鉴》卷二〇九景龙二年条：

> 十一月，庚申，突骑施酋长娑葛自立为可汗，杀唐使者御史中丞冯嘉宾，遣其弟遮努等帅众犯塞。①

按《通鉴》此条在新、旧《唐书·中宗本纪》中都有反映，旧纪称："（景龙二年）冬十一月庚申，突厥首领娑葛叛，自立为可汗，遣弟遮弩率众犯塞。"② 新纪称："十一月庚申，西突厥寇边，御史中丞冯嘉宾使于突厥，死之。"③ 因此，碎叶镇守使周以悌率镇兵大破娑葛，只能发生在景龙二年十一月庚申之后。考虑到西域、长安间的信息传递需月余时间，④ 则周以悌代郭元振任四镇经略使，当在景龙三年初。而张君义等救援安西事，发生在景龙三年的五月和六月。据此不难推知，文书中的"敕四镇经略使"非周以悌莫属。

中宗景龙三年七月丙辰（二日），突骑施娑葛遣使来降。⑤ 联系前揭张君义两件公验所记唐军五月、六月在西域的作战情况，则娑葛此举，当与受到唐军打击有关。就在该月壬午（二十八日），唐廷遣

---

① 《资治通鉴》，第6625页。
② 《旧唐书》卷七《中宗本纪》，第146页。
③ 《新唐书》卷四《中宗本纪》，第110页。
④ 参见严耕望《唐代交通图考》第2卷第12篇《长安西通安西驿道下：凉州西通安西驿道》，第489页。
⑤ 《旧唐书》卷七《中宗本纪》，第147页；《新唐书》卷四《中宗本纪》，第111页。

使册封娑葛为归化可汗，并赐名守忠。① 从七月二日娑葛来降，到二十八日遣使册封娑葛，历时二十七日，唐廷当重新讨论了对娑葛的政策。那么，与娑葛矛盾极深的周以悌，就不可能继续执政西域了。又张君义文书中，还有一件关于张君义乘驿马的牒文，很能说明这一问题。② 此牒具体年代不明，但其中存"景龙"二字，知亦是景龙年间的文书。作牒典是张旦，与两件公验文书不同。该牒文第18行残存"周将军放还准"数字，大庭脩氏、内藤みどり氏均认为，此"周将军"应是周以悌，所言极是。不过，"周将军"之称，乃是因周以悌担任左（右）屯卫将军，而不是左（右）威卫将军。文书上钤"四镇经略使之印"，据大庭脩氏推补，首行文字应为"敕持（节四镇经略使　牒张君）义"，这与两件公验中的"敕四镇经略使前军　牒张君义"不同；末行为"（四镇经略）大使真定郡公张□"，据大庭脩氏文，该行最后一字还存有"表"字的部分痕迹，此张某应即景云年间担任安西都护的张玄表。由此可见，张玄表已在景龙某年代周以悌担任四镇经略使了。如前文所考，周以悌景龙三年初为四镇经略使，同年九月五日，张君义公验仍在使用"敕四镇经略使"的称号，说明周以悌当时仍在任上，张玄表正式接替周以悌应在此之后。唐廷在七月底决定与娑葛和好，诏令传到安西，恐怕已是九月份之事，这与文书所记时间并不矛盾。牒文所记张玄表接替周以悌之事，表明《旧唐书·郭元振传》所记"复以元振代以悌"并非史实。③《新唐书·郭元振传》不记此事，只说"元振使子鸿间道奏乞留定西土，不敢归

---

① 《旧唐书》卷七《中宗本纪》，第148页。《资治通鉴》卷二〇九中宗景龙三年条作七月庚辰（二十六日），第6636页。笔者推测，七月庚辰可能是朝廷决定册封娑葛的时间，同月壬午则是正式遣使册封之时间。"归化可汗"，《资治通鉴》作"钦化可汗"。

② 见大庭脩、内藤みどり前揭文；又唐耕耦、陆宏基编《敦煌社会经济文献真迹释录》第4辑，第274—275页。按诸家皆释为"周将军方还"，据《唐代官文书研究》图版八，当释为"周将军放还"。

③ 《旧唐书》卷九七《郭元振传》，第3048页。

京师"。①

张君义的两件立功公验，由"敕四镇经略使前军"颁发。按唐代
行军基本上推行七军制：中军、左右虞候二军、左厢二军、右厢二军
或中军、左右虞候二军及前后左右四军。军数较少时可能只有前中后
或左中右三军。②"敕四镇经略使前军"，当即时任四镇经略使的周以
悌所率诸军中的前军，该军由检校副使薛思楚统领，故在张君义立功
公验上，由其长官薛思楚最后署名。

## 三

关于两件公验的钤印问题，大庭脩氏、内藤みどり氏对此都有论
说，但仍有进一步探讨之必要。文书（一）多处钤盖"盐泊都督府
之印"，③按盐泊都督府，乃唐朝平定阿史那贺鲁之叛后，于西突厥胡
禄屋部设置的羁縻都督府，④地在今新疆玛纳斯河一带。⑤唐乾陵石
人像右二碑第七人衔名为"吐火罗叶护咄伽十姓大首领盐泊都督阿史
那忠节"，⑥此阿史那忠节，学者们一般都认为，他就是景龙年间与突

① 《新唐书》卷一二二《郭元振传》，第4365页。
② 孙继民：《唐代行军制度研究》，台北：文津出版社，1995，第217—225页。
③ 大庭脩、中村裕一、内藤みどり皆释"泊"为"泪"，然唐代在西域设置的羁縻州府只有"盐泊都督府"，而无"盐泪都督府"。
④ （宋）王溥：《唐会要》卷七三《安西都护府》，第1567页。
⑤ 参见〔法〕沙畹编著《西突厥史料》，冯承钧译，中华书局，1958，第244页。
⑥ 参见陈国灿《唐乾陵石人像及其衔名的研究》，《文物集刊》第2集，文物出版社，1980；收入氏著《陈国灿吐鲁番敦煌出土文献史事论集》，第158—188页。按内藤みどり氏前揭文认为，吐火罗国之叶护，不可能是设置"盐泊都督"的胡禄屋首领，衔名应复原为"十姓大首领盐泊都督阿史那忠节"。关于吐火罗叶护与阿史那忠节之间的关系，章群先生《关于唐代乾陵石人像问题》（《第一届国际唐代学术会议论文集》，台北：台湾唐代学者联谊会，1989，第758页注15）一文，对此已有一定解释。需要特别指出的是，1958年陕西文管会对乾陵进行实地勘察的拓片，仍存"吐火……督阿史那忠节"数字（参见杨正兴《唐乾陵勘查记》，《文物》1960年第4期），证明二者确实存在联系。因此，陈国灿先生的复原成果不应被轻易否定。

骑施娑葛矛盾极深的阿史那阙啜忠节。驻于玛纳斯河一带、远在天山以北的盐泊都督府，其印为何钤在张君义立功第壹等的公验上？这是一个饶有兴味的问题。前揭《景龙文馆记》记景龙二年底碎叶镇守使周以悌率镇兵数百大破娑葛，"夺其所侵忠节及于阗部众数万口"。其后，周以悌升任四镇经略使，统率四镇唐军进击突骑施娑葛，阿史那忠节麾下的胡禄屋部军队当也参加了唐军的战斗。内藤みどり氏认为，从文书所钤"盐泊都督府之印"，可以看出阿史那忠节也参加了薛思楚所率的"四镇经略使前军"，这一推测不无道理。

文书（二）多处钤盖"渠黎州之印"，按渠黎州不见史载。《新唐书》卷四三下《地理志七下》陇右道羁縻州条记："河西内属诸胡，州十二，府二。"① "府二"之一即渠黎都督府，但所列十二州中，如乌垒、和墨、遍城、耀建、寅度等州，据王小甫先生考证，实际是四镇都督府所辖之州，其地并不在河西地区。② 同样，渠黎都督府亦不在河西。前已述及，西汉政府曾在焉耆与龟兹之间的渠黎等地屯田。唐代仍有"渠黎"之名，岑参《轮台歌奉送封大夫西征》即载："羽书昨夜过渠黎，单于已在金山西。"③ 此渠黎地望，一般认为在今新疆库尔勒市以西一带。④ 谭其骧先生主编《中国历史地图集》（隋唐五代十国时期）就定渠黎都督府于今库尔勒一带。⑤ 从名称上看，渠黎州与渠黎都督府之间当存在密切的关系。⑥ 如前所考，两件

---

① 《新唐书》，第1135页。

② 王小甫：《唐、吐蕃、大食政治关系史》附录肆《四镇都督府领州名称、地望考》，第266—269页。

③ 陈铁民、侯忠义校注《岑参集校注》，上海古籍出版社，1981，第145—146页。

④ 参见罗竹风主编《汉语大词典》（缩印本）中卷"渠黎"条，第3310页；又《中国历史大辞典·历史地理卷》"渠犁国"条，第844页。

⑤ 谭其骧主编《中国历史地图集》第5册，中国地图出版社，1982，第六三、六四图。

⑥ 二者同名"渠黎"，应为一地，有可能先为州，后升为都督府，这种事例在唐代西域地区并不少见。如《旧唐书》卷四〇《地理志三》所记北庭都护府管辖下的玄池、哥系等十蕃州（第1647页），《新唐书》卷四三下《地理志七下》陇右道羁縻州条都记为都督府（第1131页），说明它们可能有一个由州升为都督府的过程。

文书中的战阵多发生在龟兹境内，文书（二）还记张君义等曾救援焉耆，联系文书（一）所记唐军沿水道作战的行军方向，张君义等在破故城阵、临桥阵之后，可能继续沿水道往东推进，到达渠黎一带，进而救援焉耆。据《新唐书·地理志》，焉耆都督府辖下不领州，则渠黎州当属龟兹都督府下辖九州之一，[①] 其地在龟兹东境，与焉耆交界。钤有"渠黎州之印"的文书（二），记录了张君义等救援焉耆之事，也一定程度上反映了渠黎州与焉耆之间的联系。

内藤みどり氏认为，阿史那忠节的部落已迁居瓜州、沙州，作为河西内属胡，唐朝可能在忠节的部落置"渠黎州"，并以忠节为"渠黎都督"。内藤氏此论，所据理由大概有三。其一，《新唐书·地理志》所记"河西内属诸胡"中，"府二"之一即渠黎都督府。其二，《旧唐书·郭元振传》记："先是，娑葛与阿史那阙啜忠节不和，屡相侵掠，阙啜兵众寡弱，渐不能支。元振奏请追阙啜入朝宿卫，移其部落入于瓜、沙州安置，制从之。"这说明郭元振的建议被唐廷采纳实施。其三，前揭《景龙文馆记》记宗楚客所言"忠节竭诚于国，作捍玉关"，指的是忠节对国家忠诚，守卫玉门关。

关于阿史那忠节部落是否移居瓜、沙州地区，前田正名先生在《河西历史地理学研究》一书中，就对《旧唐书·郭元振传》相关记载表示过怀疑。[②] 笔者认为，阿史那忠节部落并未移居瓜、沙州地区，原因有如下几点。其一，渠黎都督府虽属河西，并不证明其地即在河西地区，此点上文已有所辨析。其二，据张说《兵部尚书（代）国公赠少保郭公（元振）行状》："（郭元振）知娑葛与阙啜有衅，奏请

---

① 《新唐书·地理志》（第1134页）记焉耆都督府不领州，龟兹都督府领九州，惜州名失载。王小甫先生曾据相关史料考证出龟兹都督府所领之九州，但有些城是否为州，还有待研究。从"渠黎"一称及"渠黎州之印"钤盖情况看，笔者认为，渠黎州当属龟兹都督府所辖东部之一州。参见王小甫《唐、吐蕃、大食政治关系史》，第267页。

② 〔日〕前田正名：《河西历史地理学研究》，陈俊谋译，中国藏学出版社，1993，第85页。

移于瓜州，制从之。会中书令宗楚客受金，遂寝其事。"① 可知郭元振确曾建议移阿史那忠节部落于瓜州一带，但由于权臣宗楚客的阻挠，此议并未实施。此点还可从《旧唐书》卷九二《宗楚客传》中得到证实："景龙中，西突厥娑葛与阿史那忠节不和，屡相侵扰，西陲不安。安西都护郭元振奏请徙［徙］忠节于内地。楚客与晋卿、处讷等各纳忠节重赂，奏请发兵以讨娑葛，不纳元振所奏。"② 其三，从"玉关"一称看，宗楚客所言"作捍玉关"，是指阿史那忠节保卫边关，并非实指其守卫玉门关。如《唐大诏令集》卷一一六《谕安西、北庭诸将制》记河西节度使周鼎、安西北庭都护曹令忠、尔朱某等"率辛、李之将，用甘、陈之谋，与羌骑校尉、王侯君长以下，自金河玉关，至于南北戊午，逾流沙，跨西海，□蒲类，破白山。战事致命，出于万死"。③ 又《唐故右卫德润府左果毅都尉上柱国高公（捧）墓志铭并序》载："及申骁金满，效智玉关，鞹奔哭于葱岩，断飞鸿于蒲海。诏授甘松府果毅，勋加柱国，改授德润府果毅都尉。"④ 知"玉关"多相对"金河""金满"而言，泛指边关，并非实指玉门关。更何况，宗楚客所言忠节"竭诚于国，作捍玉关"，乃是针对"娑葛频乞国家为除忠节，安西都护郭元振表请如其奏"而言的，如果忠节部落已移往瓜、沙州一带，娑葛似无必要再提除掉忠节之事。其四，开元初，胡禄屋部有数万帐来降，《册府元龟》卷一三三《帝王部·褒功二》载："开元二年六月丁卯，北庭大都护、瀚海军使阿史那献枭都担首，献于阙下，并擒其孥及胡禄等部落五万余帐内属。"⑤ 又《资治通鉴》卷二一一开元二年十月己巳条称："突厥十姓胡禄屋等

---

① （宋）李昉等编《文苑英华》卷九七二，第5113页。
② 《旧唐书》，第2972页。
③ （宋）宋敏求编《唐大诏令集》，第606页。
④ 周绍良主编《唐代墓志汇编》龙朔〇五二，第370—371页。
⑤ （宋）王钦若等编《册府元龟》，第1606页。

诸部诣北庭请降，命都护郭虔瓘抚存之。"① 同书卷开元三年二月条《考异》引《实录》曰："（开元）二年九月壬子，葛逻禄车鼻施失钵罗俟斤等十二人诣凉州内属。乙卯，胡禄屋阙及首领等一千三十一人来降。"② 以上史实，足可说明胡禄屋部并未迁到瓜、沙州一带。至于盐泊都督府之机构名称，唐玄宗开元五年时仍然存在。中国历史博物馆藏新疆鄯善县出土的《唐开元五年（717）后西州献之牒稿为被悬点入军事》，记西州献之在开元五年末，被定远道行军大总管、可汗阿史那献判补为盐泊都督府表疏参军。③ 这是盐泊都督府作为羁縻州府机构仍在天山以北地区存在的真实反映。

文书（一）和文书（二）分别钤有"盐泊都督府之印""渠黎州之印"，却不使用"四镇经略使之印"，这是什么原因呢？大庭脩氏认为，这种官印的转用，虽然在制度上不被允许，但作为战阵时的临时措施无疑是可以理解的。内藤みどり氏则认为，薛思楚在应"四镇经略使前军"的士兵们要求发给他们这些"军功公验"时，之所以转用这些官印，是因为在战争已结束两个月左右的当时，作为四镇经略使的郭元振或张玄表不承认此次战争中士兵所获军功。这两种解释都有一定道理，但问题是，张君义等第一次作战的时间，是景龙三年五月六日至十四日，到该年九月五日才发给其钤盖"盐泊都督府之印"的立功公验；第二次作战从景龙三年六月某日到二十五日，发给张君义钤盖"渠黎州之印"的立功公验，应当不会晚于该年的九月五日，这中间相隔两个多月的时间，在两件公验上分钤不同的官印，恐怕不好说是"战阵时的临时措施"。据朱雷先生前揭文研究，唐代军中发给"公验"以及"勋告"制度，实源于北魏

---

① 《资治通鉴》，第6706页。
② 《资治通鉴》，第6709页。
③ 杨文和主编《中国历史博物馆藏法书大观》第11卷《晋唐写经·晋唐文书》，东京柳原书店、上海教育出版社，1999，录文第235页，图版第176—177页。参见本书第八章"跋吐鲁番鄯善县所出《唐开元五年（717）后西州献之牒稿为被悬点入军事》"。

卢同对"勋簿"的改革，其中一条即在军中立"勋券"，"一支付勋人，一支付行台"，此"勋券"即类似于唐朝的立功公验。由此可知，"四镇经略使前军"在发给张君义公验的同时，还要递交一份公验给朝廷，以作授勋的凭据。至于继周以悌任四镇经略使的张玄表，是否承认此次战争中士兵所获军功，还不好明断。诚然，《唐景云二年（711）张君义勋告》里，并未记张君义等破敌立功之事，只说"碛西诸军兵募在镇多年（从神龙元年十月到景龙三年十月共四周年）"，"年别酬勋壹转"，作为白丁的张君义获勋四转，被授勋官骁骑尉。<sup></sup>① 但并非所有镇戍士兵普皆加勋，因为与张君义同时被授勋的仅有 263 人，只占安西四镇唐军总数的 1% 左右，② 授勋比例并不高。显然，张君义等 263 人被授勋，并非无中生有，他们肯定立有军功。景龙三年七月以后，唐与突骑施娑葛和解，并试图利用娑葛力量对付后突厥默啜（详后）。在此情况下，唐廷在授勋时，不记张君义等与突骑施交战之事，或许是有考虑的。

周以悌被朝廷任命为四镇经略使时，他本人似乎并不在安西，"四镇经略使之印"应该还未移交到他手上。从文书内容也可以看出，周以悌并未随张君义等唐军救援安西。张君义所获公验只是其作战立功的凭证，由其所在"四镇经略使前军"所发，故公验签署长官为检校副使薛思楚，而非周以悌。至于公验钤印问题，唐朝对官印的使用有着十分严格的规定，如《唐六典》卷一《三师三公尚书都省》记："凡施行公文应印者，监印之官考其事目，无或差缪，然后印之；必书于历，每月终纳诸库。"③ 对"伪写官文书印"及

---

① 唐耕耦、陆宏基编《敦煌社会经济文献真迹释录》第 4 辑，第 278—282 页。
② 长寿元年（692）王孝杰复四镇后，以汉兵三万镇守西域。参见《新唐书》卷二二一上《西域传上》，第 6232 页；《资治通鉴》卷二一三，玄宗开元十四年九月条，第 6773 页。到开元、天宝时，四镇有兵二万四千人。参见《旧唐书》卷三八《地理志一》，第 1385 页；《资治通鉴》卷二一五，玄宗天宝元年春正月条，第 6847 页。
③ （唐）李林甫等：《唐六典》，第 11 页。

"诈为官文书及增减"者，依法均给予严惩。[1] 又敦煌文书伯 3078 号《神龙散颁刑部格》载："伪造官文书印若转将用行，并盗用官文书印及亡印而行用，并伪造前代官文书印若将行用，因得成官，假与人官，情受假：各先决杖一百，头首配流岭南远恶处，从配缘边有军府小州。并不在会赦之限。其同情受用伪文书之人，亦准此。"[2] 可见，唐朝十分强调对官印的正确行用，对违法乱纪者，处罚相当严厉。因此，张君义立功的两件公验上，分别出现"盐泊都督府之印"和"渠黎州之印"，只能表明张君义所在的"四镇经略使前军"曾与盐泊都督府、渠黎州两地官府发生了联系，并由两地官府钤印以证明此次救援安西之战的真实性，而非"临时措置"。以下结合景龙年间的西域形势进一步探讨这一问题。

《唐会要》卷七三《安西都护府》载：

（显庆）四年正月，西蕃部落所置州府，各给印契，以为征发符信。[3]

两件公验的钤印，完全证实了这一记载。作为羁縻府州之印，可以用来保证唐军立功公验的法律效力，这无疑反映了唐朝政治、法律制度在西域地区具有深远影响。

# 四

唐中宗景龙年间，西域局势并不稳定，首先是突骑施娑葛与胡禄

---

① （唐）长孙无忌等：《唐律疏议》卷二五《诈伪律》"伪写官文书印""诈为官文书及增减"条，第 453、460 页。

② 刘俊文：《敦煌吐鲁番唐代法制文书考释》，第 246—247 页。

③ （宋）王溥：《唐会要》，第 1568 页。

屋部阿史那忠节的矛盾与斗争。突骑施势力崛起于武则天统治时期，其政权开创者乃乌质勒。《通典》卷一九九《边防十五》突厥下条载：

> 突骑施乌质勒者，西突厥之别种也。初隶在斛瑟罗下，号为莫贺达干。后以斛瑟罗用法严酷，拥众背之，尤能抚恤其部落，由是为远近诸胡所归附。其下置部督二十员，各统兵七千人。常屯聚碎叶西北界，后渐攻陷碎叶，徙其牙帐居之。东北与突厥为邻，西南与诸胡国相接，东南至西、庭州。斛瑟罗以部众削弱，自武太后时入朝，不敢还蕃，其地并为乌质勒所并。①

针对突骑施的崛起，唐朝实行羁縻之策。唐中宗神龙二年闰正月，册封乌质勒为怀德郡王。同年十二月，乌质勒卒，其子娑葛继立，袭其爵，统其众。② 早在乌质勒统治之时，胡禄屋部阿史那忠节就与其存在矛盾。前揭《景龙文馆记》中所记"初，娑葛父子与阿史那忠节代为仇雠"，可为明证。娑葛继立后，双方之间的矛盾更趋尖锐，史称："景龙中，西突厥娑葛与阿史那忠节不和，屡相侵扰，西陲不安。"③ 对于阿史那忠节与娑葛之间的矛盾，唐廷的态度如何呢？《通典·边防十五》突厥下条记：

> 初，娑葛代父统兵，乌质勒下部将阙啜忠节甚忌之，以兵部尚书宗楚客当朝任势，密遣使赍金七百两以赂楚客，请停娑葛统兵。楚客乃遣御史中丞冯嘉宾充使至其境，阴与忠节筹其事，并自致书以申意。在路为娑葛游兵所获，遂斩嘉宾，仍进兵攻陷火

---

① （唐）杜佑：《通典》，第5462页。
② 《资治通鉴》卷二〇八，中宗神龙二年闰正月、十二月条，第6598、6608页。
③ 《旧唐书》卷九二《宗楚客传》，第2972页。

烧等城，遣使上表以索楚客头。①

可见，唐朝采取了支持阿史那忠节的态度，这当然是因为阿史那忠节与唐朝关系密切。《旧唐书·郭元振传》载郭元振疏文中，曾提及忠节向朝廷表请斛瑟罗及其子阿史那怀道为十姓可汗之事；② 久视元年，忠节还与斛瑟罗同唐军联手，共同平息阿悉吉薄露之叛；③ 甚至前揭唐乾陵石人像中，还有阿史那忠节的衔名。这些都充分表明阿史那忠节与朝廷之关系十分密切。在西域边疆，唐边将则分成两派：安西都护郭元振支持娑葛（详后），碎叶镇守使周以悌则支持阿史那忠节。如前所论，景龙二年末，碎叶镇守使周以悌率镇兵数百人大破娑葛，"夺其所侵忠节及于阗部众数万口"，这次战争发生于何处，史无明载。周以悌所率之镇兵，显然是指其直接统属下的碎叶镇兵。乌质勒在攻陷碎叶并以之作为牙帐后，原驻碎叶的镇守使及其镇兵的动向怎样，并不清楚。《旧唐书·郭元振传》记周以悌曾在播仙城一带活动，④ 但这条材料本身实有问题。而且，播仙城位于塔里木盆地的南面，周以悌如何大破位于北疆的娑葛呢？周以悌夺回娑葛所侵忠节及于阗部众数万口，此"数万口"虽可能有夸大之处，但主要应是阿史那忠节的部众。因为据敦煌市博物馆所藏《唐天宝年间地志残卷》，⑤ 于阗毗沙都督府有户四千四百八十七，若以每户五口计，也才三四万口。又上引"楚客乃遣御史中丞冯嘉宾充使至其境，阴与忠节筹其事，并自致书以申意"，此处"至其境"，显然是指到忠节部落所在地，与《新唐书·中宗本纪》所记"（景龙二年）十一月庚申，西突

---

① （唐）杜佑：《通典》，第 5462 页。

② 《旧唐书》，第 3046 页。

③ （宋）王钦若等编《册府元龟》卷九八六《外臣部·征讨五》，第 11582 页。

④ 《旧唐书》，第 3045 页。

⑤ 唐耕耦、陆宏基编《敦煌社会经济文献真迹释录》第 1 辑，第 57 页；王仲荦《敦煌石室地志残卷考释》，上海古籍出版社，1993，第 9 页。

厥寇边，御史中丞冯嘉宾使于突厥，死之"相吻合。这些都说明阿史那忠节的活动仍在其辖境内。突骑施娑葛"破灭忠节"并夺其部众，也应发生在天山以北。考虑到周以悌与阿史那忠节的密切关系，以及张君义公验文书（一）所钤盖"盐泊都督府之印"，周以悌及其所统镇兵在碎叶被乌质勒攻陷后，可能就往东移驻盐泊都督府辖内。这或许就是周以悌支持阿史那忠节的主要原因。正因如此，在娑葛杀冯嘉宾，破灭忠节并兵扰安西、于阗等地时，碎叶镇守使周以悌率镇兵对娑葛进行了反击，并夺回被掠去的忠节及于阗部众数万口。在此情况下，唐廷乃擢周以悌为四镇经略使，以对付娑葛的袭扰。张君义公验中所记的"敕四镇经略使前军"，很有可能就是这一背景下的产物。

景龙年间西域形势不稳的另一重要原因，就是后突厥默啜的西征。关于默啜西征的时间，史籍没有明确记载。芮传明先生考证认为，后突厥西征应在景龙元年底或景龙二年初，亦即在隆冬进行。[1]不过，种种迹象表明，默啜西征似早在景龙元年初就已开始。《资治通鉴》卷二〇九中宗景龙二年条载：

> 三月，丙辰，朔方道大总管张仁愿筑三受降城于河上。初，朔方军与突厥以河为境……时默啜悉众西击突骑施，仁愿请乘虚夺取漠南地，于河北筑三受降城，首尾相应，以绝其南寇之路。……仁愿固请不已，上竟从之。仁愿表留岁满镇兵以助其功，咸阳兵二百余人逃归，仁愿悉擒之，斩于城下，军中股栗，六旬而成。[2]

胡三省注称："戍边岁满当归者，留以助城筑之功。"按唐《军防

---

① 芮传明：《古突厥碑铭研究》，上海古籍出版社，1998，第57页。

② 《资治通鉴》，第6620—6621页。

令》："防人番代，皆十月一日交代。"① 兵募番代，亦当准此。由此可知，朔方镇兵年满当归的时间应在景龙元年十月。据上引记载，张仁愿筑三受降城存在两个前提条件：一是默啜西征，二是漠南之地的夺取。张仁愿首次担任朔方道大总管在景龙元年五月（见下），则其上疏请筑三受降城的时间当在此年的五月至十月之间。张仁愿的请求曾遭致唐休璟等人的反对，他"固请不已"，方获批准。又据《册府元龟》卷九九二《外臣部·备御五》：

> （神龙三年）五月戊戌，命右［左］屯卫大将军张仁亶（愿）为朔方道大总管，以备突厥。景龙元年十月丁丑，又命左屯卫（大）将军张仁亶摄右御史台大夫，充朔方道大总管，以备突厥。②

张仁愿第二次担任朔方道大总管时，又加摄御史大夫衔，③ 当是朝廷已同意其请求，并扩大其权限，以实现其"夺取漠南地"并筑三受降城的计划。④ 中宗神龙二年十二月时，后突厥默啜还在袭扰鸣沙及原、会等州，并"掠陇右牧马万余匹而去"。⑤ 此后，则未见其有任何进犯唐边的活动。因此，后突厥默啜西征，当在景龙元年初就已开始。此时正值乌质勒卒亡不久，阿史那忠节与娑葛相争，默啜确实选准了时机。

默啜的西征，势必影响到唐朝在西域的统治。所以，针对阿史那

---

① （唐）长孙无忌等：《唐律疏议》卷一六《擅兴律》"诸镇、戍应遣番代，而违限不遣"条疏议，第 312 页。

② （宋）王钦若等编《册府元龟》，第 11649 页。

③ 并参见《旧唐书》卷七《中宗本纪》景龙二年七月癸巳条，第 146 页。

④ 又《资治通鉴》卷二〇八中宗景龙元年冬十月丁丑条记："命左屯卫（大）将军张仁愿充朔方道大总管，以击突厥；比至，虏已退，追击，大破之。"（第 6617 页）知张仁愿在此战之后必夺取了漠南之地。

⑤ 《资治通鉴》卷二〇八，中宗神龙二年十二月条，第 6607—6608 页。

忠节欲引吐蕃击娑葛的做法，① 安西都护郭元振上疏指出：

　　　　顷缘默啜凭陵，所应处（多），② 兼四镇兵士，岁久贫羸，
其势未能得为忠节经略，非是怜突骑施也。忠节不体国家中外之
意，而别求吐蕃，吐蕃得志，忠节则在其掌握，若为复得事汉？③

在突骑施娑葛与阿史那忠节之间的矛盾和斗争中，郭元振站在娑葛一
边，他请求朝廷让阿史那忠节入朝宿卫并迁其部落到瓜、沙州安置，
都说明了他支持娑葛。因此，阿史那忠节欲引吐蕃击娑葛，郭元振极
力反对。从西域边防大局着眼，郭元振的想法当然是有道理的，因为
西域政局一乱，会给后突厥进犯以可乘之机，由此动摇唐朝在西域的
统治。但是，唐廷并未采纳郭元振的建议，致使娑葛反叛，遣兵进
扰，"遂陷安西，断四镇路"。④

　　针对娑葛的反叛，唐朝命周以悌代郭元振为四镇经略使，以对付
娑葛。周以悌于是组织军队反击娑葛，"四镇经略使前军"即为其中
之一军，由检校副使薛思楚率领，前往安西救援。问题是，这支军队
从何而来？安西城北依天山及其支脉雀离塔格山，东西有库车河、渭
干河环抱，南向一望无际的塔克拉玛干沙漠，其通往外界的交通道路
大致有四条：一是东道，由安西经轮台、焉耆通往东部；二是西道，
由安西过渭干河，可至疏勒等地；三是北道，由安西北行，可进入于
尔都斯草原，沿途水草丰盛；四是西北道，由安西北行往西，入雀离

　　① 《新唐书·突厥传下》记景龙中，阿史那忠节以重金赂宗楚客等，"愿无入朝，请导
吐蕃击娑葛以报"（第6066页）。
　　② 参见岑仲勉《西突厥史料补阙及考证》，中华书局，1958，第77页。
　　③ 《旧唐书》卷九七《郭元振传》，第3046页。
　　④ 《资治通鉴》卷二〇九，中宗景龙二年十二月条，第6629页；《旧唐书·郭元振
传》，第3047—3048页。按诸史皆记此次娑葛率军攻陷了安西，但张君义文书却记突骑施
"围绕安西"，未言安西被陷之事，而且唐军救援作战也主要围绕安西城周边进行。因此，安
西城是否被陷，仍存在疑问。

塔格山中的盐水沟，可至姑墨（今阿克苏）及伊犁河流域的昭苏盆地，此道乃一条隘道。[①] 上文业已指出，反映唐军第二次作战的文书（二）记有"君义等救援焉耆"事，说明唐军是先救援安西，然后再往东救援焉耆的，这就基本排除了唐军经由东道行军的可能性。种种迹象表明，唐军很有可能就是经由北道南下。《册府元龟》卷九七四《外臣部·褒异一》有一条记载，颇值得注意：

> （景龙二年）七月丙辰，突厥鼠尼施首领参有及突骑施（首）领贺勒哥罗来降，命有司宴之，各赐帛五十四。[②]

按此条系年有误，因为书中叙景龙二年事，首起月份为十二月，即"景龙二年十二月丙申，宴坚昆使于两仪殿，就其家吊焉"。其下叙四月、六月、七月、十月、十二月之事，令人费解；而且，景龙二年七月丙辰，鼠尼施及突骑施来降之事，不见他书记载。新、旧《唐书·中宗本纪》记突骑施娑葛遣使来降，时间都在景龙三年七月丙辰。[③] 据此，上揭记载中的系年应为景龙三年，而非景龙二年。按鼠尼施部乃西突厥五咄陆部之一，游牧于鹰娑川（今于尔都斯草原）一带，唐朝平定阿史那贺鲁之叛后于此部置鹰娑都督府。[④] 突骑施娑葛来降，显然是因为受到了唐军的打击，但鼠尼施部也来降（未记其他诸部），颇疑也是因为遭到了唐军的打击。而张君义等南下救援安西，经由鹰娑川最为便近。因此，唐军可能是先降伏鼠尼施部，再救援安西的。

文书（一）首记唐军五月六日破连山阵和某阵，此"连山"所

---

① 参见王炳华《新疆库车玉其土尔遗址与唐安西柘厥关》，收入氏著《丝绸之路考古研究》，第94—97页。

② （宋）王钦若等编《册府元龟》，第11443页。

③ 《旧唐书》，第147页；《新唐书》，第111页。

④ （宋）王溥：《唐会要》卷七三《安西都护府》，第1567页。

指之山，当即库车境内的雀离塔格山，也就是《水经注》卷二《河水二》中所记的"赤沙山"。[①] 王炳华先生考证认为，唐代的雀离关，即设于龟兹王城北面四十余里的此山山口，控扼安西城的北大门。[②] 此山口既是通往安西城的北大门，不管是唐军还是突骑施军队，都会在此屯驻防守。位于此山口附近的苏巴什唐代遗址，曾出有汉文残文书一件，残存"一十人于阗兵"的记录，[③] 荣新江先生认为，文书证明于阗兵曾支持安西都护府的大本营龟兹。[④] 考虑到碎叶镇守使周以悌曾夺回被娑葛掳去的阿史那忠节及于阗部众，这些于阗部众有可能加入救援安西的唐军。果如此，则文书中出现的"于阗兵"或许与此有关。当然，这只是一种推测，还有待进一步证实。1999 年，在此山口北部还发现了阿艾石窟，石窟周围分布有阿艾古城及冶铜、炼铁等遗址，石窟内书有榜题，多为汉人名，并出现"行官"之称，石窟显为唐代所开。[⑤] 而阿艾石窟及其周围遗址，又处于安西通往北部的道路上，这充分反映了此道在唐代龟兹地方生活中的重要地位。

从苏巴什的昭怙厘大寺往西，沿着雀离塔格山南麓到克孜尔尕哈石窟和库木吐拉石窟，是古代佛教徒礼拜的路线。[⑥] 这条道路显然是客观存在的。上文业已指出，所谓"白寺城"，当即位于库木吐拉石窟南面的玉其土尔遗址。而张君义公验未记唐军入安西城作战之事，由此可以推断，唐军由北而南破连山阵和某阵后，再转往西沿雀离塔格山南麓破临崖、白寺城及佛陁城等阵，随后又往南沿河道（渭干

---

① 参见韩翔、陈世良《龟兹佛寺之研究》，《龟兹佛教文化论集》，第 57 页。

② 王炳华：《新疆库车玉其土尔遗址与唐安西柘厥关》，《丝绸之路考古研究》，第 95 页。

③ 黄文弼：《新疆考古发掘报告（1957—1958）》，文物出版社，1983，第 90 页，图版六六。

④ 荣新江：《于阗在唐朝安西四镇中的地位》，《西域研究》1992 年第 3 期。

⑤ 参见霍旭初《敦煌佛教艺术的西传——从新发现的新疆阿艾石窟谈起》，《敦煌研究》2002 年第 1 期。

⑥ 参见朱英荣《龟兹石窟形成的历史条件》，《龟兹佛教文化论集》，第 152、155 页。

河）破河曲、故城、临桥等阵。这是唐军救援安西的第一次战役。此次战役当有不少阿史那忠节部属参加，[1] 故在张君义立功第壹等的公验上钤盖"盐泊都督府之印"。第一次战役结束后，唐军又乘胜往东救援了焉耆。但突骑施军队并未被全部肃清，仍盘踞在龟兹境内。所以，唐军在六月某日又从东往西进行了第二次战役，此次作战经由安西城北破某阵，最后打到城西的莲花寺，取得了"贼徒因而退败"的胜利。

渠黎州作为龟兹与焉耆的交界之州，唐军由西往东救援焉耆，当经由此州。文书（二）第 12 行所记"君义等救援焉耆（中缺）入（？）都府自至"，值得注意。结合第 13、14 行残存"经行阵，前（中缺）获，贼徒因而退败，有功"内容分析，"都府"应指焉耆都督府，而第 8、9 行记君义等"突围救援府城"之"府城"，显指安西都护府所在之城，二者是有区别的。[2] 关键是"自至"如何理解，据文意分析，大概指张君义等来到某地，联系文书中钤盖的"渠黎州之印"，此地或即渠黎州。如果这一理解不误，则"入（？）都府自至"是说张君义等进入焉耆，然后来到渠黎州。仔细比较文书（一）与文书（二），可以发现，文书（二）所记"君义等救援焉耆""入（？）都府自至"之事，是主管公验颁发的上级部门（即四镇经略使前军）在审查张君义作战立功情况时所做的一个补充说明，文书（一）则无类似的记载。这一说明，可能正是文书（二）钤"渠黎州之印"的原因。换言之，张君义等救援焉耆后，回到渠黎州，然后由该州出发进行第二次救援。当然，也不排除渠黎州官府

---

① 周以悌既从娑葛手中夺回阿史那忠节及于阗部众数万口，则忠节部众参与唐军作战乃自然之事。

② 关于"都府"，大庭脩先生认为是指焉耆都督府，值得重视，但把文书中的"府城""府镇"也理解为焉耆都督府，则存有疑问。内藤みどり先生对此有所辨析。然而，内藤氏把"入都府"理解为"入安西都护府"，并指出文书（二）第 12 行即为君义等救援焉耆，然后进击入城之证言，恐怕也有疑问。因为文书（二）记录的是唐军第二次作战的情况，而第 12 行内容只是张君义作战立功的一个补充说明。

派人参与此次战争的可能性。① 不管如何，根据前揭唐朝对官印使用的规定，渠黎州官府应该知晓唐军第二次行军作战的情况，故在张君义立功第贰等的公验上钤盖"渠黎州之印"，以此证明张君义等作战立功的真实性。

由于唐军的打击，再加上后突厥默啜西征所构成的威胁，突骑施娑葛被迫遣使降唐，唐朝册封其为归化可汗，并赐名守忠，同时召回周以悌，另外任命张玄表为四镇经略使，以稳定西域政局。景龙四年，唐朝决定全力讨击后突厥，任命突骑施守忠为"金山道前军大使"，统率蕃军与诸路唐军共同行动。② 遗憾的是，由于唐廷发生政变，这次军事行动并未实施，但毕竟体现了唐朝利用娑葛力量对付后突厥的策略调整。

# 五

综合本章研究，可总结归纳如下。

唐中宗神龙、景龙年间，西域政局并不稳定，首先是突骑施乌质勒、娑葛与胡禄屋部酋长阿史那忠节的矛盾及斗争，其次是后突厥默啜对西域的进犯。针对此种情况，唐朝臣与西域地方军政长官的处置意见并不一致，大臣宗楚客、纪处讷与西域碎叶镇守使周以悌支持阿史那忠节，主张消除突骑施娑葛在西域的势力；而安西都护郭元振则支持娑葛，主张迁阿史那忠节部落于瓜、沙州一带安置，从而稳定西域政局以全力对付后突厥。但唐廷最终还是采取了征讨突骑施娑葛的政策，致使娑葛反叛，杀唐大臣，举兵进扰，包围安

---

① 《唐景云二年（711）张君义勋告》中，与张君义同时被授勋的还有"龟兹白野那"。朱雷先生在前揭文中指出，此为龟兹族人姓白者参加碛西四镇征戍军队之实证。因此，不排除渠黎州官府参加唐军第二次作战的可能性。

② （宋）宋敏求编《唐大诏令集》卷一三〇苏颋《命吕休璟等北伐制》，第705页。

西，四镇交通阻绝。碎叶镇守使周以悌乃率镇兵讨击娑葛，取得了"夺其所侵忠节及于阗部众数万口"的胜利，此战当发生在天山以北某地。消息传到长安后，朝廷乃擢升周以悌为左（右）屯卫将军，命其代郭元振为四镇经略使，以对付娑葛。周以悌于是组织军队进击突骑施，张君义所在的"四镇经略使前军"就是其中一军，由检校副使薛思楚率领，自天山以北南下，对安西都护府周围的突骑施军队发起了攻击。战斗共分两次：第一次是在景龙三年五月六日至十四日，经历了连山阵、临崖阵、白寺城阵、仏陁城阵、河曲阵、故城阵、临桥阵等十余次战阵，作战方向由北面经雀离塔格山进入安西，再转向西面，又由西转向南面，基本上沿龟兹河道进行。第二次是在同年的六月某日至二十五日，作战方向大致是从安西往东救援焉耆，然后回到渠黎州，继续往西肃清距安西城较远的突骑施军队，经历了城北某阵、城西莲花寺东涧阵等战阵，最终取得了"贼徒因而退败"的胜利。第一次战斗因有胡禄屋部军队参加，故在张君义立功第壹等的公验上钤"盐泊都督府之印"。第二次战斗与渠黎州官府发生了联系，故在张君义立功第贰等的公验上钤盖该州之印，以保证公验的法律效力。"盐泊都督府之印"与"渠黎州之印"在立功公验中的出现，反映了唐朝法律典章制度在西域地区具有深远影响。

由于唐军的打击，突骑施娑葛被迫于景龙三年七月遣使投降。唐廷可能考虑到后突厥西征对唐在西域的统治会造成极大的威胁，于是调整了对突骑施娑葛的政策，册娑葛为归化可汗，并赐名守忠，召回周以悌，重新任命张玄表为四镇经略使，并在景龙四年对西域原有的边防体制做出了重大调整：由北庭都护兼任碎叶镇守使，统领天山以北民族事务，安西都护则主要负责天山以南事务。[①] 不过，突骑施毕

① （宋）宋敏求编《唐大诏令集》卷一三〇苏颋《命吕休璟等北伐制》，第705页。参见王小甫《唐、吐蕃、大食政治关系史》，第285—286页。

竟是西域地区新崛起的一支异姓势力，唐朝对其由征到抚的政策转变，很大程度上是想利用这支力量对付后突厥，故睿宗景云二年后突厥默啜西灭突骑施娑葛时，唐廷并无任何的救援行动，这反映了唐朝在西域地区的民族政策。

# 第七章

# 敦煌吐鲁番文书所见唐代"都司"考

　　敦煌、吐鲁番等地所出文书中，有一些特殊的职官及机构名称等不大见诸传世文献记载，即使有的见于记载，其准确含义也不易把握，一定程度上影响了人们对文书的理解与认识。敦煌吐鲁番文书中出现的唐代"都司"①，即为其中一例。本章拟对此展开初步探讨。

　　德国藏吐鲁番吐峪沟所出 TIIT《垂拱后常行格残片》第 10—12 行载某年所发敕文：

　　10　敕：文昌台郎官已下，自今后并令早☐☐☐☐☐

　　11　　必自中门，不得侧门来去。日别受事，☐☐☐☐☐

---

　　① 敦煌文书所记晚唐五代吐蕃、归义军时期的"都司"，一般指都僧统司，不在本书讨论之列。

12　勾，迟者更催，仍令都司壹勾勤惰。[_____]①

按"文昌台"，乃光宅元年（684）由尚书省改名而来。敕文令"都司"对"文昌台郎官已下""壹勾勤惰"，表明"都司"为尚书都省内一级行政管理机关。此处"都司"，刘俊文先生认为即负责勾检诸司文案及一般政务的尚书都省之左右司。② 张国刚先生指出："隋唐五代尚书省总官署称都省、都堂，有左右司分统省内二十四司事务，因称都司。"③ 笔者同意"都司"是指尚书都省左右司之说。按"都"有总、汇总之意，《汉书》卷九六上《西域传上》序称："都护之起，自吉置矣。"颜师古注曰："都犹总也，言总护南北之道。"④ 之所以称尚书都省之左右司为"都司"，可能是因为其分统省内二十四司，如《唐六典》卷一左右司郎中员外郎条所记："左右司郎中、员外郎各掌付十有二司之事，以举正稽违，省署符目，都事监而受焉。"⑤ 晚唐五代吐蕃、归义军时期，掌管河西佛教事务的都僧统司，通常亦简称"都司"，其下统有功德司、道场司、侲司、营设司、行像司等。⑥ 其意当也源于此。尚书省一般不称"都司"，而多称"省司"。《资治通鉴》卷一九三太宗贞观五年冬十月条记中书侍郎颜师古议封建曰："不若分王诸子，勿令过大，间以州县，杂错而居，互相维持，使各守其境，协力同心，足扶京室；为置官寮，皆省司选用。"此处"省

---

① 〔日〕山本达郎、池田温等编《关于社会经济史方面的敦煌吐鲁番文书》（*Tun-huang and Turfan Documents：Concerning Social and Economic History*），东京：东洋文库，1978、1980，录文本 A，第 39 页，图版本 B，第 106 页。参见刘俊文《敦煌吐鲁番唐代法制文书考释》，第 271 页。刘先生考此件为"垂拱后常行格"，暂从之。

② 刘俊文：《敦煌吐鲁番唐代法制文书考释》，第 274—275 页。

③ 《中国历史大辞典·隋唐五代史卷》，上海辞书出版社，1995，第 599 页。

④ 《汉书》，第 3874 页。

⑤ （唐）李林甫等：《唐六典》，第 10 页。

⑥ 有关"都僧统司"及所属诸司之解释，参见季羡林主编《敦煌学大辞典》，上海辞书出版社，1998，第 634—635 页。

司"，胡三省注称"谓尚书省主者"。① 又同书卷二一二玄宗开元十二年八月条记："己亥，以宇文融为御史中丞。融乘驿周流天下，事无大小，诸州先牒上劝农使，后申中书；省司亦待融指抙，然后处决。"胡三省注云："省司，谓尚书都省左右司主者也。"② 文献中有关这种称谓的例子还有很多，兹不赘举。需要指出的是，上揭《垂拱后常行格残片》所记"都司"，也仅是文昌台内的一级职能部门，而非文昌台本身。

按"都司"一称，始见于隋。《隋书》卷二八《百官志下》记隋炀帝即位后，于大业三年（607）定令，在尚书省置"都司郎各一人，品同曹郎，掌都事之职"。③《通典》卷二二《职官四》左右司郎中条记："隋炀帝三年，于尚书都省初置左右司郎二人，品同诸曹郎，从五品，掌都省之职。"④ 同书卷历代郎官条则载："都司置左右司郎中各一人，品同诸曹郎，掌都省之职。"⑤ 一为"掌都事之职"，一为"掌都省之职"，二者孰是？按《通典》卷二二历代都事主事令史条载："都事：晋有尚书都令史八人，秩二百石，与左右丞总知都台事。……隋开皇初，改都令史为都事，置八人。炀帝分隶六尚书，置六人，领六曹事。大唐因之。"⑥ 据此，则《隋书·百官志下》所记不能说无据，而《通典》改"都事"为"都省"，或许是考虑到了"都事"的职责为"与左右丞总知都台事"而做出的改动。其实，杜佑《通典》据己意而改动前朝称谓尚有他例。如《宋书》卷三九《百官志上》记两晋制度："晋西朝八坐丞郎，朝晡诣都坐朝，江左

---

① 《资治通鉴》，第 6089 页。
② 《资治通鉴》，第 6761 页。
③ 《隋书》，第 794 页。
④ （唐）杜佑：《通典》，第 601 页。
⑤ （唐）杜佑：《通典》，第 607 页。
⑥ （唐）杜佑：《通典》，第 608 页。

唯旦朝而已。八坐丞郎初拜，并集都坐，交礼。迁，又解交。汉旧制也。"① 而《通典》卷二二《职官四》尚书省并总论尚书条则改"都坐"为"都省"。② 但"都省"一称，大致在东魏北齐时才出现，如《隋书》卷二七《百官志中》所记北齐官制："录、令、仆射，总理六尚书事，谓之都省。"③ 总之，据隋志记载，都司当始设于隋炀帝时。唐承隋制，在尚书都省设左右司，有郎中、员外郎四员，分管省内二十四司事务，故二十四司称左右司为"都公"。④ 据《唐会要》卷五七《尚书省》："故事：内外百司所受之事，尚书省皆印其发日，为立程限。京府诸司，有符移关牒下诸州府，必由都省以遣之。故事：除兵部、吏部外，共用都司印。至圣历二年二月九日，初备文昌台二十四司印，本司郎官主之，归则收于家。"⑤ 知都司有专门的"都司印"。在圣历二年（699）以前，经由都省发往天下诸州府的各种公文，可能都会钤盖"都司印"，但目前所见敦煌吐鲁番文书中还未发现此类情况。

那么，"都司"究竟是一种什么性质的机构呢？前揭《唐六典》卷一记左右司郎中、员外郎的职责为"各掌付十有二司之事，以举正稽违，省署符目，都事监而受焉"，《通典》卷二二《职官四》左右司郎中条记："令掌副左右丞所管诸司事，省署钞目，勘稽失，知省内宿直，判都省事。"⑥ 综合观之，左右司郎中、员外郎的职责大致有如下几个方面。一是协助左右丞管理二十四司事务。二是"知省内宿直"，即负责尚书都省内有关"宿直"之事务，如《唐会要》卷八二

---

① 《宋书》，中华书局，1974，第1237—1238页。
② （唐）杜佑：《通典》，第588页。
③ 《隋书》，第752页。
④ （唐）李肇：《唐国史补》卷下，上海古籍出版社，1979，第51页。
⑤ （宋）王溥：《唐会要》，第1154页。
⑥ （唐）杜佑：《通典》，第601页。

《当直》记："故事，尚书省官每一日一人宿直，都司执直簿，转以为次。"① 又如《唐六典》卷一尚书都省条所载："凡尚书省官，每日一人宿直，都司执直簿一转以为次。"② 三是作为尚书都省的判官"判都省事"。四是负责尚书都省内各种文案之勾检事务，即勾检稽失、省署钞目。③ 五是如上揭文书所言，对"文昌台郎官已下"的官吏"壹勾勤惰"，即负责尚书省郎官以下官吏的考勤事务。

在唐代的各种公文处理程式中，可以看到左右司郎中、员外郎在尚书都省中的职能和作用。敦煌文书伯 2819 号《唐开元公式令》中记有"移式""关式""牒式""符式""制授告身式""奏授告身式"等公文程式。兹转引其中"牒式"如下：

1　　牒式

2　　尚书都省　　　为某事

3　　某司云云。案主姓名，故牒。

4　　　　　　年月日

5　　　　　　主事姓名

6　　　　　　左右司郎中一人具官封名。令史姓名

7　　　　　　书令史姓名

8　　右尚书都省牒省内诸司式。其应受

9　　刺之司，于管内行牒，皆准此。判官署位

10　　　皆准左右司郎中。④

---

① （宋）王溥：《唐会要》，第 1795 页。

② （唐）李林甫等：《唐六典》，第 11—12 页。

③ 参见王永兴《唐勾检制研究》，上海古籍出版社，1991，第 36—37 页。王先生认为，尚书都省的各级官吏，如右仆射、左右丞、左右司郎中、左右司员外郎、都事、主事、令史、书令史等，都有勾检职能。但它们的具体职责和权限是否一样呢？王先生对此并未加以说明。

④ 刘俊文：《敦煌吐鲁番唐代法制文书考释》，第 222—223 页。

以上为尚书都省牒省内诸司式。第 2 行题"尚书都省　为某事"，表明是都省为某事而下发给省内某司的牒文，但在该牒文中，除左右司郎中及属下主事、令史、书令史的署位外，还没有看到尚书都省其他长官的署位，这是一个值得注意的现象。而且据"判官署位皆准左右司郎中"，左右司郎中承担的就是尚书都省判官的职责。在尚书都省与诸台省之"移式"中，其中"某司郎中具官封"下有双行小字说明："都省则左右司郎中一人署。"① 也就是说，如果是尚书都省发给某台省的移文，亦是由左右司郎中一人作为判官署位。这说明在尚书都省与省外其他台省及省内诸司进行公文来往时，都主要由左右司官员及属吏具体操办负责。在"奏授告身式"和"制授告身式"中，授予某人某官的告身在经过中书、门下两省的审批后，移交尚书都省，而在此过程中负责"受""付"环节的是都事和左右司郎中，即"月日都事姓名受""左司郎中付吏部"。② 朝廷经由尚书都省颁发给地方州府的敕旨，也都必经左右司这一环节。如吐鲁番阿斯塔那 221 号墓所出《唐永徽元年（650）安西都护府承敕下交河县符》，第 1 行就残存"右司郎"三字；③ 又同墓所出《唐贞观廿二年（648）安西都护府承敕下交河县符为处分三卫犯私罪纳课违番事》，第 1—18 行系敕旨的内容及中书和门下机构的批转，第 19—28 行为尚书省兵部下达安西都护府的符文，其中第 19—20 行虽然下部残缺，但可以据其他文书推断为都事和右司郎中签署。④ 由地方州府上呈中央的公文，也要先经由左右司即都司处理。《唐会要》卷七四《选部上》"论选事"条记贞元四年（788）八月吏部上奏，要求地方州府县按吏部所制的样式，把界内应有出身以上之人的情况向中央汇报，"其

① 刘俊文：《敦煌吐鲁番唐代法制文书考释》，第 221 页。
② 刘俊文：《敦煌吐鲁番唐代法制文书考释》，第 224—227、232 页。
③ 唐长孺主编《吐鲁番出土文书》（图文本）第 3 册，第 310 页。
④ 唐长孺主编《吐鲁番出土文书》（图文本）第 3 册，第 303—305 页。

状直送吏曹，不用都司发"，获得批准。① 这说明地方州府上呈中央的公文，一般都经由都司处理，再行转发。又同书卷五七《尚书省》记："建中三年正月，尚书左丞庾准奏：'省内诸司文案，准式，并合都省发付诸司判讫，都省句检稽失。近日以来，旧章多废，若不由此发句，无以总其条流。其有引敕及例不由都省发句者，伏望自今以后，不在行用之限。庶绝舛缪，式正彝伦。'从之。"② 联系上条，此处"都省"即指都司。由此知尚书都省内诸司文案，都是由都司发付并勾检稽失，而且是由"式"规定的。

综上所述，可以看出，在尚书都省与其他台省、尚书都省内诸司、中央与地方之间的联系上，都司都承担着各种文案的勾检稽失工作，在中央层面的文书行政中扮演着十分重要的角色。如果要比附的话，都司才是尚书都省真正的办公厅，是都省下的一级职能部门。③ 宋代尚书省内的都司，即是继承唐制而来。《文献通考》卷四九《职官考三》宰相属官条载："宋熙宁时，诏中书五房各置检正二员、都检正一员。元丰五年，罢检正职务分归中书舍人、给事中。左右司郎官（原注：未改官制前，左右司郎中为阶官，无职掌）：郎中各一人，员外郎各一人，凡四员，掌举诸司之纲纪，号为都司，亦曰左右曹。"④ 从其人员及职责看，与唐制并无明显差别。

以上所论是唐代尚书都省的都司，是中央的一级职能部门。但在敦煌、吐鲁番等地出土文书中，笔者见到了一些名为"都司"的机构

---

① （宋）王溥：《唐会要》，第1587—1588页。

② （宋）王溥：《唐会要》，第1157页。

③ 郭锋先生认为，尚书都省是尚书省的办公厅，是一级职能部门。参见郭锋《唐尚书都省简论》，《中国史研究》1989年第3期；又收入氏著《唐史与敦煌文献论稿》，中国社会科学出版社，2002，第1—18页。笔者认为这一说法有些笼统，因为文献中所记的"尚书省""尚书都省""都省"等，不少都是同一意思，并无什么明显区别，有时"都省"实际指的是都司。宋代时，尚书省下的都司机构继续设置，但并无专门的"都省"机构。关于此点，请参见朱瑞熙《中国政治制度通史》第6卷（宋代），人民出版社，1996，第225—237页。

④ （元）马端临：《文献通考》，中华书局，1986，第452页。

在地方活动的记载。这些文书中的"都司"究竟是什么性质的机构，颇值探究。

1933 年底，苏联科学院探险队于中亚塔吉克斯坦唐代粟特城发掘到数件汉文文书，其中一件为唐代官府牒文，存 7 行文字，兹转录如下：

（前缺）

1 访察前置监军御史者宜⬚⬚⬚⬚⬚⬚

2　　　　　神龙二年闰正月十四日

3 都司　　牒伍涧

4　交城守捉使　　大斗守捉使

5 牒：被　　敕监覆仓库兼访察诸州军使牒称：检

6 案内，被　　敕访察诸州军使牒称：得东都右御史

7 ⬚⬚得吏部牒称：奉　　敕旨如右。牒至，准

（后缺）①

苏联波利雅科夫、日本菊池英夫先生都对上件文书有过探讨。② 菊池先生介绍，该件文书字体相当潦草，其正中间处有钤印的痕迹，但印文不明，可知其为官府文书。文书第 2 行署"神龙二年闰正月十四日"，第 3 行以后为"都司牒伍涧"的牒文（以下简称《都司牒》），第 2 行以前内容因文书残缺不得而知，但从文书格式看，其内容与第 3 行以后之牒文无关。吐鲁番所出《唐景龙三年（709）九月西州都督府承敕奉行等案卷》，③ 第 1—12 行为尚书比部下达诸州有关勾征事

---

① 参见〔日〕岩佐精一郎《唐代粟特城塞之发掘及其出土文书》，《唐代文献丛考》，第 148 页。

② 菊池英夫「唐代邊防机関としての守捉・城・鎮等の成立過程について」『東洋史学』第 27 号、1964、第 49—52 頁。波利雅科夫文未见，其观点据岩佐精一郎与菊池先生文。

③ 陈国灿：《斯坦因所获吐鲁番文书研究》（修订本），第 271—273 页。按该书定时间为"唐景龙三年八月"，但文书记尚书比部下符在八月四日，西州收到符文在九月十五日，据此知西州"承敕奉行"当在九月。

宜的符文，其中钤盖"尚书比部之印"。第 12—14 行为西州录事司的
"受""付"处理。第 15 行以后为"敕检校长行使　牒西州都督府"
之牒文。为便于说明问题，兹引录数行如下：

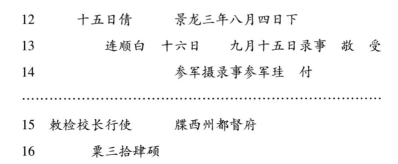

12　　　十五日倩　　　景龙三年八月四日下
13　　　　连顺白　十六日　　九月十五日录事　敬　受
14　　　　　　参军摄录事参军珪　付
··············································································································
15　敕检校长行使　　　牒西州都督府
16　　　　粟三拾肆硕

西州有关部门在对尚书比部所发符文进行处理后，又把"敕检校长行
使"下给本州的牒文粘贴在一起。再看前揭《都司牒》的格式，与
此很相近。换言之，《都司牒》第 1—2 行为另外一件公文，与第 3 行
以后的公文没有直接关联，但后来被粘贴在一起了。由于未见文书原
件，这当然仅是推测而已。

　　按唐代牒文的格式，《都司牒》第 3 行所记"都司　牒伍涧"五
字，实即牒文的首句，表明这是"都司"发给"伍涧"的牒文。第 4
行接书"交城守捉使"与"大斗守捉使"，则指牒文的事由。"伍涧"
一称，颇像地名，但不见史籍记载。不过，从文书格式看，"都司"
发牒的对象，只能是某一机构，而不会是某一地名，故这里的"伍
涧"应该是某个机构名，或者是某个机构的所在地。菊池先生判断
"伍涧"在凉州境内，当是因"交城守捉"与"大斗守捉"位于凉
州。据《元和郡县图志》卷四○陇右道下凉州条，交城守捉位于
"凉州西二百里，管兵一千人"，大斗军位于"凉州西二百里，本是
赤水军守捉，开元十六年改为大斗军，因大斗拔谷为名也，管兵七千

五百人"。① 所谓大斗军"本是赤水军守捉",或指其原属赤水军所辖之守捉,本名即《都司牒》所记的"大斗守捉"。既然两守捉俱位于凉州西二百里,二者相距当不会太远。而"都司"发给"伍涧"的牒文,主要涉这两个守捉的长官,由此不难推测,"伍涧"很有可能就是交城守捉与大斗守捉的上级机构。

《都司牒》自第 5 行起,是"都司"发给"伍涧"牒文的正文,但牒中有牒,颇为复杂,且下部残缺,具体情况不明。从"牒:被敕监覆仓库兼访察诸州军使牒称:检案内,被 敕访察诸州军使牒称"一语看,"敕监覆仓库兼访察诸州军使"与"敕访察诸州军使"显然都是"都司"的上司。此外,第 6 行所记"得东都右御史"云云,颇值注意。按"东都右御史(台)",《唐会要》卷六〇《御史台上》载:

> 光宅元年九月五日,改为左肃政台,专管在京百司及监军旅;更置右肃政台,其职员一准左台,令按察京城外文武官僚。……神龙元年二月四日,改为左右御史台。景云三年二月二日,废右台。……初置两台,每年春、秋发使,春曰风俗,秋曰廉察,令地官尚书韦方质为条例。②

《唐六典》卷一三《御史台》御史大夫条注称,左肃政台"专知在京百司",右肃政台"专知按察诸州"。③ 右御史台既然"专知按察诸州",则《都司牒》中的"敕监覆仓库兼访察诸州军使"与"敕访察诸州军使",都是中央朝廷右御史台派到地方的御史。复据《唐故右台殿中侍御史王君(齐丘)墓志铭并序》:

---

① (唐)李吉甫:《元和郡县图志》,第 1018 页。
② (宋)王溥:《唐会要》,第 1225 页。
③ (唐)李林甫等:《唐六典》,第 378 页。

> 神龙初，以君为右御史台监察御史……属西戎未康，师出
> 于外，乃以君为殿中侍御史，充赤水军司马，又敕监凉府仓库。
> 君理卒乘，练甲兵；修屯田之宜，制财用之节；行阵辑睦，师
> 人以和。然后讲武曜威，羌戎震服，河湟乂宁，君之力
> 也。……春秋五十有九，以景龙三年二月十三日终于凉府。①

志主王齐丘在神龙初历任右御史台监察御史、殿中侍御史，后被派到
凉州"充赤水军司马，又敕监凉府仓库"。其到凉州任职时间，与
《都司牒》所记时间"神龙二年闰正月十四日"相近。不仅如此，王
齐丘还"敕监凉府仓库"，这与"敕监覆仓库兼访察诸州军使"之
"监覆仓库"职责相同。据此不难推断，《都司牒》中的这位"敕监
覆仓库兼访察诸州军使"，很有可能就是王齐丘。可见墓志与文书是
可以相互印证的。

　　问题的关键是，《都司牒》中的"都司"究竟是指什么机构呢？
菊池英夫先生不同意波利雅科夫关于"都司"是指尚书都省的观点，
认为这里的"都司"，与日本有邻馆所藏第 39 号文书《都司牒阴副使
衙》中的"都司"（详后），都不是指尚书都省，而应指边军军使、
都护府、都督府等长官之司，本件"都司"是指凉州都督府。菊池先
生的观点极富卓识。不过，就目前所见资料看，唐代地方军政机构有
军司、府司、使司、州司、县司等称谓，甚至乡一级也有"乡司"之
称，却从未见有"都司"之名。

　　按凉州都督府虽然兼领河西诸州的军事，但相关文献记载多称
"凉府"或"府司"，未见称"都司"者。如前揭王齐丘墓志即载志
主景龙三年二月卒于"凉府"。又吐鲁番所出《唐仪凤三年（678）
度支奏抄·四年金部旨符》第 8—11 行记：

---

① 周绍良主编《唐代墓志汇编》景龙○二九，第 1101 页。

8　每年伊州贮物三万段，瓜州贮物壹万

9　段。剑南诸州庸调送至凉府者，请委府

10　司各准数差官典部领，并给传递往

11　瓜、伊二州。①

此处"凉府"即指凉州都督府，"府司"则为凉州都督府所在之司。又西州都督府也被称为"府司"，如吐鲁番所出《府司阿梁状词并批》。② 前已述及，尚书都省之左右司之所以称"都司"，乃因其管辖二十四司政务，而归义军时期的"都僧统司"简称"都司"，也是因其统有功德司、道场司、傔司、营设司、行像司诸司。故而，《都司牒》中的"都司"，既与尚书都省的"都司"同名，则其同样蕴含统领诸司之意，并非一般意义上的"某司"。换言之，它应该是统领多个部门或多个机构的行政机关。此外，中宗神龙二年，河西节度使尚未设置，此时驻于凉州的"都司"，显然与河西节度使无关。既然如此，在中宗神龙二年的凉州，除凉州都督府之外，还有什么权限颇大的机构呢？如果联系到武则天统治时期开始设置并一直存续到中宗神龙二年的陇右诸军州大使，则"都司"问题就可以迎刃而解了。

武则天统治时期，后突厥默啜势力强盛，不时袭扰唐边，并多次与吐蕃联手，从北面和西面进攻河西，给唐朝在河西的统治造成严重威胁。如《资治通鉴》卷二〇七则天后长安元年（701）十一月条称：

先是，凉州南北境不过四百余里，突厥、吐蕃频岁奄至城下，百姓苦之。③

① 大津透「唐律令国家の予算について——儀鳳三年度支奏抄・四年金部旨符試釈——」『史学雑誌』第95卷第12号、1986。

② 黄文弼：《吐鲁番考古记》，中国科学院，1954，第37页，图版三〇；又〔日〕池田温《中国古代籍帐研究・录文》，第232页。

③ 《资治通鉴》，第6557页。

又张说《兵部尚书（代）国公赠少保郭公（元振）行状》载：

> 吐蕃与突厥连和，大入西河，破数十城，围逼凉州，节度出城战没，踩禾稼，米斗万钱。①

据行状，此事发生于大足元年（701）郭元振官拜凉州都督兼陇右诸军州大使之前。后突厥、吐蕃的威胁，迫使唐朝对西北地区边防做出重大调整，设置了陇右诸军州大使，统一节制西北诸军，全力对付后突厥、吐蕃之兵扰。见诸史籍的陇右诸军州大使，有娄师德、唐休璟、郭元振等。②《旧唐书》卷九七《郭元振传》载：

> 大足元年，迁凉州都督、陇右诸军州大使。……在凉州五年，夷夏畏慕，令行禁止，牛羊被野，路不拾遗。神龙中，迁左骁卫将军，兼检校安西大都护。③

郭元振在任期间，还于长安三年"奏置"瀚海军，④说明其权限广及西域地区。⑤郭元振于神龙二年末改任安西大都护，并任金山道行军大总管，谋图征发西突厥诸部共同对付后突厥。⑥郭元振的改任，与这一时期唐与吐蕃关系改善不无关联。神龙三年（707）二月，吐蕃赞普遣其大臣悉董热献方物；⑦同年四月，唐中宗诏以所养嗣雍王守

---

① （宋）李昉等编《文苑英华》卷九七二张说《兵部尚书（代）国公赠少保郭公（元振）行状》，第5112页。
② 参见本书第五章"唐初的陇右诸军州大使与西北边防"。
③ 《旧唐书》，第3044页。
④ （宋）王溥：《唐会要》卷七八《节度使（每使管内军附）》，第1690页。据《元和郡县图志》卷四〇陇右道下庭州条，瀚海军乃郭元振改"烛龙军"之名而来（第1033页）。
⑤ 参见唐长孺《唐书兵志笺正》，第57页。
⑥ 参见王小甫《唐、吐蕃、大食政治关系史》，第282—288页。
⑦ （宋）王钦若等编《册府元龟》卷九七〇《外臣部·朝贡三》，第11404页。

礼女金城公主出降吐蕃赞普。① 双方关系的改善，大大减轻了唐朝西面的压力，剩下的强敌乃是北面的后突厥。这似乎表明陇右诸军州大使的使命已经结束。在景龙四年的《命吕休璟等北伐制》中，② 记凉州都督司马逸客的官衔为“赤水军大使、凉州都督”，已无陇右诸军州大使之职。因此，郭元振很有可能就是最后一任陇右诸军州大使。

笔者还注意到，陇右诸军州大使多兼任凉州都督，如《旧唐书》卷九三《唐休璟传》载：

> 圣历中，为司卫卿，兼凉州都督、右肃政御史大夫、持节陇右诸军州大使。③

郭元振亦是如此，说明其大本营驻于凉州。前揭王齐丘墓志记志主卒于“凉府”，说明从京城来的王齐丘也是常驻凉州。而陇右诸军州大使统辖整个西北军政，权力远大于凉州都督，其存在时间近十年之久，当有一个处理日常军政事务的办公机关，这一机关应该就是上揭《都司牒》中的“都司”，其名称系模仿尚书都省之“都司”而来。④陇右诸军州大使是朝廷派到地方的使职，主要目的乃全力对付吐蕃和后突厥的联手进犯，其办公机关之所以取名为“都司”，与尚书都省之“都司”管理二十四司事务一样，都是因其代表陇右诸军州大使统辖整个西北军政事务，是一个权力极大的综合管理机关。值得注意的是，陇右诸军州大使并不是常设的固定使职，在使命完成之后就废置了。与之相应，作为其办公机关的“都司”也随之被取消。所以在唐代，除中央尚书都省“都司”外，地方上尚未见到“都司”这样的

---

① （宋）王钦若等编《册府元龟》卷九七九《外臣部·和亲二》，第 11498 页。
② （宋）李昉等编《文苑英华》卷四五九，第 2335—2336 页。
③ 《旧唐书》，第 2979 页。
④ 此点承王素先生教示，谨此鸣谢！

常设行政管理机关。

有趣的是，日本有邻馆所藏第 39 号文书，也记有"都司"一名，颇值研究。该文书存 10 行文字，内容极为丰富，兹引录如下：

1　都司　　牒阴副使衙

2　　　副使阴前别奏上柱国史帝赊

3　牒：得上件人牒称：先是副使别奏，近被曹司□

4　□未出身人，遂被解退。帝赊见有上柱国 勋

5　 即 合与格文相当，请乞商量处分。依检 案

6　 内 者，今月四日得总管程元珪别奏姜元庆 等

7　连状诉称：准格式　敕，合充别奏，请商 量

8　 处 分者，曹判：姜庆等身带勋官，先充别奏，据 式

9　解退后补健儿，矜其诉词，改补为傔，谨详 式

10　 例 ，别奏不取勋官，恭称　敕文

（后缺）①

陈国灿先生对本件文书（以下简称《北庭都司牒》）曾有过简单介绍，称该件现存 10 行文字，草书，第 2、3 行之间钤朱印一方，但印文不明。② 菊池英夫先生较早关注并研究过此件文书。③ 笔者曾考证指出，文书中的"阴副使"，当即开元十五年至二十年（727—

———————————

① 菊池英夫「唐代邊防机関としての守捉・城・鎮等の成立過程について」（『東洋史學』第 27 号、1964）一文引用过此件文书并有初步释文。孙继民《唐代瀚海军文书研究》（甘肃文化出版社，2002，第 58—59 页）对此有比较准确的释文。此据孙先生释文。

② 陈国灿：《东访吐鲁番文书纪要（一）》，《魏晋南北朝隋唐史资料》第 12 期，第 44 页。

③ 菊池英夫「唐代邊防机関としての守捉・城・鎮等の成立過程について」『東洋史學』第 27 号、1964。

732）担任检校北庭都护的阴嗣瓌，因瀚海军经略大使已由延王李洄所遥领，阴嗣瓌担任的仅是副使之职，故称"阴副使"。① 孙继民先生进一步探讨了文书的归属及其所反映的奏傔制度，认为其属瀚海军文书，文中的"都司"可能是指瀚海军使之司。② 孙先生的看法颇富启发性，但这里的"都司"，更有可能是指瀚海军经略大使之司。

北庭都护府于长安二年设置后，瀚海军使一般由北庭都护兼领，有时副都护也兼任该使职。如敦煌文书伯2625号《敦煌名族志》中，记阴仁干次子阴嗣监"唐见任正议大夫、北庭副大都护、瀚海军使、兼营田支度等使、上柱国"。据池田温先生考证，《敦煌名族志》的编撰年代在景龙四年前后。③ 这可能是目前所知有关"瀚海军使"的最早记载。阴嗣监任北庭副大都护、瀚海军使，并兼营田支度等使，那当时的北庭大都护是谁呢？据《新唐书》卷二一五下《突厥传下》："长安中，以阿史那献为右骁卫大将军，袭兴昔亡可汗，安抚招慰十姓大使、北庭大都护。"④ 推测时任北庭大都护的阿史那献并不在北庭，故由副大都护兼领瀚海军使及营田支度等使。至先天元年（712），阿史那献才兼领瀚海军使之职。《唐会要》卷七八《节度使（每使管内军附）》载：

> 又先天元年十一月，史献除伊西节度兼瀚海军使，自后不改。⑤

---

① 参见本书附录二《唐代安西、北庭两任都护考补——以出土文书为中心》。
② 孙继民：《唐代瀚海军文书研究》，第58—73页。
③ 〔日〕池田温：《唐朝氏族志研究——关于〈敦煌名族志〉残卷》，刘俊文主编《日本学者研究中国史论著选译》第4卷《六朝隋唐》，中华书局，1992，第680页。本书所引《敦煌名族志》，即据池田先生文。
④ 《新唐书》，第6065页。
⑤ （宋）王溥：《唐会要》，第1690页。

又《册府元龟》卷一三三《帝王部·褒功二》记："开元二年六月丁卯，北庭大都护、瀚海军使阿史那献枭都担首献于阙下。"① 《文苑英华》卷四一七苏颋撰《授阿史那献特进制》，亦称阿史那献为"北庭大都护、瀚海军使"。② 郭虔瓘的情况也是如此。开元二年春，坐镇北庭的郭虔瓘，率唐军击退后突厥的进犯，受到玄宗的褒奖，制文记其官衔为"云麾将军、检校右骁卫将军、兼北庭都护、瀚海军经略使"。③ 可见，在延王李洄遥领瀚海军经略大使之前，瀚海军使一般由北庭都护或副都护兼领。

开元十五年至二十年担任检校北庭都护的阴嗣瓖，之所以称"阴副使"，原因就在于当时之瀚海军经略大使已由延王李洄遥领。上揭《北庭都司牒》，是"都司"下给"阴副使衙"的牒文。按"阴副使衙"一称，在敦煌所出瀚海军事目文书中亦有类似记载，如斯11459F号第9行所记"牒阴副使衙为同前事"，④ 在斯11453K号第3行中又称"阴都护衙"。⑤ 据此可知，时任检校北庭都护的阴嗣瓖有自己的衙司。据《北庭都司牒》，史帝赊原为阴嗣瓖的别奏，后被有关"曹司"解退，他遂上牒给"都司"，"请乞商量处分"。该"曹司"有可能即阴嗣瓖的衙司，与"都司"显然是两个不同的机构。关于敦煌所出的这批瀚海军事目文书，孙继民先生有过深入的研究。⑥ 这批文书就其性质可分为三类：一类为"牒×××为×××事"，如斯11453H、11453I、11459C、11459D、11459E、11459F、11459G号等，当为瀚海军所发文书之事目；另一类为"×××状为×××事"，如斯

① （宋）王钦若等编《册府元龟》，第1606页。

② （宋）李昉等编《文苑英华》，第2112页。

③ 《旧唐书》卷一〇三《郭虔瓘传》，第3187—3188页。

④ 《英藏敦煌文献（汉文佛经以外部分）》第13册，四川人民出版社，1995，第294页；孙继民：《敦煌吐鲁番所出唐代军事文书初探》，中国社会科学出版社，2000，第224页。

⑤ 《英藏敦煌文献（汉文佛经以外部分）》第13册，第280页；孙继民：《敦煌吐鲁番所出唐代军事文书初探》，第219页。

⑥ 孙继民：《敦煌吐鲁番所出唐代军事文书初探》，第214—264页。

11453K、11453L 号，乃其他机构或人员所上状文之事目；第三类既有"状"文之事目，又有"牒"文之事目，如斯 11453J 号。① 唐代公文来往有专门的制度规定，《唐六典》卷一尚书都省左右司郎中、员外郎条称：

> 凡上之所以逮下，其制有六，曰：制、敕、册、令、教、符。凡下之所以达上，其制亦有六，曰：表、状、笺、启、牒、辞。②

从敦煌吐鲁番所出唐代官文书看，"牒"文的使用极为普遍，"下达上"、"上逮下"及同级机构之间公文来往，多用牒文。③ 而"状"则多用于"下达上"，具体称"状上"。如吐鲁番阿斯塔那 509 号墓所出《唐开元二十一年（733）西州都督府案卷为勘给过所事》第 69 行所记"岸头府界都游奕所　状上州"，④ 即是"下达上"之状文格式。在第二类文书中，上状者有阴都护衙、作坊、长运车坊、医坊、虞候等单位和个人。第三类文书还有"阴都护状为东道烽堠数事"之记载。显然，上状者都属收文机构瀚海军司的下级。而第一类文书中，牒文多是下给所属各机构及其人员，如"牒北庭府为某事""牒阴副使衙为某事""牒和副使衙为某事"等，甚至有"牒四镇节度使为追席匠事"这样的记载，明显是上级对下级的命令语气，这说明发文机构权限极大。这批文书有数件钤盖"瀚海军之印"，其中斯 11459G 号明确记为"开元十五年十二月印历"。瀚海军司在此期间何

---

①　《英藏敦煌文献（汉文佛经以外部分）》第 13 册，第 278—281、292—295 页；孙继民：《敦煌吐鲁番所出唐代军事文书初探》，第 215—226 页。

②　（唐）李林甫等：《唐六典》，第 10—11 页。

③　参见卢向前《牒式及其处理程式的探讨——唐公式文研究》，北京大学中国中古史研究中心编《敦煌吐鲁番文献研究论集》第 3 辑，北京大学出版社，1986，第 335—393 页。

④　唐长孺主编《吐鲁番出土文书》（图文本）第 4 册，第 288 页。

以有如此大的权限？笔者认为，这与唐朝以亲王遥领边镇大都护、节度大使有关。《唐会要》卷七八《亲王遥领节度使》载：

（开元）十五年五月，以庆王浑〔潭〕为凉州都督兼河西节度大使。……延王泗〔洄〕安西大都护、碛西节度大使。①

"安西大都护、碛西节度大使"，《唐大诏令集》卷三六《庆王潭凉州都督等制》作"安西大都护兼四镇节度大使"。②边镇大都护、节度大使由亲王遥领，说明唐廷开始全面加强对边镇地区的权力专控。据笔者研究，日本有邻馆所藏第 12 号文书正面第 1 行所署"敕瀚海军经略大使"，即背面所记的"大使延王"李洄。③传世文献之所以不记其遥领"瀚海军经略大使"之职，可能是因"碛西节度大使"已统领整个西域军政事务。《唐六典》卷五尚书兵部郎中条记：

凡天下之节度使有八：……其七曰碛西节度使，其统有安西、疏勒、于阗、焉耆，为四镇经略使，又有伊吾、瀚海二军，西州镇守使属焉。④

可见，开元年间设置的碛西节度使，西域唐军皆归其统辖，权限极大。当然也不排除史书相关记载，对延王遥领"瀚海军经略大使"有所遗漏。延王李洄虽然"在内"不出阁，但其瀚海军经略大使之司是存在的，有邻馆第 12 号文书可以证明此点。该文书是"敕瀚海军经

---

① （宋）王溥：《唐会要》，第 1697 页。
② （宋）宋敏求编《唐大诏令集》，第 154 页。
③ 文书背面存"牒检校北庭都护借紫金鱼袋阴。大使延王在内"两行文字，相关考释参见本书附录二《唐代安西、北庭两任都护考补——以出土文书为中心》。
④ （唐）李林甫等：《唐六典》，第 157—158 页。

略大使"发给"马军行客石抱玉"的军功公验。① 据朱雷先生研究，唐代军中发给"公验"以及"勋告"制度，实源于北魏卢同对"勋簿"的改革，其中一条即在军中立"勋券"，"一支付勋人，一支付行台"，此"勋券"即类似于唐朝的立功公验。② 石抱玉的军功公验显然由其所在的北庭军司所发。文书题"敕瀚海军经略大使　牒石抱玉"，表明延王李洄虽然不出阁，但其经略大使之司明显存在，且驻于北庭。从瀚海军事目文书看，瀚海军司有兵曹、仓曹和官、典等，显然是一独立的军政机构。正因该军司之最高长官为延王李洄，其统辖整个西域军政，有着极高的权威，故北庭都护、四镇节度使皆属其发号施令之对象。

前列事目"牒阴副使俻为同前事"虽缺主语，但发文机构为瀚海军无疑。而前揭有邻馆第 39 号文书即属瀚海军文书，其第 1 行所记"都司　牒阴副使俻"，与前揭"都司　牒伍涧"一样，都明确记载"都司"为发牒机关。此处"都司"显然与瀚海军有关。因此，孙继民先生认为"都司"是指瀚海军使之司，无疑很有见地。不过，从这一时期延王李洄遥领"瀚海军经略大使"及瀚海军权力统辖整个西域军政情况看，笔者更倾向于认为此"都司"是指"瀚海军经略大使"设于北庭的综合管理机关，亦是仿效中央尚书省之"都司"而设。正因其代表"瀚海军经略大使"，有着极高的权限，故才能对当时的北庭"阴都护"及安西"四镇节度使"发号施令。而分驻于全国各地的"军"，其机构名称一般称"军司"。如日本龙谷大学大宫图书馆所藏大谷 2840 号《武周长安二年（702）十二月豆卢军牒》，乃豆卢军为死官马肉钱事下给沙州敦煌县的牒文，其上

---

① 参见中村裕一『唐代官文書研究』、第 440—457 页。

② 朱雷：《跋敦煌所出〈唐景云二年张君义勋告〉——兼论"勋告"制度渊源》，《中国古代史论丛》1982 年第 3 辑，第 331—349 页；又收入氏著《敦煌吐鲁番文书论丛》，第 225—243 页。

钤盖"豆卢军兵马使之印"与"敦煌县之印"，兹引第1—2行内容如下：

1 豆卢军　　　牒敦煌县

2　　　军司　死官马肉钱叁阡柒伯捌拾文①

据此可知，豆卢军所在之司即被称为"军司"。不仅如此，唐代前期行军所在之司也被称为"军司"，如高宗仪凤、调露年间组织的波斯道行军所在之司，即被称为"波斯道军司"（详后）。在传世文献中，各地驻军之司被称为"军司"的例子比比皆是，兹不一一具引。

在吐鲁番阿斯塔那178号墓所出《唐开元二十八年（740）土右营下建忠赵伍那牒为访捉配交河兵张式玄事一》（参见图版十三）及《事二》中，"都司"一称再次出现。为方便讨论问题，兹引录两件文书如下：

（一）

1 □右营　　　　　　牒 建忠赵伍那

2　　　兵张式玄

3 牒：得上件人妹阿毛经军陈辞：前件兄身是三千军兵名

4 □今年 三 □ 配 交 河车坊上，至今便不回，死活不

分。阿

5 □兄别籍，又不同 居 ， 恐 兄更有番役，浪有牵挽。阿

毛孤

---

① 〔日〕池田温：《中国古代籍帐研究·录文》，第198页；小田義久主編『大谷文書集成』（壹）、第110頁、図版一三〇。

6　　□一身，有（又）无夫壻（婿），客作佣力，日求升
合养姓（性）命，请乞处分者。

7　　□□ 使 判付营 具 问 □□□ 玄身当三月番上，今妹
阿毛

8　　　　　　　　　　所由例皆指注，具状录申都司听裁。

9　　　　　　那访捉，以得为限者，牒至准状，故牒。

10　　　　　　　　　　　开元廿八年五月四日典□□
通 牒

11　　　　　　　　　　　判官孟能及

12　　　　　　　　　　　总管王　使


（二）

1　土右营　　　　　　牒建忠赵伍那

2　　兵张式玄

3　　右被都司牒：得状称：得上件人妹阿毛经军陈辞：
前件兄身是三千军

4　　兵名，当今年三月配交河车坊上，至今便不回，死
活不分。阿毛共兄别

5　　 籍 ， 又 □□□□兄更有番役，浪有牵挽，阿毛狐
独一身，有（又）无夫 壻 （婿）

（后缺）①


两件文书虽然都是开元二十八年土右营下给"建忠赵伍那"的牒文，
但在时间上是先后有别的。文书（一）第 3 行记"牒：得上件人妹阿

---

①　唐长孺主编《吐鲁番出土文书》（图文本）第 4 册，第 184—185 页。

毛经军陈辞"，知阿毛的辞是递向土右营的。辞称：其兄张式玄属三千军兵名，今年三月配交河车坊上番，至今不见踪迹，阿毛与兄别籍，又不同居。"恐兄更有番役，浪有牵挽"，且自己孤身一人，"客作佣力"，生活艰难，故陈辞请求处分。第 7 行上半部分残"使判付营具问"数字，此处"使"恐即后面所记的"总管王　使"，其意指总管王某做出判决，要营司进行勘问。营司对此一方面"具状录申都司听裁"，另一方面则下牒文给建忠赵伍那，命其访捉张式玄，"以得为限"。文书（二）第 3 行所记"右被都司牒：得状称：得上件人妹阿毛经军陈辞"，是指土右营接到"都司"的牒文，所谓"得状称"，即都司牒文中的内容，联系文书（一）第 8 行"具状录申都司听裁"之语，知此状乃土右营上给"都司"之状文，状文还复述了阿毛的陈辞。文书后缺部分，应是"都司"对此事的处理意见。由此可见，文书（二）是土右营承接"都司"牒文后，再次下给建忠赵伍那的牒文。该牒其实是要其执行"都司"的命令，至于是否继续访捉张式玄，因文书残缺不得而知，但两件文书的先后关系是显而易见的。由"具状录申都司听裁"及"右被都司牒"等语可以清楚看出，"都司"是土右营的直接上级部门。此处"都司"是何机构？张国刚先生认为，此处之"都司"当指总管或大总管营。① 按文书出土于吐鲁番，张式玄及妹阿毛贯属西州，阿毛之陈辞并未递向西州都督府，而是直接给土右营，从"营"及"总管"称谓看，其属行军范畴无疑。因此，张先生把作为土右营上级机构的"都司"理解为总管或大总管营，极有道理。同墓所出《唐土右营下牒建忠赵伍那为催征队头田忠志等欠钱事》第 5 行记"兵士行回，衣食乏少"，② 即表明有兵士在外征行。他们在征行

---

① 张国刚：《唐代藩镇行营制度考》，南开大学历史系《中国史论集》编辑组编《中国史论集》，天津古籍出版社，1994，第 81 页。

② 唐长孺主编《吐鲁番出土文书》（图文本）第 4 册，第 186 页。

返回后，"衣食乏少"，故催征队头田忠志等所欠之钱，以解决这一问题。该件无确切纪年，第 10 行仅有"年六月十二日典万法牒"之记载，但判官孟能及与总管王使之名与上件完全相同，二者年代理应相近。开元二十八年前后，唐朝在西域有无军事行动呢？

开元年间，突骑施苏禄势力在西域崛起，唐朝为对付苏禄，设碛西节度使，统辖整个西域军政，试图除掉这一异姓势力。[①] 苏禄统治晚期，突骑施部分化为黄、黑二姓，但诸部离心，其中莫贺达干与都摩度两部势力最强。开元二十六年，苏禄为莫贺达干所杀。[②] 苏禄死后，都摩度立苏禄之子骨啜为吐火仙可汗，与莫贺达干相攻杀。莫贺达干乃遣使告碛西节度使盖嘉运，玄宗令盖嘉运招集突骑施及拔汗那以西诸国，遭到吐火仙等据碎叶城抗拒，盖嘉运乃率西域唐军征讨之。开元二十七年八月，唐军攻碎叶城，于贺逻岭擒吐火仙，还乘胜攻入怛逻斯城、曳建城等，并取交河公主，"威震西陲"。次年三月，盖嘉运入朝献俘。六月，盖嘉运改任河西、陇右节度使，以对付吐蕃。[③]

上揭文书的年代在开元二十八年，所记"土右营"属行军性质，当是碛西节度使盖嘉运统辖的部队，任务可能是驻防西州，并承担后勤事务。西州张式玄被配交河车坊上番之事，当可说明此点。前揭《唐土右营下牒建忠赵伍那为催征队头田忠志等欠钱事》所记"兵士行回，衣食乏少"，表明西州当有不少军人参与盖嘉运的西征大军，[④] 他们在该年六月似还未返回西州。遗憾的是，这次由盖嘉运统一指挥的军事行动，具体名称为何，不见史籍记载。唐朝前期的行军多称某某道行军，有时简称"某某军"，统帅有行军元帅、行军大总管、行军总管、

---

安抚使等。① 如唐高宗仪凤四年（679）裴行俭所领导组织的波斯道行军，即简称"波斯军"，而其统帅机构则被称为"波斯道军司"。② 《通典》卷一四九《兵二》附杂教令引《卫公李靖兵法》记行军兵士请领甲、袍、枪等装备，皆须注明斤两，兵器须注明长短尺丈，而且"军司并立为文案"。③ 又同书卷一五七《兵十》附下营斥候并防捍分布阵条引《卫公李靖兵法》记："诸军马拟停三五日，即须去军一二百里以来，安置燧烽，若有动静，举烽相报。……其贼路左右草中，著人止宿，以听贼徒，若觉来，报烽烟家，举烽递报军司。"④ 这两处"军司"，显然都是指行军统帅之司。因此，总管或大总管营可能都统称"军司"，其与"都司"应是不同的机构名称。联系上文所论"都司"事例，以及开元年间碛西节度使统辖整个西域军政之史实，笔者认为，此处"都司"与前揭开元十五年后驻于北庭之"都司"，是同一性质的机构，实乃碛西节度大使驻于西域的综合管理机关。

开元十五年，延王虽遥领安西大都护兼碛西节度大使，但并不出阁，实际管理西域军政事务的还是副大都护兼节度副大使。《旧唐书》卷一〇七《延王玢传》载："延王玢，玄宗第二十子也，初名洞。……开元十三年，封为延王。十五年，遥领安西大都护、碛西节度大使。二十三年七月，加开府仪同三司，余如故，改名玢。"⑤ 由

---

① 参见孙继民《唐代的行军统帅》，《魏晋南北朝隋唐史资料》第11期，第206—215页。

② "波斯军"，见吐鲁番阿斯塔那3区4号墓所出《唐尚书省牒为怀岌等西讨大牢给果毅、傔人事》，陈国灿《斯坦因所获吐鲁番文书研究》（修订本），第274—276页；"波斯道军司"，见阿斯塔那35号墓所出《唐西州高昌县下太平乡符为检兵孙海藏患状事》，唐长孺主编《吐鲁番出土文书》（图文本）第3册，第488页。相关研究，参见杨德炳《关于唐代对患病兵士的处理与程粮等问题的初步探索》（唐长孺主编《敦煌吐鲁番文书初探》，第486—493页）、姜伯勤《敦煌吐鲁番文书与丝绸之路》（第37—50页）、孙继民《敦煌吐鲁番所出唐代军事文书初探》（第265—276页）等。

③ （唐）杜佑：《通典》，第3820页。

④ （唐）杜佑：《通典》，第4029页。

⑤ 《旧唐书》，第3267—3268页。

"余如故"三字可知，延王遥领安西大都护、碛西节度大使，持续时间颇长。不过，唐开元年间在西域设置碛西节度使，主要目的还是集中力量对付突骑施苏禄。盖嘉运在开元末率西域唐军击溃突骑施势力后，碛西节度使的使命就已基本完成了，[①] 故在天宝初年的十节度、经略使中，已无碛西节度使之名号。[②] 至于此时"都司"是否仍驻于北庭，并不十分清楚。按盖嘉运在任碛西节度使之前，所任为北庭都护兼瀚海军使，据《旧唐书》卷一九四下《突厥传下》，他此后转任安西都护，有无可能"都司"机构也随之迁到了安西呢？暂存疑待考。

综合以上论述，可总结如下。隋唐时期，作为中央一级行政机构的"都司"，是指尚书都省辖下的左右司，据其职能和性质，相当于尚书都省的一级职能部门和综合管理机关，宋代的"都司"即承袭之。敦煌、吐鲁番等地出土文书中的"都司"，是唐朝为了集中力量稳定西域局势而设置的大使综合管理机关，如陇右诸军州大使、碛西节度大使等。这些大使的权限颇大，或统辖整个西北军政，或统辖整个西域军政，其在地方上的办公机关即称"都司"，此系模仿尚书都省之"都司"而设。不管是陇右诸军州大使还是碛西节度大使，都是中央朝廷在特定历史时期派出的使职，有着明确的目标和特殊的使命，如陇右诸军州大使是为了对付吐蕃和后突厥的联手进犯，而碛西节度大使则是为了对付突骑施。在形势发生变化和使命完成之后，这种权限极大的使职就没有继续存在的必要，与此相应，作为其综合办公机关的"都司"也随之被取消。故有唐一代，除中央尚书都省的"都司"外，在地方上并不存在"都司"这样一级的常设军政管理机关。

---

① 参见本书第十章"伊西与北庭——唐先天、开元年间西域边防体制考论"。
② 《资治通鉴》卷二一五玄宗天宝元年春正月条所记天下十节度、经略使，有安西、北庭、河西、朔方、河东、范阳、平卢、陇右、剑南、岭南（第6847—6851页），已无"碛西节度使"之称号。

# 第八章

# 跋吐鲁番鄯善县所出《唐开元五年（717）后西州献之牒稿为被悬点入军事》

　　《中国历史博物馆藏法书大观》是史树青先生主编的一套以书法为主体的大型文物图集，共 15 卷，其中第 11 卷为《晋唐写经·晋唐文书》，系杨文和先生主编，由东京柳原书店和上海教育出版社于 1999 年 1 月出版。荣新江先生曾对该卷内容进行评介。[①] 书中首次刊布了一件出自吐鲁番鄯善县的编号 37 的文书，整理者定名为《定远道行军大总管牒》（参见图版十四）。该文书长 41 厘米，高 28 厘米，原为罗复堪先生所藏，日本学者町田隆吉先生对此文书有过简释和录文。[②] 荣新江先生曾数次提及该文书对研究西域史有着重要的史料价值。[③]

---

　　① 荣新江评介文载《敦煌吐鲁番研究》第 5 卷，北京大学出版社，2001，第 332—337 页。
　　② 杨文和主编《中国历史博物馆藏法书大观》第 11 卷《晋唐写经·晋唐文书》，释文第 235 页，图版第 176—177 页。
　　③ 荣新江「中国所藏敦煌吐鲁番文献整理刊布简介」『唐代史研究』第 4 号、2001 年、第 118—121 頁；又参氏著《敦煌学十八讲》，北京大学出版社，2001，第 118 页。

# 一　文书释文、定名及年代判断

为便于讨论问题，兹据文书图版并参照町田隆吉先生释文重录如下：

（前缺）

1　牒：献之去开元五年十一月奉定远道

2　行军大总管、可汗牒：西州追献之拟

3　表疏参军。其月廿三日，州司判：牒下县

4　发遣。至十二月到定远军，即蒙可汗试，

5　可判补盐泊都督府表疏参军，并录此

6　奏讫。献之比在部落检校，今承西州牒□

7　点，遂被悬点入军。□准简格文，不许悬

8　名取人。献之□□检校部落，身不在州，

9　即不在取限。今见此□□府史令狐慎行，贯隶西

10　州，其人悬点入军，即经采访使陈牒，准简格文，

11　不合悬名取人。其时，使牒西州：准格放□军讫。又

12　杨奉璿，亦贯西州，□□□□已西，简点之时不在，既

13　□公使，准格免军。今蒙□落参军，准　敕令军□

14　□□奏，（尤须待　敕至）。忽被悬点入军，于理不

15　（合悬）点。（既判府衔）□□□□诸□□□□得

16　□□□□□□□□□□□□□□□□□□□准格

（后缺）

按文书第5行"表"字后面数字，原释文空三格，未有释读。今细审图版，"参军"二字依稀可辨，联系第2、3行所记"献之拟表疏参

军"，该行所缺当为"疏参军"三字。第 8 行"检校部落"四字已被涂抹，但字迹依稀可识。第 9 行"今见"二字是涂抹某字后补加的。第 14—15 行括号内诸字，乃据图版残存笔画及文意推补，因不敢自信，故以括号标示，其中第 15 行"府衔"二字，原释文录作"亲卫"，但从图版似看不出此二字的痕迹，故不从。又文书行数，原释文作 15 行，据图版，第 14 行"于理不"三字与第 16 行"准格"二字之间明显存有"得"字半部。据此判断，文书全文当为 16 行。

文书前缺，首行第一字为"牒"，说明其性质为牒文，作牒者乃"献之"，但文书有数处涂抹，并在涂抹处右旁另行书写。由此判断文书乃一牒文稿，以下简称《献之牒稿》。

据《献之牒稿》，献之乃西州某县人氏，他在开元五年末被"定远道行军大总管、可汗"（即阿史那献，详见后文）牒追至定远军，并蒙可汗判补为盐泊都督府的表疏参军，且录之上奏朝廷。此后，献之即在此部任职。但西州在某年简点府兵时，献之却被"悬点入军"，他对此不服，乃上牒申诉。献之指出，根据府兵简点相关格文规定，"不许悬名取人"，申称自己此前被判补为盐泊都督府的表疏参军，且本人并不在西州，因此不应被悬点入军府。他还举出两个例证：一是贯属西州、担任某地府史的令狐慎行，亦被"悬点入军"，后经采访使干预，终被放免出军；另一是杨奉璿，亦贯西州，简点之时正好因公出使在外，故"准格免军"。献之的情况与此二人相似，其认为既然他们皆被免除军役，自己亦当如此。该牒稿其实是献之申诉要求"免军"的文书。牒文所上之机构，当即西州都督府。文中所记令狐慎行经采访使干预后被西州放免出军之事，可以证明此点。

按盐泊都督府，乃唐高宗显庆二年（657）末苏定方平定阿史那贺鲁之叛后，于西突厥胡禄屋部设置的羁縻都督府，[①] 地在今玛纳斯

---

① （宋）王溥：《唐会要》卷七三《安西都护府》，第 1567 页。

河一带。① “表疏参军”一职，不大见诸史籍，审文意，似为负责上达朝廷“表疏”之官员。相关史籍记载，来济被贬庭州刺史期间（660—662），② “请州所管诸蕃，奉敕皆为置州府，以其大首领为都督、刺史、司马，又置参将一人知表疏等事”。③ 此处“参将”负责表疏等事，与表疏参军职责相同，二者应是同一职官，乃羁縻府、州之官员。唐朝羁縻府、州之都督、刺史、司马，一般都由该部族的首领担任，而参将或表疏参军既负责“表疏”之事，当通晓胡、汉等语言，应多由汉人充任。吐鲁番地区自古以来就是多民族聚居之地，当地汉民通晓胡语并非难事。吐鲁番阿斯塔那 341 号墓所出《唐小德辩辞为被蕃捉去逃回事》，④ 记开元某年西州小德曾被贼捉后又逃回之事，文中小德即自称“少解蕃语”，可见当地通晓胡语者并不少见。献之可能亦是如此。张广达先生曾经指出：“西州向安西四镇地区提供某些流外官和胥吏，在唐代经营西域中起了作用。”⑤ 同样，西州人士出任天山以北地区羁縻府、州的官吏，也会发挥相应的作用。

唐代任命官吏，根据品级之高低，分为册授、制授、旨授（敕授）及判补诸种。《通典》卷一五《选举三》“历代制下”记：“自六品以下旨授。其视品及流外官，皆判补之。”⑥ 据文书，献之所任之表疏参军，是通过阿史那献的考核后才判补的。既称“判补”，则该职当为视品官或流外官，但同书卷四〇《职官二十二》“秩品五”所记大唐视品官及流外官中，却不见有此职，不知是否有所遗漏。又《唐六典》卷二“尚书吏部郎中”条载：“凡择流外职有三：一曰书，

---

① 参〔法〕沙畹《西突厥史料》，第 244 页。
② 据《旧唐书》卷八〇《来济传》（第 2743 页），来济显庆五年被贬庭州刺史，龙朔二年（662）战死。
③ （唐）李吉甫：《元和郡县图志》卷四〇陇右道下庭州条，第 1033 页。
④ 唐长孺主编《吐鲁番出土文书》（图文）第 4 册，第 62 页。按本件缺纪年，另面为唐开元五年考课牒草，年代应相距不远。
⑤ 张广达：《唐灭高昌国后的西州形势》，收入氏著《西域史地丛稿初编》，第 158 页。
⑥ （唐）杜佑：《通典》，第 359 页。

二曰计，三曰时务。其工书、工计者，虽时务非长，亦叙限；三事皆下，则无取焉。每经三考，听转选，量其才能而进之，不则从旧任。"① 上揭文书书法为楷书，略带草意，书写工整有力，显示出作牒者具有良好的书法修养。因此，献之能被阿史那献所看重，与其首先具备"工书"这一良好条件是分不开的。当然，作为西突厥可汗的阿史那献，判补所辖羁縻府、州之官员，与朝廷判补视品官或流外官之制是否等同，还有待证实。不过，通过考试进行"判补"并录奏朝廷，这与唐制十分吻合，同时也反映了唐制的西传及影响。

《献之牒稿》数次提及"悬点入军"和"悬名取人"。结合上下文，所谓"悬点入军"，当指悬名点入军府。按"悬名"，意为张榜公布名姓。《晋书》卷三一《后妃传上·武悼杨皇后传附左贵嫔传》载泰始十年（274）晋元皇后杨艳卒，贵嫔左芬作诔称赞其"悬名日月，垂万春焉"。② 又《晋书》卷五六《江统传》载江统为太子洗马时，见太子"颇阙朝觐，又奢费过度，多诸禁忌"，乃以古圣贤节俭为例，上书进行劝谏，称尧、禹、汉文帝等人"故能悬名日月，永世不朽，盖俭之福也"。③ 此处"悬名日月"，是赞誉这些人声名美好，能悬其名于日月，与之同辉，传之不朽。

南北朝时，"悬名"一词，已属法律术语。据《魏书》卷六四《郭祚传》，世宗时，郭祚为吏部尚书、并州大中正，"世宗诏以奸吏逃刑，悬配远戍，若永避不出，兄弟代之。祚奏曰：'……若以奸吏逃窜，徙其兄弟。罪人妻子复应从之。此则一人之罪，祸倾二室。愚谓罪人既逃，止徙妻子，走者之身，悬名永配，于昚不免，奸途自塞。'诏从之"。④ 又《隋书》卷二五《刑法志》载北齐法律："盗及

---

① （唐）李林甫等：《唐六典》，第 36 页。
② 《晋书》，中华书局，1974，第 961 页。
③ 《晋书》，第 1535—1536 页。
④ 《魏书》，中华书局，1974，第 1422—1423 页。

杀人而亡者，即悬名注籍，甄其一房配驿户。"① 同书卷又记北周法律："盗贼及谋反大逆降叛恶逆罪当流者，皆甄一房配为杂户。其为盗贼事发逃亡者，悬名注配。若再犯徒、三犯鞭者，一身永配下役。"② 不管是"悬名永配""悬名注配"，抑或"悬名注籍"，都是针对犯法逃亡者而言的。此处"悬名"，即是张榜公布逃亡在外的罪犯名姓，"永配""注配""注籍"，就是法律对他们的惩处。可见，从北魏到北齐、北周，"悬名"已成为一个法律名词。上揭文书所记"准简格文，不许悬名取人""准简格文，不合悬名取人"，似乎表明"不许悬名取人"或"不合悬名取人"，即属格文有关规定。按格，乃唐代法律的重要组成部分，"悬名"于此显然亦属法律术语；而且，献之、令狐慎行虽籍贯西州，但本人于外地公干，并不在西州，却被西州官府"悬名"点入军府，这与北朝"悬名"本意完全相同。由此亦可看出唐朝法律对北朝法律之继承。

据《献之牒稿》第 1 行所记"去开元五年十一月"，知牒稿时间当在此之后，但具体为何年，还不是很清楚。张涌泉先生在《〈吐鲁番出土文书〉词语校释》一文中，对吐鲁番文书中"去"字的性质和作用有所探讨，指出"去"字用于年、月之前，表示所记述的为过去的时间，并举出吐鲁番阿斯塔那 223 号墓所出《唐景龙二年（708）补张感德神龙二年买长运死驴抄》③ 为证。④ 今再补一例说明之。如日本宁乐美术馆藏吐鲁番所出《唐蒲昌府某人到团文书》，总存 3 行文字，兹录如下：

1　　　　　　　人去景龙三年正月二十一

---

① 《隋书》，第 706 页。
② 《隋书》，第 708 页。
③ 唐长孺主编《吐鲁番出土文书》（图文本）第 4 册，第 118 页。
④ 张涌泉：《〈吐鲁番出土文书〉词语校释》，《新疆文物》1990 年第 1 期。

2 ⬚⬚⬚⬚今月二十二日得团状，称其

3 ⬚⬚⬚⬚到团。①

按该馆所藏蒲昌府文书年代多在开元二年，此件虽缺纪年，亦应相当。从景龙三年（709）到开元二年（714），中间相距五年，这表明"去"字所表示的过去时间与文书所写时间的间距，实际存在或长或短种种不同情况，故以此还无法判断《献之牒稿》的年代。

不过，《献之牒稿》第10—11行所记采访使及其活动情况，却有助于考察牒稿之成文时间。据池田温先生《采访使考》一文研究，采访使之前身为观风俗、巡察、按察、按抚、巡抚、黜陟诸使，其名屡变而使命大概一贯。② 池田先生所论深刻，给后学以诸多启迪。诚然，作为广域地方官之采访处置使，其正式设置时间在开元二十二年，但此前采访使即已出现，它与按察诸使之间关系如何呢？《新唐书》卷四九下《百官志四下》载：

> 景云二年，置都督二十四人，察刺史以下善恶……当时以为权重难制，罢之，唯四大都督府如故。置十道按察使，道各一人。开元二年，曰十道按察采访处置使，至四年罢，八年复置十道按察使，秋、冬巡视州县，十年又罢。十七年复置十道、京都、两畿按察使，二十年曰采访处置使，分十五道。③

又《旧唐书》卷八《玄宗本纪上》载：

---

① 陈国灿、刘永增编《日本宁乐美术馆藏吐鲁番文书》，第91页。
② 〔日〕池田温：《采访使考》，《第一届国际唐代学术会议论文集》，第875—902页。
③ 《新唐书》，第1311页。

（开元二年闰二月）丁卯，复置十道按察使。①

《资治通鉴》卷二一一开元二年闰二月丁卯条与旧纪同。② 据此，开元
二年复置之十道按察使，又称十道按察采访处置使。不仅如此，开元初
年的采访使与按察使还可以互称。如《旧唐书》卷八《玄宗本纪上》
载："（开元四年十二月）停十道采访使。"③《资治通鉴》卷二一一开
元四年闰十二月条载则如是称："辛丑，罢十道按察使。"④ 二者显然
是指同一事情。又《资治通鉴》卷二一一开元四年二月条载：

> 辛未，以尚书右丞倪若水为汴州刺史兼河南采访使。⑤

按《文苑英华》卷四六一苏颋《遣王志愔等各巡察本管内制》记诸
道按察使，有扬州长史王志愔、广州都督宋璟、益州长史韦抗、汴州
刺史倪若水、魏州刺史杨茂谦、秦州都督张嘉贞等，此制时间为开元
四年七月六日。⑥ 据上揭《资治通鉴》记载，倪若水于开元四年二月
出任汴州刺史兼河南采访使，而同年七月的制文又称其为按察使，说
明二者是同职异称，可以等同。而且，采访使正式设置后，有时也被
称为按察使。据《旧唐书》卷一四八《权德舆传》，权德舆曾被幽州
长史充河北按察使安禄山"表为蓟县尉，署从事"，⑦ 而姚汝能《安
禄山事迹》卷上则记安禄山为河北采访使，其任范阳长史充范阳节
度、河北采访使的时间在天宝三载（744）三月。⑧ 这同样证明采访

---

① 《旧唐书》，第 172 页。
② 《资治通鉴》，第 6697 页。
③ 《旧唐书》，第 177 页。
④ 《资治通鉴》，第 6725 页。
⑤ 《资治通鉴》，第 6716 页。
⑥ （宋）李昉等编《文苑英华》，第 2348—2349 页。
⑦ 《旧唐书》，第 4001 页。
⑧ （唐）姚汝能：《安禄山事迹》卷上，上海古籍出版社，1983，第 3 页。

使与按察使可以互称。

既然如此，了解开元初年按察使之置废情况，对判断《献之牒稿》的年代就极为关键了。据上引诸条，开元四年底，按察使一度废置，开元八年五月重又设置，① 其后废置之时间，《旧唐书·玄宗本纪》《新唐书·百官志》都记为开元十年。② 据此，《献之牒稿》之年代可断在开元八年至十年。

值得注意的是，敦煌文书对此也提供了极有价值的线索。敦煌所出《唐开元十年（722）沙州敦煌县悬泉乡籍稿》记户主郭玄昉男郭思宗年二十二岁，身份为卫士，注脚称："（开）元七年十二月十三日符从尊合贯附。开元九年□后奉其年九月九日格点入。"③ 又户主杨义本男杨守忠年二十五岁，亦为卫士，也是"开元九年帐后奉其年九月九日格点入"。④ 又户主赵玄表年五十八岁，身份为白丁，注脚称："开元九年帐后奉其年九月九日格卫士十周已上间放出。"⑤ 又《唐开元十年（722）沙州敦煌县莫高乡籍稿》记户主王万寿年五十一岁，身份为白丁，注脚称："神龙元年全家没落。开元九年帐后奉其年九月九日格卫士没落放出。"⑥ 显然，开元九年朝廷颁下格文在沙州简点、放免卫士。池田温先生推测，该年九月九日所发布的以卫士为对象的行政命令，并非属于成文法典的格，而可能是当时名为"简点格"之类的敕令，并联系开元八年、九年的边疆形势指出，唐朝在开元九年秋讨平六州胡之时发布这一格文，其目的是强化军事力量以求

---

① 参见（宋）王溥《唐会要》卷七七《巡察按察巡抚等使》，第 1674 页；（宋）王钦若等编《册府元龟》卷一六二《帝王部·命使二》，第 1952 页；《资治通鉴》卷二一二，开元八年五月辛酉条，第 6740 页。

② 《旧唐书》卷八《玄宗本纪》，第 184 页；《新唐书》卷四九《百官志》，第 1311 页。《资治通鉴》卷二一二记为开元十二年五月，第 6759 页。此处从新、旧《唐书》。

③ 〔日〕池田温：《中国古代籍帐研究·录文》，第 37 页。

④ 〔日〕池田温：《中国古代籍帐研究·录文》，第 39 页。

⑤ 〔日〕池田温：《中国古代籍帐研究·录文》，第 41 页。

⑥ 〔日〕池田温：《中国古代籍帐研究·录文》，第 44 页。

安定，意图淘汰老兵而补派新兵。① 池田先生此论深刻透彻，令人叹服。不过，他推测唐朝开元九年九月九日所颁简点卫士之格文并非属于成文法典的格，笔者仍感觉理据不足。因为格与敕令虽有联系，但二者毕竟不能完全等同。更何况，唐廷会为沙州一地而特别颁下卫士简点的格文吗？这于制于理都有些说不通。而系于开元八年至十年间的《献之牒稿》，亦记录了西州简点卫士之事，其中还几次提及"格文"，杨奉璿即因公出使在外而获"准格免军"。显然，此"格"即为有关卫士简点之格文，当属成文法典。在大致相近的时间里，沙、西二州都奉朝廷所发格文在当地进行卫士简点，这恐怕不是偶然巧合。不仅如此，随着武周以来府兵制的日趋崩坏，唐廷不得不对卫士简点之制进行改革，于开元七年颁行新的律令格式，改此前的卫士"每年一简点"为"三年一简点"。② 从开元七年至开元九年，历时三年，故开元九年极有可能就是新的卫士简点之制推行的第一年，唐廷在该年九月九日向天下诸府州颁下格文，沙州"奉格"简点卫士，西州亦不例外。换言之，西州据格简点卫士，同样发生在开元九年，这应该是可以肯定的。

朝廷九月九日所颁格文传至西州，已是十月左右，西州据格简点卫士当在此期间。按开元初陇右道按察使由秦州都督兼任，③ 而按察使巡察州县一般在秋冬之时，《献之牒稿》记采访使在西州活动之时间，已是西州简点卫士之后。由此可知，牒稿成文时间，更在其后年底了。

综合以上论述，《献之牒稿》的年代可断在开元九年末，其准确定名应为《唐开元九年（721）末西州献之牒稿为被悬点入军事》。

---

① 〔日〕池田温：《中国古代籍帐研究·概观》，第 125 页。

② 参见拙文《唐代府兵简点及相关问题研究——以敦煌吐鲁番文书为中心》，原载《魏晋南北朝隋唐史资料》第 22 辑，武汉大学文科学报编辑部，2005；修订稿收入拙著《新资料与中古文史论稿》（修订本），上海古籍出版社，2020，第 131—156 页。

③ （宋）宋敏求编《唐大诏令集》卷一〇四苏颋《遣王志愔等各巡察本管内制》，第 531 页；（宋）王钦若等编《册府元龟》卷一六二《帝王部·命使二》，第 1952 页。

## 二 阿史那献与定远道行军

《献之牒稿》所记开元五年十一月时的"定远道行军大总管、可汗"，据《文苑英华》卷四一七苏颋撰《授阿史那献特进制》①、《新唐书》卷二一五下《突厥传下》②、《资治通鉴》卷二一一开元三年五月条等，③ 实即阿史那献。按阿史那献乃阿史那弥射之孙、阿史那元庆之子，史无专传。日本学者松田寿男先生曾对其生平及其在西域的活动进行较为详尽的探讨；④ 孟凡人先生也曾辑录相关史料，撰有《阿史那献辑传注释》一文。⑤ 已有的研究，对深入考察阿史那献在西域的活动奠定了坚实的基础。

关于定远道行军，松田寿男、孟凡人二位先生一致认为，开元三年五月时，阿史那献为定远道行军大总管，与北庭都护汤嘉惠、安西都护吕休璟互为犄角，共同抗击后突厥默啜。⑥ 薛宗正先生则提出新解，认为定远道行军乃唐朝于开元三年组建，由阿史那献统率西征大食的行军，具体西征时间在该年末。⑦《资治通鉴》卷二一一开元三年五月条载：

> 默啜发兵击葛逻禄、胡禄屋、鼠尼施等，屡破之；敕北庭都护汤嘉惠、左散骑常侍解琬等发兵救之。五月，壬辰，敕嘉惠等

① （宋）李昉等编《文苑英华》，第 2112 页。
② 《新唐书》，第 6065 页。
③ 按《资治通鉴》此条作"定边道大总管阿史那献"（第 6710 页）。据《献之牒稿》及其他传世文献，"边"显为"远"之形讹。
④ 〔日〕松田寿男：《古代天山历史地理学研究》，第 446—463 页。
⑤ 孟凡人：《北庭史地研究》，新疆人民出版社，1985，第 237—246 页。
⑥ 〔日〕松田寿男：《古代天山历史地理学研究》，第 461 页；孟凡人：《北庭史地研究》，第 246 页。
⑦ 薛宗正：《唐碛西节度使的置废——兼论唐开元时期对突骑施、大食政策的变化》，《历史研究》1993 年第 6 期；又见氏著《安西与北庭——唐代西陲边政研究》，第 189—193 页。

与葛逻禄、胡禄屋、鼠尼施及定边［远］道大总管阿史那献互相
应援。①

又同书卷开元三年二月条《考异》引《实录》称：

　　五月，"诏葛逻禄、胡屋、鼠尼施等"。又云："宜令北庭都
护汤嘉惠与葛逻禄、胡屋等相应。安西都护吕休璟与鼠尼施相
应。"又云："及新来十姓大首领计会掎角。"②

岑仲勉先生已指出上述二条记载实为同事。③ 如此，所谓"新来十姓
大首领"，即指阿史那献。又《新唐书》卷二一五下《突厥传
下》载：

　　十姓部落都担叛，献击斩之，传首阙下，收碎叶以西帐落三
万内属，玺书嘉慰。葛逻禄、胡屋、鼠尼施三姓已内属，为默啜
侵掠，以献为定远道大总管，与北庭都护汤嘉惠等掎角。④

松田寿男、孟凡人二位先生之说，当依据上述诸条记载。其实，有关
定远道行军始置之时间，《文苑英华》卷四一七苏颋撰《授阿史那献
特进制》很能说明问题，制文称：

　　黄门：建官制爵，立化之本；树善崇功，惟能是任。招慰十
姓兼四镇经略大使、定远道行军大总管、北庭大都护、瀚海军

---

①　《资治通鉴》，第 6710 页。
②　《资治通鉴》，第 6709—6710 页。
③　岑仲勉：《西突厥史料补阙及考证》，第 84 页。
④　《新唐书》，第 6065 页。

使、节度巴［已］西诸蕃国、左骁卫大将军摄鸿胪卿、上柱国、兴昔（亡）可汗阿史那献，凌铁关之远塞，威扬万里；雄金山之旧族，诚竭累朝；……顷服獯戎，绥其种落，茂勋则远，已宠于登坛；厚秩未加，俾荣于开府。亚台之典，群议允集。可特进，余并如故，主者施行。①

制文未记时间，岑仲勉先生考证认为："据《元龟》卷一三三，献为北庭都护，在开元二年，故附此。"② 薛宗正先生不同意此说，他认为开元二年六月玄宗嘉奖阿史那献平都担之制，③ 与此制文有很大不同：其一，前制嘉奖进军碎叶之役，后制嘉奖"凌铁关之远塞"，实乃进军铁门关；其二，唐之铁门关有二，一为焉耆境内之铁门关，难称"远塞"，另一为中亚之铁门关，确为"远塞"；其三，后制阿史那献又加"定远道行军大总管"头衔，为前制所无，而阿史那献加"定远道行军大总管"头衔乃开元三年事，二制反映的是两次不同的战役。④ 薛先生所引证的中亚穆格山城堡出土的 20B17 号粟特文书，马小鹤先生曾据国外学者研究成果译为汉文，并进行了考释。⑤ 马先生认为《授阿史那献特进制》中的"獯戎"是指西突厥十姓部落，与穆格山文书中的 rwn 是一回事，文书中的可汗当即兴昔亡可汗阿史那献，并推测该文书与 715 年底唐朝同阿拉伯人争夺对拔汗那的控制权有关。诚然，开元二年六月玄宗因阿史那献平都担、收碎叶而赐书予以嘉奖，而《授阿史那献特进制》是授官制文，一为赐书，一为授官制文，二者之间确有不同，但在内容上是否反映两次不同的战役呢？

---

① （宋）李昉等编《文苑英华》，第 2112 页。
② 岑仲勉：《西突厥史料补阙及考证》，第 83 页。
③ （宋）王钦若等编《册府元龟》卷一三三《帝王部·褒功二》、卷一七○《帝王部·来远》，第 1606、2053 页。
④ 薛宗正：《安西与北庭——唐代西陲边政研究》，第 190 页。
⑤ 马小鹤：《公元八世纪初年的粟特——若干穆格山文书的研究》，《中亚学刊》第 3 辑，中华书局，1990，第 115—118 页。

这恐怕还需认真斟酌。制文称阿史那献"顷服獯戎，绥其种落"，表明他曾征服、安抚某个少数民族。按"獯戎"，史籍及石刻文献多有记载。《隋书》卷八三《西域·高昌传》载，高昌王麹文泰于大业八年（612）由隋返国后，下令在高昌进行大规模的衣冠发服制度改革，隋炀帝得知消息后，下诏予以褒奖，诏文称高昌"本自诸华，历祚西壤，昔因多难，沦迫獯戎，数穷毁冕，剪为胡服"。① 此处"獯戎"，当指曾控制高昌王国的柔然、高车、东西突厥等北方、西北方诸游牧民族。② 又《旧唐书》卷二四《礼仪志四》载：

> 太宗贞观三年正月，亲祭先农，躬御耒耜，藉于千亩之甸。初，晋时南迁，后魏来自云、朔，中原分裂，又杂以獯戎，代历周、隋，此礼久废，而今始行之，观者莫不骇跃。③

此处"獯戎"，则指魏晋时期进入中原的匈奴、羯、氐、羌、鲜卑诸民族。同书卷九七《张说传附陈希烈传》后史臣曰：

> 郭代公、张燕公解逢掖而登将坛，驱貔虎之师，断獯戎之臂，暨居衡轴，克致隆平，可谓武纬文经，惟申与甫而已。④

郭代公即郭元振，张燕公即张说。结合二人本传，这里"獯戎"是指北方及西北地区的少数民族。又敦煌莫高窟第 148 窟保存的《唐宗子陇西李氏再修功德记》碑文，记李明振曾随张议潮收复凉州，称其

---

① 《隋书》，第 1848 页。
② 关于高昌与北方诸游牧民族政权的关系，最新成果请参王素《高昌史稿·统治编》（文物出版社，1998）中的有关章节。
③ 《旧唐书》，第 912 页。
④ 《旧唐书》，第 3060 页。

"殄勃寇于河兰，鹹獯戎于瀚海"，① 此处"獯戎"与"瀚海"并提，也表明其代指北方少数民族。

上揭诸例皆表明，"獯戎"代指北方及西北方少数民族。按阿史那献在开元二年平都担、收碎叶，并使胡禄屋等西突厥诸部归附，与制文称其"顷服獯戎，绥其种落"是完全吻合的。因此，马小鹤先生认为"獯戎"是指西突厥十姓部落，无疑正确，但说"獯戎"与穆格山文书中的 rwn 是一回事，则有待进一步证实。

笔者还注意到，制文罗列了阿史那献的所有官衔，其既任北庭大都护、瀚海军使，又任招慰十姓兼四镇经略大使，而且还"节度已西诸蕃国"，说明他当时统管整个西域军政事务。按四镇经略大使一职，据《唐大诏令集》卷六三苏颋撰《加郭虔瓘食实封制》，郭虔瓘为"右羽林军大将军兼安西大都护、四镇经略大使、上柱国、太原郡开国公"，② 制文时间在开元三年十月十八日，则郭虔瓘兼安西大都护、四镇经略大使之职必在此前。如果把《授阿史那献特进制》所反映的内容视为开元三年末阿史那献率大军西征大食的话，那么，西域地区岂不存在两位四镇经略大使吗？这于制于理皆不相合。

制文称阿史那献"凌铁关之远塞，威扬万里"，此处之"铁关"，应指焉耆境内的铁门关。所谓"远塞"，泛指边塞，如《史记》卷一一〇《匈奴列传》记汉文帝时，匈奴大举犯边，以致"烽火通于甘泉、长安"，"数月，汉兵至边，匈奴亦去远塞，汉兵亦罢"。③ 此处将"边"与"远塞"相提并论，说明"远塞"即指边塞、边疆。铁门关是唐朝设在西域的重要边塞关卡，属唐十三中关之一，④ 西距长安数千里远，相对唐廷而言，确实可称"远塞"。而且，阿史那献

① 李永宁：《敦煌莫高窟碑文录及有关问题（一）》，《敦煌研究》1982 年第 1 期。
② （宋）宋敏求编《唐大诏令集》，第 349 页。
③ 《史记》，中华书局，1959，第 2904 页。
④ （唐）李林甫等：《唐六典》卷六《尚书刑部》，第 196 页。

"凌铁关之远塞"，也非虚语。《旧唐书》卷九七《郭元振传》载景龙二年末宗楚客奏请周以悌代郭元振统众，并"使阿史那献为十姓可汗，置军焉耆，以取娑葛"，而娑葛给郭元振的书信则称："又闻史献欲来，徒扰乱军州，恐未有宁日，乞大使商量处置。"① 松田寿男先生据此认为："阿史那献（史献）被册立为十姓可汗驻屯于焉耆是不容怀疑的。"② 既然这样，开元二年阿史那献率军平都担、收碎叶，就有可能经由焉耆或从焉耆出发，这或许正是"凌铁关之远塞"一语的由来。前揭《通鉴考异》引《实录》记开元三年五月朝廷下诏要北庭都护汤嘉惠等与"新来十姓大首领（即阿史那献）计会掎角"，似乎暗示阿史那献在此前并未驻屯北庭。所谓"威扬万里"，也是相对长安与西域的距离而言的。《旧唐书》卷五九《姜暮传附子行本传》记贞观十四年姜行本率军与侯君集平高昌，太宗赐玺书劳之曰："三军勇士，因斯树绩，万里逋寇，用是克平。方之前古，岂足相况。"③ 又同书卷八四《裴行俭传》记调露元年（679）裴行俭智擒阿史那都支、李遮匐归后，高宗廷劳之曰："比以西服未宁，遣卿总兵讨逐，孤军深入，经途万里。卿权略有闻，诚节夙著，兵不血刃，而凶党殄灭。伐叛柔服，深副朕委。"④ 又张九龄《敕吐蕃赞普书》载："安西诸军，去此万里，仓卒遇敌，何暇奏裁？"⑤ 可见，在各种制书中，西域作为边疆地区，历来被视为万里之地，此是相对朝廷所在地长安而言的。

如上所述，"定远道行军"一称，至迟开元三年五月就已出现，而张孝嵩率安西"旁侧戎落兵万余人"救援拔汗那事，发生在开元三

---

① 《旧唐书》，第 3048 页。

② 〔日〕松田寿男：《古代天山历史地理学研究》，第 458 页。

③ 《旧唐书》，第 2334 页。

④ 《旧唐书》，第 2803 页。

⑤ （宋）李昉等编《文苑英华》卷四六九，第 2394 页。据池田温等编《唐诏敕目录》（三秦出版社，1991，第 199 页），敕文时间在开元二十三年。

年末，① 恐怕还不好说"定远道行军"就是指西征大食的军队。另外，如果把《授阿史那献特进制》理解为唐玄宗对阿史那献在开元三年末西征大食之功的褒奖，则制文撰写时间当在开元四年初，复据制文"可特进，余并如故，主者施行"，可进而推知阿史那献在开元四年初仍统管整个西域军政事务。但开元四年正月时，唐朝已开始对西域边防体制做出调整，以陕王嗣升为安西大都护、安抚河西四镇诸蕃大使，原安西大都护、四镇经略大使郭虔瓘为之副。② 既然如此，阿史那献不可能仍在开元四年初统管整个西域军政事务。制文称赞阿史那献"顷服獯戎，绥其种落"，与开元二年阿史那献率军平都担、收碎叶并使西突厥诸部数万帐归附完全吻合，而与西征大食似乎没有什么关联。因此，综合制文内容及阿史那献在开元二年前后的活动，可以肯定，岑仲勉先生系制文于开元二年是完全正确的，具体时间当在是年六月玄宗赐书嘉奖阿史那献之后不久，制文用"顷服"二字已足证此点。至于阿史那献与开元三年末安西唐军救援拔汗那之役有无联系，因无证据，不好明断。穆格山文书中出现的"可汗"，亦有可能是指突骑施酋长苏禄。《资治通鉴》卷二一一开元三年十二月条载：

> 突骑施守忠既死，默啜兵还，守忠部将苏禄鸠集余众，为之首长。苏禄颇善绥抚，十姓部落稍稍归之，有众二十万，遂据有西方，寻遣使入见。是岁，以苏禄为左羽林大将军、金方道经略大使。③

胡三省注称："西方属金，故曰金方道。"④ 复据《册府元龟》卷九六

① 《资治通鉴》卷二一一，开元三年十一月条，第6713页。
② （宋）宋敏求编《唐大诏令集》卷三五《邠王嗣直安北大都护等制》（开元四年正月二十一日），第152页；《资治通鉴》卷二一一，开元四年正月丙午条，第6715—6716页。
③ 《资治通鉴》，第6714页。
④ 《资治通鉴》，第6714—6715页。

四《外臣部·封册二》，唐朝在开元六年五月才正式册封苏禄为左羽林大将军、顺国公，并继续充任金方道经略大使，此前则为"右武卫大将军员外置、突骑施都督、车鼻施啜"。[1] 因此，此处"左羽林大将军"或为"右武卫大将军"之误。开元三年，唐朝以苏禄为金方道经略大使，让其在西方有所行动，此举定有深意。《册府元龟》卷九九九《外臣部·请求》记，开元七年二月安国王上表称其被大食袭扰，希望唐能予以救援，"仍请敕下突厥［骑］施，令救臣等"。[2] 这里"仍请"二字，似乎表明突骑施在此之前有过救援他们的行动。因此，穆格山文书中的"可汗""突厥"，更有可能是指苏禄及其统率的西突厥部众，[3] 而与阿史那献无关，毕竟阿史那献已于开元三年五月受命转向北庭对付后突厥默啜了。

确定《授阿史那献特进制》之时间，对准确认识定远道行军至关重要。唐睿宗景云二年（711）末，唐以阿史那献为持节招慰十姓使，招慰十姓部落，当因突骑施娑葛亡于后突厥之手，致使西突厥十姓离散。[4] 玄宗先天元年（712）十一月，唐又以献为伊西节度兼瀚海军使，让其节制西域军政。[5] 阿史那献此前招慰十姓可能并不成功，故朝廷要扩大其权限以便宜行事。其后，驻于碎叶一带的西突厥酋长发动叛乱，阿史那献乃率大军予以平定。唐长孺先生认为，阿史那献平

---

① （宋）王钦若等编《册府元龟》，第 11342—11343 页。

② （宋）王钦若等编《册府元龟》，第 11722 页。

③ 据王钦若等编《册府元龟》卷九六四《外臣部·封册二》（第 11343 页）及《资治通鉴》卷二一二开元七年冬十月条（第 6737 页）载，唐朝正式册封苏禄为忠顺可汗是在开元七年冬十月。但在此之前，苏禄已有"可汗"之称，《册府元龟》卷九七九《外臣部·和亲二》载："是月（即开元五年八月），又以史怀道女为金河公主，以妻突厥骑施可汗苏禄。"（第 11500 页）此处"可汗"，即指突骑施可汗。又同书卷九六七《外臣部·继袭二》记娑葛被默啜杀后，"其部将苏禄鸠聚众至二十万，自立为可汗"（第 11372 页）。由此可见，开元七年以前，苏禄已自称"可汗"。因此，穆格山文书中的"可汗"指苏禄，并非没有可能。

④ （宋）王钦若等编《册府元龟》卷九九二《外臣部·备御五》，第 11649 页；《资治通鉴》卷二一〇，景云二年十二月条，第 6669 页。参见唐长孺《唐先天二年（七一三）西州军事文书跋》，唐长孺主编《敦煌吐鲁番文书初探二编》，第 495—496 页。

⑤ （宋）王溥：《唐会要》卷七八《节度使（每使管内军附）》，第 1690 页。

都担事发生在开元二年三月，唐军西进必在元年（即先天二年）。<sup>①</sup>
所言甚是。《授阿史那献特进制》称献为"定远道行军大总管"，而
"顷服獯戎，绥其种落"又是指其平都担、收碎叶事，可以据此推断
"定远道行军"是指阿史那献统率前往碎叶一带征讨都担的行军，其
组建时间也应在开元元年或二年初。

　　阿史那献率大军西征之际，后突厥默啜也乘机派军攻围北庭，遭
到驻守北庭的郭虔瓘所统率唐军的痛击。<sup>②</sup>唐军东西两面的胜利，对
西域诸部震动极大，胡禄屋、鼠尼施、葛逻禄等部纷纷于开元二年、
三年归附唐朝，<sup>③</sup>后突厥默啜对此当然不满。据上引《资治通鉴》卷
二一一开元三年条，默啜发兵击葛逻禄、胡禄屋、鼠尼施等部，唐朝
于开元三年四月令北庭都护汤嘉惠、左散骑常侍解琬等发兵救之；五
月，又令汤嘉惠与阿史那献及葛逻禄等部互相应援。此时阿史那献仅
署"定远道大总管"一职。由开元三年十一月郭虔瓘为安西大都护、
四镇经略大使，以及次年正月陕王嗣升遥领安西大都护、安抚河西四镇
诸蕃大使等史实判断，阿史那献已不再统管整个西域军政事务。事实
上，唐朝之所以在开元二年对其委以重任，主要是为了平定都担叛乱以
稳定西突厥诸部局势。平叛结束后，西域形势有所好转，阿史那献已无
须再统管整个西域军政事务了。不过，据《献之牒稿》，至迟开元五年
末，阿史那献仍领有"定远道行军大总管"之职及"可汗"之称。

　　开元三年五月，阿史那献由碎叶转赴北庭，与北庭唐军联手，共
同对付后突厥。其所统之定远道行军也当随之开赴北庭，只不过行军

---

　　① 唐长孺：《唐先天二年（七一三）西州军事文书跋》，唐长孺主编《敦煌吐鲁番文书
初探二编》，第 497 页。

　　② 《旧唐书》卷八《玄宗本纪》，第 172 页；《资治通鉴》卷二一一，开元二年二月乙
未条，第 6696 页。据唐长孺先生考证，后突厥攻围北庭在开元元年的秋冬，参见唐长孺《唐
先天二年（七一三）西州军事文书跋》，唐长孺主编《敦煌吐鲁番文书初探二编》，第 497—
498 页。

　　③ 参《资治通鉴》卷二一一，开元三年二月条《考异》引《实录》，第 6709—6710 页。

的任务已由征讨都担之叛转向对付后突厥了。据《献之牒稿》，西州在开元五年十一月接到阿史那献所发"追献之拟表疏参军"的牒文，同月二十三日，西州即"判：牒下县发遣"，献之十二月到定远军。这说明定远军所在地距西州并不太远，且阿史那献本人即驻于定远军，但该军具体驻防于何处，并不是很清楚。

开元三年末，郭虔瓘为安西大都护、四镇经略大使；次年，唐以亲王遥领安西大都护、安抚河西四镇诸蕃大使，郭为之副。郭虔瓘主政安西期间，与阿史那献关系不和。《册府元龟》卷一五七《帝王部·诫励二》载：

> 开元五年六月，突骑施酋长苏禄潜窥亭障，安西东[都]护郭虔瓘及十姓可汗阿史那献皆反侧不安，各以表闻。乃遣使赍玺书慰喻之，并降书谓虔瓘及献曰："朕闻师克在和，不在于众……卿等或宿将重名，或贤王贵种，咸负才略，受任边疆，当须戮力同心，尽诚报国，舍嫌窒隙，忘躯立事。近得表状，更相异同，又请教兵，乃非长算。……或云：突骑施围逼石城，则缘史献致寇；或云：葛逻禄征兵马，则被虔瓘沮谋。进退遂有两端，谗邪必然三至。若大将不协，小人间之，自保不遑，何功可就？卿等去日，朕已面谕，不谓即今，尚犹如此。且史献十姓酋长，先拜可汗，一方黎庶，共知所属。突骑施部落虽云稍众，当应履信思顺，安可恃力争高？……苏禄先是大将军，未经制命。今故遣左武卫翊府中郎将王惠充使，宣我朝恩，册为国公，令职朝序，并赐物二千段及器物等，务于绥怀得所，不欲征讨示威。史献前拟发兵葛逻禄，其时遣众，虑于劳扰，当更审思。其中权宜，属在卿等。"①

---

① （宋）王钦若等编《册府元龟》，第1902页。

据此可知，郭虔瓘与阿史那献在处理西域问题上分歧颇大，双方的矛盾由来已久。玄宗所言"卿等去日，朕已面谕，不谓即今，尚犹如此"，可证此点。按突骑施酋长苏禄势力的崛起，势必影响阿史那献在十姓部落中的统治地位，阿史那献当然不会对此坐视不管，所以他要征发葛逻禄兵马，以讨伐苏禄。但安西都护郭虔瓘并不支持，设法阻挠。阿史那献遂上书朝廷，请求"益兵"，郭虔瓘也上书，双方互相指责。在对待突骑施苏禄问题上，唐玄宗也反对兴兵征讨，主张安抚、绥怀。《资治通鉴》卷二一一开元五年五月条载：

> 突骑施酋长左羽林大将军苏禄部众浸强，虽职贡不乏，阴有窥边之志。五月，十姓可汗阿史那献欲发葛逻禄兵击之，上不许。①

这表明阿史那献谋图扑灭苏禄势力的计划，并未得到朝廷的支持。

不管怎样，郭虔瓘与阿史那献的矛盾，毕竟会对唐朝在西域的统治有所影响，故玄宗要赐书慰喻，尽力调和。郭虔瓘死后，汤嘉惠继任安西副大都护。汤嘉惠此前任北庭都护期间，曾与阿史那献有过合作，双方关系当比较融洽。《资治通鉴》卷二一一开元五年七月条载：

> 安西副大都护汤嘉惠奏突骑施引大食、吐蕃，谋取四镇，围钵换及大石城，已发三姓葛逻禄兵与阿史那献击之。②

显然，汤嘉惠是支持阿史那献讨击苏禄的。但此事结局如何，不见史籍记载。《献之牒稿》记开元五年末阿史那献下牒征西州献之为盐泊都督府的表疏参军，知其活动仍在天山东部。这似乎表明讨击苏禄的军事行动并未持续下去。而且，唐朝还于次年六月正式册封苏禄为左

---

① 《资治通鉴》，第 6727 页。
② 《资治通鉴》，第 6728 页。

羽林大将军、顺国公，并继续充任金方道经略大使。① 由此看来，阿史那献要想剪除苏禄的势力，诚非易事。

　　唐廷之所以对苏禄采取绥怀政策，而不让阿史那献兴兵征讨，是否有借重苏禄势力的缘故呢？开元三年，唐朝首次任命苏禄为金方道经略大使，开元六年仍让其充任此职，甚至开元七年十月册封他为忠顺可汗时，还如是称："册金方道经略大使突骑施苏禄为忠顺可汗。"② 以至开元十五年时，吐火罗遣使上表称："又承天可汗处分突骑施可汗云：西头事委你，即须发兵除却大食。其事若实，望天可汗却垂处分。"③ 这反映出唐朝任命苏禄为金方道经略大使的意图，即借重他的力量对抗大食，以作唐之"西方屏障"。④ 不过，突骑施苏禄毕竟是一支唐朝无法控制的异姓势力，如《新唐书》卷二一五下《突厥传下》所记，苏禄"然诡猾，不纯臣于唐，天子羁系之，进号忠顺可汗"，⑤ 故唐朝对他仅是利用而已。

　　献之被判补为盐泊都督府的表疏参军，这反映了阿史那献在开元初年正致力于天山以北地区羁縻府、州机构的恢复和重建，也是他努力确立在十姓部落中统治地位的重要体现。唐睿宗景云年间（710—711），后突厥默啜进攻西突厥，突骑施娑葛被擒杀，十姓离散，不少部落可能即已归附后突厥。阿史那献正是在这一背景之下，于景云二年十二月受封为"安抚招慰十姓大使"，前往西域招慰十姓的。开元二年初，唐军东西两线的胜利，对西域各部族震动颇大，葛逻禄、胡

---

　　① （宋）王钦若等编《册府元龟》卷九六四《外臣部·封册二》，第 11343 页；《资治通鉴》卷二一二，开元六年五月条，第 6733 页。

　　② （宋）王钦若等编《册府元龟》卷九六四《外臣部·封册二》，第 11343 页。

　　③ （宋）王钦若等编《册府元龟》卷九九九《外臣部·请求》，第 11723 页。

　　④ 参见姜伯勤《敦煌吐鲁番文书与丝绸之路》，第 123—129 页。薛宗正先生亦指出，唐朝之所以重视苏禄，其目的在于借重他的势力遏制大食的扩张。不过，唐朝首次任命苏禄为"金方道经略大使"，是在开元三年，而非开元六年。参见薛宗正《安西与北庭——唐代西陲边政研究》，第 202 页。

　　⑤ 《新唐书》，第 6067 页。

禄屋、鼠尼施等部纷纷脱离后突厥之控制，归降唐朝，由此引起了后突厥默啜对诸部的攻击。为了反击默啜，唐朝遂命阿史那献率部往东，与北庭唐军联手，共同对敌。开元四年后突厥默啜的覆亡，① 有助于唐朝对西域地区羁縻府、州机构的重建。《献之牒稿》所记开元五年时的"盐泊都督府"，应该就是在归降的胡禄屋部中重新设置的。为了加强该部与朝廷之间的联系，阿史那献还牒征西州献之担任该府之表疏参军，这表明胡禄屋部在他的有力控制之下。为讨伐突骑施苏禄，阿史那献还谋图征兵葛逻禄，此事虽因安西都护郭虔瓘的阻挠而未获成功，但还是可以说明他在西域地区拥有一定的影响力和号召力。这些与他在开元初年的积极活动是分不开的。

总之，由阿史那献统率的定远道行军，始建于开元元年或二年初，直到开元五年末仍继续存在。定远道行军之任务，初为征讨都担，后则移至天山东部，负责防御后突厥。可以说，阿史那献率领这支军队在西域东征西讨，战功卓著，对维护开元初唐朝在西域地区的统治有相当的积极作用。

# 三　关于开元七年请居碎叶的<br>"十姓可汗"问题

据《献之牒稿》，阿史那献在开元五年末仍拥有"可汗"之称号。《新唐书》卷二二一上《焉耆传》载：

> 开元七年，龙懒突死，焉吐拂延立。于是十姓可汗请居碎叶，安西节度使汤嘉惠表以焉耆备四镇。②

---

① 《资治通鉴》卷二一一，开元四年六月癸酉条，第6719页。
② 《新唐书》，第6230页。

按此事不见其他史籍记载，故历来受到中外学者高度重视，但学者们对其中"十姓可汗"的理解与认识存在较大分歧，松田寿男、孟凡人等先生认为是指阿史那献，不少学者则认为是指苏禄。如吴玉贵先生即指出，松田先生用以证明"十姓可汗"即阿史那献的材料，全部是开元五年以前的材料，而开元五年至七年之间苏禄正式得到唐朝的承认，开元七年请居碎叶的"十姓可汗"即苏禄，而非阿史那献。[①] 考虑到此后突骑施苏禄势力在西域的强盛，"苏禄说"并非没有道理。不过，从现有文献资料看，开元年间拥有"十姓可汗"称号的，仅限于阿史那氏王室，如阿史那献、阿史那怀道、阿史那昕等，未见苏禄有"十姓可汗"称号。[②] 尽管苏禄在突骑施娑葛覆亡后曾自立为"可汗"，但唐朝并未承认，上揭开元六年五月册封他的制文仅称其为"突骑施都督、车鼻施啜"，可为明证。值得注意的是，《张九龄集校注》卷一〇《敕安西四镇节度副大使王斛斯书》中，还提及袭父可汗位的"史震"，[③] 此人不见史载，薛宗正先生推测为阿史那献之子。[④] 考虑到苏禄亡后出任十姓可汗的阿史那昕，乃阿史那怀道之子，[⑤] 薛先生的推测不无道理。据郭平梁先生考证，该敕书时间在开

① 吴玉贵：《唐代安西都护府史略》，《中亚学刊》第 2 辑，中华书局，1987，第 103—104 页。

② （宋）王钦若等编《册府元龟》卷一五七《帝王部·诫励二》，第 1902 页；《新唐书》卷二一五下《突厥传下》，第 6065—6066 页。

③ 熊飞校注《张九龄集校注》，中华书局，2008，第 616 页。

④ 薛宗正：《突厥史》，中国社会科学出版社，1992，第 682 页。

⑤ 《新唐书》卷二一五下《突厥传下》，第 6068—6069 页；《资治通鉴》卷二一五，天宝元年四月条，第 6854 页。按唐平阿史那贺鲁之叛后，分设兴昔亡可汗与继往绝可汗统辖十姓，阿史那弥射、阿史那步真死后，子孙分别袭之。但此后之兴昔亡可汗或继往绝可汗，都被称为"十姓可汗"，如阿史那斛瑟罗袭父为继往绝可汗，阿史那元庆袭父为兴昔亡可汗，在唐乾陵石人像衔名中，都统称"十姓可汗"（参陈国灿《唐乾陵石人像及其衔名的研究》，氏著《陈国灿吐鲁番敦煌出土文献史事论集》，第 165、169 页）。笔者还注意到，在朝廷的正式诏敕、册文中，一般都称"兴昔亡可汗"或"继往绝可汗"，而在史书叙事时，常称"十姓可汗"，而这多是在其中一位可汗赴西域活动之时，阿史那献就是一个典型的例子。总之，关于唐代的"十姓可汗"，仍是一个值得认真探讨的问题。

元二十三年冬中。① 吐鲁番阿斯塔那 509 号墓所出《唐开元二十二年（734）八月西州都督府致游奕首领骨逻拂斯关文为计会定人行水浇溉事》，② 乃西州官府与定居于西州之突厥首领协商田土灌溉事宜的官文书，其中也提及"可汗"之事。从时间前后关系看，文书中的"可汗"很有可能就是史震，即阿史那震。史震继其父阿史那献为可汗，自然仍称"十姓可汗"，这说明唐朝并未把"十姓可汗"称号转封给苏禄。又《张九龄集校注》卷一一《敕突厥可汗书》称"突骑施本非贵种，出自异姓，惟任奸数，诳诱群胡。十数年间，又承国家庇荫，因其荒远，遂得苟存"，③ 亦充分体现了唐廷对苏禄之态度。

开元七年十月壬子（二十八日），朝廷正式册封苏禄为忠顺可汗，这一册令传到西域，恐怕已是十二月份了。其后又有苏禄请居碎叶、朝廷同意、汤嘉惠表以焉耆备四镇等环节，这一连串事情不可能都在开元七年末完成；而且，忠顺可汗也不等同于"十姓可汗"。《册府元龟》卷九九九《外臣部·请求》记开元十五年吐火罗叶护遣使上表称："又承天可汗处分突厥〔骑〕施可汗云：西头事委你，即须发兵除却大食。其事若实，望天可汗却垂处分。"④《张九龄集校注》卷一一《敕突骑施毗伽可汗书》仍称苏禄为"突骑施毗伽可汗"。⑤ 这些都反映出苏禄所获的"可汗"名号，仅代表突骑施部。所谓突骑施"惟任奸数，诳诱群胡"，即表明唐朝并未让其全权统管西突厥十姓。唐以苏禄为金方道经略大使，意在借其力量对付中亚的大食，至于"西头事委你"是玄宗之语还是苏禄所杜撰，已不得其详。即便为玄宗所言，也不意味着唐朝放手让其统管十姓故地。

其实，松田寿男先生的观点，得到了《献之牒稿》的进一步证

① 郭平梁：《突骑施苏禄传补阙》，《新疆社会科学》1988 年第 4 期。
② 唐长孺主编《吐鲁番出土文书》（图文本）第 4 册，第 315 页。
③ 熊飞校注《张九龄集校注》，第 633 页。
④ （宋）王钦若等编《册府元龟》，第 11723 页。
⑤ 熊飞校注《张九龄集校注》，第 635 页。

实。开元五年末，阿史那献继续担任定远道行军大总管和可汗，并能判补西州献之为盐泊都督府的表疏参军，加强该府的机构建设，说明他对胡禄屋部的控制是相当有力的，并没有轻易放弃其在十姓部落中的统治地位。据《献之牒稿》，献之在开元九年才返回西州，其在盐泊都督府任职达四年之久，这表明由阿史那献直接控制的胡禄屋部，在此期间仍然相当稳定，并未发生什么变故。此外，如前所论，汤嘉惠与阿那史献关系友好，他支持阿史那献征讨苏禄，不可能赞成苏禄请居碎叶，更不会"表以焉耆备四镇"，完全放弃对碎叶的控制。在西域，苏禄毕竟不像阿史那氏，与唐廷关系密切，所谓"然诡猾，不纯臣于唐，天子羁系之"，即表明唐廷对他只是"羁系之"而已。唐朝在碎叶设镇，派兵防守，其主要目的就是加强对十姓可汗故地的控制，如果让苏禄这样一支唐朝无法控制的势力进驻碎叶，岂不有悖于唐朝此前致力经营碎叶的初衷？由此可知，开元七年请居碎叶的"十姓可汗"不可能是苏禄，而应是阿史那献。其后苏禄占据碎叶，控制十姓故地，威胁到唐在西域的统治，唐乃设碛西节度使，调动整个西域力量对付苏禄，直至将其彻底消灭，都充分反映了唐朝对苏禄的态度与政策。关于此点，可参本书第十章"伊西与北庭——唐先天、开元年间西域边防体制考论"。

阿史那献何时退出西域？史籍没有明确记载，只说"献终以娑葛强狠不能制，亦归死长安"。[1] 然据《资治通鉴》卷二一二，开元九年七月，阿史那献以讨击使身份参与张说平定六州胡与党项之叛乱，[2] 说明他已离开西域，转赴他地了。有趣的是，献之由盐泊都督府返回西州，亦在开元九年末，这与阿史那献同年退出西域应当存在某种关

---

① 《新唐书》卷二一五下《突厥传下》，第6066页。按"娑葛"当为"苏禄"，参见孟凡人《北庭史地研究》，第245页。

② 《资治通鉴》，第6746页。

联。更值得注意的是，与阿史那献关系密切的安西副大都护汤嘉惠，也在开元十年初被唐廷调离安西，由北庭都护张孝嵩继任其职，杨楚客则北上接任北庭都护。开元九年、十年西域军政长官的这一连串人事变动，十分引人注目，反映了唐朝对西域边防体制的调整。① 早在景云二年末，唐朝即以阿史那献为持节招慰十姓使。② 先天元年十一月，又以献为伊西节度兼瀚海军使，③ 扩大其在西域的权限，这当与西突厥娑葛败亡后西域局势紧张有关，主要是为了重建唐对西突厥十姓故地的统治。④ 阿史那献在开元初积极作为，并取得若干成绩，但终因突骑施苏禄"强狠不能制"，无法完成任务，故只好撤出西域，与其关系密切的汤嘉惠同样也被调离安西，唐朝改任张孝嵩与杨楚客主政西域，目的就是对付苏禄。此后不久，唐朝在西域设置碛西节度使，目标亦是集中力量征讨苏禄，以确保西域的稳定。

---

① 参见本书第十章"伊西与北庭——唐先天、开元年间西域边防体制考论"。

② （宋）王钦若等编《册府元龟》卷九九二《外臣部·备御五》，第 11649 页；《资治通鉴》卷二一〇，景云二年十二月条，第 6669 页。

③ （宋）王溥：《唐会要》，第 1690 页。

④ 〔日〕松田寿男：《古代天山历史地理学研究》，第 450—453 页；唐长孺：《唐先天二年（七一三）西州军事文书跋》，唐长孺主编《敦煌吐鲁番文书初探二编》，第 495—496 页。

# 第九章

# 唐代西州天山军的成立

贞观十四年（640），唐灭高昌王国，于其地置西州；同年九月，又置安西都护府于交河城，留兵镇之，[①] 开启对西州的治理历程。唐朝在西州全面推行州县制、乡里制、均田制、府兵制等，目的是把西州建设成为唐朝经营西域的稳固根据地与大后方。根据张广达先生的研究，西州在此后唐经营西域的过程中确实发挥了巨大的作用。[②]

唐朝不仅从内地派兵戍守西州，还在当地设置前庭、岸头、蒲昌、天山四个军府，加强西州的军事力量。唐高宗仪凤年间（676—679）以后，随着"军"制度在沿边各地的展开，[③] 西域的唐"军"也相继建立。武则天长寿元年（692），王孝杰率唐军收复安西四镇

---

① 《资治通鉴》卷一九五，贞观十四年九月乙卯条，第6156页。

② 张广达：《唐灭高昌国后的西州形势》，收入氏著《西域史地丛稿初编》，第113—173页。

③ 菊池英夫「節度使制確立以前における「軍」制度の展開」『東洋学報』第44卷第2号、1961、第54—88頁。

后，以汉兵 30000 人镇守西域。① 到开元天宝年间，四镇的唐军编制也有 24000 人之多。② 武周长安二年至三年（702—703），唐于庭州置瀚海军，统兵 12000 人；③ 唐中宗景龙四年（710）又于伊州设置伊吾军，统兵 3000 人。④ 可见，从武则天到唐中宗统治的这一段时间，唐朝相继在西州的西面、北面、东面设置了四镇镇守军、瀚海军、伊吾军等，统兵 40000 余人，从而为西州筑起了三道强有力的军事屏障。到开元年间，唐朝又在西州设置天山军，统兵 5000 人。问题是，有关西州天山军设置的时间和背景，史籍记载存在若干歧异，且未引起学界同仁关注。

## 一 史籍记载的歧异及存在的问题

关于西州天山军的始置时间，相关史籍记载存在歧异。《唐会要》卷七八《节度使》载：

> 天山军，置在西州，汉车师前王故国，地形高敞，改名高昌，贞观十四年置。
>
> 瀚海军，置在北庭都护府，本乌孙王境也。贞观十四年，置庭州。文明元年，废州置焉。长安二年十二月，改为烛龙军。三年，郭元振奏置瀚海军。
>
> 天山军，并在碎叶城。⑤

① 《旧唐书》卷一九八《西戎·龟兹传》，第 5304 页。
② 《资治通鉴》卷二一五，玄宗天宝元年春正月条，第 6847 页。
③ 《元和郡县图志》卷四〇陇右道下庭州条载："长安二年初置烛龙军，三年，郭元振改为瀚海军。"（第 1033 页）
④ （唐）李吉甫：《元和郡县图志》卷四〇陇右道下伊州条、庭州条，第 1030、1033 页。
⑤ （宋）王溥：《唐会要》，第 1690—1691 页。

由上述记载可知，天山军始置于贞观十四年，此为第一种说法。

《元和郡县图志》卷四〇陇右道下西州条：

> 天山军，在州城内。开元二年置。本汉车师后王庭，乌孙之东境也，贞观十四年置。①

同书卷庭州条记天山军：

> 西州城内。开元二年置。管兵五千人，马五百匹。在理南五百里。②

又《新唐书》卷四〇《地理志四》陇右道西州交河郡条：

> 有天山军，开元二年置。③

以上三条史料，明确记载天山军设置于开元二年（714），此为第二种说法。

《旧唐书》卷四〇《地理志三》河西道北庭都护府条载：

> 天山军，开元中，置西州城内，管镇兵五千人，马五百匹。在都护府南五百里。④

按《太平寰宇记》卷一五六陇右道七庭州条所记与上揭旧志同，⑤二

① （唐）李吉甫：《元和郡县图志》，第1032页。
② （唐）李吉甫：《元和郡县图志》，第1033页。
③ 《新唐书》，第1046页。
④ 《旧唐书》，第1646页。
⑤ （宋）乐史：《太平寰宇记》，中华书局，2007，第2998页。

者当出自同一史源，皆记载天山军置于"开元中"，此为第三种说法。

综上可以看出，关于唐代西州天山军的始置时间，相关史籍记载存在"贞观十四年"、"开元二年"和"开元中"三种不同的说法。对前引《唐会要》所记，唐长孺先生据"瀚海军"条指出，《唐会要》中"贞观十四年置"一句乃涉下文而误，本无此句也。唐先生还指出，前揭《元和郡县图志》中"贞观十四年置"一句，亦同属衍句。① 复据日本学者菊池英夫先生研究，节度使制度确立以前，由行军到镇军的转变是在唐高宗仪凤年间，也就是说，"军"的设置是在唐高宗统治时期才开始的。② 贞观十四年，唐灭高昌，于其地置西州，不可能就在该年设置天山军。因此，天山军设置于贞观十四年的说法，一般不为学者所取。至于第二、三种说法，由于《元和郡县图志》乃唐人李吉甫所撰，所记天山军设置于开元二年非常明确，加之《旧唐书·地理志》与《太平寰宇记》所记"开元中"的第三种说法，年代又过于模糊，故学者们多取第二种说法，即认为西州天山军始置于开元二年，此说几成定论。然而，笔者在研读相关史籍及吐鲁番出土文书的过程中，发现"开元二年"说并无史实依据，现申论如下。

《唐六典》卷五尚书兵部郎中条载：

> 凡天下之节度使有八：……其七曰碛西节度使，其统有安西、疏勒、于阗、焉耆，为四镇经略使；又有伊吾、瀚海二军，西州镇守使属焉。③

---

① 唐长孺：《唐书兵志笺正》卷二，第57页。
② 菊池英夫「節度使制確立以前における「軍」制度の展開」『東洋学報』第44卷第2号、1961、第54—88页。
③ （唐）李林甫等：《唐六典》，第157—158页。

碛西节度使设置于唐玄宗开元年间，统辖整个西域军政，权力极大，很大程度上是为了对付突骑施苏禄。① 《唐六典》始撰于开元十年，二十六年成书。② 而且，焉耆代碎叶成为四镇之一，是在开元七年。③ 因此，上揭《唐六典》记载所反映的年代，不会早于开元七年，更有可能是在开元十年之后。本章开篇即已指出，西域四镇镇守军、瀚海军、伊吾军相继设置于武则天到唐中宗统治年间，如果说西州天山军在开元二年已有设置的话，其相距伊吾军设置时间仅四年，为何在上揭碛西节度使所统诸军中没有任何反映？请注意，《唐六典》记载的是"又有伊吾、瀚海二军，西州镇守使属焉"，而不是"又有伊吾、瀚海、天山三军属焉"。据《旧唐书》卷四〇《地理志三》北庭都护府条："自永徽至天宝，北庭节度使管镇兵二万人，马五千匹；所统摄突骑施、坚昆、斩啜；又管瀚海、天山、伊吾三军镇兵万余人，马五千匹。"④ 又《资治通鉴》卷二一五玄宗天宝元年春正月条："北庭节度防制突骑施、坚昆，统瀚海、天山、伊吾三军，屯伊、西二州之境，治北庭都护府，兵二万人。"⑤ 可见，天山军设置后，一般都是瀚海、天山、伊吾三军并提，而不是只提"伊吾、瀚海二军"。这说明《唐六典》开始编撰之时，天山军尚未设置，否则不会出现"西州镇守使属焉"这样特别的记载。《唐六典》是唐玄宗下令编纂的国家政典，成书时间虽长达十七年之久，但写法是"以令式分入六司"，即将已经颁布施行的法令写入书中，反映的是当时唐朝国家典章制度和

---

① 菊池英夫先生认为，唐碛西节度使乃是针对突骑施而设，所言极是。参见菊池英夫「隋・唐王朝支配期の河西と敦煌」『講座敦煌2・敦煌の歴史』大東出版社，1980、第144頁。关于唐开元年间碛西节度使的研究，请参见本书第十章"伊西与北庭——唐先天、开元年间西域边防体制考论"。

② （唐）刘肃：《大唐新语》卷九《著述第十九》，中华书局，1984，第136页。

③ 《新唐书》卷二二一上《焉耆传》载："开元七年，龙懒突死，焉吐拂延立。于是十姓可汗请居碎叶，安西节度使汤嘉惠表以焉耆备四镇。"（第6230页）

④ 《旧唐书》，第1645页。

⑤ 《资治通鉴》，第6848页。

各种军政设置情况。① 如果天山军在开元二年已有设置，在开元十年开始编纂的《唐六典》中，不可能没有任何记载。从这个意义上讲，西州天山军的设置，更有可能是在开元十年之后。

管见所及，在目前已刊的属于开元初期的吐鲁番出土文书中，尚未发现有天山军活动的记载。而且，吐鲁番阿斯塔那 226 号墓所出的一批唐开元十年前后伊、西、庭三州诸镇戍、烽铺机构的屯田文书，可以佐证当时天山军仍未设置。为便于说明问题，兹引录其中《唐西州都督府上支度营田使牒为具报当州诸镇戍营田顷亩数事》（参见图版十五）如下：

1　西州都督府　　　　　　　　牒上　　敕□□□□
2　合当州诸镇戍营田，总壹拾□顷陆拾□□□
3　　赤亭镇兵肆拾贰人， 营 □□顷；　维磨戍□□□□
4　　柳谷镇兵肆拾 人 ， □□□肆顷；　酸枣 戍 □□□
5　　白水镇兵三拾□□□□ 营 田陆顷；　羯畔戍兵□□□
6　　银山戍兵□□□□□ 营田柒拾伍□□□
7　　　右被□度营田使牒：当州 镇 戍 □田顷亩□□□□
8　　　 戍 兵 □ 及 营田顷亩□□□□
9　　方亭戍□□□□谷戍　　狼井□□□□
10　　　右□□□□
11　牒：被牒称：□□□□
12　格令歟□□□□

_____

① （唐）刘肃：《大唐新语》，第 136 页。书中"令"作"今"，当是误刻，参（宋）陈振孙《直斋书录解题》卷六《职官类》"唐六典三十卷"条，上海古籍出版社，1987，第 172 页。

13 者 [____]

14 存 [____]

（后缺）①

本件缺纪年，同墓所出有《唐开元十年（722）伊吾军上支度营田使留后司牒为烽铺营田不济事》②、《唐开元十年（722）残状》③、《唐开元十一年（723）状上北庭都护所属诸守捉嗣田顷亩牒》，④ 本件年代亦当在开元十年前后。第1行西州都督府牒上之机构，据第7行内容，当为支度营田使。文书乃西州都督府向支度营田使汇报所属诸镇、戍营田顷亩数的上行牒文。又同墓还出有十余件伊州伊吾军屯田文书，兹转录其中《唐开元某年伊吾军典王元琮牒为申报当军诸烽铺嗣田亩数事》如下：

1 □□□ 状上

2 合当军诸烽铺，今年嗣田总壹顷 [____]

3 　　陆 拾 [____]

4 玖 拾 伍 亩 [____]

5 　陆 拾 亩 [____]

6 　　速独、高头等两 [____]

7 　　阿查勒种粟 壹 [____]

8 　　泥 熟烽种豆壹 [____]

9 三 拾 伍 [____]

① 唐长孺主编《吐鲁番出土文书》（图文本）第4册，第101页。
② 唐长孺主编《吐鲁番出土文书》（图文本）第4册，第90页。
③ 唐长孺主编《吐鲁番出土文书》（图文本）第4册，第91页。
④ 唐长孺主编《吐鲁番出土文书》（图文本）第4册，第92页。

10　　　速独烽种豆陆亩　共下 子 ☐☐☐

11　　　故亭烽种禾陆亩　亩别下☐☐☐

12　　　青山烽种豆五亩　亩别下子☐☐

13　　贰 拾 肆 亩 见☐☐☐

14　　　柽埵烽捌亩　花泉烽陆 亩 ☐☐☐

15　　　　右被责当军诸☐☐☐

16　　　　上听裁

17　牒 件 状 如 前 谨 ☐。

……………………………………………………………………………

18　　　　　　　　开☐☐☐☐日典王元琮牒①

本件文书第 1 行所缺三字，当为"伊吾军"。据内容，此乃伊吾军汇报当军诸烽铺屯田亩数的牒文，与上揭西州都督府牒性质类同。又同墓所出《唐支度营田使管内军州牒》载：

1　支度营田使

2　　管内军州

3　牒准　　旨，诸军州所须☐☐☐

4　支度使处分☐☐☐

　　　　　（后缺）②

本件当是支度营田使下达管内军州的牒文。同墓所出《唐伊吾军上西庭支度使牒为申报应纳北庭粮米事》中，还有"敕伊吾军　牒上西庭

---

①　唐长孺主编《吐鲁番出土文书》（图文本）第 4 册，第 94—95 页。
②　唐长孺主编《吐鲁番出土文书》（图文本）第 4 册，第 103 页。

支度使。合军州应纳北庭粮米"之类的记载。① 因此，此"支度营田使"应即"西庭支度使"，乃掌管伊、西、北庭营田事务的最高长官。显然，伊州伊吾军、西州都督府营田事务，皆在其管辖范围之内。伊州伊吾军设置后，伊吾军使例由伊州刺史兼任，如景龙四年任伊州刺史的李耷交，《唐大诏令集》卷一三〇《命吕休璟等北伐制》记其为"伊吾军使、伊州刺史"。② 又郭知运，开元二年任伊州刺史，《册府元龟》卷一二八《帝王部·明赏二》记其官衔为"右骁卫中郎将、简较［检校］伊州刺史兼伊吾军使"。③ 但文书所钤"伊吾军之印"表明，是伊吾军直接向支度营田使汇报屯田事务，而非伊州官府，这反映了伊州军政两套机构之间存在明显的职能分工。西州的情况则不一样，其完全是由西州都督府直接向支度营田使汇报所辖诸镇戍的屯田情况，中间并不见天山军的任何踪迹，此点颇值注意。换言之，如果天山军当时已有设置，理应像伊州伊吾军那样，由天山军向支度营田使汇报所辖镇戍的屯田情况，并在文书上钤盖"天山军之印"。因此，开元二年天山军已有设置的相关记载，尚缺乏史料予以佐证，其真实性值得怀疑。不仅如此，上揭《唐西州都督府上支度营田使牒为具报当州诸镇戍营田顷亩数事》还昭示，即使到了开元十年前后，天山军仍未有设置，这与《唐六典》记载是完全吻合的。

## 二　天山军的成立

那么，天山军究竟成立于何时呢？张九龄《敕天山军使（西州刺史）张待宾书》载：

---

① 唐长孺主编《吐鲁番出土文书》（图文本）第 4 册，第 98 页。
② （宋）宋敏求编《唐大诏令集》卷一三〇，第 705 页。
③ （宋）王钦若等编《册府元龟》卷一二八，第 1533 页。

敕天山军使张待宾：近知贼下烧此，安然即去，竟无斥候，来不预知，如此防边，无乃疏阔！此一分头抄掠，计其数不至多，向若烽铺稍明，复与北庭计会，相与来去，贼可无遗。且边镇统军，俱受朝委，共防患害，何异一家？况在绝漠，尤宜相援。已敕盖嘉运讫，可与之筹宜，凶党复来，固须有预。冬中甚寒，卿及将士并平安好。遣书指不多及。①

又《敕（天山军使）西州刺史张待宾书》记：

敕天山军使、西州刺史张待宾：吐蕃背约，入我西镇，观其动众，是不徒然，必与突骑施连谋，表里相应。或恐贼心多计，诸处散下。铁关、于术，四镇咽喉，倘为贼所守，事乃交切。已敕盖嘉运与卿计会，简练骁雄，于要处出兵，以为声援。仍远令探候，知其有无。自外临时，皆委卿量事。秋冷，卿及将士并平安好。遣书指不及多。②

据郭平梁先生考证，前敕所记"烧此"，与《敕（瀚海军使）北庭都护盖嘉运书》所言"烧屯"是一个意思，而《敕（瀚海军使）北庭都护盖嘉运书》时间在开元二十四年的"春初"，说的是二十三年冬天的事，则此敕时间当在开元二十三年的冬天，后敕时间则在二十四年的秋天。③ 李方先生据吐鲁番文书考证指出，张待宾开元二十二年七月已在西州都督任上，他接替原西州都督王斛斯的时间，最晚不超过开元二十二年初。④ 敕文乃朝廷所发，所记张待宾官衔为西州都督、

---

① 熊飞校注《张九龄集校注》，第 673 页。
② 熊飞校注《张九龄集校注》，第 669—670 页。
③ 郭平梁：《突骑施苏禄传补阙》，《新疆社会科学》1988 年第 4 期，第 52—53、58 页。
④ 李方：《唐西州长官编年考证——西州官吏考证（一）》，《敦煌吐鲁番研究》第 1 卷，北京大学出版社，1996，第 286 页。

西州刺史、天山军使，应确凿无疑。这说明天山军至迟开元二十三年时，已在西州设置。不过，始撰于开元十年的《唐六典》，以及开元十年前后的吐鲁番出土文书，又都表明当时天山军还未有设置。因此，前揭《旧唐书·地理志》及《太平寰宇记》中，有关天山军置于"开元中"之记载，就值得充分重视了。

按"开元中"，或可理解为开元十年以后。天山军的设置，极有可能在开元十年到开元二十三年期间。那么，在此期间，西域的局势究竟如何呢？

突骑施苏禄是继乌质勒、娑葛之后，崛起于西域的又一支西突厥异姓势力，对唐时服时叛，唐廷于开元年间设置的统管整个西域军政的碛西节度使，其很大程度上就是为了对付苏禄。《旧唐书》卷一九四下《突厥传下》载：

> 时杜暹为安西都护，公主遣牙官赍马千匹诣安西互市，使者宣公主教与暹，暹怒曰："阿史那氏女，岂合宣教与吾节度耶！"杖其使者，留而不遣，其马经雪寒，死并尽。苏禄大怒，发兵分寇四镇。会杜暹入知政事，赵颐贞代为安西都护，城守久之，由是四镇贮积及人畜并为苏禄所掠，安西仅全。苏禄既闻杜暹入相，稍引退，俄又遣使入朝献方物。十八年，苏禄使至京师，玄宗御丹凤楼设宴。[1]

《资治通鉴》卷二一三系此事于开元十四年末。[2] 就在同年冬天，吐蕃大将悉诺逻率军进攻甘州。《资治通鉴》卷二一三开元十五年春正月条记：

---

[1] 《旧唐书》，第 5191 页。
[2] 《资治通鉴》，第 6775—6776 页。

去冬，吐蕃大将悉诺逻寇大斗谷，进攻甘州，焚掠而去。①

苏禄围安西、掠四镇，与吐蕃攻甘州时间近乎同时，颇疑二者事先已有进犯唐边境的合谋。而在开元十五年，吐蕃、突骑施合围安西城，则显示了二者公开的结盟。《资治通鉴》卷二一三开元十五年九月、闰九月条记：

九月，丙子，吐蕃大将悉诺逻恭禄及烛龙莽布支攻陷瓜州，执刺史田元献及河西节度使王君㚟之父……丙戌，突厥毗伽可汗遣其大臣梅录啜入贡。吐蕃之寇瓜州也，遗毗伽书，欲与之俱入寇，毗伽并献其书。上嘉之，听于西受降城为互市……闰月，庚子，吐蕃赞普与突骑施苏禄围安西城，安西副大都护赵颐贞击破之。②

吐蕃攻陷瓜州后，又北上与苏禄合围安西，而且由赞普亲自率军，可见双方对此次联手入犯唐边的重视。不仅如此，吐蕃还邀后突厥毗伽可汗联手，但未成功。此次吐蕃进犯西域的行军路线，据王小甫先生研究，吐蕃走的是东道，即由图伦碛东南北上进入焉耆、龟兹境内。③

开元十五年，吐蕃与突骑施对唐西域边境的联手袭扰，显然引起了较大的震动。尽管传世文献对此没有什么记载，但敦煌吐鲁番文书却提供了不少值得注意的信息。吐鲁番所出《唐开元间西州都督府诸曹符帖事目历》存 28 行，其中数行与军情有关，兹摘录如下：

10 _____] 符为警固事

---

① 《资治通鉴》，第 6776 页。
② 《资治通鉴》，第 6778—6779 页。
③ 王小甫：《唐、吐蕃、大食政治关系史》，第 166—168 页。

13 ⬚⬚⬚⬚⬚⬚|兵|曹符为警固事

14 ⬚⬚⬚⬚⬚⬚为己西烽火不绝警备事

16 ⬚⬚⬚⬚⬚⬚|为|警固事　一符为访廉苏苏事

19 ⬚⬚⬚⬚⬚|曹|符为西夷僻被围警备事

24 ⬚⬚⬚⬚⬚为警固排比队伍事

25 ⬚⬚⬚⬚⬚警固收拾羊马事

27 ⬚⬚⬚⬚⬚□□贼事①

本件缺纪年，池田温先生系于开元十九年。② 陈国灿先生则据文书内容及开元十五年的西域局势，推断文书的年代在开元十六年。③ 笔者注意到，在吐鲁番所出《唐开元十九年（731）正月西州岸头府到来符帖目》④、《唐开元十九年（731）正月至三月西州天山县到来符帖目》⑤ 中，并未有如上"警固"、"警备"及"贼"之类的记载，说明开元十八年至十九年，西州局势还比较稳定。联系开元十五年吐蕃与突骑施联手对西域的进扰，笔者认同陈先生对文书年代的判断。

按文书"警固""警备"分记，二者似有不同含义，但都与边情紧急需要严加防备有关，当无疑义。"贼"则多指骚扰唐边的少数民族，吐鲁番所出文书对此多有反映。⑥ 此处"贼"，是指吐蕃还是突骑施，并不十分清楚。陈国灿先生业已指出，文书中的"西夷僻"，乃安西都护府附近一军事守捉地名，西距安西都护府180里。《新唐

① 〔日〕池田温：《中国古代籍帐研究·录文》，第218页；陈国灿：《斯坦因所获吐鲁番文书研究》（修订本），第168—171页。

② 〔日〕池田温：《中国古代籍帐研究·录文》，第218页。

③ 陈国灿：《斯坦因所获吐鲁番文书研究》（修订本），第80—86页。

④ 〔日〕池田温：《中国古代籍帐研究·录文》，第213—214页。

⑤ 〔日〕池田温：《中国古代籍帐研究·录文》，第215—217页。

⑥ 陈国灿：《辽宁省档案馆藏吐鲁番文书考释》，《魏晋南北朝隋唐史资料》第18辑，武汉大学出版社，2001，第88—92页。

书》卷四三下《地理志七下》记载，由焉耆往西到安西都护府，须经铁门关、于术守捉、榆林守捉、龙泉守捉、东夷僻守捉、西夷僻守捉、赤岸守捉等重要关口。所谓"已西烽火不绝"，应是指像西夷僻守捉等关口被围的军事警报不断发生。① 吐蕃从东线北上进犯安西都护府，势必得先攻占这些重要军事据点。唐廷对此是有清醒认识的，前揭张九龄《敕（天山军使）西州刺史张待宾书》中，所记"铁关、于术，四镇咽喉，倘为贼所守，事乃交切"一语，可为明证。在西州通往安西的这一条交通要道上，沿途所设置的于术守捉、东夷僻守捉、西夷僻守捉等各种边防机构，是这条交通要道畅通和安全的重要军事保障，一旦被围或被攻占，必然会导致东西交通阻绝，也会对东面的西州和西面的安西都护府构成极大威胁。在前揭事目历中，有关"警固"事目有五条，有关"警备"事目有两条，有关"贼"事目有一条，可见事态之严重。这些情况的产生，显然与开元十五年闰九月吐蕃赞普亲自率军攻围安西有关。从这一意义上讲，该事目历的年代亦有可能在开元十五年末。

敦煌所出的一组瀚海军事目文书，② 可能也与开元十五年突骑施进扰有关。孙继民先生对这批文书有过详细透彻的研究。③ 文书有多件钤盖"瀚海军之印"，其中斯11459G号明确记为"兵曹司开元十五年十二月印历"，④ 据此可知该组文书的年代在开元十五年十二月前后。文书提及当时在北庭的军队有中军、前军、右军、右一军、右二军、左一军、左一等六军、左二军、南营、南营左军及诸守捉、行营等，孙继民先生认为北庭的这支军队由七军组成，其构成与唐代前期行军普遍实行的"七军制"密切相关。⑤ 按斯11453L号中有一事目：

① 陈国灿：《斯坦因所获吐鲁番文书研究》（修订本），第84页。
② 《英藏敦煌文献（汉文佛经以外部分）》第13册，第278—281、292—295页。
③ 孙继民：《敦煌吐鲁番所出唐代军事文书初探》，第214—264页。
④ 《英藏敦煌文献（汉文佛经以外部分）》第13册，第295页。
⑤ 孙继民：《敦煌吐鲁番所出唐代军事文书初探》，第254—256页。

"董仵朗状为覆贼纵马付所由讫请公验事。"① 此处"贼"是指谁呢？日本京都藤井有邻馆所藏第 12 号、第 32 号文书，有助于解答这一问题。其中第 12 号存 5 行文字，转录如下：

1　敕瀚海军经略大使　　　牒石抱玉

2　　马军行客石抱玉年卅四宁州罗川县

3　　斩贼首二　获马一匹留敦五岁　鞍辔一具

4　　弓一张　枪一张　刀一口　箭十三支　排一面

5　　锁子甲一领已上物并检纳足

（后缺）②

又第 32 号文书存 3 行文字，亦录如下：

（前缺）

1　斩贼首一　获马一匹瓜父七岁　鞍一具

2　弓一张　排一面　枪一张　箭十支　已上并
　　　　　　　　　　　　　　　　　　　纳足

3　　右使注殊功第壹等赏绯鱼袋

（后缺）③

第 12 号文书背面还存有"牒检校北庭都护借紫金鱼袋阴。大使延王在内"两行文字。笔者曾据相关史料考证指出，大使延王是指开元十五年后任安西大都护、碛西节度大使、瀚海军经略大使的李洄，阴某

---

① 《英藏敦煌文献（汉文佛经以外部分）》第 13 册，第 281 页。

② 藤枝晃「藤井有鄰館所藏の北庭文書」『書道月報』第 13 号、1957、釈文第 1 頁、図第 12 頁。

③ 藤枝晃「藤井有鄰館所藏の北庭文書」『書道月報』第 13 号、1957、釈文第 1 頁、図第 22 頁。

则有可能是开元十五年至二十一年担任北庭都护的阴嗣瑗，文书所反映的战争，当是开元十五年末北庭唐军反击吐蕃与突骑施联手进犯之战。[①] 上揭敦煌所出瀚海军事目文书年代在开元十五年十二月前后，其中所提及的"贼"，应当就是指突骑施，毕竟北庭唐军位于天山以北，主要是为了对付突骑施。

开元十五年闰九月吐蕃与突骑施联手进犯西域，遭到了唐军的有力反击，"安西副大都护赵颐贞击破之"，北庭唐军也取得了斩杀敌首、缴获各种战利品的胜利。次年正月，赵颐贞又大破吐蕃于曲子城。[②] 尽管如此，吐蕃首次从东线进犯西域，仍给西域唐军造成很大震动。尤其是作为唐朝经营西域根据地的西州，虽然在西、北、东三面都有军事屏障，但南面却门户大开，吐蕃从东线攻入焉耆、龟兹境内，势必会对西州造成极大威胁，前揭西州事目历中众多"警固""警备"之记载，一定程度上透示了这一紧张信息。因此，随着吐蕃进犯西域路线的转移，唐朝当然会考虑西州的安危，并采取有力措施，切实加强西州的军事防御力量，以对付吐蕃从东线由南而北的进犯。西州天山军的设置，很有可能就是这一背景下的产物。换言之，天山军当在开元十五年之后不久就设置了。[③] 这与《旧唐书·地理志》及《太平寰宇记》有关天山军始置于"开元中"的记载是相吻合的。

## 三　相关问题的辨析

不过，李吉甫毕竟乃中唐时人，唐宪宗元和年间还曾担任宰相，

① 参见本书附录二《唐代安西、北庭两任都护考补——以出土文书为中心》。
② 《资治通鉴》卷二一三，开元十六年春正月条，第6781页。
③ 虽然吐蕃此后在开元二十二年到二十四年联合突骑施，从东线进犯西域（参见郭平梁《突骑施苏禄传补阙》，《新疆社会科学》1998年第4期），但此时的西州都督张待宾，已拥有"天山军使"之衔，说明天山军在此前已有设置。

他所撰《元和郡县图志》两次记载西州天山军设置于开元二年，且为《新唐书·地理志》所沿袭。据《旧唐书》卷一四八《李吉甫传》，李吉甫还曾"纂《六典》诸职为《百司举要》一卷"，[①] 说明他对《唐六典》有过研究。那么，《唐六典》中有关碛西节度使所统诸军并无天山军之记载，李吉甫应该是知晓的。因此，他在《元和郡县图志》一书中，明确记载天山军设置于开元二年，恐怕是有一定缘由的。这里不妨做点联系性的推测和判断，或有助于认识天山军的成立问题。

开元二年，在西域发生的大事，当数阿史那献率军平都担、收碎叶最为有名。《资治通鉴》卷二一一开元二年三月条载：

> 西突厥十姓酋长都担叛。三月，己亥，碛西节度使阿史那献克碎叶等镇，擒斩都担，降其部落二万余帐。[②]

据笔者初步考证，史籍中记载的"定远道行军"，其实就是阿史那献统率开赴碎叶平叛的一支唐军。此次行军，至迟开元二年初就已组建。[③] 开元三年五月，阿史那献由碎叶转赴北庭，与北庭唐军携手共同对付后突厥，其所统之"定远道行军"也随之开赴北庭。

据《资治通鉴》卷二一二开元九年七月条，阿史那献以讨击使之身份参与张说讨平六州胡与党项之叛乱，可知此时阿史那献已离开北庭。其所统之"定远军"后来情况如何，史籍没有任何记载。而在此之后，唐于西州设置天山军，那么，"定远军"与天山军之间是否存在关联呢？换言之，天山军有无可能就是在"定远军"的基础上发展

---

① 《旧唐书》，第3997页。
② 《资治通鉴》，第6698页。
③ 参见本书第八章"跋吐鲁番鄯善县所出《唐开元五年（717）后西州献之牒稿为被悬点入军事》"。

而来呢？据吐鲁番鄯善县所出《唐开元五年（717）后西州献之牒稿为被悬点入军事》，① 开元五年十一月，阿史那献以定远道行军大总管的身份向西州下牒，要西州派"献之"前往盐泊都督府担任表疏参军一职，说明阿史那献与西州人士较熟，对西州的情况也比较了解，他所统率的"定远军"可能亦有不少西州人士参与。因此，不排除天山军是在"定远军"的基础上发展而来的可能。如果这一联系性的推测大致不误，则《元和郡县图志》有关西州天山军设置于开元二年的记载，就容易理解了。换言之，该书其实是把"定远军"的设置时间，视为天山军的始置时间了。而"定远军"的组建，主要是为了平定碎叶都担的叛乱。故前揭《唐会要》卷七八《节度使（每使管内军附）》所记"天山军，并在碎叶城"，也是一条有所依据的记载，不可轻易否定。这至少说明天山军的前身"定远军"曾驻守过碎叶。当然，这些联系性的推测和判断都缺乏直接或间接的证据，仍有待进一步的证实。

以上就唐代西州天山军的成立问题进行了若干粗浅的探讨。笔者初步认为，天山军的正式设置时间在"开元中"，即开元十五年后不久。开元十五年，吐蕃首次由东道北上袭扰西域，并进围西夷僻守捉等，给西州带来了很大的震动和不安，吐鲁番所出《唐开元间西州都督府诸曹符帖事目历》中有关"警备""警固"之记载，即深刻反映了此点。因此，加强西州的军事防御力量，以防备吐蕃从东线由南而北的进犯，是唐朝不得不考虑的一个重要问题。西州天山军的设置，应该就是这一背景下的产物。唐开元中天山军的设置，其最初的目的是防御吐蕃，是唐廷根据西域形势的新变化而做出的军事部署，在某

---

① 杨文和主编《中国历史博物馆藏法书大观》第 11 卷《晋唐写经·晋唐文书》，图版第 176—177 页，录文第 235 页。对本件文书的考释和分析，请参本书第八章"跋吐鲁番鄯善县所出《唐开元五年（717）后西州献之牒稿为被悬点入军事》"。

种程度上体现了唐朝灵活多变的西域边防策略。

　　天山军有可能是在开元二年设置的"定远军"基础上发展而来，故《元和郡县图志》中有关天山军始置于开元二年的记载，其实是"定远军"的组建时间。"定远军"在开元二年到开元五年这一段时间里，曾先后行军、驻防于碎叶、北庭等地，并不在西州。设置于西州的天山军，是在开元十五年以后才出现的。二者虽可能存在一定关联，但在正式设置时间上还是有所区别的。

# 第十章

# 伊西与北庭

## ——唐先天、开元年间西域边防体制考论

　　唐玄宗统治的先天、开元年间（712—741），西域形势错综复杂，东有后突厥西征，西有大食东侵，南有吐蕃北进，北有突骑施苏禄崛起。面对这一严峻形势，唐朝曾做出多方面的边防策略调整，先后于西域设置伊西节度使、安西四镇节度使、北庭节度使、碛西节度使、伊西北庭节度使等，又于西州设置天山军，全力加强西域地区的军事防御力量，确保唐朝对该地区的有效统治。其中伊西节度与北庭节度几度分合，并直接关涉碛西节度使之置废，体现了唐朝西域边防体制的种种变化及特点。清人吴廷燮较早关注到这一问题，所撰《唐方镇年表》《唐方镇年表考证》二书对此都有梳理和揭示。① 其后，日本学者松田寿男、佐藤长、伊濑仙太郎，中国学者薛宗正、王永兴、苏北海等，亦对此进行过研究，取得不少

---

　　① （清）吴廷燮：《唐方镇年表》卷八《碛西北庭》，中华书局，1980，第1228—1233页；《唐方镇年表考证》卷上《安西》，中华书局，1980，第1373—1376页。

新进展。<sup>①</sup> 本章拟在中日学者已有相关成果基础上，对伊西与北庭之几度分合，以及碛西节度使的置废等问题再做探讨。

唐朝在西域设置的第一个节度使，当为先天元年（712）始设之伊西节度使。《唐会要》卷七八《节度使（每使管内军附）》载：

> 又先天元年十一月，史献除伊西节度兼瀚海军使，自后不改。至开元十五年三月，又分伊西、北庭为两节度。<sup>②</sup>

又《新唐书》卷六七《方镇表四》先天元年条载：

> 北庭都护领伊西节度等使。<sup>③</sup>

二书所记为同一事情。按"史献"即阿史那献，他于先天元年十一月以北庭都护领伊西节度使兼瀚海军使，表明唐朝继景云二年（711）于凉州始置河西节度使之后，又于次年在西域设置伊西节度使。这两个节度使先后设置于西北，反映了唐朝对西北地区边防的高度重视。问题是，伊西节度使之"伊西"二字，具体是指什么？日本学者松田寿男、佐藤长、伊瀬仙太郎、荒川正晴等先生都认为是指伊

---

① 松田壽男「磧西節度使考」『史潮』三—二・三—三、1933；又见氏著《古代天山历史地理学研究》，第446—463页。佐藤長「初代磧西節度使の起源と其の終末——碎葉焉耆更換事情の一考察——」(上・下) 『東洋史研究』第7卷第6號・第8卷第2號、1942・1943。伊瀬仙太郎『西域経営史の研究』第六章第三節「突騎施対策と磧西節度使」日本学術振興会、1955、第283—314页。薛宗正：《唐碛西节度使的置废——兼论唐开元时期对突骑施、大食政策的变化》，《历史研究》1993年6期；又见氏著《中亚内陆——大唐帝国》，新疆人民出版社，2005，第400—433页。王永兴：《论唐代前期北庭节度》《唐代前期安西都护府及四镇研究》，收入氏著《唐代前期西北军事研究》，第74—105、120—244页。苏北海：《唐代四镇、伊西节度使考》，《西北史地》1996年第2期。

② （宋）王溥：《唐会要》，第1690页。

③ 《新唐书》，第1862页。

州和西州，① 然唐长孺先生对此有不同认识："考设置节度最早者曰伊西。《会要》称：'先天元年十一月史献除伊西节度兼瀚海军使'，此时碛西未置节度，云伊西者伊吾以西也。"② 苏北海先生也认为"伊西"是指伊吾以西，伊西节度使的管区包括天山以南的伊州、西州和天山以北的庭州及其以西直至里海为止的广大草原区域。③

笔者认为，"伊西"是指伊、西二州的看法值得商榷。作为在西域设置的第一个节度使，伊西节度使仅统有伊、西二州，殊难理解。更何况，此时伊州有伊吾军，而西州天山军尚未成立，试问设置伊西节度使的目的和意义何在？唐开元年间设置的八节度，皆统有三军以上，未见有仅统一州一军者。④ 另外，《唐会要》卷七八《节度使（每使管内军附）》载：

至开元十五年三月，又分伊西、北庭为两节度。⑤

又《新唐书》卷六七《方镇表四》载：

（开元）十九年，合伊西、北庭二节度为安西四镇、北庭经略、节度使。⑥

① 〔日〕松田寿男：《古代天山历史地理学研究》，第451、452页；佐藤長「初代碛西節度使の起源と其の終末——碎葉焉者更换事情の一考察——」（上）『東洋史研究』第7卷第6號，1942，第18—19頁；伊瀬仙太郎『西域経営史の研究』、第291頁；荒川正晴「北庭都護府の輪台県と長行坊——アスターナ五〇六号墓出土、長行坊関係文書の検討を中心として——」『小田義久博士還曆記念東洋史論集』龍谷大学東洋史学研究会、1995、第112頁。
② 唐长孺：《唐书兵志笺正》，第61页。
③ 苏北海：《唐代四镇、伊西节度使考》，《西北史地》1996年第2期。
④ （唐）李林甫等：《唐六典》卷五，尚书兵部郎中条，第157—158页。
⑤ （宋）王溥：《唐会要》，第1690页。
⑥ 《新唐书》，第1866页。

又《旧唐书》卷八《玄宗本纪上》记：

（开元二十二年）四月，乙未，伊西、北庭且依旧为节度。[1]

上述记载表明，至迟开元二十二年，伊西节度使名号一直存在于西域。这里的"伊西"，如果仅仅理解为伊、西二州的话，则西域地区岂不存在伊西节度、安西四镇节度、北庭节度三个节度使了吗？三者之间的职能和分工是什么，关系为何，恐怕很难解释清楚。更何况，这些记载都是就整个西域的边防体制而言的，不可能仅谈伊、西二州和北庭节度，而对四镇节度置之不理。

其实，上揭记载有关伊西、北庭节度的几度分合，足以表明当时的西域仅有两个节度使，而非三个节度使，所谓"合伊西、北庭二节度为安西四镇、北庭经略、节度使"一语，可以证实此点。因此，唐长孺先生判断"伊西"是指"伊吾以西"，实为睿见卓识。所谓"伊吾以西"，也并非如苏北海先生所言，是指整个西域地区，而是指除北庭之外的伊州、西州和安西四镇地区。上揭伊西、北庭之间的几度分合，表明二者各自独立，并非互相统属。明乎此，方能对开元年间西域边防体制的变化做出合理贯通的解释。

早在景云二年末，唐朝即以阿史那献为持节招慰十姓使。[2] 先天元年十一月，又以献为伊西节度兼瀚海军使，使其统有伊、西、北庭及安西四镇之军，这当与西突厥娑葛败亡后西域形势严重紧张有关，主要是为了重建唐对西突厥十姓故地的统治。[3]

阿史那献不负所望，于开元二年率定远道行军西征，取得了平都

---

① 《旧唐书》，第 201 页。

② （宋）王钦若等编《册府元龟》卷九九二《外臣部·备御五》，第 11649 页；《资治通鉴》卷二一〇，景云二年十二月条，第 6669 页。

③ 〔日〕松田寿男：《古代天山历史地理学研究》，第 450—453 页；唐长孺：《唐先天二年（七一三）西州军事文书跋》，唐长孺主编《敦煌吐鲁番文书初探二编》，第 495—496 页。

担、收碎叶的胜利。① 后突厥利用阿史那献率大军西征之机，于先天二年秋冬间，率军攻围北庭，② 留守北庭的郭虔瓘率军顽强抵抗，伊、西等州兵也参与了北庭保卫战。《旧唐书》卷一〇三《郭知运传》载：

> 郭知运字逢时，瓜州常乐人。壮勇善射，颇有胆略。初为秦州三度府果毅，以战功累除左骁卫中郎将、瀚海军经略使，又转检校伊州刺史，兼伊吾军使。开元二年春，副郭虔瓘破突厥于北庭，以功封介休县公，加云麾将军，擢拜右武卫将军。③

据此可知，郭知运率领伊州军队参加了保卫北庭的战斗。而吐鲁番所出《唐开元四年（716）西州高昌县李慈艺告身》，记西州高昌县白丁李慈艺参与瀚海军破河西、白涧等阵，获勋上护军，同甲授勋者还有"西州石定君等壹拾壹人"，④ 证明西州军队亦参加了北庭保卫战。西州境内军民则在西州都督统率下，进行了全面的布防备御，吐鲁番阿斯塔那83号墓所出唐先天二年及前后有关军事文书，业已充分证明了此点。⑤

伊、西二州军队除保卫北部边疆外，还承担南下抗御吐蕃之使命。吐鲁番阿斯塔那 108 号墓出有《唐开元三年（715）西州营典李

---

① 参见本书第八章"跋吐鲁番鄯善县所出《唐开元五年（717）后西州献之牒稿为被悬点入军事》"。

② 唐长孺：《唐先天二年（七一三）西州军事文书跋》，唐长孺主编《敦煌吐鲁番文书初探二编》，第 497 页。

③ 《旧唐书》，第 3189—3190 页。

④ 唐耕耦、陆宏基编《敦煌社会经济文献真迹释录》第 4 辑，第 283—284 页。日本小田义久教授于德富苏峰纪念馆发现了"李慈艺告身"的全幅照片，引起学界注目。参见〔日〕小田义久《关于德富苏峰纪念馆藏"李慈艺告身"的照片》，乜小红译，《西域研究》2003 年第 2 期。该期杂志还刊有陈国灿先生《〈唐李慈艺告身〉及其补阙》一文，也请一并参见。

⑤ 唐长孺主编《吐鲁番出土文书》（图文本）第 4 册，第 6—10 页。具体研究，参见前揭唐长孺先生《唐先天二年（七一三）西州军事文书跋》一文。

道上陇西县牒为通当营请马料姓名事》等文书三件,① 据朱雷先生研究,这是关于开元二年由西州府兵组成的"西州营"随伊州刺史、伊吾军使郭知运南下陇右抵御吐蕃进犯的文书。② 这充分表明,伊、西二州军队虽驻防西域边陲,仍有南下保卫陇右、河西之职责。《册府元龟》卷一三三《帝王部·褒功二》载:

> (开元)三年三月,郭虔瓘为北庭都护,累破吐蕃及突厥默啜,斩获不可胜记,以其俘来献,玄宗置酒劳之,及将士等并赐帛。③

郭虔瓘身为北庭都护,驻防北庭,破后突厥默啜实有其事,破吐蕃则于史无征。所谓"累破吐蕃",可能是指郭知运率伊、西二州军队南下御吐蕃之事。因为当时伊、西等州兵由郭虔瓘统辖,郭知运是其麾下,战功显然由主帅郭虔瓘统一申报,所以才会出现郭虔瓘破吐蕃之记载。

据《文苑英华》卷四一七苏颋撰《授阿史那献特进制》,阿史那献为"招慰十姓兼四镇经略大使、定远道行军大总管、北庭大都护、瀚海军使、节度巴〔已〕西诸蕃国、左骁卫大将军摄鸿胪卿、上柱国、兴昔(亡)可汗"。④ 制文时间大致在开元二年破都担之后。⑤ 据

---

① 唐长孺主编《吐鲁番出土文书》(图文本)第4册,第17—24页。

② 朱雷:《唐开元二年西州府兵——"西州营"赴陇西御吐蕃始末》,《敦煌学辑刊》1985年第2期;收入氏著《敦煌吐鲁番文书论丛》,第244—258页。

③ (宋)王钦若等编《册府元龟》,第1607页。

④ (宋)李昉等编《文苑英华》,第2112页。

⑤ 岑仲勉:《西突厥史料补阙及考证》,第83页;并参本书第八章"跋吐鲁番鄯善县所出《唐开元五年(717)后西州献之牒稿为被悬点入军事》"。按薛宗正先生仍坚持认为"制文"反映的是开元三年末阿史那献率定远道行军西征大食之事。其实,开元三年五月,阿史那献已转赴北庭对付后突厥,仅有"可汗"及"定远道行军大总管"的名号,不再统辖整个西域军政;同年十月,郭虔瓘已担任安西大都护、四镇经略大使;次年正月,唐开始对西域边防体制做出调整,以陕王嗣升为安西大都护、安抚河西四镇诸蕃大使,原安西大都护、四镇经略大使郭虔瓘则为之副。在此情况下,阿史那献已不可能继续统辖整个西域军政了。参见薛宗正《阿史那献生平辑考》,《新疆大学学报》(哲学·人文社会科学版)2009年第1期。

此可知阿史那献当时权力极大，统辖整个西域军政。开元三年五月，阿史那献转赴北庭，与北庭都护汤嘉惠联手对付后突厥。此时的阿史那献，仅有"可汗""定远道行军大总管"名号，已不再节制整个西域军政了。①汤嘉惠仅称"北庭都护"，而不称"北庭大都护"，似表明"北庭大都护府"的建制也已取消。阿史那献虽不再继续担任伊西节度使，但伊西节度使的建制依然存在，此点上文业已引证说明。问题是，伊西节度使治于何处？史籍并无明确记载。

至迟开元二年时，安西已有"四镇节度使"之设置。日本宁乐美术馆藏吐鲁番文书《唐开元二年（714）闰二月西州都督府牒蒲昌府为李思绾欠练事》，残存3行文字，兹引录如下：

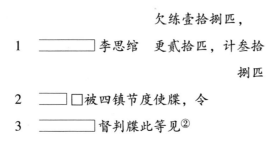

```
                    欠练壹拾捌匹，
   1 ⎣_____⎦李思绾    更贰拾匹，计叁拾
                                   捌匹
   2 ⎣____⎦□被四镇节度使牒，令
   3 ⎣_____⎦督判牒此等见②
```

李思绾又省称李绾，桥本关雪藏开元二年闰二月五日蒲昌府所受文书中，即明记"李绾所负练，勒（中缺）典范阿祚领送州"。③又宁乐美术馆所藏《唐开元二年（714）四月十一日西州都督府牒蒲昌府为李绾替折冲王温玉游奕及索才赴州事》，④亦见李绾之名，知李思绾名隶西州蒲昌府，似为管理财务之官吏。从上揭文书残存内容分析，推

　　①　参见《新唐书》卷二一五下《突厥传下》、《资治通鉴》卷二一一玄宗开元三年五月条。又参见本书第八章"跋吐鲁番鄯善县所出《唐开元五年（717）后西州献之牒稿为被悬点入军事》"。

　　②　陈国灿、刘永增编《日本宁乐美术馆藏吐鲁番文书》，第37页。

　　③　陈国灿、刘永增编《日本宁乐美术馆藏吐鲁番文书》，第37页。

　　④　陈国灿、刘永增编《日本宁乐美术馆藏吐鲁番文书》，第60—61页。

测西州都督府接到四镇节度使牒文后，责令李思绾将所欠 38 匹练交出由人送州。据第 2 行"被四镇节度使牒，令（后缺）"一语，可以判断，"四镇节度使"明显为西州都督府的上级机构。文书表明，开元二年时，安西已有"四镇节度使"之设置，但此事不见其他文献记载。据前揭《授阿史那献特进制》，当时四镇有"四镇经略大使"，且开元三年十月时，郭虔瓘官衔仍为"右羽林军大将军兼安西大都护、四镇经略大使、上柱国、太原郡开国公"，[①] 并无"四镇节度使"之名号。"四镇经略大使"与"四镇节度使"之间究竟是什么关系，并不十分清楚。不管怎样，"四镇节度使"能够向西州都督府发号施令，西州都督府对之也礼敬有加，表明二者之间存在隶属关系。又 2004 年吐鲁番阿斯塔那 396 号墓所出《唐开元七年（719）洪奕家书》载："洪奕发家以来，至于西州，经今二哉［载］，随身衣勿［物］，并得充身用足，亦不乏少。右被节度使简充行，限开元七年五月一日发向北庭征役（后缺）。"[②] 韩香考证认为，文书中的"节度使"即时任安西节度使汤嘉惠。[③] 按洪奕乃驻防西州的士兵，却被安西四镇节度使调往北庭征役，说明西州亦为四镇节度使所节制，这与前揭开元二年的情况是相吻合的。而此时西州正属"伊西节度使"管辖。由此推断，"四镇节度使"与"伊西节度使"之间当存在某种关联，很有可能是同职异称。又前揭《新唐书》卷六七《方镇表四》记"（开元）十九年，合伊西、北庭二节度为安西四镇、北庭经略、节度使"，合并之后的节度使总名"安西四镇、北庭经略、节度使"，"北庭"之名继续存在，"伊西"之名则由"安西四镇"所替代，也表明伊西节度与安西四镇节度之间是有联系的，二者可能等同。果如

---

① （宋）宋敏求编《唐大诏令集》卷六三，第 349 页。

② 荣新江、李肖、孟宪实主编《新获吐鲁番出土文献》，第 16 页。

③ 韩香：《吐鲁番新出〈洪奕家书〉研究》，朱玉麒主编《西域文史》第 2 辑，科学出版社，2007，第 111—112 页。

是，则"伊西节度使"实即安西四镇节度使，治于龟兹。之所以沿用"伊西"之名，或许是因为其管辖范围不仅包括四镇地区，还包括伊、西二州。

阿史那献主政西域数年间，既任北庭大都护，又兼四镇经略大使，说明北庭已升格为大都护府建制，与安西大都护府并列为西域的两大军政中心。此时的西域军政，皆在阿史那献的统一节制之下，属一元化管理体制，这显然与唐朝力图重建对西突厥十姓故地的统治有关。

北庭都护府于长安二年（702）设置后，即与安西大都护府共同管理西域地区民族事务。但从二者级别看，安西为主、北庭为辅的西域边政管理格局是非常明显的。不过，唐朝有加强北庭都护府权力的意图和倾向。中宗景龙四年（710），作为安西四镇之一的碎叶，就改隶北庭。《唐大诏令集》卷一三〇载景龙四年《命吕休璟等北伐制》：

> 右领军卫将军、兼检校北庭都护、碎叶镇守使、安抚十姓吕休璟，心坚铁石，气横风雷，始则和戎之利，先得晋卿；终而逐虏之功，永邀汉将，可为金山道行军大总管。①

碎叶镇守使由北庭都护吕休璟兼领，表明碎叶已改隶北庭。王小甫先生认为，唐朝在西域组织的三次金山道行军，都是为了征发突骑施为首的西突厥诸部，以抵抗后突厥的西征，而突骑施牙帐附近驻有唐军，碎叶改隶北庭，对于兴发西突厥诸部抵抗后突厥西征有积极作用。② 笔者注意到，此前的金山道行军大总管，由安西大都护郭元振担任，③ 景龙

① （宋）宋敏求编《唐大诏令集》，第705页。
② 王小甫：《唐、吐蕃、大食政治关系史》附录陆《金山道行军与碎叶隶北庭》，第282—288页。
③ 《旧唐书》卷九七《郭元振传》，第3045页；《新唐书》卷一二二《郭元振传》，第4363页。

四年改由北庭都护吕休璟兼任，且四镇之一的碎叶亦改隶北庭，表明唐朝开始对西域边防体制有所调整，即强化北庭都护府的权力与职能，使其承担起管理天山以北地区民族事务的职责。[①] 此后，唐朝以阿史那献为北庭大都护兼瀚海军使，提高北庭的地位，使其与安西大都护府并列，成为西域的两大军政中心之一，主要也是为了解决天山以北地区的西突厥十姓问题。

但开元三年后，随着北庭大都护建制的取消，唐朝对西域的管理又恢复到从前以安西为主、北庭为辅的边政管理格局。此时的安西与北庭互不统属，西域边政呈"二元分治"格局。据《唐大诏令集》卷六三苏颋撰《加郭虔瓘食实封制》，开元三年十月时，郭虔瓘官衔为"右羽林军大将军兼安西大都护、四镇经略大使、上柱国、太原郡开国公"。[②] 不仅如此，他还加摄"御史大夫"衔，[③] 威权颇重。这一情况当与此年安西辖境出现问题有关。《资治通鉴》卷二一一开元三年十一月条载：

> 丁酉，以左羽林大将军郭虔瓘兼安西大都护、四镇经略大使。虔瓘请自募关中兵万人诣安西讨击，皆给递驮及熟食；敕许之。将作大匠韦凑上疏，以为："今西域服从，虽或时有小盗窃，旧镇兵足以制之……又，一万征人行六千余里，咸给递驮熟食，道次州县，将何以供。……"时姚崇亦以虔瓘之策为不然。既而

---

① 北庭都护府承担天山以北地区民族事务的管理职责，并不表明其与安西都护府有明确的职能分工。开元年间，在对待突骑施苏禄问题上，唐朝采取的仍然是安西为主、北庭为辅的西域边防策略。安西与北庭形成明确的职能分工，是在突骑施政权灭亡、节度使制度完全定型后的开元末。

② （宋）宋敏求编《唐大诏令集》，第 349 页。《资治通鉴》卷二一一开元三年十一月条载："丁酉，以左羽林大将军郭虔瓘兼安西大都护、四镇经略大使。"（第 6712 页）按《资治通鉴》所记，与《唐大诏令集》略有差异。

③ 《旧唐书》卷一〇三《郭虔瓘传》，第 3188 页；（宋）王钦若等编《册府元龟》卷三八四《将帅部·襃异一〇》，第 4571 页。

虔瓘卒无功。

初，监察御史张孝嵩奉使廓州还，陈碛西利害，请往察其形势；上许之，听以便宜从事。拔汗那者，古乌孙也，内附岁久。吐蕃与大食共立阿了达为王，发兵攻之，拔汗那王兵败，奔安西求救。孝嵩谓都护吕休璟曰："不救则无以号令西域。"遂帅旁侧戎落兵万余人，出龟兹西数千里，下数百城，长驱而进。是月，攻阿了达于连城。孝嵩自擐甲督士卒急攻，自巳至酉，屠其三城，俘斩千余级，阿了达与数骑逃入山谷。孝嵩传檄诸国，威振西域，大食、康居、大宛、罽宾等八国皆遣使请降。[①]

据此分析，当时出现的问题有二：一是安西境内出现某些骚动，故郭虔瓘要募兵予以讨击；二是吐蕃与大食联手攻拔汗那，影响到唐朝在西域的统治。显然，唐朝是在张孝嵩出兵西援拔汗那之后，才任命郭虔瓘为安西大都护、四镇经略大使的，而安西之所以出现某些骚动，可能也与张孝嵩出兵有关。故而，唐朝需要加强对安西地区的统治和管理。

开元四年正月，唐朝开始加强对西域军政的权力专控，实施亲王遥领边镇大都护、节度大使之制，以陕王嗣升为安西大都护、安抚河西四镇诸蕃大使，原安西大都护、四镇经略大使郭虔瓘则为之副，[②]此后驻于安西的最高军政长官皆称副大都护。而且，陕王嗣升遥领之职未及北庭，似表明当时的安西与北庭属"二元分治"格局。不仅如此，郭虔瓘执政安西期间，在对待突骑施苏禄问题上，与阿史那献及镇守使刘遐庆等意见不一，以致唐玄宗要亲自从中调停。《册府元龟》卷一五七《帝王部·诫励二》载："开元五年六月，突骑施酋长苏禄潜窥亭障，安西东［都］护郭虔瓘及十姓可汗阿史那献皆反侧不安，

---

① 《资治通鉴》，第 6712—6713 页。

② （宋）宋敏求编《唐大诏令集》卷三五《郯王嗣直安北大都护等制》（开元四年），第 152 页；《资治通鉴》卷二一一，开元四年正月丙午条，第 6715 页。

各以表闻。乃遣使赍玺书慰喻之，并降书谓虔瓘及献曰……"[1]《旧唐书》卷九八《杜暹传》亦记："开元四年，迁监察御史，仍往碛西覆屯。会安西副都护郭虔瓘与西突厥可汗史献、镇守使刘遐庆等不叶，更相执奏，诏暹按其事实。"[2] 这些都反映了当时的西域军政并非一元化管理体制。此种情况一直持续到开元十年以后才有改变。

阿史那献以北庭都护领伊西节度使兼瀚海军使，统辖整个西域军政，开安西与北庭合二为一、实施一元化管理的先河。此后设置的碛西节度使，亦节制整个西域军政，当源于此。《唐六典》卷五尚书兵部郎中条载：

> 凡天下之节度使有八：……其七曰碛西节度使，其统有安西、疏勒、于阗、焉耆，为四镇经略使，又有伊吾、瀚海二军，西州镇守使属焉。[3]

举凡伊、西、北庭、四镇等地诸军，碛西节度使无不统焉，足见其权力之大。开元二年前后的阿史那献，正拥有如此权力。问题是，碛西节度使成立于何时？其设置的目的和意义何在？其后变化又是如何？等等，已有的研究对此存在较大的分歧。

松田寿男、佐藤长二位先生认为，碛西节度使成立于开元元年，阿史那献任碛西节度使在开元元年至开元七年。[4] 伊濑仙太郎先生则认为，阿史那献任碛西节度使的时间是开元二年一、二月至同年六

---

① （宋）王钦若等编《册府元龟》，第 1902 页。

② 《旧唐书》，第 3076 页；（宋）王钦若等编《册府元龟》卷六五四《奉使部·廉慎》，第 7837 页。

③ （唐）李林甫等：《唐六典》，第 157—158 页。

④ 松田壽男「碛西節度使考」『史潮』三—二、第 46 頁。佐藤長「初代碛西節度使の起源と其の終末——碎葉焉耆更換事情の一考察——」（上）『東洋史研究』第 7 卷第 6 號、1942、第 2 頁。

月，目的是平定都担的叛乱；杜暹于开元十二年至十四年九月任碛西
节度使，目的是对付突骑施与吐蕃的联手进犯；盖嘉运于开元二十七
年七、八月至次年六月任碛西节度使，任务是对突骑施发起最后的攻
击。① 薛宗正先生认为，碛西节度使始置于开元元年，其后几度废置，
初置时原本是为了对付大食，后来却演变成对付突骑施了。②

学者们之所以认为碛西节度使始置于开元初，主要依据如下三条
材料。《新唐书》卷五《玄宗本纪》：

（开元二年）三月己亥，碛西节度使阿史那献执西突厥
都担。③

《新唐书》卷二一五下《突厥传下》：

长安中，以阿史那献为右骁卫大将军，袭兴昔亡可汗、安抚
招慰十姓大使、北庭大都护。四年，以怀道为十姓可汗兼濛池都
护。未几，擢献碛西节度使。十姓部落都担叛，献击斩之，传首
阙下，收碎叶以西帐落三万内属，玺书嘉慰。④

《资治通鉴》卷二一一玄宗开元二年三月条：

西突厥十姓酋长都担叛。三月，己亥，碛西节度使阿史那献
克碎叶等镇，擒斩都担，降其部落二万余帐。⑤

---

① 伊濑仙太郎『西域経営史の研究』、第 312—313 頁。
② 薛宗正：《唐碛西节度使的置废——兼论唐开元时期对突骑施、大食政策的变化》，
《历史研究》1993 年第 6 期；又见氏著《中亚内陆——大唐帝国》，第 400—433 页。
③ 《新唐书》，第 123 页。
④ 《新唐书》，第 6065 页。
⑤ 《资治通鉴》，第 6698 页。

以上三条记载皆出自宋人之手，而多采自唐国史、实录的《册府元龟》在记阿史那献平都担、克碎叶事时，并没有出现"碛西节度使"的名号，如卷一三三《帝王部·襄功二》载：

> 开元二年六月丁卯，北庭大都护、瀚海军使阿史那献枭都担首，献于阙下，并擒其孥及胡禄（屋）等部落五万余帐内属。①

又卷三五八《将帅部·立功一一》记：

> 阿史那献为北庭大都护、瀚海军使，开元二年，枭突厥都担首，献于阙下，并擒其孥及胡禄（屋）等部落五万余帐内属。②

不仅如此，在苏颋《授阿史那献特进制》中所列阿史那献各种官衔，亦未出现"碛西节度使"之名号。另外，前揭《唐六典》所载碛西节度使"统有安西、疏勒、于阗、焉耆，为四镇经略使"，亦颇值注意。此处四镇有焉耆，无碎叶，而焉耆取代碎叶成为四镇之一，乃开元七年之事。③ 如果开元二年碛西节度使业已设置，则其所统四镇不可能有焉耆。因此，这一记载反映的只能是开元七年以后的事，碛西节度使的出现也只能在开元七年之后。

这里还需辨析《新唐书》卷六七《方镇表四》中的一条记载：

> （开元六年）安西都护领四镇节度、支度、经略使，副大都护领碛西节度、支度、经略等使，治西州。④

---

① （宋）王钦若等编《册府元龟》，第1606页。
② （宋）王钦若等编《册府元龟》，第4244页。
③ 《新唐书》卷二二一上《西域·焉耆传》载："开元七年，龙懒突死，焉吐拂延立。于是十姓可汗请居碎叶，安西节度使汤嘉惠表以焉耆备四镇。"（第6230页）
④ 《新唐书》，第1864页。

新表的这一记载不知所据为何，仔细推敲，就会发现存在若干疑问。其一，前已述及，开元四年正月，唐朝开始推行亲王遥领大都护之制，以陕王嗣升为安西大都护、安抚河西四镇诸蕃大使，原安西大都护、四镇经略大使郭虔瓘则为之副，但亲王遥领实不出阁，边政仍由副大都护统领。按唐制，大都护府设大都护1人，副大都护1人，副都护2人。① 上述记载先记"安西都护"，后记"副大都护"，这种官称顺序颇为奇怪。如果"安西都护"是指"安西大都护"的话，其所领仅为"四镇节度、支度、经略使"，权力反而不如安西副大都护大，这委实难以理解；如果是指"安西副都护"的话，其治于何处，没有记载，更何况先记"副都护"，再记"副大都护"，这种从低到高的职官记载也有悖常理。其二，从目前所见资料看，安西副大都护皆治于龟兹，从未见治于西州者。开元年间的安西副大都护，有郭虔瓘、汤嘉惠、杜暹、赵颐贞、王斛斯、盖嘉运等人，他们的主要活动区域都在安西，并不在西州。② 因此，《新唐书·方镇表四》的这一记载实有问题，不能作为碛西节度使已有设置之依据。

综合以上分析，笔者认为，《新唐书》《资治通鉴》有关开元初碛西节度使已有设置之记载，是值得怀疑的，这不排除宋人欧阳修、司马光等把北庭都护领伊西节度使兼瀚海军使理解为碛西节度使之可能。

碛西节度使正式设置，当在开元十二年，首任节度使为杜暹。其实，清人吴廷燮早已指出："按自杜暹后，安西、北庭合而为一，后至盖嘉运又分。"③ 诚为卓识。《资治通鉴》卷二一二玄宗开元十二年条载：

> 春，三月，甲子，起（杜）暹为安西副大都护、碛西节度

---

① （唐）李林甫等：《唐六典》卷三〇，第754页。
② 参见王永兴《唐代前期西北军事研究》，第213—215页。
③ （清）吴廷燮：《唐方镇年表考证》，第1375页。

等使。①

这与《唐会要》卷七八《节度使（每使管内军附）》所记相吻合：

> 安西四镇节度使，开元六年三月，杨［汤］嘉惠除四镇节
> 度、经略使，自此始有节度之号。十二年以后，或称碛西节度，
> 或称四镇节度。至二十一年十二月，王斛斯除安西四镇节度，遂
> 为定额。②

所谓开元六年四镇"始有节度之号"的说法，是否属实，姑且不论。
不过，开元十二年以后，"或称碛西节度，或称四镇节度"之记载，
与上揭《资治通鉴》所记开元十二年杜暹为碛西节度使正相吻合，表
明碛西节度使之出现，乃在开元十二年。至开元二十一年，安西四镇
节度使最终固定下来，成为定额之节度使。

不仅如此，唐人亦明确称杜暹为碛西节度使。据陈鸿祖《东城老
父传》：

> 老人少时，以斗鸡求媚于上，上倡优畜之，家于外宫，安足
> 以知朝廷之事？然有以为吾子言者。老人见黄门侍郎杜暹出为碛
> 西节度，摄御史大夫，始假风宪以威远。见哥舒翰之镇凉州也，
> 下石堡，戍青海城，出白龙，逾葱岭，界铁关，总管河左道，七
> 命始摄御史大夫。③

杜暹以黄门侍郎出任安西副大都护、碛西节度使，并摄御史大夫，

---

① 《资治通鉴》，第6758页。
② （宋）王溥：《唐会要》，第1690页。
③ （宋）李昉等编《太平广记》卷四八五，中华书局，1961，第3994页。

"始假风宪以威远"，权力非同一般。此前的西域军政长官中，加摄"御史大夫"衔的，似仅有郭虔瓘一例。而都护、节度使加摄"御史大夫"衔，其权力远比一般都护、节度使大。显然，唐朝此次任命杜暹为安西副大都护、碛西节度使，并加摄御史大夫衔，目的是强化唐在西域地区的最高军政权力，所谓"假风宪以威远"是也。

开元十二年出现的碛西节度使，其统管整个西域军政事务，无疑是在此前北庭都护领伊西节度使基础上发展而来。在此过程中，有两个关键人物值得重视，就是张孝嵩和杨楚客。王小甫先生业已注意到这一问题，他推测开元十年张孝嵩任北庭节度使与唐朝西域军政建制的变化有关，此观点很有启发性。①《册府元龟》卷三五八《将帅部·立功十一》载：

> 张嵩为北庭节度使。开元十年九月，吐蕃围小勃律，王没谨忙求救于嵩曰："勃律之国，是汉西门，汉若失之，则已西诸国并陷吐蕃矣。都护其若之何？"嵩方开葱岭，既闻之，许诺，报曰："国家西岳，久被声教。王忠勤之至，贯于神明，何彼犬戎，敢此凌侮！嵩忝司镇御，必不容纵，当整师徒，为王翦灭。"谨忙大喜。嵩乃遣疏勒副使张思礼率蕃、汉马步四千人赴援。昼夜倍道兼进。谨忙复乘势出兵，左右夹攻，吐蕃大破，杀其众数万，收其器械羊马等甚众，尽复其九城之胡。初勃律王来朝，上字之为子，于其国置绥远军。以地邻吐蕃，常为所困。吐蕃每谓之曰："我非谋于尔国，假尔道以攻四镇。"自嵩此征之后，不敢西向。②

《资治通鉴》卷二一二系此事于玄宗开元十年八月癸未，未记开葱岭之事。③又《新唐书》卷五《玄宗本纪》载："（开元十年）九

---

① 王小甫：《唐、吐蕃、大食政治关系史》，第 164 页注㉓。
② （宋）王钦若等编《册府元龟》，第 4244—4245 页。
③ 《资治通鉴》，第 6752 页。

月……癸未，吐蕃攻小勃律，北庭节度使张孝嵩败之。"[1] 张嵩即张孝嵩，开元十年为北庭节度使，[2] 但小勃律王没谨忙称其为"都护"，此都护不知是北庭都护还是安西副大都护。吐鲁番阿斯塔那226号墓所出《唐开元十年（722）残状》（参见图版十六）载：

1　右奉☐☐☐☐☐送前☐☐☐☐☐

2　宅上一☐☐☐☐☐送杨大☐☐☐☐☐

3　州讫，谨以状上。

4　　　　开元十年☐☐☐☐☐[3]

又同墓所出《唐北庭都护支度营田使文书》第4行记：

4　☐☐☐☐☐☐副大使银青光禄大夫检校北庭都护☐☐营田等使上柱国杨楚客[4]

文书整理者称："本件纪年已缺，北庭都护杨楚客，检吴廷燮《唐方镇年表》未见，疑即本墓三《唐开元十年残状》中之'杨大（夫）'，但无确据。"[5] 其所疑极有道理，因为斯坦因所获斯11458C号《唐开元十年三月残牒》，[6] 即有"大使杨楚客"数字，文书上钤盖"北庭都护府印"，表明杨楚客至迟开元十年三月已就任北庭都

---

① 《新唐书》，第129页。

② 北庭节度使始置于何时，史籍没有明确记载。张孝嵩是否为首任北庭节度使，仍有待进一步研究。

③ 唐长孺主编《吐鲁番出土文书》（图文本）第4册，第91页。

④ 唐长孺主编《吐鲁番出土文书》（图文本）第4册，第96页。

⑤ 唐长孺主编《吐鲁番出土文书》（图文本）第4册，第96页。

⑥ 《英藏敦煌文献（汉文佛经以外部分）》第13册，第288页；荣新江编著《英国图书馆藏敦煌汉文非佛教文献残卷目录（S. 6981—13624）》编号为斯11458B，台北：新文丰出版公司，1994，第213页。

护。又据《册府元龟》卷一二八《帝王部·明赏二》，开元九年十月癸未，杨楚客因随薛讷等破吐蕃有功，由右威卫郎将升任右领军卫中郎将，并被赏赐物二百段，钱十万，银二百两。① 其被任命为"副大使"并"检校北庭都护"，当在开元九年末至开元十年三月之间。

按文书"副大使"前缺数字，王永兴先生推补为"北庭节度"，② 孙继民先生认为似可补"节度"等字，③ 薛宗正先生则认为所缺应为"碛西"二字。④ 细审图版，"副"前仅残存一"丿"，不可能是"西"字，"度"字则有可能。因此，推补为"节度"等字较合理。既然杨楚客所任为"副大使"，那"大使"是谁呢？开元四年正月，唐朝开始推行亲王遥领大都护、节度大使之制，驻防西域的军政长官不可能拥有"节度大使"之名号，此职只能由不出阁的亲王遥领。按陕王嗣升开元四年遥领安西大都护、安抚河西四镇诸蕃大使；开元十五年，改领单于大都护、朔方节度大使，延王洄则遥领安西大都护、碛西节度大使。⑤ 故开元十年在西域拥有"节度大使"名号的，极有可能仍是陕王嗣升。

杨楚客赴任北庭后，随即加强对伊、西、庭地区的屯营田、和籴、市马、粮料的管理，敦煌吐鲁番所出开元十年、十一年屯营田及相关经济文书，可说明此点。⑥ 杨楚客的这些举措，当带有秣马厉兵、积极备战的目的，与张孝嵩开元十年开葱岭应是东西彼此呼应的。而

① （宋）王钦若等编《册府元龟》，第1533—1534页。

② 王永兴：《唐代前期西北军事研究》，第57—59页。

③ 孙继民：《关于唐北庭都护杨楚客其人》，《吐鲁番学研究》2003年第1期。

④ 薛宗正：《中亚内陆——大唐帝国》，第420页；又见氏著《北庭历史文化研究：伊、西、庭三州及唐属西突厥左厢部落》，上海古籍出版社，2010，第275页。

⑤ （宋）王溥：《唐会要》卷七八《亲王遥领节度使》，第1697页。

⑥ 吐鲁番阿斯塔那226号墓所出开元十年、十一年诸屯营田文书，俱载唐长孺主编《吐鲁番出土文书》（图文本）第4册，第90—106页。又敦煌所出斯11458号唐开元十年北庭都护府案卷，整理者认为是沙州案卷，恐误。见《英藏敦煌文献（汉文佛经以外部分）》第13册，第287—290页。关于这批文书的整理与研究，拟另做探讨。

且，杨楚客除是"检校北庭都护"外，还拥有"副大使""支度营田等使"等名号，与此前阿史那献以北庭都护领伊西节度使的情况颇为一致。换言之，杨楚客可能拥有统管整个西域军政的权力。果如是，则开元十年的西域军政中心已由安西移至北庭，此时的西域实行的是一元化军政管理体制。

张孝嵩虽曾为北庭节度使，但至迟开元十年三月，杨楚客就任北庭都护后，他即转任安西副大都护之职。斯坦因所获吐鲁番文书《唐开元十年（722）西州长行坊发送、收领马驴帐一》第10、12行记：

10 　　　　以前使闰五月□日发付使各自领

12 　使安西副大都护汤惠并家口乘马肆匹①

又《马驴帐二》第6—7行载：

6 　　　　右开十年闰五月十日付使师文尚等自领

7 　前安西副大都护汤嘉惠并家口乘马陆匹　驴叁头　壹头②

两件文书皆为唐开元十年闰五月西州长行坊迎送使人所用牲口登记的账簿。文中称汤嘉惠为"前安西副大都护"，表明其已离任。汤嘉惠正式卸任的时间，当在开元十年初，这与杨楚客该年三月赴任北庭、张孝嵩改任安西的时间正相吻合。因此，小勃律王没谨忙称张孝嵩为"都护"，此"都护"应即安西副大都护。正因如此，张孝嵩才能命令疏勒副使张思礼赴援小勃律。

阿史那献虽在西域活动多年，且多有政绩，但"终以娑葛强狠不

---

① 陈国灿：《斯坦因所获吐鲁番文书研究》（修订本），第193页。

② 陈国灿：《斯坦因所获吐鲁番文书研究》（修订本），第197页。

能制，亦归死长安"，① 其退出西域当在开元九年。② 其后不久，杨楚客赴任北庭，汤嘉惠卸任安西，张孝嵩改任安西，这一连串重要的人事变动，显然是唐廷在此之前就已做出的决定。换言之，至迟开元九年，唐朝就已制定调整西域边防体制的重要决策。而张孝嵩由北庭改任安西，最初的主要目的是开葱岭，加强四镇军事防御力量；杨楚客由内地开赴西域，担任节度副大使并检校北庭都护，驻防北庭，节制整个西域军政，很有可能就是为了牵制苏禄，配合张孝嵩西开葱岭。总之，开元九年、十年西域军政长官的这一系列人事变动，很显然都与苏禄有关。阿史那献没能很好完成唐朝重建对西突厥十姓故地统治的使命任务，故唐廷对西域边防策略做出重要调整，把阿史那献与汤嘉惠（与阿史那献关系密切）从西域撤出，改换张孝嵩、杨楚客主政西域，实施新的重建对西突厥十姓故地统治的方略。

开元初期，西域形势错综复杂，北有突骑施苏禄势力的崛起，西有大食的扩张，南有吐蕃的袭扰，三方一度联手，谋取四镇。《资治通鉴》卷二一一玄宗开元五年七月条称：

> 安西副大都护汤嘉惠奏突骑施引大食、吐蕃，谋取四镇，围钵换及大石城，已发三姓葛逻禄兵与阿史那献击之。③

中亚诸国面对大食的扩张，多仍服属于唐。同书卷二一二玄宗开元七年、八年条载：

> （开元七年）春，二月，俱密王那罗延、康王乌勒伽、安王

---

① 《新唐书》卷二一五下《突厥传下》，第6066页。按"娑葛"应为"苏禄"，参见孟凡人《北庭史地研究》，第245页。
② 《资治通鉴》卷二一二载，开元九年七月，阿史那献以讨击使身份参与张说平定六州胡与党项之叛乱（第6746页），说明阿史那献已离开西域，转赴他地了。
③ 《资治通鉴》，第6728页。

笃萨波提皆上表言为大食所侵掠，乞兵救援。

（开元八年）夏，四月，丙午，遣使赐乌长王、骨咄王、俱位王册命。三国皆在大食之西［东］，大食欲诱之叛唐，三国不从，故褒之。①

唐朝对忠于自己的中亚诸国予以册封，以示褒奖，体现了其宗主国的政治地位及在中亚地区的影响。开元八年，唐朝在葱岭南部及以西地区的政治外交活动颇为频繁，据《册府元龟》卷九六四《外臣部·封册二》：

三月，册护密王；

四月，册乌长、骨咄、俱立［位］王；

六月，册大勃律王；

八月，册个失密王；

九月，册谢䫻、罽宾王；

十一月，册南天竺王。②

但是，仅有外交，没有军事实力做基础仍然是不行的。敦煌本吐蕃《大事纪年》载：

及至鸡年（玄宗开元九年），夏……上部地区之使者多人前来致礼。③

---

① 《资治通鉴》，第 6735、6740 页。

② （宋）王钦若等编《册府元龟》，第 11343—11344 页。

③ 王尧、陈践译注《敦煌本吐蕃历史文书》（增订本），第 151 页；又王尧、陈践译注《敦煌古藏文文献探索集》，上海古籍出版社，2008，第 95 页。

所谓"上部地区"，即指葱岭南部地区。① 开元九年，葱岭南部地区诸国使者多人向吐蕃致礼，反映了吐蕃在这一地区所具有的政治影响力。因此，唐朝在开元九年对西域边防体制做出调整，令阿史那献和汤嘉惠相继退出西域，张孝嵩由北庭转任安西，接替汤嘉惠为安西副大都护，向西开葱岭，加强西部地区的军事控制，杨楚客则接任北庭都护，并致力于加强西域东部地区的屯田建设。这些事件显然都是有机联系在一起的，与开元八年频繁的外交活动也前后关联，体现了唐朝在西域地区的边防部署与战略调整。

开元十年张孝嵩开葱岭，其实就是向西推进，以加强唐朝在葱岭地区的政治、军事影响，这也是开元八年频繁外交活动在军事上的继续。而援救小勃律，重创吐蕃，只是其中的一次重要军事活动，但产生的作用和影响却很大，史称："自嵩此征之后，（吐蕃）不敢西向。"

有关张孝嵩开葱岭之时间及经过，未见史籍记载。《新唐书》卷四三下《地理志》记：

> ……六百里至葱岭守捉，故羯盘陀国，开元中置守捉，安西极边之戍。②

又敦煌文书伯3532号慧超《往五天竺国传》载：

> ……又从胡蜜国东行十五日，过播蜜川，即至葱岭镇。此即属汉，兵马见今镇押……开元十五年十一月上旬，至安西，于时

---

① 〔日〕森安孝夫：《吐蕃在中亚的活动》，劳江译，《国外藏学研究译文集》第1辑，第97页；王小甫：《唐、吐蕃、大食政治关系史》，第152页。

② 《新唐书》，第1150页。

节度大使赵君。[①]

开元十五年慧超过葱岭时，此地已设镇，并有兵马驻守。依据前面的分析，可以推断，葱岭镇乃张孝嵩所建，其时间应在他任安西副大都护、兵援小勃律、击退吐蕃的开元十年，这是唐军在西域地区取得的一次巨大军事胜利，也反映了唐朝对葱岭一带军事战略地位的重视。吐鲁番所出《唐开元间西州都督府诸曹符帖事目历》第4行记有一道符文：

4 ⬜⬜骆犯盗移隶葱岭事[②]

此为西州法曹为某人犯盗移隶葱岭所下的符文。据陈国灿先生研究，该事目历的年代在开元十六年，唐廷敢于把在西州犯盗之人移配远至三千里以外的葱岭，表明开元年间唐已对葱岭建立了强有力的军事控制。[③]

唐王朝把张孝嵩从北庭调往安西，使其开拓葱岭，乃是因张孝嵩久在西域，熟知边政，而且他在开元三年率军救援拔汗那，大破吐蕃与大食，[④] 亦反映出张孝嵩是一位颇有作为的镇边名将。

在加强对葱岭地区的军事控制之后，唐朝开始把主要目标转向四镇北面的突骑施苏禄。日本伊濑仙太郎先生认为，杜暹任碛西节度使，主要是为了对付突骑施与吐蕃的联手进犯；菊池英夫先生认为，唐碛西节度使乃是针对突骑施而设。[⑤] 所言皆有道理。

---

① 《大正藏》第51册，第979页；王仲荦：《敦煌石室地志残卷考释》，第298—304页。
② 陈国灿：《斯坦因所获吐鲁番文书研究》（修订本），第168页。
③ 陈国灿：《斯坦因所获吐鲁番文书研究》（修订本），第80—89页。
④ 《资治通鉴》卷二一一，玄宗开元三年十一月条，第6713页。
⑤ 菊池英夫「隋·唐王朝支配期の河西と敦煌」『講座敦煌2·敦煌の歷史』大東出版社、1980、第144頁。

突骑施苏禄政权是在娑葛被后突厥破灭之后复兴的，对唐朝时服时叛。对此，唐一方面委以高官厚禄，如《新唐书》卷二一五下《突厥传下》记：

> 开元五年，始来朝，授右武卫大将军、突骑施都督，却所献不受。以武卫中郎将王惠持节拜苏禄左羽林大将军、顺国公……为金方道经略大使。然诡猾，不纯臣于唐，天子羁縻之，进号忠顺可汗。①

另一方面，唐对之多有防备。诚如王小甫先生指出："凡是他与唐'和好'时，多半是他有事中亚时；唐朝则依仗自己在西域的强大军力，服则怀柔之，叛则攻伐之，这就是唐朝与突骑施苏禄的基本关系。"②唐朝在开元十年开葱岭并兵援小勃律，加强对葱岭地区的军事控制，目的就是切断吐蕃与突骑施在西域西道的联系，迫使吐蕃不能再借道小勃律攻打安西四镇，这样就能集中力量对付突骑施了。因此，开元十二年碛西节度使的设置，与此前唐军之开葱岭，是有机联系在一起的，充分反映了唐朝的西域边防战略意图。事实证明，唐朝的这一战略是非常成功的。③

开元十二年，杜暹为碛西节度使、安西副大都护，驻防安西，西域军政中心又由北庭转至安西。从杜暹对突骑施苏禄的态度，亦可看出双方的敌对关系。《旧唐书》卷一九四下《突厥传下》载：

> 时杜暹为安西都护，公主遣牙官赍马千匹诣安西互市，使者

① 《新唐书》，第6067页。
② 王小甫：《唐、吐蕃、大食政治关系史》，第166页。
③ 吐蕃后来不得不改从东道进犯西域，可以证明此点。参见王小甫《唐、吐蕃、大食政治关系史》，第166页。

宣公主教与暹，暹怒曰："阿史那氏女，岂合宣教与吾节度耶！"杖其使者，留而不遣，其马经雪寒，死并尽。苏禄大怒，发兵分寇四镇。会杜暹入知政事，赵颐贞代为安西都护，城守久之，由是四镇贮积及人畜并为苏禄所掠，安西仅全。①

《资治通鉴》卷二一三系此事于开元十四年末。② 按唐制，亲王、公主所用公文即称"教"。③ 唐以阿史那怀道女为交河公主下嫁苏禄，其所发公文称"教"自是名正言顺，无可厚非，但杜暹对此置之不理，并怒杖其使者，反映出其对突骑施苏禄之敌视态度。

杜暹在任期间，曾平定于阗王尉迟眺之叛。《资治通鉴》卷二一二玄宗开元十三年记：

> 于阗王尉迟眺阴结突厥及诸胡谋叛，安西副大都护杜暹发兵捕斩之，更为立王。④

据研究，开元十三年的这次于阗反叛事件，很可能是突骑施与吐蕃勾结的结果。⑤ 杜暹于开元十四年九月入朝为相，赵颐贞继主安西，前揭慧超《往五天竺国传》所记之"节度大使赵君"，即赵颐贞。

至开元十五年三月，西域边防体制发生变化，由原来的碛西节度使一元化管理体制转变成伊西、北庭"二元分治"的格局。前揭《唐会要》卷七八《节度使（每使管内军附）》即载："至开元十五年三月，又分伊西、北庭为两节度。"《新唐书·方镇表四》亦称：

---

① 《旧唐书》，第 5191 页。
② 《资治通鉴》，第 6775—6776 页。
③ （唐）李林甫等：《唐六典》卷一，第 10 页。
④ 《资治通鉴》，第 6769 页。
⑤ 王小甫：《唐、吐蕃、大食政治关系史》，第 168 页。

"开元十五年，分伊西、北庭置二节度使。"① 为何会出现这一变化？这有待另做探讨。不过，这种"二元分治"的西域边防格局存在时间并不长，因为就在同年五月，唐廷全面推行亲王遥领大都护、节度大使制，由延王洄遥领安西大都护、碛西节度大使，忠王浚（即原陕王嗣升）改领单于大都督护、朔方节度大使。《唐会要》卷七八《亲王遥领节度使》载：

> （开元）十五年五月，以庆王浑［潭］为凉州都督兼河西节度大使，忠王浚为单于大都督护、朔方节度大使。……延王泗［洄］安西大都护、碛西节度大使。②

延王洄遥领之职，《唐大诏令集》卷三六《庆王潭凉州都督制》记为"安西大都护兼四镇节度大使"。③ 不仅如此，他还兼领北庭"瀚海军经略大使"之职（详后）。由延王洄遥领"碛西节度大使"一职不难看出，伊西、北庭重归一统，西域边防恢复到一元化管理体制。因此，前揭《新唐书·方镇表四》记"开元十九年，合伊西、北庭二节度为安西四镇北庭经略节度使"，伊西、北庭合二为一的具体时间可能存在疑问，此点下文还将详加讨论。

开元十五年五月西域边防体制的这一调整，当与这一时期吐蕃与突骑施联手进犯有关。《资治通鉴》卷二一三开元十五年春正月载：

> 去冬，吐蕃大将悉诺逻寇大斗谷，进攻甘州，焚掠而去。④

---

① 《新唐书》，第 1865 页。
② （宋）王溥：《唐会要》，第 1697 页。
③ （宋）宋敏求编《唐大诏令集》，第 154 页。
④ 《资治通鉴》，第 6776 页。

吐蕃于开元十四年冬进攻甘州，与突骑施苏禄攻围安西、掠四镇人畜近乎同时，很有可能双方事先即有进扰唐边的合谋。开元十五年，吐蕃赞普亲征，攻陷唐之瓜州。《资治通鉴》卷二一三叙该年事极详，略引如下：

> 九月，丙子，吐蕃大将悉诺逻恭禄及烛龙莽布支攻陷瓜州，执刺史田元献及河西节度使王君㚟之父，进攻玉门军……
>
> 丙戌，突厥毗伽可汗遣其大臣梅录啜入贡。吐蕃之寇瓜州也，遗毗伽书，欲与之俱入寇，毗伽并献其书。上嘉之，听于西受降城为互市……
>
> 闰月，庚子，吐蕃赞普与突骑施苏禄围安西城，安西副大都护赵颐贞击破之。
>
> 十二月，戊寅，制以吐蕃为边患，令陇右道及诸军团兵五万六千人，河西道及诸军团兵四万人，又征关中兵万人集临洮，朔方兵万人集会州防秋，至冬初，无寇而罢；伺虏入寇，互出兵腹背击之。[①]

可见，开元十五年，吐蕃曾引后突厥、突骑施犯边，尽管后突厥最终并未出兵，但仍对唐西北边境构成严重威胁。

开元十五年的西域形势，敦煌吐鲁番文书中也有明确反映。前揭吐鲁番所出《唐开元间西州都督府诸曹符帖事目历》总存 28 行，其中数行与军情有关，兹摘录如下：

```
10    ☐符为警固事

13    ☐兵曹符为警固事
```

---

① 《资治通鉴》，第 6778—6781 页。

14 ⬜ 为已西烽火不绝警备事

16 ⬜ 为 警固事 一符为访廉苏苏事

19 ⬜ 曹 符为西夷僻被围警备事

24 ⬜ 为警固排比队伍事

25 ⬜ 警固收拾羊马事

27 ⬜ □□贼事①

该文书的年代已被考定为开元十六年，其中所记"贼"，是指吐蕃还是突骑施，并不清楚，但所言"警固""警备"，显然与开元十五年吐蕃与突骑施联手进犯导致边情紧急有关。②

据王小甫先生研究，此次吐蕃进犯西域的行军路线，走的是东道，即由图伦碛东南北上进入焉耆、龟兹境内。③吐蕃首次从东线进犯西域，给西域唐军带来的震动是很大的。尤其是作为唐朝经营西域大后方的西州，虽然在西、北、东三面都有军事屏障，但南面却门户大开，吐蕃从东线攻入焉耆、龟兹境内，对西州构成的威胁当然是严重的，前揭西州事目历中众多"警固""警备"之记载，一定程度上透示了这方面的信息。因此，加强西州的军事防御力量就显得至关重要，天山军的成立，可能就是这一背景下的产物。④

敦煌所出的一组瀚海军事目文书，⑤也与开元十五年突骑施进扰有关。孙继民先生曾对这批文书有过透彻研究。⑥按文书多件钤盖"瀚海军之印"，其中斯11459G号明确记为"兵曹司开元十五

---

① 陈国灿：《斯坦因所获吐鲁番文书研究》（修订本），第169—171页。
② 陈国灿：《斯坦因所获吐鲁番文书研究》（修订本），第83—86页。
③ 王小甫：《唐、吐蕃、大食政治关系史》，第166—168页。
④ 参见本书第九章"唐代西州天山军的成立"。
⑤ 《英藏敦煌文献（汉文佛经以外部分）》第13册，第278—281、292—295页。
⑥ 孙继民：《敦煌吐鲁番所出唐代军事文书初探》，第214—264页。

年十二月印历",① 由此知该组文书的年代在开元十五年十二月前后。文书提及当时在北庭的军队有中军、前军、右军、右一军、右二军、左一军、左一等六军、左二军、南营、南营左军及诸守捉、行营等，孙继民先生认为北庭的这支军队由七军组成，其构成与唐代前期行军普遍实行的"七军制"密切相关。② 其中斯11453L 号有一目："董作朗状为覆贼纵马付所由讫请公验事。"③此处"贼"是指谁呢？日本京都藤井有邻馆所藏第 12 号、第 32号文书，有助于解答这一问题。其中第 12 号文书存 5 行文字，兹录如下：

1　　敕瀚海军经略大使　　　牒石抱玉

2　　　马军行客石抱玉年卅四宁州罗川县

3　　　斩贼首二　获马一匹留敦五岁　鞍辔一具

4　　　弓一张　枪一张　刀一口　箭十三支　排一面

5　　　锁子甲一领已上物并检纳足

（后缺）④

第 32 号文书存 3 行文字，亦录如下：

（前缺）

1　斩贼首一　获马一匹瓜父七岁　鞍一具

2　弓一张　排一面　枪一张　箭十支　已上并纳足

①　《英藏敦煌文献（汉文佛经以外部分）》第 13 册，第 295 页。

②　孙继民：《敦煌吐鲁番所出唐代军事文书初探》，第 254—256 页。

③　《英藏敦煌文献（汉文佛经以外部分）》第 13 册，第 281 页。

④　藤枝晃「藤井有鄰館所藏の北庭文書」『書道月報』第 13 号、1957、釈文第 1 頁、図第 12 頁。

3　　右使注殊功第壹等赏绯鱼袋

（后缺）①

值得注意的是，第 12 号文书背面，还记有"牒检校北庭都护借紫金鱼袋阴。大使延王在内"两行文字。笔者曾据相关史料考证指出，大使延王即开元十五年五月担任安西大都护、碛西节度大使、瀚海军经略大使的李洄，阴某则有可能是开元十五年至二十一年担任北庭都护的阴嗣瓘，文书所反映的战争，当是开元十五年末北庭唐军反击吐蕃与突骑施联手进犯之战。② 上揭敦煌所出瀚海军事目文书的年代在开元十五年十二月前后，其中所提及的"贼"，应当就是指突骑施，毕竟北庭唐军位于天山以北，主要是为了防御突骑施。

开元十五年，西域的军政中心似又由安西转至北庭。日本有邻馆所藏第 39 号文书存 10 行，是一件有关"都司"的牒文，内容非常丰富，兹引录如下：

1　都司　　　牒阴副使衔

2　　　　副使阴前别奏上柱国史帝赊

3　牒：得上件人牒称：先是副使别奏，近被曹司□

4　□未出身人，遂被解退。帝赊见有上柱国 勋

5　即 合与格文相当，请乞商量处分。依检 案

6　内 者，今月四日得总管程元珪别奏姜元庆 等

7　连状诉称：准格式　敕，合充别奏，请商 量

8　处 分者，曹判：姜庆等身带勋官，先充别奏，据 式

① 藤枝晃「藤井有邻館所蔵の北庭文書」『書道月報』第 13 号、1957、释文第 1 页、图第 22 页。

② 参见本书附录二《唐代安西、北庭两任都护考补——以出土文书为中心》。

9　解退后补健儿，矜其诉词，改补为傔，谨详 式

10　 例 ，别奏不取勋官，恭称　敕文

　　　　（后缺）①

本件文书与前揭第 12 号、第 32 号文书及瀚海军事目文书都有密切的关联，年代亦大致相当。菊池英夫先生、孙继民先生对此都有过比较深入的研究。② 本书第七章"敦煌吐鲁番文书所见唐代'都司'考"，通过对敦煌吐鲁番文书中有关"都司"记载的考察，认为牒文中"阴副使"即上文所说的阴都护，"都司"是指"瀚海军经略大使"设于北庭的最高综合管理机关，系仿效中央尚书都省之"都司"而设。此"都司"代表着"瀚海军经略大使"，权限极大，北庭都护府、四镇节度使皆受其节制。这无疑表明当时的西域边防体制并非伊西、北庭"二元分治"，而是"碛西节度大使""瀚海军经略大使"统一节制的一元化管理体制，而且军政中心已移至北庭。此种变化，当与吐蕃从东道进犯西域，唐朝需要加强西域东部防御力量有关，西州天山军的设置可说明此点。由此也影响了此后西域边防体制的调整，开元末伊、西、北庭最终成为一个整体，由伊西北庭节度使统一节制，或与此不无关联。

　　开元十五年，吐蕃与突骑施联手进犯，遭到西域唐军的有力反击，"安西副大都护赵颐贞击破之"，北庭唐军也取得了斩杀敌首、缴获各种战利品的胜利，伊、沙等州军队亦加入了抗击吐蕃的阵营。《册府元龟》卷一二八《帝王部·明赏二》载：

　　（开元）十七年三月，瓜州刺史、墨离军使张守珪、沙州刺史贾

---

　　① 录文据孙继民《唐代瀚海军文书研究》，第 58—59 页。
　　② 菊池英夫「唐代邊防机関としての守捉·城·鎮等の成立過程について」『東洋史學』第 27 号、1964、第 49—52 頁；孙继民：《唐代瀚海军文书研究》，第 58—73 页。

思顺领伊、沙等州兵入吐蕃大同军，大破吐蕃，驱剪不可胜纪。①

唐军的反击给吐蕃以沉重打击，史称："吐蕃兵数败而惧，乃求和亲。"② 从开元十八年到开元二十一年，双方使者来往不断，基本和好。③

唐蕃关系转向和好，使唐朝能集中力量对付突骑施苏禄。《旧唐书》卷一一四《来瑱传》载：

> 父曜，起于卒伍。开元十八年，为鸿胪卿同正员、安西副（大）都护、持节碛西副大使、四镇节度使，后为右领军大将军、仗内五坊等使，名著西陲。④

又《新唐书》卷一三八《李嗣业传》称：

> 开元中，从安西都护来曜讨十姓苏禄，先登捕虏，累功署昭武校尉。⑤

据前揭《唐会要》卷七八《节度使（每使管内军附）》，开元二十一年十二月，王斛斯已任安西四镇节度使，则来曜主政安西的时间当在开元十八年至二十一年十二月。这一时期唐蕃关系基本和好，故来曜的主要任务是对付突骑施苏禄。

---

① （宋）王钦若等编《册府元龟》，第 1534 页。同书卷九八六《外臣部·征讨五》（第 11585 页）亦有相同记载。
② 《资治通鉴》卷二一三，玄宗开元十八年九月条，第 6790 页。
③ 参见吐蕃《大事纪年》马年（730）至牛年（737）条，王尧、陈践译注《敦煌本吐蕃历史文书》（增订本），第 152—153 页；又王尧、陈践译注《敦煌古藏文文献探索集》，第 96—97 页。
④ 《旧唐书》，第 3364 页。
⑤ 《新唐书》，第 4615 页。

　　关于来曜讨苏禄，史载不详。《文苑英华》卷九一七杨炎《四镇节度副使右金吾大将军杨公（和）神道碑》记杨和曾"凡三破石国，再征苏禄"，[①] 表明唐军曾两次征讨苏禄。按开元二十六年盖嘉运为碛西节度时，曾率兵讨苏禄（详后），则来曜讨苏禄确有其事，且杨和曾参与其间。《资治通鉴》卷二一三载，开元十八年十一月，突骑施遣使入贡，玄宗宴之于丹凤楼，说明双方关系当时还未恶化。[②] 因此，来曜讨苏禄的时间，当在开元十九年至二十一年。[③] 按来曜所任"安西副（大）都护、持节碛西副大使"一职，似表明当时的西域军政中心又由北庭移至安西，直至开元末。

　　到了开元二十二年，西域边政又由一元化管理体制变为伊西、北庭"二元分治"管理模式。《旧唐书》卷八《玄宗本纪》载：

　　（开元二十二年）四月，乙未，伊西、北庭且依旧为节度。[④]

实际上，早在开元二十一年十二月，王斛斯除安西四镇节度使后，四镇节度使至此"定额"，伊西与北庭可能就已分开了。[⑤] 但到开元二十三年，情况又发生变化，同书卷载：

　　（开元二十三年）冬十月，辛亥，移隶伊、西、北庭都护属四镇节度。突骑施寇北庭及安西拨换城。[⑥]

又《唐会要》卷七八《节度使（每使管内军附）》记：

---

① （宋）李昉等编《文苑英华》，第 4829 页。
② 《资治通鉴》，第 6792 页。
③ 薛宗正先生认为在开元十九年至二十年，参见氏著《中亚内陆——大唐帝国》，第 422 页。
④ 《旧唐书》，第 201 页。
⑤ 参见王永兴《唐代前期西北军事研究》，第 95 页。
⑥ 《旧唐书》卷八《玄宗本纪》，第 203 页。

至（开元）二十九年十月二十九日，移隶伊、西、北庭都督四镇节度使。①

查陈垣先生《二十史朔闰表》，开元二十三年十月辛亥正当二十九日，②知《唐会要》此条纪年有误，诚如唐长孺先生所云："旧玄宗纪二十三年十月辛亥称：'移隶伊西、北庭都护属四镇节度'，与会要为一事，知二十九年为二十三年之误，且都护讹都督，又脱一属字也。"③所可注意者，这里称"伊、西、北庭都护"，与过去所称"伊西、北庭二节度"有所不同。此前之"伊西"，一般多称节度，而开元二十三年的"伊西"不称节度，仅与北庭合称"伊西北庭都护"。因此，这里的伊西应指伊、西二州，而非过去的"伊吾以西"了。开元二十一年十二月，王斛斯除安西四镇节度使，"遂为定额"，四镇节度使走向定型化，伊、西二州则逐渐游离出来。在此情况下，伊西节度使似已废置，不复存在了。

据郭平梁先生研究，突骑施苏禄举兵反唐，在北庭都护刘涣被诛后的开元二十二年夏就已开始。④次年十月，唐把伊、西二州及北庭都护调拨四镇节度使统辖，在西域实施一元化军政管理体制，目的就是集中力量抗击突骑施苏禄的进犯。可见，四镇节度使统一节制西域军政，西域边防复归一元化管理体制，碛西节度使再次设置。

关于开元二十三年西域边防体制由分而合的这一变化，还可以从《张九龄集》中得到证实，是书卷一〇《敕安西四镇节度副大使王斛斯书》载：

---

① （宋）王溥：《唐会要》，第 1690 页。按原标点有误，不从。
② 陈垣：《二十史朔闰表》，第 95 页。
③ 唐长孺：《唐书兵志笺正》，第 63 页。
④ 郭平梁：《突骑施苏禄传补阙》，《新疆社会科学》1988 年第 4 期。

　　敕王斛斯：卿在西镇，军务烦劳，皆能用心，处置不失。顷与
突骑施攻战，历涉三年，降虏生俘，所获过当。悬军能尔，朕甚嘉
之。百官已有赏劳，在卿固合优奖，今授卿重职，兼彼领护，且复
褒进，终为后图……万里之外，三军之宜，一以委卿，勿失权断。
秋后渐冷，卿及将士已下，并平安好。遣书指不多及。①

据王永兴先生考证，敕文时间在开元二十四年，"今授卿重职，兼彼
领护"，是指同年授王斛斯太仆卿兼安西都护。② 敕称"万里之外，
三军之宜，一以委卿，勿失权断"，表明玄宗要王斛斯统一指挥和调
动西域诸军，全权负责西域边务。又同书卷一一《敕碛西支度（营
田）等使章仇兼琼书》载：

　　敕碛西支度、营田等使、兼知长行事、殿中（侍）御史章仇
兼琼：……西、庭既无节度，缓急不相为忧，借卿使车，兼有提
振，不独长行、转运、营田而已。……冬寒，卿比平安。遣书指
不多及。③

敕文时间，据考在开元二十三年冬。④ 章仇兼琼时任"碛西支度、营
田等使、兼知长行事、殿中（侍）御史"，统管整个西域地区的支
度、营田及长行转运等事务。在"西、庭既无节度，缓急不相为忧"
的情况下，章氏能从中协调，使情况多有好转，显然与他任碛西支
度、营田使之职有关。那么，在章氏之上，显然应该还有统管整个西

　　① 熊飞校注《张九龄集校注》，第609—610页。
　　② 王永兴：《唐代前期西北军事研究》，第184页。
　　③ 熊飞校注《张九龄集校注》，第650—651页。
　　④ 参见荒川正晴「唐の対西域布帛輸送と客商の活動について」『東洋学報』第73卷
第3・4号、1992、第31—63页。乐胜奎汉译文载《魏晋南北朝隋唐史资料》第16辑，武汉
大学出版社，1998。

域军政的碛西节度使。复据成于开元二十五年的《敕安西四镇节度副
大使王斛斯书》，① 王斛斯时任"四镇节度副大使、安西副大都护"
之职，"安西大都护、四镇节度大使"则由延王洄遥领，而"四镇节
度大使"又称"碛西节度大使"，"四镇节度副大使"也可称"碛西
节度副大使"，可证当时西域确有碛西节度使之设置。因此，《敕安西
四镇节度副大使王斛斯书》反映开元二十四年前后王斛斯统领西域军
政大权的记载，与《旧唐书·玄宗本纪》所记开元二十三年"移隶
伊、西、北庭都护属四镇节度"是相吻合的。

北庭节度使至迟开元十年已有设置（参前述张孝嵩事），其初并
不统有伊、西二州，《张九龄集校注》卷一〇《敕（瀚海军使）北庭
都护盖嘉运书》载：

> 敕北庭都护盖嘉运：近得卿表，知旧疾发动，请入都就医。
> 欲遂来表，虑有边要，万一失便，虽悔何追？且苏禄倡狂，方拟
> 肆恶边城，经冬不去，西州近复烧屯，亦有杀伤，想所闻
> 也。……至如西州，近者有贼，其数无多，烽候若明，密与两军
> 作号，首尾邀击，立可诛剪。何为当军自守，信贼公行，来有损
> 伤，去无关键，岂是边镇之意也？且西、庭虽无节度，受委固是
> 一家，有贼共除，有患相救，万里之外，何待奏闻？……春初余
> 寒，卿及将士并平安好。遣书指不多及。②

郭平梁先生认为，此敕时间在开元二十四年春初。③ 敕称"西、庭虽
无节度，受委固是一家"，与前揭《敕碛西支度（营田）等使章仇兼琼

---

① 熊飞校注《张九龄集校注》卷一〇，第 614 页。敕文时间考证，参见王永兴《唐代
前期西北军事研究》，第 184—185 页。

② 熊飞校注《张九龄集校注》卷一〇，第 619—620 页。

③ 郭平梁：《突骑施苏禄传补阙》，《新疆社会科学》1998 年第 4 期。

书》所言"西、庭既无节度，缓急不相为忧"意同，皆表明当时的北
庭与西州各自为政，互不统属，并不存在节度关系。但唐廷业已充分认
识到，此种关系并不利于西域东部边防的稳定，所谓"西、庭既无节度，
缓急不相为忧"是也。于是，伊、西二州此后逐渐转隶北庭，最终于开
元二十九年在西域东部形成了伊西北庭节度使。《新唐书》卷六七《方镇
表四》记：

> （开元）二十九年，复分置安西四镇节度，治安西都护府；
> 北庭、伊、西节度使，治北庭都护府。[1]

《资治通鉴》卷二一四玄宗开元二十九年冬十月条亦载：

> 壬寅，分北庭、安西为二节度。[2]

这一变化，首先在于安西四镇节度使走向"定额"化，伊西节度使不
再设置，伊、西二州游离出来；其次，也是吸取"西、庭既无节度，
缓急不相为忧"的经验教训。从此，伊州、西州、北庭成为一个有机
的整体，由伊西北庭节度使统一节制。

最后一任碛西节度使是盖嘉运，他在开元二十二年刘涣被诛后出
任北庭都护，开元二十四年正月，曾率军击突骑施。[3] 至迟开元二十
六年，接替王斛斯任安西都护、碛西节度使。[4]《册府元龟》卷四三
四《将帅部·献捷一》、卷九六四《外臣部·封册二》、卷九七七

① 《新唐书》，第 1867 页。
② 《资治通鉴》，第 6845 页。
③ 《旧唐书》卷八《玄宗本纪》，第 203 页。
④ 据《旧唐书》卷一九四下《突厥传下》，盖嘉运开元二十六年夏已为安西都护（第
5192 页）。《资治通鉴》卷二一四玄宗开元二十六年六月条记其为碛西节度使（第 6833—
6834 页）。

《外臣部·降附》俱记其为"碛西节度使"，说明盖嘉运是唐朝名副其实的碛西节度使。[①] 他在开元二十七年八月擒俘突骑施吐火仙，次年三月入朝献捷，六月被任为河西、陇右节度使。[②] 突骑施政权的覆亡，表明碛西节度使的使命业已完成。故而，在开元二十九年，西域边防体制调整为安西四镇节度使与伊西北庭节度使"二元分治"格局，碛西节度使从此废置，不复存在。

《资治通鉴》卷二一五玄宗天宝元年春正月条载：

> 是时，天下声教所被之州三百三十一，羁縻之州八百，置十节度、经略使以备边。安西节度抚宁西域，统龟兹、焉耆、于阗、疏勒四镇，治龟兹城，兵二万四千。北庭节度防制突骑施、坚昆，统瀚海、天山、伊吾三军，屯伊、西二州之境，治北庭都护府，兵二万人。[③]

天宝元年的这一西域边防格局，乃是在开元年间不断调整的西域边防体制基础上发展而来。尤其是伊、西二州，最初隶属伊西节度使，直到开元末才转隶伊西北庭节度使，这一变化只能发生于开元年间，并与当时的西域边防形势息息相关。此后，安西、北庭有了较为明确的分工。安西都护、节度使的主要活动更多地体现在对四镇以西、以南地区的经营上。如开元末到天宝四载，安西都护盖嘉运、田仁琬、夫

---

① （宋）王钦若等编《册府元龟》，第5158、11346、11481—11482页。尤其是卷九七七《外臣部·降附》载："（开元）二十七年九月，处木昆匐延阙律啜部落、拔塞干部落、鼠尼施部落、阿悉告〔吉〕部落、弓月部落、哥系部落，皆遣使谢恩，请内属，许之。其表曰：'臣等生在荒裔，久阙朝宗，国乱士蘗，互相攻杀，赖陛下圣恩遐布，愍念苍生，令碛西节度使盖嘉运统领兵马，抚定远蕃，诛暴拯危，存恤蕃部。臣等伏愿稽首圣颜，兼将部落于安西管内安置，永作掉捍，长为臣子。今者载驰，襄首天路，不任嘉跃之至。'"表称盖嘉运为"碛西节度使"，即反映了此点。
② 《资治通鉴》卷二一四，玄宗开元二十七年至二十八年，第6838、6841、6842页。
③ 《资治通鉴》，第6847—6848页。

蒙灵詧等三讨小勃律;[①] 天宝六载,高仙芝再征小勃律,并最终取得胜利;[②] 天宝十载,高仙芝主持了与大食的怛罗斯之战,唐军大败。[③] 而北庭都护、节度使则主要负责天山以北地区民族事务。如天宝七载,北庭节度使王正见出兵碎叶,并毁碎叶城;[④] 天宝十三载,北庭都护程千里擒后突厥阿布思。[⑤] 天宝十三载三月,唐以安西四镇节度使封常清兼领伊西北庭节度。[⑥] 封常清权兼二镇,勤于职守,有力地捍卫了唐朝的西域边防。但是,天宝十四载安史之乱爆发后,西域边军内调,边防形势发生逆转。从此,唐朝对西域的控制已无法恢复到开元、天宝时期的鼎盛局面。

综上所考,所得结论大致归纳如下。

第一,伊西节度使乃唐朝先天元年于西域地区设置的第一个节度使。所谓"伊西",并非指伊、西二州,而是指"伊吾以西"。伊西节度使统辖范围为伊、西二州和四镇地区,并不包括北庭。阿史那献以北庭大都护、瀚海军使领伊西节度使,节制整个西域军政,主要目的是重建唐对西突厥十姓故地的统治,虽开了西域地区一元化军政管理体制的先河,但存在时间不长,并不代表碛西节度使的产生。

第二,至迟开元二年设置的四镇节度使,管及西州,与伊西节度使当存在某种关联,二者很有可能为同职异称。开元二十一年以前出现的"四镇节度使""安西节度使""安西四镇节度使"等名,其实

①　参见王小甫《唐、吐蕃、大食政治关系史》,第182—184页。
②　《旧唐书》卷一〇四《高仙芝传》,第3203—3205页;《资治通鉴》卷二一五,玄宗天宝六载条,第6884—6886页。
③　《资治通鉴》卷二一六,玄宗天宝十载夏四月条,第6907—6908页。
④　(唐)杜佑:《通典》卷一九三《边防九》石国条引杜环《经行记》,第5275页。
⑤　《旧唐书》卷九《玄宗本纪下》,第228页。
⑥　《旧唐书》卷一〇四《封常清传》,第3209页;《资治通鉴》卷二一七,玄宗天宝十三载三月条,第6926页。

质与伊西节度使无异，或可等同。

第三，碛西节度使始置于开元十二年，首任节度使为杜暹，统管整个西域军政事务，权限极大，主要是为了对付突骑施苏禄，也兼有防御吐蕃进犯西域之责。其于开元十五年三月至五月、开元二十二年四月至二十三年十月有过两次短暂废置，但时间皆不长。开元二十七年，碛西节度使盖嘉运俘吐火仙、灭突骑施，最终完成了自己的历史使命。此后，碛西节度使废置，不复出现。

第四，至迟开元十年北庭节度使设置后，唐朝在西域的节度使只有两个：其一为安西四镇节度使或伊西节度使，其二为北庭节度使。伊西与北庭的分合，关涉碛西节度使的置废。二者合则碛西节度使置，西域边防属一元化军政管理体制；二者分则碛西节度使废，西域边防呈"二元分治"格局。其间的几度分合，皆与西域边防形势息息相关。过去中日学者多把伊西节度使理解为节制伊、西二州的节度使，是有疑问的。因为如果这样理解的话，则西域岂不存在安西、北庭、伊西三个节度使了吗？三者之间关系为何，恐怕是很难讲清楚的。

第五，开元年间，西域军政中心几度由安西移往北庭，但大多数时间仍在安西。这主要还是因为安西承担着北抗突骑施、西防大食、南御吐蕃的重责，故节制整个西域军政的碛西节度使主要治于安西。而且，安西的最高军政长官多由北庭长官迁转过来，如郭虔瓘、吕休璟、汤嘉惠、张孝嵩、盖嘉运等，皆先为北庭都护，后转迁安西大都护或副大都护，未有一例从安西长官转为北庭长官者，这也反映了安西在西域地区的重要地位。相对而言，北庭的边防压力远没有安西大，其虽在阿史那献主政西域的数年间一度升格为大都护府建制，但大多数时间皆为一般都护府建制，其地位当然不如安西重要。

第六，开元二十一年以前，伊、西二州受四镇节度使或伊西节度使节制；开元二十一年以后，随着四镇节度使走向"定额"化，伊、西二州逐渐从中游离出来，伊西节度使已失去其存在的意义，不复设置了。至开元末，伊、西二州纳入北庭管辖之下，由伊西北庭节度使统一节制，形成一个有机的整体。从此，安西、北庭有了比较明确的职能分工，分别管理天山南北地区的民族与边防事务，有力捍卫唐朝的西域边防。

# 第十一章

# 对吐鲁番所出唐天宝间
# 西北逃兵文书的探讨

　　日本大谷探险队所获吐鲁番文书中，有若干件唐天宝年间交河郡高昌县访捉逃兵的文书，对这批文书的整理与研究，有助于认识和了解唐朝前期兵制的变化及西北地区的军事问题。日本学者小笠原宣秀、西村元祐及内藤乾吉等都曾对这批文书有过介绍和研究，[①]中国学者王永兴先生则首次对该批逃兵文书进行了整理、分类和考释，这为引导深入认识文书做出了贡献。[②] 然而，在对其中某些文书的时间、发生地点判定及内容理解等问题上，仍存在进一步探讨的空间，本章正是基于此而作。

　　从这批逃兵文书所反映的内容看，可分为三组，今分题论列如下。

---

　　① 小笠原宣秀・西村元祐「唐代役制關係文書考」『西域文化研究』第3（敦煌吐鲁番社會經濟資料 下）、法藏館、1960、第131—167頁；汉译文载《敦煌学译文集——敦煌吐鲁番出土社会经济文书研究》，姜镇庆、那向芹译，甘肃人民出版社，1985，第871—977页。内藤乾吉「西域發見唐代官文書の研究」『西域文化研究』第3（敦煌吐鲁番社會經濟資料 下）、第9—111頁。

　　② 王永兴：《吐鲁番出土唐前期西北逃兵文书考释》（以下简称《考释》），收入氏著《唐代前期西北军事研究》，第340—352页。

# 一　唐天宝二年（743）交河郡高昌县访捉
# 逃兵刘德才、任顺儿、梁日新案卷

（一）大谷 1410 号①

（前缺）

1　检 案 连 如 前 □ □

2　　　六月 □□

3　　　瀚海军逃 □□

4　　　递夫关司② □□

5　　　□ □□

（后缺）

（二）大谷 1409 号③

（前缺）

1　□□ 坊

2　　□ 儿兵士等

3　　□ □ 被 牒：令 于 诸坊捉上件人 送 □□④

4　　□ 前件色如 能 捉 得，即送 付 □□⑤

---

① 小田義久主编『大谷文书集成』（壹）、第 55 页、图版九五。

② "递夫关司"，『大谷文书集成』（壹）与《考释》皆释作"递夫阅司"。

③ 小田義久主编『大谷文书集成』（壹）、第 54 页、图版九五。

④ "被"，『大谷文书集成』（壹）与《考释》皆释作"准"；"于"，俱作"捉"。如此，则"准牒：令诸坊捉上件人送"一语，委实不好理解。细审图版，当作"被牒：令于诸坊捉上件人送"。

⑤ 该行"前件色"后四字，『大谷文书集成』（壹）录作"如数充得"，《考释》作"如能捉得"，今从《考释》。

5 ☐如 前 谨☐☐

     （后缺）


（三）大谷 2377 号①

     （前缺）

1 ☐海军逃兵刘德才、安西逃兵任顺儿、焉耆☐☐

2  右被牒令访上件人，今访得，随☐☐

3  请处分。

4 牒 件 状 如 前 谨 牒。

5     天宝二年七月　日坊正康小奴牒

6        坊正匡孝通

7        坊正刘逸多

8       捕贼官尉赵☐☐

9  ☐☐仍 付 司，申 郡

10  处 分，元 宪☐☐

     （后缺）


（四）大谷 3379 号②

1 瀚海军健儿刘德才、安西逃兵任顺儿、焉耆逃兵梁日新

2  右得坊正康小奴状称，被牒令访上☐人送，今访得，

3  ☐☐请处分者，摄令判☐☐处分者，元

4     ☐捉得，今

     （后缺）

---

①　小田義久主編『大谷文書集成』（壹）、第 90—91 頁、図版九五。

②　小田義久主編『大谷文書集成』（貳）、第 87 頁、図版五八。

（五）大谷 3128 号①

（前缺）

1 　　　□　□

2 　　八月廿六日录事□

3 　　主簿　盈

4 　　连　业　白

5 　　　　　　　廿七日

$\cdots\cdots\cdots\cdots\cdots\cdots\cdots\cdots\cdots\cdots\cdots\cdots\cdots\cdots\cdots$

6 　健儿兵士等送者今□

（后缺）


（六）大谷 3002 号②

$\cdots\cdots\cdots\cdots\cdots\cdots\cdots\cdots\cdots\cdots\cdots\cdots\cdots\cdots$

1 　　□状　上

2 　　□才□

3 　右□奉帖令访捉者，北庭□

4 　承县司捉得，今欲赴北庭，请□

5 　牒件状如前□牒

（后缺）


关于第（三）件文书的确切年代，目前图版已漫漶难识。小笠原宣秀、西村元祐《唐代徭役制度考》录作"天宝二年七月"，③ 小田义

---

① 小田義久主編『大谷文書集成』（貳）、第 28—29 頁、図版五八。

② 小田義久主編『大谷文書集成』（貳）、第 1 頁、図版五七。

③ 《敦煌学译文集——敦煌吐鲁番出土社会经济文书研究》，第 942 页。

久先生亦释作"天宝二年"，① 当有所据，可以信从。

以上六件文书所记事件发生的时间，均在天宝二年六月、七月、八月之间。从所反映的内容看，皆为访捉瀚海军逃兵刘德才、安西逃兵任顺儿、焉耆逃兵梁日新的文书。其中第（三）件文书第 10 行记有"元宪"人名，而且第 9、10 行字体粗大，乃官府长官判辞。第（五）件第 3、4 行还记有"盈""业"二人名。在大谷文书中，同时载有"元宪""盈"二人名的残片，有若干件，如大谷 3135、3149、3155、4879 号等。其中 3149 号内容较完整，兹引录如下：

（前缺）

1　牒：感洛家有一丁一中，口分▢▢

2　收授次，伏望支给，请处分，谨牒。

3　　　　开元廿九年十一月　日武城乡勋官王感 洛 牒

4　付　司，　元　宪　示。

5　　　　　　十五日。

6　　　　十一月十五日录事　受。

7　　　主簿盈　　　　付。

8　　　连　盈　白

9　　　　　　　廿九日

……………………………………………………缝背署"元"②

按武城乡是高昌县所辖之乡，该乡勋官王感洛请求"支给"口分地，则文书显然是上给高昌县官府的牒文，其中第 4、5 行字迹粗大，当是高昌县长官的批示。从文书中官员签判的程序看，"盈"在开元二

---

① 小田義久主編『大谷文書集成』（壹）、第 90 頁。
② 小田義久主編『大谷文書集成』（貳）、第 33 頁、圖版四三。

十九年已任高昌县主簿，充判官之职，"元宪"则为高昌县令。从开元二十九年十一月到天宝二年七月、八月，时间相隔不到两年，此件文书中的"元宪""盈"，应即上列六件文书中的"元宪""盈"。由此可以判定，前揭六件文书都属于唐天宝二年交河郡高昌县官府文案。再从六件文书之间的相互关联看，第（一）件是高昌县官府在天宝二年六月接到有关瀚海军逃兵的牒文后，随即通知县衙有关部门，故称"递夫关司"；第（二）件是高昌县官府下给各坊坊正的牒文，命令他们全力访捉瀚海军逃兵刘德才、安西逃兵任顺儿、焉耆逃兵梁日新，并要求若访捉到，及时送交官府；第（三）件为坊正康小奴等于七月访捉到三名逃兵后，报请县府处理的状文，县令"元宪"看后，做了"付司，申郡处分"的批示；第（四）件是县司接到坊正康小奴等上的状文后，要求做出进一步处理的公文；第（五）件则是县司于八月对逃兵做出处理的正式公文，签署官员有主簿"盈"和可能是县尉的"业"；第（六）件推测是北庭有关人员在高昌县协助下访捉到逃兵刘德才后，准备返回北庭，请求给予公验证明的状文。可见，这六件文书不仅在内容上具有一体性，而且在时间上也能前后衔接。因此，可据以判定它们是唐天宝二年交河郡高昌县访捉逃兵刘德才、任顺儿、梁日新案卷的组成部分。

按瀚海军，据《唐会要》卷七八《节度使（每使管内军附）》：

> 瀚海军，置在北庭都护府……长安二年十二月，改为烛龙军。三年，郭元振奏置瀚海军。①

知瀚海军属北庭都护府。复据《元和郡县图志》，瀚海军位于北庭都护府城中，统兵12000人。② 逃兵刘德才属瀚海军健儿，故据第（六）

---

① （宋）王溥：《唐会要》，第1690页。
② （唐）李吉甫：《元和郡县图志》卷四〇，第1033页。

件"今欲赴北庭"一语判断，可能有北庭来人到高昌县访捉逃兵，"承县司 捉 得"后，准备带刘德才返回北庭。

逃兵任顺儿、梁日新则分别来自安西和焉耆。唐开元、天宝年间，安西节度使统有龟兹、于阗、疏勒、焉耆四镇，镇兵 24000 人。[①]显然，任顺儿是来自龟兹（安西）的镇兵，梁日新则是来自焉耆的镇兵。

这些来自西州西面、北面的逃兵何以都要到西州访捉？这显然与西州是丝绸之路的交通要道和枢纽有关。笔者推测各逃兵的原籍可能都在内地，而他们要逃回内地，势必都得途经西州，故对他们的访捉往往就集中在西州进行。上述第（三）件文书中"今访得"的记载表明，各地的逃兵确能在西州被抓获，这反映了西州作为东西交通枢纽的重要地位。

第（三）件文书是坊正康小奴、匡孝通、刘逸多三人所上的牒文，其中匡孝通、刘逸多又见于大谷 4155 号文书，兹引录如下：

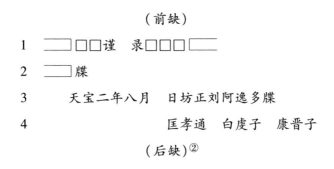

刘逸多在本件中又称刘阿逸多，应即同一个人。从刘逸多与匡孝通皆为坊正可推知，白虔子与康晋子亦为坊正。吐鲁番出土文书所见唐西

---

① 《资治通鉴》卷二一五，玄宗天宝元年（742）正月条，第 6847 页。

② 小田義久主編『大谷文書集成』（貳）、第 209 頁、図版四〇。

州高昌县有节义、[①] 安西、[②] 安乐、大顺、永和、崇教[③]等坊，虽然不能确定五位坊正具体来自何坊，但他们与上述诸坊应该是有联系的。关于坊正的职责，据《通典》卷三《食货·乡党》引《唐令》：

在邑居者为坊，别置正一人，掌坊门管钥，督察奸非。[④]

复据《唐律疏议》卷一一《职制》："其里正、坊正，职在驱催。"[⑤]知坊正掌有"管钥""督察奸非""驱催"等职。从吐鲁番所出文书反映的情况看，坊正还负有追送、访捉逃兵等职责。如阿斯塔那134号墓出土《唐麟德二年（665）十二月西州高昌县牛定相辞》所记，武城乡牛定相因宁昌乡樊粪堆拖欠五年地子不还，故辞请县司"追身勘当不还地子所由"，高昌县令的批示是"付坊追粪堆送县对当"，[⑥]表明坊正有追送某人之责。又阿斯塔那61号墓所出《唐麟德二年（665）坊正傅某牒为追送畦海员身到事》，[⑦] 提及坊正傅某"被帖"追畦海员送官府审问之事，该牒是傅某完成使命后所上之公文。可见，官府在城区处理事务，涉及追送某人时，一般都要下帖给诸坊坊正，而坊正是否追送到，均须上牒说明，表明坊正是官府管理城镇居民的基层人员，是官民联系的中介。正因如此，故坊正亦有访捉逃兵之职，这从上列六件文书可得到证明。另外，阿斯塔那第204

---

① 参见吐鲁番阿斯塔那91号墓所出《唐贞观十七年（643）何射门陀案卷》，唐长孺主编《吐鲁番出土文书》（图文本）第3册，第2—4页。

② 参见吐鲁番阿斯塔那188号墓所出《唐开元四年（716）玄觉寺婢三胜除附牒》，唐长孺主编《吐鲁番出土文书》（图文本）第4册，第35—36页。

③ 参见吐鲁番阿斯塔那20号墓所出《唐西州高昌县诸坊杂物牒》，唐长孺主编《吐鲁番出土文书》（图文本）第3册，第480页。

④ （唐）杜佑：《通典》，第63页。

⑤ （唐）长孙无忌等：《唐律疏议》，第228页。

⑥ 唐长孺主编《吐鲁番出土文书》（图文本）第2册，第216页。

⑦ 唐长孺主编《吐鲁番出土文书》（图文本）第3册，第238页。

号墓还出有《唐贞观二十二年（648）洛州河南县桓德琼典舍契》，其中第3、4行所记"今奉明府付坊正 迫 向县。坊正、坊民令遣两人和同，别立私契"，① 说明洛州河南县的坊正也有追送之责，此外，还可调解一般的民事纠纷。这反映了内地坊正的职责与西州基本类同。可以说，坊正在全国各城居的地方治理中发挥了相当大的作用。

从上列案卷各件文书的内容和相互关联看，基层负责访捉逃兵，捉到后报县，县又申郡处分，郡发文后遣返逃兵，这说明各级机构之间配合密切，也反映了地方政府较高的行政效率。

## 二　唐天宝二年前后交河郡高昌县
## 访捉碛西逃兵樊游俊案卷

（一）大谷 1017 号②

（前缺）

1　　□ 检 案连 如 前谨 牒

2　　　　六月　　日史阴敬牒

3　　　　□ 牒 □□□ 准状牒

4　　　　河 东 郡行营仍牒三

5　　　　城 □ 东 西 界 切 捕

6　　　　捉 □□□□ 咨　全　业

（后缺）

---

① 唐长孺主编《吐鲁番出土文书》（图文本）第2册，第152页。
② 小田義久主编『大谷文書集成』（壹）、第4页、图版二一。

（二）大谷 1026 号①

（前缺）

1　　　□月廿七日

2　□簿□盈

3　　　史阴敬□

4　六月廿五日受，其月廿七日行判。

（后缺）


（三）大谷 1018 号②

......................................................

1　　　检案□□

2　　　　　廿五日

3　□检案连如前，谨牒。

4　　　七月□　史阴敬牒

5　□□□

（后缺）


（四）大谷 1024 号③

（前缺）

1　□案连如□

2　　　七月　日史阴敬牒

3　　　检业白

①　小田義久主編『大谷文書集成』（壹）、第5—6頁、図版二二。
②　小田義久主編『大谷文書集成』（壹）、第4頁、図版二〇。
③　小田義久主編『大谷文書集成』（壹）、第5頁、図版二一。

4　　　　　　　　三日

5　☐磧☐西逃兵樊游俊

6　□『得』河东☐郡『行』营状称：上□□于此郡☐逃☐□☐

（后缺）

（五）大谷3000号①

（前缺）

1　　　☐□☐□□□☐□☐

2　由状，被帖令访前件人送□，帖括访当☐□☐

3　人可送，状上听裁者，具检如前。

4　☐牒☐检件如前，谨牒。

5　　　　七月　日史阴☐敬☐□

6　　　　☐磧☐　☐西☐　逃　兵　樊☐□☐

（后缺）

（六）大谷3494号②

……………………………………………………

1　新兴城　　状上

2　　　磧西逃兵樊游俊

3　　　右被牒令访捉上逃兵☐□☐

4　　　前件色可送，谨钱（录）状上。③

---

①　小田義久主编『大谷文書集成』（壹）、第151頁、图版二一。

②　小田義久主编『大谷文書集成』（貳）、第112頁、图版三五。

③　小笠原宣秀、西村元祐《唐代徭役制度考》（《敦煌学译文集——敦煌吐鲁番出土社会经济文书研究》，第944页）认为"钱"可能是"录"字之误，甚是。

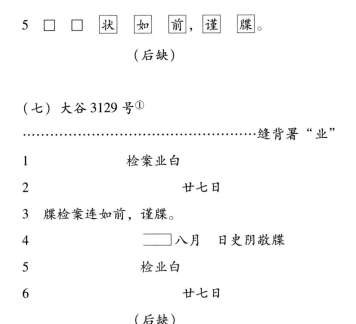

5　□　□　状　如　前，谨　牒。

（后缺）

（七）大谷3129号①

·························································缝背署"业"

1　　　　　　检案业白

2　　　　　　　　廿七日

3　牒检案连如前，谨牒。

4　　　　　　　　　八月　　日史阴敬牒

5　　　　　　检业白

6　　　　　　　　廿七日

（后缺）

以上七件文书从时间的延续性看，均在六月、七月、八月之间。再从内容看，六件记有"史阴敬"，三件记有"业"，三件记有"碛西逃兵樊游俊"，三件同时记有"业""阴敬"，反映出这些文书之间存在着紧密的联系，具有一体性。又七件文书均缺纪年，但从"河东郡行营"称郡看，这批文书应属唐天宝年间的文书；复据文书中出现的"盈""业"等官员名，可以确定这批文书俱为唐天宝年间交河郡高昌县访捉碛西逃兵樊游俊案卷的组成部分。

已有研究根据"河东郡行营"的记载，将本案卷时间定在唐天宝十五载，认为安史之乱发生后，唐玄宗于天宝十四载十二月下制要西边、西北边的众多军队皆赴内地防遏安禄山叛军的行营，河东郡为当时军事战略要地，应设行营，即文书中出现的"河东郡行营"；天宝十五载，碛西边镇之兵内调河东郡行营，其中一名士兵樊游俊从河东

①　小田義久主編『大谷文書集成』（貳）、第29頁、図版二八。

郡逃亡西走，途经高昌县，因而有高昌县访捉此逃兵之事。这种解释如果结合天宝十五载的形势做进一步考察，又使人感到无法成立，现将存在的各种疑点分析如下。

首先，从文献记载看，天宝十四载十一月安禄山于范阳起兵后，一路所向披靡，次年六月攻克潼关，长安震动，玄宗率众出逃成都。七月，太子李亨于灵武即位，颁诏天下，兴师勤王。《资治通鉴》卷二一七唐玄宗天宝十四载十二月条称：

> 壬辰，上下制欲亲征，其朔方、河西、陇右兵留守城堡之外，皆赴行营，令节度使自将之；期二十日毕集。[1]

唐玄宗下制要西边、西北边的众多军队皆赴内地，但直到唐肃宗至德二载（757）二月，西北诸军才会集凤翔，史称："上至凤翔旬日，陇右、河西、安西、西域之兵皆会。"[2] 肃宗以李嗣业为四镇、伊西北庭行军兵马使。[3] 不久，"更安西曰镇西"，并拜李嗣业为镇西、北庭支度行营节度使。[4] 可见，安西、北庭军队内调，并不隶属河东郡行营，而是自有番号。

关于安西、北庭军队驻防内地的情况，史籍也有所反映，《资治通鉴》卷二二四唐代宗大历三年（768）十二月条载：

> 初，四镇、北庭兵远赴中原之难，久羁旅，数迁徙，四镇历汴、虢、凤翔，北庭历怀、绛、鄜然后至邠，颇积劳弊。[5]

---

[1] 《资治通鉴》，第6938页。

[2] 《资治通鉴》卷二一九，肃宗至德二载二月条，第7018页。

[3] 《新唐书》卷一三八《李嗣业传》，第4616页。

[4] 据《资治通鉴》卷二二〇，肃宗至德二载十二月"更安西曰镇西"（第7051页）。然据《旧唐书》卷一〇九《李嗣业传》，李嗣业在至德二载九月时已为"镇西、北庭支度行营节度使"（第3299页）。不知"更安西曰镇西"具体在何月，暂存疑待考。

[5] 《资治通鉴》，第7205页。

据此可知，安西、北庭兵从未到达过河东郡。而且，河东郡在天宝十五载陷入安禄山叛军之手。《资治通鉴》卷二一九肃宗至德二载正月条记：

> 郭子仪以河东居两京之间，得河东则两京可图。时贼将崔乾祐守河东，丁丑，子仪潜遣人入河东，与唐官陷贼者谋，俟官军至，为内应。[1]

胡三省注称："河东郡，蒲州。自河东进兵攻取潼关，则两京之路中断，然后可图也。"[2] 由此可知河东郡在天宝十五载已为安禄山叛军所有。又肃宗于天宝十五载七月于灵武即位时，大封群臣，以"前蒲州刺史吕崇贲为关内节度使兼顺化郡太守"，[3] 而吕崇贲代李麟为河东太守仅在安禄山反叛后不久。[4] 这里称吕崇贲为"前蒲州刺史"，似乎表明河东郡在天宝十五载七月时已落入叛军之手。到至德二载二月，郭子仪才率军收复河东郡。[5] 因此，河东郡在天宝十五载不可能有唐军行营，而且史籍中也无这方面的记载。

其次，从文书内容看，上引第（四）件文书第6行记有"☒河东☒行营状称：上□□于此郡☒"，所缺二字当是"件兵"，其中"此郡"，从文书出土地点在吐鲁番判断，应指交河郡，而非河东郡。如果樊游俊是从河东郡逃走，则在河东郡的行营应该称"本郡"。因此，对这行文字的理解当为：交河郡高昌县接到河东郡行营的状文，

---

称碛西兵樊游俊由交河郡逃走。假如"河东郡行营"就在河东郡，那也不至于称之为"行营"，而且其怎么知道樊游俊会逃到交河郡呢？

再次，从高昌县主簿"盈"及县尉兼判官"业"的任职年限看，"盈"在开元二十九年已任高昌县主簿。据前揭大谷 3128 号文书，"业"至迟在天宝二年已任高昌县县尉，如果他们二人同时担任现职到天宝十五载，历时达十几年之久，这恐怕于制于理都不相合。

最后，从"行营"一词看，当指离开原驻地出征在外的兵营，此称在天宝十四载以前就已出现。天宝六载，唐玄宗诏安西副都护高仙芝率军讨伐小勃律，史称"玄宗特敕仙芝以马步万人为行营节度使往讨之"。[①] 这里的"行营节度使"乃使职，高仙芝率马步军万人离开自己的大本营，前去讨伐小勃律，故称"行营"。这说明，"行营"一称并非只在天宝十四载时才出现。唐朝在经营西域的过程中，从内地调去不少军队，这些军队和当地军民共同保卫着西北边境。这些军队来自全国各地，他们虽远离故土，但原有编制多继续保留，其兵营多称"营"或"行营"。如唐开元二年赴陇西御吐蕃的西州府兵就称"西州营"，[②] 而在西州本土则未见此称。吐鲁番出土文书中，还见有"庆州营"之名，[③] 当是从庆州开赴西域的兵营。从敦煌所出《唐景云二年（711）张君义勋告》中也可看出，当时的"碛西诸军"来自全国各地。[④] 考察同甲授勋之 263 人的贯属，即知大部分人来自中原地区，更有来自江南的洪州、润州、婺州，以及在今四川境内之昌

---

① 《旧唐书》卷一〇四《高仙芝传》，第 3203 页。

② 唐长孺主编《吐鲁番出土文书》（图文本）第 4 册，第 17—23 页。关于"西州营"赴陇西御吐蕃事，参见朱雷《唐开元二年西州府兵——"西州营"赴陇西御吐蕃始末》，《敦煌学辑刊》1985 年第 2 期；又收入氏著《敦煌吐鲁番文书论丛》，第 244—258 页。

③ 见阿斯塔那 230 号墓所出《唐处分庆州营征送驴牒》，唐长孺主编《吐鲁番出土文书》（图文本）第 4 册，第 86 页。

④ 《唐景云二年（711）张君义勋告》原件现藏敦煌研究院，笔者此处引用了陈国灿先生的录文。并参见朱雷先生《跋敦煌所出〈唐景云二年张君义勋告〉——兼论"勋告"制度渊源》，《中国古代史论丛》1982 年第 3 辑，第 331—349 页；又收入氏著《敦煌吐鲁番文书论丛》，第 225—243 页。

州、湖北境内之归州，其中也有来自西北地区的，他们都是按籍贯
或原所在府、营编制组成。因为在被授勋的 263 人中，有的州就多
达 58 人，其他如秦州有 25 人，凉州有 19 人，均按原籍贯授勋。事
实上，保持原州、府建营，也有利于部队的管理和指挥。值得注意
的是，早在贞观二十三年，蒲州就有军队驻防过西州。吐鲁番阿斯
塔那 337 号墓所出《唐贞观二十三年（649）西州高昌县范欢进买马
契》载：

    1　贞观廿三年 ☐☐

    2　乡卫士犯 ［范］ 　欢☐ ☐☐

    3　于蒲州汾阴 ☐☐

    4　駈父八岁 ☐☐

    5　草，一仰 ☐☐

    6　诲（悔） 者 ， ☐☐ 有政 法 ，民 ☐☐

    7　画指为☐ 。

    8　　　　　练主犯 ［范］ 　　欢进

    9　　　　　马主王 ☐☐

    10　　　　知见葛垣 曲

    11　　　　知见李伟 传

    12　　　　知见党积善①

练主范欢进，据阿斯塔那 338 号墓所出《唐显庆三年（658）西州范
欢进雇人上烽契》②、《唐龙朔四年（664）西州高昌县武城乡运海等

---

①　唐长孺主编《吐鲁番出土文书》（图文本）第 2 册，第 223 页。

②　唐长孺主编《吐鲁番出土文书》（图文本）第 2 册，第 244—245 页。

六人赁车牛契》，① 知为西州高昌县武城乡人、交河府卫士。《新唐书·地理志》记载，蒲州有折冲府33个，汾阴府即是其中之一。② 该文书第3行"蒲州汾阴"之下当是"府"字，马主王某应是汾阴府卫士。由此可知，该契是交河府卫士范欢进在高昌县与蒲州汾阴府卫士王某进行马匹交易所订之契。它表明，唐太宗贞观二十三年前后，蒲州汾阴府即有府兵驻防过西州。可见，蒲州（即河东郡）府兵驻防西域，已有历史传统。笔者还注意到，直至唐德宗贞元元年（785），龟兹地区仍有河东郡人在当地活动。在库车库木吐拉石窟第67窟通至第68窟隧道中，存有"建中"纪年题刻4行，兹引录如下：

1　　郭十九琮

2　　姚希芝记

3　　河东郡开佛堂

4　　建中六年六月廿日③

"建中六年"即德宗贞元元年，当是西域与中原交通阻绝信息不通所致。马世长先生认为，郭十九琮、姚希芝可能为凿窟工匠，④ 但也不排除二人为河东郡人的可能。他们在"建中六年"六月二十日作此题刻，表明当时龟兹仍有河东郡人在此开佛堂，从事佛事活动。按唐玄宗天宝元年改州为郡，肃宗至德二载复改郡为州，当时内地与安西仍有往来，交通并未完全阻断，但直到德宗贞元元年，"河东郡"一称

---

① 唐长孺主编《吐鲁番出土文书》（图文本）第2册，第246页。

② 《新唐书》卷三九《地理志三》，第999页。

③ 此为笔者1998年9月随陈国灿师赴新疆克孜尔石窟参加"唐代西域文明——安西大都护府国际学术讨论会"期间，参观库木吐拉石窟时所录之文。马世长先生《库木吐拉的汉风洞窟》一文，录为"郭十九姚希芝之记河东郡亻仙堂建中六年六月廿日"。马先生文载新疆龟兹石窟研究所编《龟兹佛教文化论集》，第325页。

④ 马世长：《库木吐拉的汉风洞窟》，《龟兹佛教文化论集》，第325页。

仍在西域地区行用，当有其特殊含义，其与上揭大谷文书中的"河东郡行营"或许存在某种关联。换言之，这些驻于龟兹的"河东郡"人，很有可能就是天宝初驻防碛西的"河东郡行营"遗留下来的人员及其后裔。《唐六典》卷五《尚书兵部》"天下诸军有健儿"条载：

> 旧健儿在军皆有年限，更来往，颇为劳弊。开元二十五年敕，以为天下无虞，宜与人休息，自今已后，诸军镇量闲剧、利害，置兵防健儿，于诸色征行人内及客户中召募，取丁壮情愿充健儿长住边军者，每年加常例给赐，兼给永年优复；其家口情愿同去者，听至军州，各给田地、屋宅。人赖其利，中外获安。是后州郡之间永无征发之役矣。①

开元二十五年，唐朝开始在全国全面推行募兵制。天宝间"河东郡行营"的士兵，应当就是此种长住边军者，他们可带家口，并有田地物宅，有的可能就在当地娶妻生子，组建家庭。他们一直保持"河东郡"这一名称，其目的无非是以此来表明自己的身份和籍贯。

所谓"河东郡行营"，是指河东郡军队驻防于碛西的行营。上列案卷中的"逃兵樊游俊"，乃是驻防于碛西的河东郡行营辖下之兵，他逃走后，被称为"碛西逃兵"。所以，河东郡行营才会发牒文进行捕捉，这也证实了河东郡行营是隶属安西节度使的一支军队。

从以上分析看，若将上揭案卷时间定在唐天宝十五载，恐怕很难成立。根据文书内容，再结合唐天宝二年高昌县访捉逃兵刘德才、任顺儿、梁日新案卷，可以推知，访捉碛西逃兵樊游俊的这一案卷，时间也应与此相近，当在唐天宝二年前后。

---

① （唐）李林甫等：《唐六典》，第156—157页。

又上揭案卷第（一）件文书第 5 行有二字漫漶难识，首字小田义久先生释作"我"，并加问号；① 王永兴先生则认为："似应作'城'，不知三城何所指？暂存疑。"② 王先生的这一判断，极具启发性。"三城"可能是指高昌县辖境内的三个城。吐鲁番出土文书中，属于高昌县境内以城为名者，有武城、高宁、新兴等城。按武城见于阿斯塔那第 137 号墓所出《唐显庆五年（660）残辞》③、美国普林斯顿大学盖斯特图书馆所藏《唐西州高昌县下武城城牒为贼至泥岭事》④、斯坦因编阿斯塔那 4 区 1 号墓所出《武周神功二年（698）范羔墓志》⑤等文书和墓志。据大谷 1231 号《唐西州高昌县给田簿》第 2 行"城西拾里武城"的记载，⑥ 知武城位于高昌县城西十里。又大谷 2389 号《唐开元廿九年（741）西州高昌县给田簿》第 2 行记有"一段贰亩（部田三易）城东廿里高宁城"，⑦ 知高宁城在高昌县城东二十里。新兴城在吐鲁番文书中常简称"新兴"，其称"城"仅见于上揭案卷第（六）件文书，方位在高昌县城北二十里。⑧ 这三城地理位置相当重要，都是出入高昌县境的重要通道：由西经武城可进入交河县境，从北越火焰山经新兴城可进入蒲昌县境，由东经高宁城可直接进入柳中县境。因此，笔者推测，"三城"当指高昌县境内的武城、新兴城、高宁城。

上引第（一）件文书第 5 行第 5 字，研究者皆释作"犯"，但"东西犯界切捕"文义难解。细审图版，似应为"边"字。结合该文

---

① 小田義久主編『大谷文書集成』（壹）、第 4 頁。
② 《考释》，第 344 页注释④。
③ 唐长孺主编《吐鲁番出土文书》（图文本）第 3 册，第 85 页。
④ 陈国灿：《美国普林斯顿所藏几件吐鲁番出土文书跋》，《魏晋南北朝隋唐史资料》第 15 辑，武汉大学出版社，1997，第 109 页。
⑤ 陈国灿：《斯坦因所获吐鲁番文书研究》（修订本），第 287—288 页。
⑥ 小田義久主編『大谷文書集成』（壹）、第 30 頁、圖版四六。
⑦ 小田義久主編『大谷文書集成』（壹）、第 94 頁、圖版五五。
⑧ 大谷 2913 号文书 2 行记有"史阿堆死退一段二亩常田城北廿里新兴"，知新兴城当在高昌县城北二十里。小田義久主編『大谷文書集成』（壹）、第 135 頁、圖版四〇。

书的上下文，可以做这样的理解：高昌县在回牒河东郡行营的同时，还下牒给武城、高宁、新兴等三城，要它们在东西边界全力捕捉碛西逃兵樊游俊。由上引第（六）件状文得知，逃兵樊游俊果然在新兴城被抓获了。

## 三　唐天宝二年前后交河郡高昌县 访捉逃兵未获文书

### （一）大谷 3001 号①

（前缺）

1　　　□□ 被 帖 □ □

2　　　□ 子细访捉，并无此色可言 □□

3　牒件状如前，谨牒。

4　　　　　　天宝 □□□□

（后缺）

### （二）大谷 2999 号②

（前缺）

1　　　□ □□□

2　　 右 件 兵 □□□　　于 此郡县界逃 □□

3　　走，频勒所由访捉，不获。恐至军不练逃

4　　走所由，请给公验，请处分。

5　 牒 件　状　如　前，　谨　牒。

6　　　　　　天宝 □□ 六 月　　日司兵张 诜 牒

① 小田義久主編『大谷文書集成』（貳）、第 1 頁、図版五七。
② 小田義久主編『大谷文書集成』（壹）、第 151 頁、図版九七。

7　　　　　　　　子 将 果毅王景仙①

8　　付 司 元 宪 示

（后缺）

从以上两件文书内容看，皆为访捉逃兵未获文书。第（一）件第2行有"子细访捉，并无此色可言"，当指未发现或未访捉到逃兵；第（二）件第3行有"频勒所由访捉，不获"，则指根本未抓获到上件所说的逃兵。因此，这两件文书似不属于前所讨论的两份案卷的组成部分。两件文书都记有"天宝"年号，知也是天宝年间文书，又据第（二）件第8行"付司元宪示"的记载，可以推断，两件文书当属唐天宝二年前后交河郡高昌县访捉逃兵未获文案。大谷1407号可能也是一件有关逃兵的文书，兹引录如下：

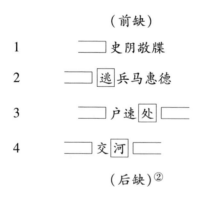

（前缺）

1　　　　　史阴敬牒

2　　　　　逃兵马惠德

3　　　　　户速处

4　　　　　交河

（后缺）②

从第1行所记"史阴敬牒"可知，该文书同样为高昌县的官府文案，但"逃兵马惠德"不见于其他逃兵文书，故推测与上列两件访捉逃兵

---

① 该行首字，『大谷文书集成』（壹）与《考释》均识为"前"，并加问号，细审图版九七，应为两字，首字为"子"，比较明显，后一字当为"将"。
② 小田義久主编『大谷文书集成』（壹）、第54页、图版二二。

未获文书有关。当然，这还有待进一步证实。

在第（二）件文书第 3、4 行中，皆记有"所由"二字，有的研究者认为"所由"是人名，恐有未安。第 3 行中的"所由"当指有关部门或人员，第 4 行中的"所由"则指原因或缘由，这从吐鲁番所出其他文书中可以得到证明。吐鲁番阿斯塔那 3 区 4 号墓所出《唐景龙三年（709）九月西州都督府承敕奉行等案卷》载：

（前略）

15　敕检校长行使　牒西州都督府

16　　　　　粟三拾肆硕

17　牒得西州长行坊牒称：上件粟，准使牒每

18　日合饲三百匹马，当为一十九日马出使，

19　饲不满三百匹，每日计征上件粟，合征

20　所由典张感、魏及、王素、氾洪、曹行、主帅卫

（后缺）①

文书第 20 行中"所由"，即指所在有关部门，典张感、魏及等则是该部门的办事人员。前引《唐麟德二年（665）十二月西州高昌县牛定相辞》中"追身勘当不还地子所由"的"所由"，则指原因或缘由。根据上引第（二）件文书内容，似应做如此理解：司兵张诜与子将果毅王景仙曾多次督促有关部门人员访捉上件中的逃兵，但未成功，担心回军后上司不了解士兵逃走缘由，所以牒请高昌县"给公验"，以为证明。而县令"元宪"做出批示，交有关部门处理。

以上对三类文书进行了粗浅的解释和再认识，从中可看出，唐天宝间西北地区逃兵问题相当严重，而地方官府对此亦高度重视，访捉到与

---

① 陈国灿：《斯坦因所获吐鲁番文书研究》（修订本），第 273 页。

访捉不到均有明文记载。唐朝自武周以后，由于繁重的徭役和兵役，百姓大量逃亡以避役。当时边境吃紧，战争频繁，士兵或战死或没落（被俘），以致逃兵现象不断发生。吐鲁番所出《唐高宗某年西州高昌县左君定等征镇及诸色人等名籍》第 7 行记有"十三人逃走"，[①] 大谷 2849 号第 1 行记有"四人走逃"，[②] 大谷 3021 号及与之拼合的 3027 号记有"卅三人逃走"，[③] 并列出逃走士兵的姓名。据黄惠贤先生研究，这些文书所记之事均发生在武周垂拱年间。[④] 可见，当时逃兵问题已相当严重。开元、天宝间，士兵逃亡现象有增无减。黄文弼先生在吐鲁番所获《唐开元廿九年（741）十二月追捉逃番兵牒》载：

（前缺）

1　　十二月不到番兵史☐

2　　　右件兵配当诸烽☐

3　　　人恐有不处，虞罪及所☐

4　　　追捉发遣，庶免斥堠无亏。谨☐

5　　牒件状如前，谨牒。

6　　　　开元廿九年十二月九日典侯奉☐

7　　　都巡官游击将军果毅都尉马守奉判官☐ [⑤]

从"右件兵配当诸烽"可知，当时不到番的士兵有多人，可能这些士兵已逃走，所以才有"追捉发遣"之牒文。这里"追捉"与前所提及的"访捉""捕捉"含义类同。从开元二十九年到天宝二年，时间

---

① 唐长孺主编《吐鲁番出土文书》（图文本）第 3 册，第 386 页。

② 小田义久主编『大谷文书集成』（壹）、第 114 页、图版九七。

③ 小田义久主编『大谷文书集成』（贰）、第 5—7 页、图版五三。

④ 黄惠贤：《从西州高昌县征镇名籍看垂拱年间西域政局之变化》，唐长孺主编《敦煌吐鲁番文书初探》，第 396—438 页。

⑤ 黄文弼：《吐鲁番考古记》，第 42 页，图版三六。

相隔不远，这充分反映了开元至天宝年间西北逃兵问题的严重。逃兵不断，势必会动摇军心，加之当时兵源普遍不足，这势必会影响当地军政统治的稳定。所以，各级军政机构都十分重视对逃兵的捕捉。

对抓获的逃兵如何处置，前列文案并未说明。据《唐律疏议》卷二八《捕亡》：

> 诸征名已定及从军征讨而亡者，一日徒一年，一日加一等，十五日绞；临对寇贼而亡者，斩。……诸防人向防及在防未满而亡者（原注：镇人亦同），一日杖八十，三日加一等。①

又据《卫公李靖兵法》："背军逃走，斩之。"② 可知唐朝法令对逃兵的处置有详细的政策规定，且相当严厉。《资治通鉴》卷二〇九中宗景龙二年条载：

> 三月，丙辰，朔方道大总管张仁愿筑三受降城于河上。初，朔方军与突厥以河为境……时默啜悉众西击突骑施，仁愿请乘虚夺取漠南地，于河北筑三受降城，首尾相应，以绝其南寇之路。……仁愿固请不已，上竟从之。仁愿表留岁满镇兵以助其功，咸阳兵二百余人逃归，仁愿悉擒之，斩于城下，军中股栗，六旬而成。③

胡三省注称："戍边岁满当归者，留以助城筑之功。"④ 张仁愿为筑三受降城而勒留番期已满的士兵，有咸阳兵二百余人无法忍受而逃归，

---

① （唐）长孙无忌等：《唐律疏议》，第531—532页。
② （唐）杜佑：《通典》卷一四九《兵典二》，第3823页。
③ 《资治通鉴》，第6620—6621页。
④ 《资治通鉴》，第6621页。

结果全部被擒斩，这反映了逃兵的悲惨结局，同时也说明逃兵问题并非个别现象。

在西北边疆地区，由于生活艰苦，战争时有发生，来自全国各地的士兵在此长年累月地征战、戍守，有的无法忍受，势必逃亡。

开元二十五年以前，镇守边疆的诸镇军，一般都有番期，如《唐大诏令集》卷一〇七开元五年正月《镇兵以四年为限诏》载：

> 每念征戍，良可矜者。其有涉河渡碛，冒险乘危，多历年所，远辞亲爱，壮龄应募，华首未归，眷言劳止，期于折衷。但碛西诸镇，道阻且长，数有替易，难于烦扰。其镇兵宜以四年为限，散支州县，务取富户丁多。差遣后，量免户内杂科税。其诸军镇兵，近日递加年限者，各依旧以三年、二年为限，仍并不得延留。其情愿留镇者，即稍加赐物，征人愿往，听复令行。惟贵劳逸且均，公私咸适，宣布遐迩，识朕意焉。①

据此，碛西诸镇兵以四年为限，其余诸镇兵则以三年、二年为限。但被强制抑留者，也所在皆是，诏文所谓"壮龄应募，华首未归"是也。开元二十五年，唐朝全面推行募兵制，"于诸色征行人内及客户中召募，取丁壮情愿充健儿长住边军者"，置"兵防健儿"。② 前揭大谷文书中所记逃兵刘德才、任顺儿、梁日新、樊游俊、马惠德等，当属召募的边防健儿，他们多来自内地。虽名为"召募"，其实可能也存在强制勒留之现象，故出现逃兵在所难免。此时，对这些逃跑的募兵，是否仍按法令规定进行严厉处置，并不十分清楚。不过，鉴于边疆兵源不足问题，对抓获的逃兵极有可能从轻发落，让其归队，继续服役。当然，这一推测还有待进一步证实。

---

① （宋）宋敏求编《唐大诏令集》，第553页。
② （唐）李林甫等：《唐六典》卷五《尚书兵部》"天下诸军有健儿"条，第157页。

后记：本章写就后，笔者复读大谷文书，发现 3137 号与本章所引 3494 号存在一定关联。二者可否拼合？带着这一问题，笔者请教了陈国灿师，在陈师的指点和帮助下，对文书图版进行了认真、仔细的比照，发现两件文书不仅书法相近，而且残存字迹笔画能互相拼接（参见图版十七）。为方便起见，兹引录 3137 号文书如下：

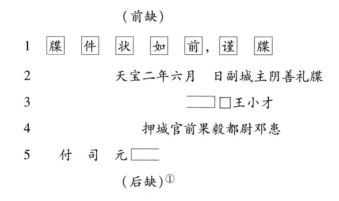

（前缺）

| 1 | 牒 | 件 | 状 | 如 | 前， | 谨 | 牒 |
| 2 | | | 天宝二年六月　　日副城主阴善礼牒 |
| 3 | | | ￿￿□王小才 |
| 4 | | | 押城官前果毅都尉邓惠 |
| 5 | 付 | 司 | 元￿￿ |

（后缺）①

该文书首行 7 字残缺右半部，左半部据字迹可辨识；而 3494 号末行残缺左半部，右半部据字迹能识读出"状如前谨牒"五字，把 3137 号的左半部与 3494 号的右半部进行拼接，结果，二者的"状如前谨牒"五字正相吻合。由此不难判断，二者原本就是一件完整的文书，只是后来破碎被一分为二了。根据这一拼合成果，可知大谷 3137 号中的阴善礼，即新兴城的副城主，邓惠则是新兴城的押城官，此件文书亦属交河郡高昌县访捉碛西逃兵樊游俊案卷的一个组成部分。由此，就可进一步断定第二组文书的确切时间在唐天宝二年。三组文书显然都同属唐天宝二年交河郡高昌县访捉逃兵案卷。

本章写作曾五易其稿，每一次修改，都得到陈国灿师的悉心指导，谨志于此，并表谢忱！

---

① 小田義久主编『大谷文書集成』(貳)、第 30 頁、图版二九。

# 第十二章

# 唐代安西都护府对龟兹的治理

　　贞观十四年，唐平高昌，于其地置西州；同年九月乙卯，"置安西都护府于交河城，留兵镇之"。[①] 高宗显庆三年五月，在平定西突厥阿史那贺鲁叛乱、西域形势有所稳定之后，唐廷迁安西都护府（简称安西府）于龟兹，并设置龟兹、焉耆、于阗、疏勒四镇，简称"安西四镇"，对西域进行有效管辖与治理。其后，由于吐蕃对西域地区的袭扰，唐一度罢弃安西四镇。[②] 武则天长寿元年（692），王孝杰率唐军收复四镇，以汉兵三万人驻守，此后安西府的府衙才在龟兹稳定下来。[③] 关于安西府在龟兹地区的治理情况，史籍记载并不是很多，而20世纪以来库车地区出土的汉文文书却提供了不少信息，中外学者曾利用这批珍贵文书进行了不同程度的探讨，取得

---

① 《资治通鉴》卷一九五，太宗贞观十四年九月条，第6156页。
② 关于唐初安西四镇的弃置，学界看法颇不一致。笔者倾向于认为，唐朝曾两次下令放弃四镇，但吐蕃完全占领四镇只有一次。
③ 参见张广达《唐灭高昌国后的西州形势》，收入氏著《西域史地丛稿初编》，第151—152页。

不少新进展。<sup>①</sup> 不过，已有的研究或囿于对文书的具体介绍和考释，或仅就某些侧面进行探讨。有鉴于此，本章拟在中外学界已有研究成果基础上，充分利用中国、日本、法国等地所藏的库车出土文书，结合相关传世文献，对唐代安西府在龟兹地区的统治实态及治理情况进行较为全面深入的探讨。

# 一　唐代龟兹的地方行政建制

阿史那贺鲁之叛平定后，唐于龟兹置都督府，以其王白素稽为都督，统其众。<sup>②</sup> 龟兹都督府下辖九州，见诸史籍者，有和（姑）墨、乌垒、温肃（府）、郁（蔚）头等州，其余失载。<sup>③</sup> 而州下建制如何，未见相关史籍记载。

1907 年，法国伯希和在今库车西面的都勒都尔·阿护尔遗址发

---

①　王炳华：《唐安西柘厥关故址并有关问题研究》，《西北史地》1987 年第 3 期；后改题为《新疆库车玉其土尔遗址与唐安西柘厥关》，收入氏著《丝绸之路考古研究》，第 82—105 页。姜伯勤：《敦煌新疆文书所记的唐代"行客"》，国家文物局古文献研究室编《出土文献研究续集》，文物出版社，1989，第 277—290 页。小田义久「大谷探検隊将来の庫車出土文書について」『東洋史苑』第 40・41 号、1993、第 3—23 頁；又见氏著『大谷文書の研究』法藏館、1996、第 69—89 頁。王珍仁・刘广堂「新疆出土的"孔目司"公牍析——兼谈大谷探险队与旅顺博物馆之西域文物」『旅順博物館藏新疆出土文物研究文集』龍谷大学仏教文化研究所・西域研究会、1993、第 23—31 頁。冻国栋：《旅顺博物馆藏〈唐建中五年（784）孔目司帖〉管见》，《魏晋南北朝隋唐史资料》第 14 辑，武汉大学出版社，1996。荒川正晴「クチャ出土『孔目司文書』攷」『古代文化』第 49 巻第 3 号、1997、第 145—162 頁。陈国灿：《关于〈唐建中五年（784）安西大都护府孔目司帖〉释读中的几个问题》，《敦煌学辑刊》1999 年第 2 期。张广达：《龟兹地区的灌溉》，Éric Trombert, Ikeda On et Zhang Guangda, *Les Manuscrits Chinois de Koutcha：Fonds Pelliot de la Bibliothèque Nationale de France*, pp. 143–150。

②　（宋）王钦若等编《册府元龟》卷九九一《外臣部・备御四》，第 11642 页。关于龟兹都督府的设置时间，诸书记载不一，吴玉贵认为应在显庆三年，参见氏著《突厥汗国与隋唐关系史研究》，中国社会科学出版社，1998，第 406—411 页。

③　《新唐书》卷四三下《地理志七下》，第 1135、1149—1150 页。除此四州外，王小甫还曾考出其余五州之名，参见王小甫《唐、吐蕃、大食政治关系史》，第 267 页。但有些城是否为州，尚待进一步证实。

掘，获汉文及少数民族语言文书若干，① 其中编号为 D. A83 的文书残片，即书有"牒上龟兹都督府"数字，② 尽管牒文所发机构不明，但它与龟兹都督府之间明显存在隶属关系，这说明龟兹都督府这一羁縻性机构在龟兹地区是真实存在并正常运转的。又吐鲁番所出《唐开元年间西州交河县名山乡差科簿》记有两户全家外任，一为"户刘虔感年卌九安西户曹"，另一为"户王行彻年五十二焉耆户曹"。③ 安西都护府西迁龟兹后，龟兹多称"安西"，考虑到王行彻所任为焉耆都督府户曹，则此处刘虔感所任当为龟兹都督府的户曹。由此不难看出，龟兹府内的一些行政职务，与焉耆府一样，皆为汉人所担任。在敦煌所出唐景龙年间张君义立功第贰等的公验上，还钤盖"渠黎州之印"。笔者曾考证指出，此"渠黎州"当属龟兹都督府下辖九州之一，位于龟兹东境，与焉耆交界。④ "渠黎州之印"钤盖在张君义立功公验上，不仅起着保证该公验法律效力的作用，更在一定程度上反映了渠黎州官府在当地的行政管理实态。

《新唐书》卷四三下《地理志七下》"羁縻州"条载："唐兴，初未暇于四夷，自太宗平突厥，西北诸蕃及蛮夷稍稍内属，即其部落列置州县。其大者为都督府，以其首领为都督、刺史，皆得世袭。"⑤ 那么，在都督府、州之下，龟兹境内是否有县的建制呢？

按都勒都尔·阿护尔遗址，王炳华曾考察认定为唐代的柘厥关，亦作拓厥关，地址在今玉其土尔。⑥ 笔者在此基础上进一步考证指出，

---

① 汉文部分由童丕、池田温、张广达整理为《库车汉文文书》，文书编号为 D. A。Éric Trombert, Ikeda On et Zhang Guangda, *Les Manuscrits Chinois de Koutcha：Fonds Pelliot de la Bibliothèque Nationale de France*.

② 〔法〕童丕、〔日〕池田温、张广达：《库车汉文文书》，第 83 页。本书所引文书释文，均据是书所附图版有所订正。

③ 〔日〕池田温：《中国古代籍帐研究·录文》，第 143 页。

④ 参见本书第六章"敦煌所出张君义文书与唐中宗景龙年间西域政局之变化"。

⑤ 《新唐书》，第 1119 页。

⑥ 王炳华：《丝绸之路考古研究》，第 82—105 页。

玉其土尔遗址系唐代龟兹白寺城的所在地，柘厥关当在该城附近。[①]
在伯希和到来之前，日本大谷探险队曾于此地发掘汉文文书数十件，
大部载于小田义久主编《大谷文书集成》（壹）中，编号为 1503—
1538。[②] 综合考察这些汉文文书，可以发现，唐在柘厥关附近有坊、
村等基层建制。坊有"怀柔坊"[③]、"安仁坊"[④]、"和众坊"[⑤] 等；村
有"东王子村"[⑥]、"西王子村"[⑦]、"南萨波村"[⑧]、"西萨波村"[⑨]、
"僧厄黎村"[⑩]、"伊禄梅村"[⑪]、"南界双渠村"[⑫] 等。据荣新江研究，
于阗都督府下的村名，一般均是胡语的音写，而里坊名则均可用汉文
加以解释，如"安仁"当取《论语·里仁第四》"仁者安仁，知者利
仁"之意。[⑬] 龟兹的坊名与于阗颇相似，村名也有一些可能是胡语的
音写，如"萨波""僧厄黎""伊禄梅"等，但名前多冠以东西南北
等方位，有一些当地的特色。

　　按唐"在邑居者为坊"之规定，在柘厥关附近当有城邑建筑。伯

①　参见拙文《唐代龟兹白寺城初考》，《敦煌学辑刊》2002 年第 1 期。
②　小田義久主編『大谷文書集成』（壹）、第 71—79 頁。1998 年底，又蒙小田義久教授
惠寄大谷 1504—1537 号诸残片图版复印件，这对笔者深入认识文书有重要的帮助，谨此鸣
谢！
③　D. A93 号，《库车汉文文书》，第 88 页。
④　D. A93 号，《库车汉文文书》，第 88 页。
⑤　D. A134 号，《库车汉文文书》，第 111 页。又见大谷 1512 号，小田義久主編『大谷
文書集成』（壹）、第 74 頁。
⑥　见大谷 8062 号，香川默識編『西域考古圖譜』下卷「史料」（一六）、國華社、
1915；小田義久『大谷文書の研究』、図版第 2 頁；小田義久主編『大谷文書集成』（叄）、法
藏館、2003、第 223 頁、図版一九。
⑦　D. A95 号，《库车汉文文书》，第 89 页。又见大谷 8062 号。
⑧　D. A12 号，《库车汉文文书》，第 54 页。
⑨　D. A134 号，《库车汉文文书》，第 54 页。又见大谷 1514 号，小田義久主編『大谷文
書集成』（壹）、第 74 頁。
⑩　大谷 1514 号，小田義久主編『大谷文書集成』（壹）、第 74 頁。
⑪　D. A121 号，《库车汉文文书》，第 103 页。
⑫　大谷 8044 号，香川默識編『西域考古圖譜』下卷「史料」（一〇）；小田義久主編
『大谷文書集成』（叄）、第 219 頁、図版四五。
⑬　荣新江：《关于唐宋时期中原文化对于阗影响的几个问题》，北京大学中国传统文化
研究中心编《国学研究》第 1 卷，北京大学出版社，1993，第 401—424 页。

D. A4 号文书为一契文尾，残存 4 行文字，兹转录如下：

1　　　　　　　 ⎡　⎤伽 黎 ⎡　⎤
2　（保）人　白苏□□鸡　年卅一
3　（保）人　明府城处半白瑟笃米黎　年五十
4　（保）人①

第 3 行所列保人白瑟笃米黎，其身份是明府城的处半。此处"处半"，显然是一身份职事名。此外，伯希和在库车某地所获得的一件汉文文书中，还记有"处半"多人，如"处半白骨雷""处半白支陁地肥""处半白苏毕黎""处半白吉帖失鸡"等，②说明"处半"一职皆为龟兹白姓人所担任，而且人数不少。在和田附近麻扎塔格出土的某寺支用历中，常列有某坊或某村"叱半"收税、草的记录。③池田温曾据贝利（H. Bailey）研究简明指出："市城以若干坊构成，乡野以乡、村分治，俱有叱半主要任征税。叱半即于阗语 Spāta 之音写，别种音写薛波。"④"处半"或许与"叱半"为含义相同但汉字异写之同类职名，它既可译写成"叱半""薛波"，又可译写成"处半"，均类似于中原之坊正、里正。

　　白瑟笃米黎为"明府城"之"处半"，证明此地确有一城。伯 D. A130 号为一家书，其中有"至七月麦熟，入城相□"语，⑤写信人计划七月所入之城，显然即该文书出土地之城。宋人洪迈说："唐

---

　　① 《库车汉文文书》，第 49 页。

　　② 《库车汉文文书》，第 131 页。

　　③ 〔日〕池田温：《中国古代籍帐研究·录文》，第 204—205 页；陈国灿：《斯坦因所获吐鲁番文书研究》（修订本），第 489—495 页。

　　④ 〔日〕池田温：《麻扎塔格出土盛唐寺院支出簿小考》，敦煌研究院编《段文杰敦煌研究五十年纪念文集》，世界图书出版公司北京公司，1996，第 219 页。荒川正晴「クチャ出土『孔目司文書』攷」（第 156 页）一文亦持此见解。

　　⑤ 《库车汉文文书》，第 108 页。

人呼县令为明府，丞为赞府，尉为少府。"① 由此看，"明府城"似为县令所在之城。又伯 D. A92 号为一《付米帐》，其中有"（付）席明府米五斗"。② 伯 D. A108 号《付马料帐》中，又记有"十八日张明府马食五升"。③ 此张明府，也见于同一遗址所出之大谷 8083 号《书信稿》，信上写有"张明府至，得书奉海忧情"，④ 足见明府城确为堪称明府地位者所居之城。以上席明府、张明府似可作为此地有县设置之依据。然而，敦煌所出《唐天宝年间地志残卷》明确记载："安西：……无县，管蕃府四。"⑤ 库车出土汉文书中，亦未见有县令、丞、尉等职官名称的出现。由此可见，安西府辖下并无县的建置。荒川正晴在研究安西府属羁縻都督府下的建制时，认为一个羁縻都督府下设有多个蕃州，每个州由若干城邑组成，城内有坊，城外有乡、村。在这种羁縻都督府里，没有基层行政单位县或里设置的形迹。⑥ 这一见解无疑是正确的，与出土文书反映出的龟兹都督府的情况也基本吻合。需要补充说明的是，在都勒都尔·阿护尔遗址所出的文书中尚未见到州的记载，只见有城或明府城，城内驻有相当于县令的长官，由汉人充任。由于无县的设置，故称长官为"明府"，称城为"明府城"，此城可能即位于渭干河西面的夏克土尔遗址，⑦ 其职能大体相当于中原的县城。除"明府城"外，伯 D. A118 号背面还记有"六达城"一名，⑧ 敦煌

---

① （宋）洪迈：《容斋随笔》卷一"赞公少公"条，上海古籍出版社，1996，第 4 页。

② 《库车汉文文书》，第 87 页。

③ 《库车汉文文书》，第 96 页。

④ 香川默識編『西域考古圖譜』下卷「史料」（二二）；小田義久主編『大谷文書集成』（叁）、第 230 頁、図版四四。

⑤ 唐耕耦、陆宏基编《敦煌社会经济文献真迹释录》第 1 辑，第 57 页。

⑥ 荒川正晴「クチャ出土『孔目司文書』攷」『古代文化』第 49 卷第 3 号、1997、第 155 頁。

⑦ 参见本书第十三章"唐代龟兹白寺城初考"。

⑧ 《库车汉文文书》，第 101 页。

所出唐景龙三年张君义立功公验上记有"白寺城"一名，① 这些城可能都类同于中原的县。

此外，城中还设有城局。伯 D. A90 号文书是掏拓所下给此城城局万清的帖文，兹录文如下：

```
1   掏拓所        帖城局万 ▢▢▢▢▢▢
2   白寺、河西寺在寺院等所有 ▢▢▢▢▢
3   仰城局万清自须带来一 ▢▢▢▢▢
4   外即 ▢▢▢▢▢
```

（后缺）②

按城局乃一官职名，唐以前诸州皆有设置，其职责为"掌修浚备御"。③ 吐鲁番所出《唐某人与十郎书牍》中有云："当城置城主四，城局两人，坊正、里正、横催等在城有卅余人，十羊九牧。"④ 据该文书中"城局"列于城主之下，坊正、里正之上，知唐代城局已演变为一吏职名。上揭帖文大概是指掏拓所帖令城局万清，要其带领辖下白寺、河西寺在寺若干人，即日至某处劳作，也有可能是"修浚"之类的事务。

除城局外，城内还设有坊正之职，伯 D. A134 号第 2 行即有"和众坊正曹德德"之记载。⑤ 坊内又有"防御人""虞候"等职名，如

---

① 参见本书第六章"敦煌所出张君义文书与唐中宗景龙年间西域政局之变化"、第十三章"唐代龟兹白寺城初考"。

② 《库车汉文文书》，第 86 页。

③ 《资治通鉴》卷一三九南齐明帝建武元年（494）九月乙亥"城局参军乐贲开门纳之"条（第 4361 页），胡三省注称："诸州刺史各有城局参军，掌修浚备御。"城局似为"城局参军"的省称。

④ 唐长孺主编《吐鲁番出土文书》（图文本）第 4 册，第 336 页。

⑤ 《库车汉文文书》，第 111 页。

伯 D. A93 号文书载："怀柔坊税丁安拂勒资钱壹阡伍伯文，今分付安仁坊防御人张嘉兴母张大娘领。"① 此处"防御人"，似指负责坊内安全事务的有关人员。又伯 D. A103 号云："作人曹英俊：右件人先欠税（中缺）分付本坊虞 候 （中缺）牒件状如前，谨（牒）。大历（后缺）。"② 据所记内容，知此乃一残牒文，写于大历年间，大意是指作人曹英俊过去所欠之税，要"本坊虞 候 "负责催征云云。按虞候职在刺奸，此处坊间虞候似兼有收税之责。而前揭由龟兹白姓人担任并主税收的"处半"，有可能是设于各村的吏职，主要负责村务。至于明府官下还有哪些属吏，并不十分清楚。

综上所述，龟兹地区的地方行政建制很有特色，在都督府、州之下，有相当于中原县级机构的城，城下有村、坊等基层建制，城的各种吏职设置，既有唐制，又有龟兹本地的制度，无不体现中原唐制与龟兹地方制度的交融与结合。可以这样认为，这是一种真正意义上的"胡汉一体"地方行政建制，充分反映了唐朝治理龟兹的某些特色。

## 二　唐安西府下的各类管理机构

唐代龟兹除存在都督府、州、城等地方行政建制外，安西府本身还设有各类管理机构。旅顺博物馆藏编号为 20.1609 的《唐建中五年（784）孔目司帖及抄》（参见图版十八）（以下简称《孔目司帖》），系 1903 年 4 月日本大谷探险队与当地民工在克孜尔谷北断崖上洞窟所得，《西域考古图谱》曾误记其出土于吐鲁番吐峪沟，后经小田义久考订，确证其出自克孜尔。③ 该文书对深入认识和考察唐朝在龟兹

---

① 《库车汉文书》，第 88 页。
② 《库车汉文书》，第 92 页。
③ 小田義久「大谷探検隊将来の庫車出土文書について」、第 5—6 頁；又见氏著『大谷文書の研究』、第 70—72 頁。

地区的治理情况有着重要的史料价值，故中外学人多有研究。① 为便于说明问题，兹先引录如下：

（一）

1　孔目司　　　帖莲花渠匠白俱满失鸡

2　　　配织建中伍年春装布壹佰尺。行官段俊俊、

3　　　赵秦壁、薛崇俊、高崇迅　等。

4　　　　右仰织前件布，准例放搯拓、助屯及

5　　　　小小差科，所由不须牵挽。七月十九日帖

6　　　　　　孔目官任　署

（二）

···················································

1　配织建中伍年春装布，匠莲花渠白俱满地黎

2　壹佰尺了。行官段俊俊、薛崇俊、高崇迅、赵壁

3　等。七月廿日赵壁抄。

文书第 2—5 行钤盖朱印三方，彩印图片显示，印文有 3 行字，似为"安西大都护府之印"。② 如果这一判断不误，则文书中的孔目司，应是安西大都护府属下的官府机构。这与贞元初高僧悟空至安西，会见"四镇节度使、开府仪同三司、检校右散骑常侍、安西副大都护兼御史大夫郭昕"的情况是一致的，③ 表明在唐建中、贞元年间，安西大

---

① 参见前揭注释所列王珍仁、刘广堂、小田义久、冻国栋、荒川正晴、陈国灿等中外学人之论著。本书所引《孔目司帖》录文，俱见陈国灿师文，以下不另注。

② 彩印图版见『旅顺博物館藏新疆出土文物研究文集』古文书彩版。按《文物》1975 年第 7 期第 13 页刊有吐鲁番所出唐初"安西都护府之印"，印文为 2 行，而本件印文为 3 行，这正是都护府与大都护府区别之所在。

③ 《游方记抄》卷一《悟空入竺记》，〔日〕高楠顺次郎等编集《大正新修大藏经》第 51 册，东京：大正一切经刊行会，1924—1934，第 980—981 页。此据台北新文丰出版公司影印本。

都护府这一官府机构仍在龟兹正常运转。

孔目司之长官为孔目官，严耕望氏认为，"财计出纳当为其重要职务"。[①] 其下又有行官多人，据孙继民氏、冻国栋氏研究，其职责有行田、信使、传令、送行、押马、参与军兵部署等，实际上是唐朝官府差遣出行办事的吏员。[②] 在《孔目司帖》中，行官协助孔目官负责征收春装布，极有可能是因安西府属下的驻军兵健春装用布需要，而对当地及其附近匠户所作的配征。不管是孔目官，还是行官，他们都是汉人，都属安西府下的官吏。

大谷 1508 号与 1538 号两件文书是可以上下缀合的《唐安西官府事目历》（参见图版十九）（以下简称《事目历》），存 8 行文字，兹引录如下：

（前缺）

1　■■■□真状为充捉□□□

2　■■■□□□无纳请不入破事。

3　■■■状为请宴设蒲桃酒价直事。

4　　■■■为请过所事。

5　　■■■为被停粮事。

6　□海宾状为大井馆步砲一具不堪回□事；

7　一为请漆器什物等事。

8　范恒恭状■■■

（后缺）[③]

---

①　严耕望：《唐史研究丛稿》，香港：新亚研究所，1969，第 202 页。

②　孙继民：《唐西州张无价及其相关文书》，《魏晋南北朝隋唐史资料》第 9、10 期，武汉大学学报编辑部，1988，第 87 页；冻国栋：《旅顺博物馆藏〈唐建中五年（784）孔目司帖〉管见》，《魏晋南北朝隋唐史资料》第 14 辑，第 135 页。

③　此处录文，参见本书附录一《库车出土唐安西官府事目历考释》。以下所引《事目历》，俱出自此文，不另注。

文书第 3 行记有某某"状为请宴设蒲桃酒价直事"一目。按"宴设"一词，多见于敦煌吐鲁番文书。如吐鲁番所出《唐开元十九年（731）正月至三月西州天山县到来符帖目》中，即有"仓曹符：为宴设及公廨田萄不高价抑百姓佃食讫申事"。[①] 敦煌文书中，唐朝前期的沙州称"宴设厨"，[②] 归义军时期则称"宴设司"。"宴设"职责主要是招待来往客人饮食，[③] 而且在军、州一级才有设置。[④] 由此言之，龟兹出现的"宴设"当是安西府属下的招待机构。所谓某某"状为请宴设蒲桃酒价直事"，当指安西府下"宴设"机构在明府城辖区内购买葡萄酒，钱未支付，百姓乃上状当地官府，请求偿付。这透示出安西府与当地官府之间的隶属关系，也反映出文书所在之地的明府城以及柘厥关附近，是一片经济繁荣之地。

安西府之下，还设有专门管理渠堰的掏拓所。前揭伯 D. A90 号文书，即为掏拓所下给城局万清的帖文。按掏拓之"掏"，意指挖掘，"拓"则指拓展，二者连称，乃指浚通、修缮渠堰水道，[⑤] 管理这类事务的机构称掏拓所。又大谷 8066 号乃出土于都勒都尔·阿护尔遗址的《唐安西掏拓所文书》（参见图版二十），总存 7 行文字，兹转录如下：

---

① 〔日〕池田温：《中国古代籍帐研究·录文》，第 216 页。小田義久主編『大谷文書集成』（貳）、第 104 页。

② 伯 2626、2862 号文书背面《唐天宝年代敦煌郡会计牒》第 81 行记有"宴设厨"三字，见唐耕耦、陆宏基编《敦煌社会经济文献真迹释录》第 1 辑，第 475 页。

③ 刘俊文·牛来颖「敦煌吐鲁番文书所见宴设司」礪波護主編『中國中世の文物』京都大學人文科學研究所、1993、第 643—660 页。

④ 《册府元龟》卷四二《帝王部·仁慈》载开元十一年十一月诏云："自今以后，非祠祭所须，更不得进献牛马驴肉；其王公已下，及天下诸州、诸军宴设及监牧，皆不得辄有杀害。"（第 479 页）由此可知，宴设仅限于州、军一级才有设置。敦煌莫高窟北区 47 窟新出《军宴设公廨捉钱帐》中，便记有"军宴设本一百廿四千二百六十"，此"军宴设"当为沙州豆卢军之宴设机构。参见陈国灿《莫高窟北区 47 窟新出唐贷钱折粮帐的性质》，收入氏著《敦煌学史事新证》，第 230—243 页。

⑤ 参见冻国栋《旅顺博物馆藏〈唐建中五年（784）孔目司帖〉管见》，《魏晋南北朝隋唐史资料》第 14 辑，第 124 页。

1　掏拓所

2　　大母渠堰

3　　　右件堰十二日毕□。为诸屯须掏未已，遂

4　　　请取十五日下水。昨夜三更桃花水汛涨，

5　　　高三尺，牢得春堰，推破南边马头一丈已

6　　　下。恐更暴涨，推破北边马头及春堰，伏

7　　　□□□□检河漕及堰功积，便下水，十四日。然

　　　　　（后缺）①

文书第3行中"诸屯须掏未已"，可能是指灌溉诸屯的各个支渠，还未疏浚完毕。第4行所记"桃花水"，据《汉书》卷二九《沟洫志》："来春桃华水盛，必羡溢，有填淤反壤之害。"颜师古引《月令》注云：

　　　"仲春之月，始雨水，桃始华。"盖桃方华时，既有雨水，川谷冰泮，众流猥集，波澜盛长，故谓之桃华水耳。②

可见，"桃华水"是指仲春二月所发之山水。由此亦可推知，本件文书当写在某年的二月。文书第5行和第6行出现之"春堰"，显然是指迎春汛所筑之堰。结合上下文分析，当是掏拓所向安西府有关部门申说大母渠堰已于当月十二日掏拓功毕，只因"诸屯须掏未已"，遂请十五日下水，但"昨夜三更桃花水汛涨"，推破南边马头一丈以下，

---

①　香川默識編『西域考古圖譜』下巻「史料」（一七）；小田義久『大谷文書の研究』首頁図版、錄文第79頁；小田義久主編『大谷文書集成』（叁）、第225頁、図版二〇。有关本件的出土情況，小田义久「龍谷大学図書館蔵大谷文書について」一文有过简介，参见小田義久主編『大谷文書集成』（壹）、第5頁；汉译文载《敦煌吐鲁番文献研究论集》第5辑，第635页。

②　《汉书》，第1689—1690页。

"恐更暴涨"，推破北边马头及春堰，故而请求上司速来检查河漕及渠堰的完工情况，以便十四日放水。

值得注意的是，在本件文书第2—6行上，又有后来书写的大字草书4行，今依小田义久录文，并据图版略做校订如下：

1　　准状。准状各帖所由。

2　　　付司。庭宝示

3　　　　十三日

4　敕四镇支度□□□□□①

在"所由"二字及其左右有五处习书"庭宝"小字，小田义久由此推测，此4行文字很有可能是官员"庭宝"之习书。不过从这一判辞中，仍可得知掏拓所与安西四镇的关系。据"敕四镇支度□□□□□"分析，当是开元六年以后的文书。②小田教授的这一分析很重要，指明了此地的掏拓所是敕四镇节度使府属下支度营田使所设之机构。不论"庭宝示"的4行草书是否为习字，单从这4行内容推测，前列掏拓所文书是二月十三日掏拓所状上四镇支度营田使的状文。③由此言之，掏拓所当即安西大都护府下四镇支度营田使的所属机构。

从掏拓所状文所记内容看，掏拓所管理当地的各个渠堰，直接控制当地田土的灌溉用水，地位颇为重要。掏拓所由"掏拓使"负责管

① 小田義久『大谷文書の研究』首頁図版、第79頁；小田義久主編『大谷文書集成』（叁）、第225頁、図版二〇。
② 香川默識編『西域考古圖譜』下卷「史料」（一〇）；小田義久『大谷文書の研究』、第81頁、図版二；小田義久主編『大谷文書集成』（叁）、第223頁、図版一九。此处录文据图版略有调整。
③ 小田義久「大谷探検隊将来の庫車出土文書について」、第13—14頁；『大谷文書の研究』、第79—80頁。

理，如大谷 1516 号文书即残存有"掏拓使"三字。① 又大谷 8062 号文书亦出自库车（参见图版二十一），存有 3 行文字，兹引录如下：

1　检校掏拓使　牒东西王子村税丁

2　东王子村苏大地宁

3　　右奉开府状上请等

（后缺）②

此处"掏拓使"前冠有"检校"二字，当指由他官兼理掏拓使。而"开府"，则指"开府仪同三司"，为唐文散阶之最高品。文献所记唐前期节镇安西的边将带此散阶的尚不多见，即使像高仙芝这样的著名边将，也只是在天宝九载（750）入朝后才被授予此阶。③ 前揭悟空贞元年间至安西与四镇节度使郭昕会面时，郭昕所带散阶即为开府仪同三司。据此推测，文书的年代当在 8 世纪后半期以后。很显然，文书中的"开府"与"检校掏拓使"之间，即是一种上下级关系。

除孔目司、宴设、掏拓所外，龟兹地区还存在关津、馆驿等机构。

安西都护府是唐朝直接经营西域的最高统治机关，治所设在龟兹王城。因此，其与外界的交通和安全问题，就显得至关重要。早在东汉桓帝永寿四年（158），龟兹即有左将军刘平国治乌垒关城。④ 唐朝无疑继承了这一传统，也在安西府治所四周设关。据王炳华研究，唐安西府在其府治的北面设有雀离关，遗址在今苏巴什；西北面有盐水

---

① 小田義久主編『大谷文書集成』（壹）、第 74 頁。

② 香川默識編『西域考古圖譜』下卷「史料」（一〇）；小田義久『大谷文書の研究』、第 81 頁、図版二；小田義久主編『大谷文書集成』（叁）、第 223 頁、図版一九。

③ 《旧唐书》卷一〇四《高仙芝传》，第 3206 页。

④ 参见黄文弼《释刘平国治关城诵》，黄烈编《黄文弼历史考古论集》，第 271—274 页。

关，遗址在今盐水沟附近；西有柘厥关，即都勒都尔·阿护尔遗址，地址在今玉其土尔。① 除此之外，在东面的焉耆境内，还设有铁门关。可见，在安西府大本营的东、西、北、西北各处皆设有关口。而关的职责是"禁末游，伺奸慝"，② 稽查行旅，这对保障安西府大本营的安全、维护龟兹地区的稳定有着重要作用。

关于盐水关，伯希和 1907 年在盐水沟一古堡获取若干古龟兹文木简，经列维（Sylvain Lévi）教授释读，不少木简上书有"盐关"，其中最完整的一件简文为："Ywarttas 书于……在盐关。汝自适用此符，现自……来，偕行者共十人，马共五匹，牛一头，放行勿诘；汝亦不得有所留存。Ksum 二十年七月十四日，Yo（署名）。"③ 列维据其他木简中也有"Swarnate 大王"的记载，先将"Ksum"比定为唐太宗贞观年号，后结合文献分析，发现二者不相吻合，乃转而认为"Ksum"即龟兹王苏伐迭在位之年号，其在位时间长达二十余年，正当唐武德至贞观年间。④ 这一观点，过去多为中外学界所接受。不过，龟兹王国有无自己独立的年号，目前尚无资料证实。从历史文献及出土文书看，在唐以前，西域各国除高昌国为汉人所建，有自己的年号外，其他多用干支或十二生肖纪年，有的用某王某年，还未见有用年号纪年者。而且，列维本人介绍，他在列宁格勒（今圣彼得堡）还见有乙种吐火罗方言（即龟兹文）信札一件，首记："在位之二年，国王 Ksemarcune 在虎年中……"第 12 行载："前年国王 Ksemarcune……"他指出："'虎年'名称，足证库车适用十二生肖制；此制流行突厥，世人已知之矣。"⑤ 既然龟兹采用十二生肖纪年，那么"Ksum"纪年又做何解释呢？唐朝统治安西四镇期间，纪年长达二十年者，仅有

---

① 王炳华：《丝绸之路考古研究》，第 82—105 页。
② （唐）李林甫等：《唐六典》卷三〇，第 757 页。
③ 〔法〕伯希和、烈维：《吐火罗语考》，冯承钧译，中华书局，1957，第 12 页。
④ 〔法〕伯希和、烈维：《吐火罗语考》，第 14—16 页。
⑤ 〔法〕伯希和、烈维：《吐火罗语考》，第 58 页。

贞观和开元两个年号。而贞观二十年，唐朝尚未在龟兹取得稳定的统治，故这批木简有可能是唐玄宗开元年间之物。从木简内容看，记有人口数和牲口数，颇类唐代公验或过所。[①] 黄文弼 1928 年在克孜尔明屋考察时，发现一汉文残纸，上书"贞元七年西行，牛二十一头"，黄先生推测为往来人员过此之签证。[②] 这一残纸与木简内容也颇相似。当然，有关龟兹文年代的这一推测，还有待出土资料的进一步证实。

　　唐朝在经营西域的过程中，为了更好地进行有效治理，以确保西域边防安全，其十分重视西域地区的交通建设。《唐会要》卷七三《安西都护府》载显庆二年（657）苏定方平定阿史那贺鲁叛乱后，在西域地区"开通道路，别置馆驿"。[③] 伯 D. A91 号文书，[④] 是唐高宗上元三年（676）三月某人上给安西都护的牒文残片，[⑤] 其中提到祈求"馆路得济"之事，表明龟兹地区设有馆。又前揭《事目历》第 6—7 行记"□海宾"状上两事，一为"大井馆步碓一具不堪回□事"，另一为"请漆器什物等事"，可知"□海宾"当为大井馆的管理人员，而且馆内设施齐全，有自己的粮食加工工具——步碓。"大井馆"不见史载，推测当在柘厥关附近。另外，著名诗人岑参在《安西馆中思长安》一诗中，还提及"安西馆"一名。[⑥] 又伯 D. A129 号文书中有"供中馆"的记载。[⑦] 这些馆具体位于何处，并不清楚。大谷 8041 号是一件出土于库车的馆驿文书（参见图版二十二），存 4 行

---

　　① 王炳华氏认为，从简文内容可以明确，这是唐代"过所"类证书，并指出该木简是唐代实物。参见氏著《丝绸之路考古研究》，第 96 页。

　　② 黄烈编《黄文弼历史考古论集》，第 261 页。

　　③ （宋）王溥：《唐会要》，第 1567 页。

　　④ 《库车汉文文书》，第 86 页。

　　⑤ 关于此件文书年代的判断，请参本书附录二《唐代安西、北庭两任都护考补——以出土文书为中心》。

　　⑥ （清）彭定求等编《全唐诗》第 6 册，中华书局，1960，第 2045 页。

　　⑦ 《库车汉文文书》，第 107 页。

文字，兹转录如下：

1　⬚所　　状上

2　⬚四馆 要 木柚尿钵四牧。

3　⬚右件等馆各要上件尿钵，伏望支给，请处分。

4　⬚ 状 如前，谨牒。

（后缺）①

第2行末字"牧"，或即"枚"之误写。本件缺纪年，但与大谷8040号《唐天宝五载二月典曹英俊牒》同时出土，故小田义久将其定名为《唐天宝五载牒状》。② 从文书内容看，当是某所为四馆申请木柚尿钵而上的状文。所上机构，推测是安西府掌管物资供应的仓曹，或是四镇支度营田使。因文书残损，不知该所为何所。四馆亦缺馆名，但可能与前揭"大井馆""安西馆""中馆"等有关。这件文书同样表明安西府下属机构多称"所"。

又据《新唐书·地理志》，龟兹境内往西有"济浊馆"和"谒者馆"。③ 20世纪80年代初，考古工作者在阿克苏与托库孜萨赖古城之间，发现不少古代馆驿遗址，根据这些遗址的地理位置，推论都埃梯木遗址即"济浊馆"之所在，穷梯木遗址则为"谒者馆"之所在。④可见，龟兹境内馆的设置是较为普遍的。

至于驿，敦煌所出斯1344号《唐开元户部格残卷》载景云二

---

① 香川默识编『西域考古图谱』下卷「史料」（九）；小田义久『大谷文书の研究』、第82—83页、图版二；小田义久主编『大谷文书集成』（叁）、第219页、图版二〇。

② 小田义久『大谷文书の研究』图版二对大谷8040、8041号均题作《唐天宝五载（746）牒上》，第82—83页录文则题作《唐天宝五载牒状》。

③ 《新唐书》卷四三下《地理志七下》，第1150页。

④ 参见柳晋文《巴楚—柯坪古丝道调查——兼述"济浊馆"、"谒者馆"之地望》，《新疆文物》1985年第1期。

年（711）闰六月十日户部颁格云："敕：诸州进物入京都，并令本州自雇脚送。如口味不堪久停及僻小州无脚处，并安西已来，依旧给传驿。"① 这表明安西以东设有传驿，同时传驿还负责传物上贡。

馆驿必须备有马匹，方能通行旅。伯 D. A41 号文书似为一官马坊事目历，残存数行文字，兹转录如下：

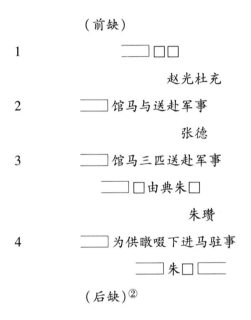

（前缺）

1　　　　　⬚⬚⬚

　　　　　　　赵光杜充

2　　　　⬚馆马与送赴军事

　　　　　　　张德

3　　　　⬚馆马三匹送赴军事

　　　　⬚⬚由典朱⬚

　　　　　　　朱攒

4　　　　⬚为供暾啜下进马驻事

　　　　⬚朱⬚⬚⬚

（后缺）②

以上每条事目下右侧均有经手人姓名，中间还有朱书文字，如第 3 行下的"⬚⬚由典朱⬚"即是如此，这显然属官府文书。由此可见，安西府下的馆驿用马，有着一套严格的制度。

库车出土的大谷 8071 号文书，是一件由烽子阎敬元所上的状文（参见图版二十三），兹录如下：

---

①　唐耕耦、陆宏基编《敦煌社会经济文献真迹释录》第 2 辑，第 573 页。
②　《库车汉文文书》，第 66—67 页。

　　　　　　　（前缺）

1　　　 □装，又蒙安置职掌，敬元种
2　　　 □日，烽馆之人，具悉知委。先已
3　　　 □烽子东西，交不自由，□□形体
4　　　 □問其体□□□君子急告
5　　　 □今欲雇一人代役，暂向碛□□
6　　　 □请乞商量听裁。谨状。
7　　　 □状
8　　　 □年二月　日烽子阎敬元状上
9　　　　　　　　□□

　　　　　　　（后缺）①

本件残损，且缺纪年。其中提及"烽馆之人，具悉知委"，烽与馆连称，表明在安西地区，有些烽可能是与馆驿建在一起的。该文书是烽子阎敬元于某年二月申上的状文，大意可能是申说烽上某人因病，欲雇一人代役，请求上司裁断。这一文书还表明当时驻防烽馆之人多为汉人，也反映了唐朝在西域的统治机构对边防基层组织的重视。

# 三　唐龟兹地区的屯田

　　唐朝为解决军粮问题，在沿边各军州多设有屯田。《唐六典》卷七屯田郎中员外郎条记，安西有二十屯，与北庭屯田数同，② 表明唐朝在龟兹地区推行大规模屯田。按唐制，每屯"大者五十顷，小者二

---

① 香川默識編『西域考古圖譜』下卷「史料」（一八）；小田義久主編『大谷文書集成』（叁）、第227頁、図版一九。
② （唐）李林甫等：《唐六典》，第223頁。

十顷"，① 安西的二十屯可能也是按大、小屯因地制宜而设。伯
D. A19 号是一件安西某屯的屯种文书，残存 4 行文字，转录如下：

```
1   合当屯应 种 □□
2      一段四顷屯南 □□
3      一段廿顷屯 □□
4          右通 □□ ②
```

该屯只有 24 顷地在屯种，介于朝廷规定的 20 顷与 50 顷之间。当然，
这只不过是明府城附近"诸屯"中的一屯而已。

　　黄文弼 1928 年 10 月在库车南部沙乌勒克以北之古址考察时，推
论这一带"当原为汉代屯田区，至唐代仍在此地垦殖"。③ 这一推论
十分重要，且为当地出土文书所证实。前揭大谷 8066 号《唐安西掏
拓所文书》中，第 3 行所记"诸屯须掏未已"，即表明"大母渠堰"
周围设有若干屯，这反映出龟兹屯田多集中在水利灌溉之地。而屯田
的灌溉用水，由掏拓所直接负责，可见当地官府对屯田的重视。从文
书的出土地看，这些屯田大概就在唐柘厥关附近一带。伯 D. A1 号背
面第 5 行残存有"伊利等屯"数字，④ 此屯当与上揭"诸屯"有关，
说明龟兹各屯田皆有其名称。库车南面的通古斯巴什古城附近亦为一屯
田区，黄文弼曾于此获《白苏毕梨领屯米状》文书一件，内容如下：

```
1   □历十四年米□□数，三月廿三日白苏毕梨领得
2   □屯米四斗半， 面 壹硕捌斗，踏壹
```

① （唐）李林甫等：《唐六典》，第 223 页。
② 《库车汉文文书》，第 57 页。
③ 黄烈编《黄文弼历史考古论集》，第 251 页。
④ 《库车汉文文书》，第 48 页。

3 　□油三胜　　酱□胜　　酢五胜

　　　（后缺）①

黄先生推测"历"前应为"大"字，并指出安史之乱后，边兵被征入援，广德后，吐蕃取河陇，碛以西隔绝不通，安西屯田戍卒乃用本地人充之。此论无疑是正确的。不过，参与安西屯田的，除当地百姓外，还有不少汉人、汉兵。大谷 1509 号与 1530 号是两件同出于都勒都尔·阿护尔遗址的付粮文书，引录如下：

（一）大谷 1509 号

　　　（前缺）

1 　面 □□□

2 　面 　壹 　硕 □□□

3 　给行 官 史 □□ □□□

　　　　　南

4 　面 　壹硕伍斗伍胜给邓京 □□□

　　　　　南 　　　　　　　　　　　　　　南

5 　米伍斗捌胜给吴思 令 ，四日付，令，綦。米伍斗捌胜

给 □□□

　　　　　　　　　　　南

6 　进朝，四日付，进，綦。面壹硕三斗伍胜给 □□□

7 　陆胜给梁仙童　杜庭秀，四日付，诠，綦。 □□□

8 　刘 奇 进 刘 凤 □四日付 □□ □□□

　　　南

---

① 黄烈编《黄文弼历史考古论集》，第 268—269 页。

9　米陆斗☐☐

　　　　南

10　米☐☐☐

11　面☐☐

　　　　（后缺）


（二）大谷 1530 号

　　　　（前缺）

1　☐☐幕。壹拾玖硕陆斗叁胜捌合

2　☐☐给贾庭诲，四日付，诲，幕。

3　☐☐胜给唐嘉隐，四日付，☐隐，幕。

　　　　　　　南

4　☐☐清，四日付，清。　米伍斗捌胜给索

　　　　　　　　　　南

5　☐☐胜四日付，☐，幕。　米壹硕壹斗

　　　　　　　南

6　☐☐米贰硕叁斗贰胜给

7　☐☐等，四日付，鸾，幕。

8　　☐☐咸，四日付，咸，幕。

9　　　☐☐胜给郝清，四日付，☐

　　　　（后缺）[1]


两件文书皆缺纪年，且残损严重。仔细观察，可发现二者存在诸多共同之处：其一，书体类同；其二，交付粮时间都在某月四日；其三，付粮

---

[1]　小田義久主編『大谷文書集成』（壹）、第 73・77 頁、図版一三二・一三三。

人与领粮人都有签名，如 1509 号第 5 行中吴思令在"四日付"之后签一"令"字，1530 号第 2 行中贾庭诲后也有"诲"字，当是领粮人的签名，而给付粮食的直接经管者多签为"綦"；其四，两件文书正文旁都多次出现粗笔写的"南"字。联系到前揭伯 D.A19 号中"一段四顷屯南"之记载，此"南"字，很有可能是指某个屯田区的南部。由此可以判定，两件文书当属同一案卷。从所记人名看，多为汉人，且为男性。另外，文书所记支领的米数额也有一定的标准，其基本数为"伍斗捌胜（升）"，倍数为"壹硕壹斗陆胜"，四倍为"贰硕叁斗贰胜"，只有面数额存在"壹硕伍斗伍胜"与"壹硕三斗伍胜"之别。按《唐六典》卷三仓部郎中员外郎条载："诸牧监兽医上番日，及卫士、防人以上征行若在镇及番还，并在外诸监、关、津番官（原注：上番日给）土人任者，若尉、史，并给身粮。"[1] 知屯防士卒口粮由官府发给。又唐李筌《神机制敌太白阴经》卷五《屯田篇》云："一屯六十丁，一丁日给米二升。"[2] 同卷《人粮马料篇》亦称："一军一万二千五百人，人日支米二升，一月六斗，一年七石二斗。"[3] 可见，唐代屯田士兵平均每天口粮二升。上揭文书，很有可能是龟兹地区某粮仓发给屯田兵丁每月粮食的账簿。至于米的基准额为五斗八升，当是月小只有二十九天之故。每一屯田兵丁月领米五斗八升，领一硕一斗六升或二硕三斗二升的，也许是替同伴或亲属代领。至于文书中所记面数额不一，尚有待进一步研究。又同出之大谷 1503 号文书载：

第一片

（前缺）

1　合加五折稻计当□□□□□□玖伯三拾、玖伯□□□

---

①　（唐）李林甫等：《唐六典》，第 84 页。

②　（唐）李筌：《神机制敌太白阴经》，《丛书集成初编》，中华书局，1985，第 118 页。

③　（唐）李筌：《神机制敌太白阴经》，《丛书集成初编》，第 120 页。

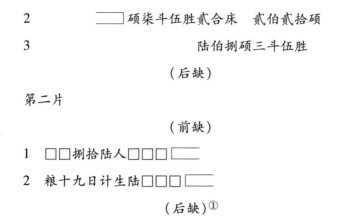

2　　　　　　□硕柒斗伍胜贰合床　贰伯贰拾硕

3　　　　　　　　　　陆伯捌硕三斗伍胜

（后缺）

第二片

（前缺）

1　□□捌拾陆人□□□□□

2　粮十九日计生陆□□□□□

（后缺）①

本件缺纪年，破损严重，从工整字体及行文格式看，属官府文书无疑。该文书所记粮数颇大，结合第一片第 1 行"合加五折稻计当"记载，推测其有可能是上报屯田收获物一类的牒状文，而第二片中的"捌拾陆人"，有可能就是指某屯的屯丁人数。

　　以上所论，是库车西面渭干河流域的唐代屯田。至于龟兹境内全面的屯田，目前尚无法确知。但在库车以东，也有大片土地开发。《旧唐书》卷一○四《高仙芝传》记夫蒙灵詧为安西节度使时，属下将官毕思琛等曾诋毁高仙芝，后高仙芝为节度使，召毕思琛云："此胡敢来！我城东一千石种子庄被汝将去，忆之乎？"对曰："此是中丞知思琛辛苦见乞。"高仙芝曰："吾此时惧汝作威福，岂是怜汝与之！我欲不言，恐汝怀忧，言了无事矣。"② 此处"城东一千石种子庄"，《新唐书》卷一三五《高仙芝传》则记为"城东千石种田"。③ 高仙芝为讨好毕思琛而送之"千石种田"，表明他在龟兹占有土地数额不小，这些田地有可能是其职田，恐怕也是采用屯田方式经营。这从侧面反

---

①　小田義久主编『大谷文書集成』（壹）、第 71—72 页、图版一三一。此处释文据图版有所订正。

②　《旧唐书》，第 3205—3206 页。

③　《新唐书》，第 4578 页。

映出在安西府大本营东面也有大片屯田地。

关于屯田上的劳动者，如前所论，除军队士兵外，还包括当地民丁。前揭《孔目司帖》记莲花渠匠白俱满失鸡因配织"春装布壹佰尺"，即可放免"掏拓、助屯及小小差科"，这里的"助屯"实际已成为当地胡汉百姓的差役名目。由此可知，征发当地民丁参加屯田，至少在安史之乱后的安西，业已制度化。伯 D. A131 号文书是一书信稿，第 6 行记有"因屯家人归次，附状不宣"语。① 显然，这里的"屯家"意指屯田之家，即屯田户，由汉人充任。由此可见，在唐代龟兹地区从事屯田的劳动者，除士卒和征发的民丁外，还有专门的"屯家"。这些"屯家"有些可能是来自内地的刑徒及其家口。《唐大诏令集》卷八二《减抵罪人决杖法诏》云："自今已后，抵罪人合决敕杖者，并宜从宽决杖六十。一房家口，移隶碛西。"② 据诏文末尾记，此诏颁于唐玄宗开元十二年四月。这些移隶碛西的刑徒及其家口必然由当地官府直接管理，成为屯田上的劳动者，故称"屯家"。当然，他们也并非终身在屯田上劳作，一旦刑期届满，即可回归故里。文书所言"屯家人归次"，或即此意。

《旧唐书》卷一〇三《郭虔瓘传》载，张孝嵩代郭虔瓘为安西都护镇守安西时，"务农重战，安西府库，遂为充实"。③ 这里的"务农"，恐怕主要还是指经营屯田。可见，安西屯田的作用巨大，它不仅保障了军粮供给，而且对安西都护府在龟兹的军政统治提供了经济支撑。这应是安史之乱后，吐蕃占领河陇及安西四镇在失去内地物资支援后，安西都护府十数年间仍得以稳定自立的一个重要原因。而这无疑也是当地胡汉民族共同劳作创造的结果，值得充分肯定。

---

① 《库车汉文文书》，第 109 页。
② （宋）宋敏求编《唐大诏令集》，第 474 页。
③ 《旧唐书》，第 3189 页。

# 四 唐代龟兹的赋役制度

唐以前的龟兹赋役情况，据《魏书·龟兹传》："税赋准地征租，无田者则税银钱。"[1] 仅知有地者纳租，无地者纳银钱，详情并不清楚。入唐后，唐朝在龟兹地区推行什么赋役制度，传世史籍也无相关记载。今据出土文书略做探讨。

出土于库车某地的大谷8074号文书（参见图版二十四），残存11行文字，极富研究价值，兹引录如下：

```
1    张遊艺    窦常清
2    六  人    锄      苜  蓿
3    吴兵马使两园家人柘羯    来富    拔勿烂    苏达素石
奴鹆子
4    三  人    花    林    园    役
5    白支陁美宁  □□□□磨大斯  姐渠元裕作人俱满提
6    廿  人    单    贫    老    小    不    济
7    王子芝□□□田叔良   贵奴   任□□□
8    □□□□□□□□□□□□□□□□□
9    □玉琳□□□义   阿师奴   □□名失离□□
10   元金刚□□□俊   安拂延   李庭俊□□□
11   一  百    七    十    一    人    □□[2]
```

本件虽缺纪年，但属唐代文书无疑。首行二人不知所服役名为何。第

---

[1] 《魏书》卷一〇二《龟兹传》，第2266页。

[2] 香川默识编『西域考古圖譜』下卷「史料」（一八）；〔日〕池田温：《中国古代籍帐研究·录文》，第239页；小田義久主编『大谷文書集成』（叁）、第228頁、図版一八。

2 行记"六人锄苜蓿"，按"苜蓿"，乃是一种牧草，可供牛、马等牲口食用。吐鲁番所出《唐天宝二年（743）交河郡市估案》云："苜蓿春茭壹束，上直钱陆文，次伍文，下肆 文 。"① 可见，苜蓿有价，可作为商品出售。"锄苜蓿"意指锄收苜蓿以供牲口，由吴兵马使两园家人负担，此 6 名家人均有名无姓，应是吴家奴仆。龟兹吴兵马使的家人被征发服役，这或许反映了当地人力的匮乏和龟兹地区差役制度的某些特色。第 4 行记"三人花林园役"，文书中以"园"为单位称呼者，多指葡萄园，也有指菜园者，此处"花林园"较少见，或为官府种植花木之处所。其中服役人之一"姐渠元裕"，或即卢水胡人。其后记其"作人"俱满提，亦非汉人，或是替姐渠元裕上役的雇工。② 第 6 行记"廿人单贫老小不济"，所谓"不济"，指因属单身、贫下户、老、小口等，故免差役。由此可见，当地服役者多为成丁。末行"一百七十一人"名目残缺，这是人数最多的一项记录，或属兵役一类，亦未可知。

从这件文书所记差役种类、服役人数以及人名看，其无疑是一差役登记簿，故池田温拟题为《唐年次未详（八世纪）安西（龟兹）差科簿》。③ 其与敦煌、吐鲁番出土的唐差科簿有诸多共同之处，说明唐代龟兹地区也存在与内地大致一样的差役制度。簿中所记人名"张遊艺""王子芝"等，明显是汉人；又有"安拂延"，当是昭武九姓胡人；"姐渠元裕"，或即卢水胡人。还有龟兹本地的白姓居民，如"白支陁羡宁"等。甚至吴兵马使的家人也是胡、汉兼有，他们同被征发服役，这既反映了龟兹地区胡汉民族杂居共处的特点，又表明当

① 〔日〕池田温：《中国古代籍帐研究·录文》，第 309 页；小田義久主编『大谷文書集成』（貳）、第 12 页、图版一〇。

② 按麴氏高昌时期，曾出现"作人"一称，其身份地位类似农奴，但到唐朝时，"作人"多已变成雇工的代称。参见朱雷《论麴氏高昌时期的"作人"》，唐长孺主编《敦煌吐鲁番文书初探》，第 32—65 页；又收入氏著《敦煌吐鲁番文书论丛》。

③ 〔日〕池田温：《中国古代籍帐研究·录文》，第 239 页。

地官府对他们一视同仁。

在前揭《孔目司帖》中，记有"掏拓、助屯及小小差科"等税役目，表明当地百姓常年承担这些税役。"掏拓"本意指浚通河堰渠道，这就需要征发劳力，加之当地百姓自己的田土也需要用水，于是，这一负担就落到他们头上。前揭大谷8062号所记"检校掏拓使牒东西王子村税丁"一语，表明"掏拓"差役也是按丁征发，但此役不需人人亲自赴役，不上者则可折税交纳，亦以丁为单位，故称"税丁"。库车所出大谷8044号《唐大历九年（774）二月目胡子牒》（参见图版二十五）载：

> 1　牒　胡子薄福，不幸慈母身亡。家贫，殡葬尚犹未
> 2　办。南界双渠村种少薄田，今着掏拓两丁，三分交
> 3　不支济，伏望矜量小人。已后但有驱驰，不敢违命，请
> 4　乞商量处分。谨牒。
> 5　　　　　　　　大历九年二月　日　目胡子牒①

本件较完整，牒文所上机构不明，推测是掏拓所。据文书，目胡子被通知纳"掏拓两丁"之税，但因母亲身亡，家贫无以殡葬，故上牒请求放免未完的掏拓两丁税。"三分"之"三"，似在原"三"字基础上由简变繁的改写，此字除张广达录作"三"外，② 其余学者多释作"冬"。若作"冬分"，则不好解释，因牒文写于二月，已是春季，言当年冬天的负担似嫌过早，若指前一年中冬天的役使，又时节已过。释作"三分"，则是指掏拓两丁税，业已经交了七分即70%，尚有三分即30%无法交纳，故请求放免。牒文还补充说，以后"但有驱驰，

---

① 香川默識編『西域考古圖譜』下卷「史料」（一〇之一）；小田義久『大谷文書の研究』、第81頁、図版三；小田義久主編『大谷文書集成』（叁）、第219頁、図版四五。

② 张广达：《龟兹地区的灌溉》，第147页。

不敢违命"，似有用力役抵充尚欠三分丁税之意。从牒文中"南界双渠村种少薄田，今着掏拓两丁"一语分析，目胡子被征之税，与其在南界双渠村种有少量薄田有关，这与龟兹"税赋准地征租"的历史传统是相吻合的。而且，该税是按每家已有的成丁数征收，体现了唐代龟兹地区赋役制度的某些特色。

当然，减免丁税的事也时有发生，伯 D. A84 号文书即有此类记载："木纳渠税丁赵 承 福，有判放。由绪请□何将军不催收。三月。"[①] 此处"木纳渠税丁"，与前揭"东西王子村税丁"一样，都是依丁计税，故称"税丁"。据文书，赵承福的丁税，已由有关部门判示放免，故而"由绪请□何将军不催收"。从以渠为单位计"税丁"来看，文中"由绪"有可能是掏拓所的长官，而"何将军"则为具体负责征收税务的官员。

在库车地区出土的文书中，未见内地推行的租庸调制和两税法的内容，这可能与唐初规定在边远民族地区只征收"丁税钱"有关。《旧唐书》卷四八《食货志上》载：

> 蕃胡内附者，上户丁税钱十文，次户五文，下户免之。附经二年者，上户丁输羊二口，次户一口，下三户共一口。[②]

唐朝把"蕃胡内附者"划分为上、中、下三种户等，以此来征收"丁税钱"。此"丁税"与龟兹地区的"税丁"显然都是以丁为单位征收，二者应无太大差别。库车所出文书中有关"税丁"的记载不少，除前揭伯 D. A84、D. A93 号及大谷 8062 号文书外，还有伯 D. A12 号所记"南萨波村税丁张小诠"，[③] 伯 D. A95 号所记"西王子

---

① 《库车汉文文书》，第 84 页。
② 《旧唐书》，第 2088—2089 页。
③ 《库车汉文文书》，第 54 页。

村税丁别你鱼黎　白别□"等。① 综合这些记载可以看出，唐代龟兹地区的村、坊皆有税丁，而且为税丁者，既有汉人，如张小诠、赵承福等，又有胡人，如粟特人安拂勒、龟兹人白别□等，说明安西官府对当地胡汉民族一视同仁。既称"税丁"，显然与赋税有关联。前揭伯 D. A93 号文书中，安拂勒为怀柔坊税丁，其所交的一千五百文钱被称为"资钱"，此"资钱"是否即安拂勒作为税丁所应交的"丁税钱"，不好断言。伯 D. A20 号亦有"资钱一千文"的记载。② 此外，库车所出文书中，还有"课钱"的记载，如伯 D. A157 号即残存"课钱"二字。③ 那么，唐代龟兹地区的"资钱"与"课钱"是一种什么样的关系？它们与唐代的资课有无关联？这都值得做专门研究。按唐朝依户等征收"蕃胡内附者"的"丁税钱"，龟兹亦有类似情况，伯 D. A80 号文书第 2 行记有"石啜祇承上户差科"一语，④ 足证龟兹百姓亦按户等交纳差科。至于标准为何，并不清楚。

又"助屯"，本意是指帮助屯田，乃是一种役目。吐鲁番所出唐西州文书中有"助屯输丁"一语，⑤ 主要是指差征民丁到官府屯田上劳作，以解决屯田上劳动力短缺问题。⑥ 龟兹是西域的重要屯田区，数量、规模都比较大，征发当地民丁帮助屯田，乃势所必然。上揭《孔目司帖》中，莲花渠工匠白俱满失鸡配织"春装布壹佰尺"后，即可"准例放掏拓、助屯及小小差科"，这说明"掏拓""助屯"已成为当地百姓的一种固定役目。"掏拓"无须人人亲上，可折税交纳；同样，"助屯"也可折税交纳，白俱满失鸡以配织春装布而免除"掏

---

① 《库车汉文文书》，第 89 页。

② 《库车汉文文书》，第 57 页。

③ 《库车汉文文书》，第 119 页。

④ 《库车汉文文书》，第 81 页。

⑤ 陈国灿：《斯坦因所获吐鲁番文书研究》（修订本），第 172 页。

⑥ 参见陈国灿《斯坦因所获吐鲁番文书研究》（修订本），第 91—109 页。

拓、助屯及小小差科"，实际上就是一种折纳，只不过这种折纳是官府的一种强制行为罢了。这种由役向税的转变，是唐朝中叶以后的历史发展趋势。在唐安西府直接管辖下的龟兹地区，不可避免会受到这一发展趋势的影响。

至于"小小差科"，似指各种杂征、科税的统称，既指税，也包含役。[①] 斯坦因在和田丹丹威里克遗址所获《唐大历三年（768）典成铣牒为杰谢百姓杂差科及人粮事》中，[②] "杂差科"又称"差科"和"小小差科"，都是指"依限输纳"的杂税。这是唐代于阗地区的情况，而龟兹与于阗相邻，同属安西都护府统辖下的四镇地区，龟兹地区百姓所承担的"小小差科"，与于阗情况不会相差太远，恐怕也是指这类杂税。而伯 D. A80 号所记的"上户差科"，当是依户等而交的正税，并不属于杂税一类。

总的说来，出土文书反映唐代龟兹地区赋役制度的情况并不是太多。尽管如此，上述文书中还是折射出唐代中原基本制度与龟兹地区实际相结合的某些特色，它反映了中原唐制与当地制度在龟兹地区的交融。

# 五　唐龟兹地区的民间经济生活

龟兹历来是中西交通的重要通道，来往于此的行人、商旅、使团、僧人极多。在此定居的，除世居民众外，如上文所列，还有汉人、昭武九姓胡人、卢水胡人等。此外，又有突骑施人、于阗人、回鹘人等。如名将哥舒翰，即为突骑施首领哥舒部之裔，其祖、父"世

---

① 参见张泽咸《唐五代赋役史草》，中华书局，1986，第 356 页。

② 陈国灿：《斯坦因所获吐鲁番文书研究》（修订本），第 535—536 页。关于本件文书的研究，请参见张广达、荣新江《〈唐大历三年三月典成铣牒〉跋》，《新疆社会科学》1988年第 1 期。

居安西"，其母尉迟氏，乃"于阗之族也"；[1] 而回鹘人则是在 8 世纪末开始陆续进入龟兹的。可见，古代龟兹是一个多民族聚居之地。大谷 1506、1511、1524、1527 号四件"名籍"，即深刻反映了这一特点，兹引录如下：

（一）　　大谷 1506 号[2]

（前缺）

1　张子顺　　张日□□□

2　张庭俊　　石怀琰

（后缺）

（二）　　大谷 1511 号[3]

（前缺）

1　□□□　白沙没黎　阎彦奴　冯庭俊

2　　　　　□□□□子□□□

（后缺）

（三）　　大谷 1524 号[4]

（前缺）

1　安伏稍

2　毛如俊

3　龙□□□

（后缺）

①　《旧唐书》卷一〇四《哥舒翰传》，第 3213 页。
②　小田義久主編『大谷文書集成』（壹）、第 72 頁。此处释文均据小田义久教授所赠图版复印件有所订正，下同。
③　小田義久主編『大谷文書集成』（壹）、第 73 頁。
④　小田義久主編『大谷文書集成』（壹）、第 76 頁。

（四）大谷 1527 号①

（前缺）

1 　　　罗弥吉善　　　

2 　　　张孝顺家人什德　　　　　

3 　　　　敬庭　　　

（后缺）

以上四件文书同出于都勒都尔·阿护尔遗址，虽缺纪年，但属唐代名籍一类无疑。所记人名有汉人，有胡人，有龟兹的白姓，也有焉耆的龙姓，更有昭武九姓粟特人等，充分反映了唐代龟兹各民族混居杂处的情形。结合前列"差科簿"所列人名分析，可知唐代龟兹地区各族人民杂居共处，共同接受安西府的管理。

各民族杂居共处，必然有所交往。库车出土了不少反映唐代龟兹地区民间经济生活的文书，既有借贷文书，又有社邑文书。借贷文书可分为两类，一类是民间百姓之间的借贷文书，另一类是百姓向"药方邑"借贷的文书。黄文弼在库车通古斯巴什城所获《唐大历十五年（780 年）四月李明达便麦粟契》，存 7 行文字，转录如下：

1 大历十五年四月十二日李明达为无粮用，

2 遂于蔡明义边便青麦一石七斗，

3 粟一石六斗。其麦限至八月内　　　

4 付；其粟限至十月 内 　　　

5 　麦，一取上好　　　

6 　　如取麦已　　　

---

① 小田義久主編『大谷文書集成』（壹）、第 76 頁、図版一三二。

7　如为（违）限不 ☐☐☐☐

　　（后缺）①

本件文书，黄先生已有简释，在此不复赘言。大体来说，文书乃李明达向蔡明义借麦、粟所订之契约，反映的借贷方式与中原内地相同，惜有残缺，不知利率多少。很显然，这是龟兹地区汉人之间的借贷。又都勒都尔·阿护尔遗址所出大谷1505号文书，乃一残契尾，仅存2行，转录如下：

　　（前缺）

1　同取人 罗 　☐ ☐☐☐☐

2　保人史屯娘年☐☐☐☐

　　（后缺）②

本件亦属借贷文书，第2行中之保人"史屯娘"，有可能就是昭武九姓胡人。本件同样反映了龟兹当地各民族之间存在密切的交往。

　　关于百姓向"药方邑"借贷之情形，库车库木吐拉所出大谷8047号文书《唐大历十六年（781）三月杨三娘举钱契》（参见图版二十六）载：

1　大历十六年三月廿日，杨三娘 为 要

2　钱用，遂于药方邑举钱壹阡文，

3　每 月 纳贰佰文，计六个月，本利并纳。

4　如 取钱后，东西逃避，一仰保人等代

---

① 黄烈编《黄文弼历史考古论集》，第268页。
② 小田義久主編『大谷文書集成』（壹）、第72頁、図版一三一。

5 还。其钱每斋前纳。如违，其钱请倍

6 □。恐人无信，两共对面平章，画指为

7 记。

8      举钱人杨三娘年卌五

9      保人僧幽通年五十六幽

     （后缺）[1]

又同出库木吐拉的大谷 8056 号文书《唐大历十六年（781）六月米十四举钱契》（参见图版二十七）载：

1 大历十六年六月廿日米十四为要

2 钱用，遂于药方邑举月抽钱壹

3 阡文，每月纳贰佰文，限六个月不

4      □□□不纳及有逃□

5      □□□代纳，官□□

6      □□□平章，画指为记。

     （后缺）[2]

以上两件文书存在若干共同之处：第一，借贷时间都在大历十六年；第二，都是某人因需钱用，而向"药方邑"举贷；第三，举贷期限皆为六个月，且为逐月加利填还，名为"月抽钱"。杨三娘向"药方邑"共举钱 1000 文，每月交还 200 文，六个月总还 1200 文，则半年

---

[1] 香川默識編『西域考古圖譜』下卷「史料」（一二）；小田義久主編『大谷文書集成』（叁）、第 220 頁、图版二五。

[2] 香川默識編『西域考古圖譜』下卷「史料」（一三）；小田義久主編『大谷文書集成』（叁）、第 222 頁、图版二五。

利率为20%。米十四借钱情况与此相似，月息均未超过唐朝官府规定的5%，可见利率并不高。

按"邑"者，里邑之谓，即邑人相聚之地。唐代民间相聚多有社邑组织，"药方邑"似是一个以药方济世救人的组织。据大谷探险队成员野村荣三郎日记，前列两件文书均出土于库木吐拉废寺遗址。①又大谷8047号文书中还记有"⬚钱每斋前纳"，是说每月抽回的200文，应于斋前交纳，此"斋"显然与佛教有关。另外，洛阳龙门石窟内现存有不少石刻药方，体现了佛教济世救人的精神。②据此推断，"药方邑"当是唐代龟兹地区佛寺内的一个慈善性组织，带有民间社邑性质，其主要活动是治病救人，当然也向贫困者贷借，故利率不高，这可能源于佛教中的"无尽藏"及早期的"悲田"而设。

库木吐拉出土的这些举钱契，一定程度上反映了当地货币经济的兴盛。而且，向"药方邑"借钱者，既有汉人杨三娘，又有粟特人米十四，"药方邑"对之一视同仁，反映了龟兹地区胡汉民族之间和睦共处、平等交往之密切关系。

除汉文契券外，还有胡书契，伯D. A112号文书为一残契文，转录如下：

（前缺）

1 　　　　　　⬚罗善提密⬚　　

2 　　⬚西，遣奴宜同给木纳寺僧⬚⬚等⬚

3 　　⬚用，索名练两匹，便立胡书契，限两月内，⬚

4 　　⬚妻边索得一匹，余欠一匹，自⬚⬚⬚

① 参见小田義久『大谷文書の研究』、第84—85頁。
② 参见丁明德《洛阳龙门药方洞的石刻药方》，龙门石窟研究所编《龙门石窟研究论文选》，上海人民美术出版社，1993，第276—289页。

（后缺）①

文书前后均缺，察其文意，似为胡人某遣奴宜同给木纳寺僧某使用，期限为两个月，借用价是名练两匹的契文。从"便立胡书契"看，此契应是使用胡、汉两种文字书写。它体现出龟兹地区各族人民之间经济交往关系的某些特色。

前述社邑组织并不只限于佛寺，在民间也有存在。都勒都尔·阿护尔遗址出土的大谷 1529 号文书载：

（前缺）

1　□□人 等 □□
2　□ 上 件社户等，一坐已后□□□
3　□ 喧 动社邑，牵及上下，恶口骂詈□□
4　□ 坐不依□□
5　□者□□

（后缺）②

本件残损更甚，无法卒读。其中所记"社邑""社户"，表明唐代龟兹地区民间亦置有社邑，社邑成员称为"社户"。

古代龟兹有铁矿冶铸，史籍早有记载。《水经注》卷二北河条引释氏《西域记》称：

屈茨北二百里有山，夜则火光，昼日但烟。人取此山石炭，冶

① 《库车汉文文书》，第 98 页。
② 小田義久主編『大谷文書集成』（壹）、第 77 頁、圖版一三三。

此山铁，恒充三十六国用。故郭义恭《广志》云："龟兹能铸冶。"①

在 1999 年发现的阿艾石窟周围，分布有阿艾古城及可可沙依等四处冶铁、炼铜遗址，石窟内书有榜题，多为汉人名，有裴、赵、彭、梁、李、白、申、傅、寇等姓氏，有的名前还冠有"行官"字样，显为唐代汉人所开石窟。这些汉姓人氏很有可能就是当地冶炼遗址上的工匠，"行官"则为唐安西都护府所属各类机构的吏员。② 这为上述释氏《西域记》之记载提供了实物证据。

除冶铁外，龟兹还能炼钢。伯 D. A114 号文书（参见图版二十八）有如下记载：

1　钢壹阡斤行纲凉州明威镇兵曹武凤祥　典龙□□□

2　右得凉州牒称：得朔方军兴□□□

3　　　　　□□纲使□□□③

文书似为一残牒文，大意是说，安西都护府收到凉州来的牒文，提及朔方军某处需要钢一千斤之事，并派来了行纲明威镇兵曹武凤祥及典龙某等负责此事。此事最终处理结果如何，因文书残缺不得而知，但龟兹冶炼之钢铁，也为中原内地的军事需要提供支援，这是不争之事实。

又伯 D. A129 号文书第 7 行记有"卖马突厥院：铠一口"数字，④此"突厥院"当是安西府下负责有关突厥卖马事务的机构。龟兹地区

---

① （北魏）郦道元注，杨守敬、熊会贞疏《水经注疏》，第 108—109 页。

② 参见霍旭初《敦煌佛教艺术的西传——从新发现的新疆阿艾石窟谈起》，《敦煌研究》2002 年第 1 期。

③ 《库车汉文文书》，第 99 页。

④ 《库车汉文文书》，第 108 页。

是唐与西突厥进行绢马贸易的重要场所，《资治通鉴》卷二一三玄宗开元十四年载：

> 杜暹为安西都护，突骑施交河公主遣牙官以马千匹诣安西互市。使者宣公主教，暹怒曰："阿史那女何得宣教于我！"杖其使者，留不遣；马经雪死尽。突骑施可汗苏禄大怒，发兵寇四镇。①

交河公主乃十姓可汗阿史那怀道之女，唐册其为公主，嫁突骑施可汗苏禄为妻，目的是笼络苏禄。交河公主于开元十四年遣牙官驱马千匹到安西互市，说明安西乃绢马交易之重要场所。前揭文书中的"突厥院"，或即管理与突厥进行绢马交易的机构。这些都反映了安西马市交易的兴盛。玄宗天宝六载（747），安西副都护高仙芝率军讨小勃律，史称："是时步兵皆有私马自随。"② 这些步兵的"私马"从何而来？恐怕与龟兹当地马市交易的兴盛不无关联。同时也说明，唐朝通过在安西与西突厥的绢马贸易，获取大批优质马匹，从而大大增强了西域地区边防驻军的军事防御力量。

总之，库车出土文书的方方面面，充分反映出在唐安西府的有效治理下，龟兹地区官方与民间的各种社会经济发展实态。在这些社会经济活动中，各民族之间的联系与交往，以及安西地区与中原内地的交往，都是相当频繁且密切的。

以上对唐代安西都护府在龟兹地区的治理情况进行了较为深入全面的探讨，从中可以看出，唐朝通过安西都护府在龟兹地区进行了行之有效的统治和管辖。唐朝的政治、经济制度在这里得到不同程度的推行，地方行政建制的建立和各类管理机构的设置，大规模屯田和各

---

① 《资治通鉴》，第 6775 页。
② 《新唐书》卷一三五《高仙芝传》，第 4576 页。

种赋役制度的实施，无不体现了以中原制度为主体，同时又与地方民族实际相结合的特色。伴随而来的，则是汉文化的西传，如出土文书中各种公文的格式，契券的借贷方式，村、坊的建制与取名，社邑组织的出现，无不带有内地汉文化的烙印，这无疑会大大促进当地民族文化的发展。另外，安西都护府在龟兹推行的大规模屯田，重视对当地河渠水堰的管理，馆驿交通的建设，以及铜、铁矿的开采和冶炼，也会有力推动当地社会经济的发展。在安西都护府的有效治理之下，龟兹地区各民族杂居混处、平等交往、互通有无，不仅大大丰富了人们的社会经济文化生活，也促进了彼此之间的交往交流交融，这可以从一个侧面实证中华民族"多元一体"格局形成和发展的演进历程及其某些特点。

# 第十三章
# 唐代龟兹白寺城初考

　　敦煌所出四件张君义文书中，有两件是张君义立功的公验，分别记录了张君义在唐中宗景龙三年（709）五月、六月参与救援被突骑施包围的安西的战争。① 此事不见史载，值得重视。两次战争又包含若干次小规模战役，文书中都详细标明了作战地点，如破连山阵、临崖阵、白寺城阵、仏阤城阵、河曲阵、故城阵、临桥阵、蓿园阵、碛内阵、莲花寺东涧阵等。对这些战阵及其发生地点的考察，不仅可以揭示唐军行军作战的方向，进而了解中宗景龙年间西域政局之变化，补充历史记载之不足，而且还有助于认识古代龟兹的地理交通概貌。笔者不揣谫陋，试图对其中的白寺城进行初步探讨。

<hr>

　　① 参见大庭脩「敦煌発見の張君義文書について」『ビブリア：天理圖書館報』二〇（古文書特集号）、天理大学出版部、1961，收入氏著『唐告身と日本古代の位階制』学校法人皇學館出版部、2003、第229—249頁；内藤みどり「「張君義文書」と唐・突騎施娑葛の関係」小田義久先生還暦記念事業会編『小田義久博士還暦記念東洋史論集』龍谷大学東洋史学研究会、1995、第181—208頁；以及本书第六章"敦煌所出张君义文书与唐中宗景龙年间西域政局之变化"。

　　按白寺城一名，仅见于张君义立功第壹等的公验文书。为方便讨论问题，兹先录相关内容如下：

```
1    敕四镇经略使前军    牒张君义

2    五月六日（破）连山阵    同日          七日破临崖阵

3    同日破白寺城阵    九日破□坎阵    同      同日破仏
陁城阵

4    十一日破河曲阵    十二日破          十四日破故
城阵

5    同（日）破临桥阵

                    （后略）①
```

　　文书中多处钤盖"盐泊都督府之印"，显然属正式公文。据后文，此件公验制作时间在景龙三年九月五日，知唐军此次作战发生于该年五月六日至十四日，历时九天，作战十余次，可见战争之艰巨及残酷。文书第2行记唐军破"连山阵""临崖阵"，表明两地有突骑施军队驻守。从"连山""临崖"名称看，二地当为形势险要之地。库车境内西面、北面有雀离塔格山环伺，即《水经注》卷二《河水二》所记龟兹境内的"赤沙山"。②"连山""临崖"当与此山有关。文书第3行记"同日破白寺城阵"，联系上下文，此"同日"应指五月七日。"白寺城"一名，不见史载，但"白寺"却出现于法国学者伯希和在库车都勒都尔·阿护尔遗址所获之汉文文书中，其中一件编号为D. A90的文书存4行文字，内容如下：

――――――――――

　　①　按本件文书彩色图版，见大阪市立美术馆编『天理秘藏名品展』天理教道友社、1992、第174頁。此处录文据本书第六章"敦煌所出张君义文书与唐中宗景龙年间西域政局之变化"。
　　②　（北魏）郦道元注，杨守敬、熊会贞疏《水经注疏》，第108頁。参见韩翔、陈世良《龟兹佛寺之研究》，《龟兹佛教文化论集》，第57頁。

1　掏拓所　　　　帖城局万□□□□□□

2　白寺、河西寺在寺院等所有□□□□□□

3　仰城局万清自须带来一□□□□□□

4　外即□□□□□□

（后缺）①

本件缺纪年，但从帖文格式及"掏拓所""城局"等称谓看，应属唐代文书。文意大概是主管渠堰缮修事务的掏拓所下帖给某城城局万清，要其率领白寺、河西寺在寺若干人，即日至某处劳作。白寺与河西寺在文书中一并提及，显然都属于龟兹境内之寺。都勒都尔·阿护尔遗址，即库车渭干河西面的夏克土尔遗址。渭干河，唐代称白马河。② 文书出土于夏克土尔遗址，则所记"河西寺"，当指唐代白马河之西的某寺。1907 年伯希和在此遗址进行考古发掘后，曾绘一平面图，并认为该遗址可能是玄奘《大唐西域记》中提到的"阿奢理贰大寺"。③ 黄文弼先生 1928 年在库车考察时，仍视该遗址为"古代寺庙遗址"和"大庙遗址"。④ 而"河西寺"，顾名思义，就是位于某河之西的寺院。夏克土尔遗址正好位于渭干河西面，且存有寺庙遗迹，二者颇相吻合。因此，河西寺应该就在夏克土尔遗址上。上引文书中只记白寺和河西寺，而不言其他寺，说明二寺相距不远。又伯希和在夏克土尔遗址所获 D. A101 号汉文文书中，也提及"白寺"，兹引录如下：

---

① Éric Trombert, Ikeda On et Zhang Guangda, *Les Manuscrits Chinois de Koutcha*：*Fonds Pelliot de la Bibliothèque Nationale de France*, p. 86.

② 《新唐书》卷四三下《地理志七下》："安西西出柘厥关，渡白马河，百八十里西入俱毗罗碛。"（第 1149 页）

③ 〔法〕伯希和：《吐火罗语与库车语》，〔法〕伯希和、烈维：《吐火罗语考》，第 111 页。伯希和考古发掘报告未获读，此处参考王炳华先生《新疆库车玉其土尔遗址与唐安西柘厥关》，氏著《丝绸之路考古研究》，第 84—85 页。

④ 黄文弼：《塔里木盆地考古记》，科学出版社，1958，第 17 页。

（前缺）

1　报，娑勒先言许留粟拾硕，后即对

2　面，亦有恩答。今为　　长官在白寺，故使

3　吏心奴走取与好白羊一口。速付专待，莫令

4　空来。九月十七日。羲①

本件亦缺纪年，不过，从第 2 行"长官"前空缺二字格式及"吏"的称谓看，其年代也属唐代。文书第 4 行最后一字"羲"，应是某官员的签名。据文书所记内容及相关格式，当属帖文，但因前部残缺，不知该帖具体发往何处。就残存 4 行内容看，文书涉及二事：一是"羲"对过去某一事情做出的处理意见；二是"羲"目前跟随某"长官"在白寺，为款待上司，下令要某地有关人员准备"好白羊一口"，并派吏心奴前去领取，而且要求"速付"，不得延误，且不能让心奴空手回来。从语气分析，"羲"可能是该地的长官或通判。文书出土于夏克土尔遗址，显然，该地所在机构应即收文单位。从"今为　　长官在白寺"一语判断，该帖书写地点就在白寺。此"白寺"与上列文书中的白寺，无疑是同一寺。"羲"命吏"心奴"赴夏克土尔遗址所在机构取一头好白羊，以招待身在白寺的某"长官"，这也说明白寺所在位置不会距夏克土尔遗址太远。

在夏克土尔遗址周围，除隔河与其遥遥相对的库木吐拉千佛洞外，还未发现有较大的寺庙遗址。早在伯希和到来之前，日本大谷探险队就曾在都勒都尔·阿护尔遗址进行发掘，获纸质汉文文书数十件，其中大谷 1535 号文书是一设斋供养文，内容记龟兹地区汉人（疑即居住于都勒都尔·阿护尔遗址附近）石秀、王西五、张云、田

---

① Éric Trombert, Ikeda On et Zhang Guangda, *Les Manuscrits Chinois de Koutcha*：*Fonds Pelliot de la Bibliothèque Nationale de France*, p. 91.

游钦等出钱出粮，于"金沙寺设斋"祈福之事。[①] 文书中的"金沙寺"，又见于库木吐拉石窟，如第 49 号窟刻有"金沙寺"，谷口区第 7 号窟刻有"画金砂寺"等字。[②] "金沙寺"与"金砂寺"，应指同一寺。黄文弼先生推测该寺为汉人在龟兹所建；[③] 马世长先生则进一步指出此寺可能就在库木吐拉。[④] 大谷 1535 号文书有力地证实了黄、马二位先生的判断。这一情况昭示，尽管"金沙寺"位于库木吐拉一带，但夏克土尔遗址出土的文书却有关于该寺的记载，说明两地之间的关系是较密切的。"白寺"的情况亦当如此。

按龟兹王姓白，"白寺"之得名，或与此有关。此寺有无可能是龟兹王寺呢？在库木吐拉石窟沟口区属于魏晋南北朝时期的第 21 号窟内，有十三个条幅全部填绘菩萨像，菩萨体态优美，装饰华丽，绘画线条流畅，色泽鲜艳，是龟兹壁画的上乘之作。[⑤] 此窟恐非龟兹一般百姓所开，更有可能是龟兹王室贵族所开之窟。[⑥] 如果这一推测大致不误，则白寺或与此窟有关。总之，不管白寺具体位于何处，它肯定距夏克土尔遗址不远，这是研究该地出土文书所得出的基本认识。那么，以"白寺"名城的"白寺城"，自然与"白寺"相近，不会距夏克土尔遗址太远。

前引文书所记之"城局"万清，掏拓所下帖要他率人进行劳作，其职责与民事有关，应是某城的管理人员。吐鲁番阿斯塔那 509 号墓

---

① 小田義久主編『大谷文書集成』（壹）、第 78 頁、図版一三四。

② 参见黄文弼《塔里木盆地考古记》，第 16—17 页；韩翔、朱英荣《龟兹石窟》，新疆大学出版社，1990，第 62 页；马世长《库木吐拉的汉风洞窟》，《龟兹佛教文化论集》，第 322 页。

③ 黄文弼：《塔里木盆地考古记》，第 17 页。

④ 马世长：《库木吐拉的汉风洞窟》，《龟兹佛教文化论集》，第 323 页。

⑤ 新疆维吾尔自治区社会科学院考古研究所编《新疆古代民族文物》（文物出版社，1985，图版二六七）第 14 页有如下文字说明："窟顶菩萨群像。北朝。选自库车县新 2 号窟。"又参新疆维吾尔自治区文物事业管理局等编《新疆文物古迹大观》，新疆美术摄影出版社，1999，第 222 页。

⑥ 此点承新疆文物考古研究所张平先生见告，谨此鸣谢。

所出《唐某人与十郎书牍》载："当城置城主四，城局两人，坊正、里正、横催等在城卅余人，十羊九牧。"① 由文书可知，该城所置管理人员太多，所以才会有"十羊九牧"之说。显然，城局是城主之下的管理人员。因此，白寺、河西寺附近显然是有城的。

在渭干河东面有一处遗址，名叫玉其土尔，与夏克土尔遗址隔河相望。关于两处遗址的性质，王炳华先生曾有考释，认为它们即是唐代龟兹的柘厥关，从而纠正了法国学者伯希和对该遗址性质的错误判断。② 笔者完全同意王先生的这一卓识，只是想进一步指出，玉其土尔和夏克土尔这两处遗址，不仅是唐代柘厥关的所在地，而且也是龟兹都督府下属机构"城"的所在地。

唐朝在龟兹设置龟兹都督府后，以其王白素稽为都督，统辖其众。③ 龟兹都督府下辖九州，见诸史籍有姑墨、乌垒、温肃、蔚头等州，其余失载。④ 而州下建制如何，不详。《新唐书》卷四三下《地理志七下》"羁縻州"条云：

> 唐兴，初未暇于四夷，自太宗平突厥，西北诸蕃及蛮夷稍稍内属，即其部落列置州县。其大者为都督府，以其首领为都督、刺史，皆得世袭。虽贡赋版籍，多不上户部，然声教所暨，皆边州都督、都护所领，著于令式。⑤

同书卷"西域府十六、州七十二"条注称："龙朔元年，以陇州南由

---

① 唐长孺主编《吐鲁番出土文书》（图文本）第4册，第336页。
② 王炳华：《新疆库车玉其土尔遗址与唐安西柘厥关》，《丝绸之路考古研究》，第82—105页。
③ （宋）王钦若等编《册府元龟》卷九九一《外臣部·备御四》，第11642页。
④ 《新唐书》卷四三下《地理志七下》，第1135、1149—1150页。王小甫先生曾据相关史料考证出龟兹都督府所领之九州，然有些城是否即州，尚待进一步研究。参见王小甫《唐、吐蕃、大食政治关系史》，第267页。
⑤ 《新唐书》，第1119页。

令王名远为吐火罗道置州县使，自于阗以西，波斯以东，凡十六国，以其王都为都督府，以其属部为州县。凡州八十八，县百一十，军、府百二十六。"① 既然于阗以西的西域各国有都督府、州、县的建制，那么，唐直接管理的龟兹都督府，其下想必也有县的建制。不过，从目前库车所出汉文文书看，唐代龟兹地区有坊、村等基层建制，唯独不见有县设置的迹象。敦煌所出唐天宝年间地志残卷记安西都护府辖下："无县，管蕃府四。"② 可见唐朝并未在四镇地区设县。日本学者荒川正晴先生认为，唐代安西都护府所管四镇羁縻都督府下，设有多个蕃州，每州由若干城邑组成，城内有坊，城外有乡、村。③ 那么，龟兹的城究竟属于何种性质呢？它相当于中原的哪一级机构呢？在伯希和所获汉文文书中，笔者看到有"明府城"的记载，如 D. A4 号文书所记：

1　　　　　　　　□伽 黎 □

2　　（保）人　白苏□□鸡　年卌一

3　　（保）人　明府城处半白瑟笃米黎　年五十

4　　（保）人④

文书虽残，但从格式看，是一残契尾无疑。显然，白苏□□鸡、白瑟笃米黎都是保人，而且是龟兹本地人。值得一提的是，保人白瑟笃米黎还是明府城的处半，于阗文书中有"叱半"，据池田温先生研究，唐代于阗城以若干坊构成，乡野以乡、村分治，俱有叱半主要

---

① 《新唐书》，第 1135 页。

② 唐耕耦、陆宏基编《敦煌社会经济文献真迹释录》第 1 辑，第 57 页；王仲荦：《敦煌石窟地志残卷考释》，第 9 页。

③ 荒川正晴「クチャ出土『孔目司文書』攷」『古代文化』第 49 卷第 3 号、1997。

④ Éric Trombert, Ikeda On et Zhang Guangda, *Les Manuscrits Chinois de Koutcha：Fonds Pelliot de la Bibliothèque Nationale de France*, p. 49.

任征税。① 古代龟兹、于阗相邻，处半与叱半在音读、译写方面皆有相似之处，二者应都是地方基层管理人员。在这里，"明府城"就是指白瑟笃米黎所在之城的名称。按明府，乃唐人对县令的尊称，之所以称"明府城"，或许就是指该城相当于县一级机构。② 在伯 D. A92 号和伯 D. A108 号文书中，还见有"席明府""张明府"的称谓，③ 他们的身份似乎并不低。按席、张都是汉人姓氏，而且唐代人名中，取名为"明府"者也不多见。因此，"席明府""张明府"之称，当指他们担任了相当于县令一级的职务。有"明府""明府城"，却无县的设置，这或许正是中原唐制与龟兹地方制度的一种有机结合。夏克土尔遗址出土的汉文文书，内容极为丰富，举凡政治、经济、军事、宗教、文化等，无所不包，恐怕并非"关"这一稽查行旅的边检机构所能容纳。文书中除"明府城"外，还有"入城""去城""在城"等记载，④ 说明夏克土尔遗址就是唐代某城的所在地。黄文弼先生 1927 年在此地考察时说："此地亦名千佛洞，实为大庙遗址，形同一小城，周约三百八十米。沿城四周，均有住宅遗迹。"⑤ 这与出土文书所记该地在唐代有坊、村的情形颇相吻合，二者可相互参证。陈世良先生也认为："据我们对夏克吐尔遗址的调查，该遗址明显地分为内外二重城。"⑥ 笔者于 1998 年 9 月随陈国灿师赴克孜尔石窟参加"唐代西域文明——安西大都护府国际学术讨论会"时，对该遗址及河对岸的玉其土尔遗址进行了短暂的调查，对两处遗址作为古代龟兹

① 〔日〕池田温：《麻札塔格出土盛唐寺院支出簿小考》，《段文杰敦煌研究五十年纪念文集》，第 219 页。

② 参见第十二章"唐代安西都护府对龟兹的治理"。

③ Éric Trombert, Ikeda On et Zhang Guangda, *Les Manuscrits Chinois de Koutcha*: *Fonds Pelliot de la Bibliothèque Nationale de France*, pp. 87, 96.

④ Éric Trombert, Ikeda On et Zhang Guangda, *Les Manuscrits Chinois de Koutcha*: *Fonds Pelliot de la Bibliothèque Nationale de France*, pp. 104, 108, 109.

⑤ 黄文弼：《塔里木盆地考古记》，第 17 页。

⑥ 陈世良：《龟兹都城研究》，《新疆社会科学》1989 年第 2 期，第 122 页。

"城"的性质，亦有一些较为直观的认识和了解。长年在库车地区从事考古发掘工作的张平先生，曾两次教示笔者：夏克土尔遗址肯定是古城遗址。① 这些都充分说明夏克土尔遗址是古代龟兹的"城"。由于文书出土于夏克土尔遗址，据此推断，该遗址很有可能就是唐代龟兹"明府城"的所在地。

如所周知，古代龟兹是一城郭之国。史籍记载，唐太宗贞观二十二年，阿史那社尔率唐军平龟兹，前后破其五大城，并遣使谕降小城七十余座。② 龟兹这种大城与小城之别，已为考古发现所证实。据黄文弼先生对库车及其周围地区遗址的考察，龟兹王都所在地皮朗古城遗址周长约 7 公里；羊达克沁大城为三重，大外城周约 3351 米，内城周约 510 米；新和县境内的于什格提古城也是城为三重，规模颇大；其余古城遗址，周长大多在数百米，也有一些周长数十至一百多米不等的小城遗址。③ 1989—1990 年，新疆文物考古工作者在阿克苏地区进行了比较全面的文物普查，并发表一份详细的普查报告。④ 这些都为认识库车及其周围地区古城遗址提供了重要的参证。

关于玉其土尔遗址，据黄文弼先生考察报告："旧城名色乃当，遗址尚存，周约四百二十米，四方形，城中已开垦为熟地。余等在城东北隅，拾唐代陶片数枚，间有带波纹灰陶片，当在唐前。在城北里许，且有一陶片上划汉字，字迹甚模糊。有土堡一，本地人称为'炮

---

① 笔者曾于 1998 年、2000 年两次随陈国灿师赴新疆学习、考察。在乌鲁木齐停留期间，笔者就阿克苏地区的遗址考古问题多次拜访、请教考古专家王炳华、张平两位先生，收获颇丰，尤其是张平先生对笔者教示、帮助最多。谨在此向两位先生表示衷心感谢！

② 《新唐书》卷一一〇《阿史那社尔传》记破五大城，降七十余座小城（第 4115 页），卷二二一上《西域·龟兹传》则记为破五大城，降小城七百余座（第 6231 页）；《资治通鉴》卷一九九贞观二十二年十二月条所记与《龟兹传》同（第 6264—6265 页）。据《新唐书·高昌传》（第 6220 页），高昌王国东西八百里，南北五百里，总有二十一城；而龟兹东西千里，南北六百里，其城数当不会比高昌多出三十几倍。因此，笔者颇疑"七百"乃"七十"之讹。

③ 黄文弼：《塔里木盆地考古记》，第 13—31 页。

④ 新疆文物普查办公室、阿克苏文物普查队：《阿克苏地区文物普查报告》，《新疆文物》1995 年第 4 期。

台'，盖为当时守戍官兵瞭望之所。"① 又据新疆文物考古工作者1989—1990 年的调查，"遗址呈南北坐落，东西长约 60—100 米，南北长约有 210 米。由外城、内城和北城三部分组成。外城位于遗址南部，平面呈不规则长方形。北、东、南三面有墙，西面临河崖无墙，北墙由两段构成，长约 110 米，东墙长约 110 米，南墙长约 102米……东南角外正对外墙城门有座高台，南距南墙约 7 米，东距东墙约 13 米。台基东西长约 19 米，南北长约 16 米。由基底向上逐渐收分呈梯形，高约 8.8 米……内城内房屋林立，排列有序……遗址城墙保存较好……局部墙上有马面，转角处有角楼……遗址的使用时间较长，后来曾经重新修补过。……遗址内散发着大量陶、铜、石器和钱币等遗物"。② 综合二者可以推知，玉其土尔遗址早在唐以前就已存在，唐代继续使用，其不仅仅是一处军事单位，从"内城内房屋林立，排列有序"可以看出，该地应属民居之地。再从面积大小看，此遗址周长约 400 米，与渭干河对岸的夏克土尔遗址相当。由此可以判断，玉其土尔遗址与夏克土尔遗址在古代都是政治军事行政单位，是唐代龟兹都督府下属"城"的所在地。伯希和在夏克土尔遗址所获D. A83 号文书中，有一残片，书有"牒上龟兹都督府"七字。③ 在唐代，下级单位发牒文给上级部门，统称"牒上"。该残片无疑表明，牒文所发单位与龟兹都督府之间存在隶属关系。这也可以加深我们对两处遗址性质的认识。

据《唐六典》卷三〇，唐代关分上、中、下三等，设令、丞、录事、府史、典事、律吏等官吏，关的职责是："掌禁末游，伺奸慝。

---

① 黄文弼：《塔里木盆地考古记》，第 17 页。

② 新疆文物普查办公室、阿克苏文物普查队：《阿克苏地区文物普查报告》，《新疆文物》1995 年第 4 期。

③ Éric Trombert, Ikeda On et Zhang Guangda, *Les Manuscrits Chinois de Koutcha：Fonds Pelliot de la Bibliothèque Nationale de France*, p. 83.

凡行人车马出入往来，必据过所以勘之。"① 天下诸关由中央尚书省刑部司门郎中、员外郎所统管。② 西域地区只有铁门关为中关，余皆为下关，控扼出入龟兹王都的要道，地位十分重要。③ 关于盐水关，王炳华先生有如下简单介绍："自库车方向入（盐水）沟，不远即见一古代石垒，耸立于沟谷西岸石壁上。高仍三、四米。今名夏德朗。深入四、五公里，又一石垒，耸峙于峭壁。均以块石、土、树枝相叠砌。"④ 新疆文物考古工作者 1989—1990 年的调查更为详细，并名之为"盐水沟关垒遗址"，调查报告称："遗址分布在东西长约 1.5 公里的距离内，共四座。除最南一座保存较好外，其余三座仅保留一点痕迹。南垒东西长约 7 米，南北长约 11 米，残高约 7 米。顶部东西长约 5 米，南北长约 5.5 米。东、西、北三面较直，南面与山体相连。中心部分为砂砾土筑成，外敷一层草拌泥。四周及顶部为片石垒砌。"⑤ 值得注意的是，盐水关遗址的情况，与玉其土尔遗址中的高台，也就是黄文弼先生所说的"炮台"颇为相似。如上所记，该高台台基东西长约 19 米，南北长约 16 米，高约 8.8 米，而且位于外城门与内城南门之间，控扼内外两城，正好稽查出入该城的行旅，所处位置相当重要。因此，笔者推测，此高台可能就是唐代柘厥关的所在地，玉其土尔遗址则是"白寺城"的所在地。

前文业已指出，在夏克土尔遗址出土的文书中，"白寺"与"河西寺"一并提及，说明二者相距不远。所谓"河西"，即指某河之西，今天的渭干河即唐代的白马河，"河西寺"可以肯定就是白马河

---

① （唐）李林甫等：《唐六典》，第 756—757 页。

② （唐）李林甫等：《唐六典》卷六《尚书刑部》，第 195 页。

③ 参见王炳华《新疆库车玉其土尔遗址与唐安西柘厥关》，《丝绸之路考古研究》，第 82—105 页。

④ 王炳华：《新疆库车玉其土尔遗址与唐安西柘厥关》，《丝绸之路考古研究》，第 96 页。

⑤ 新疆文物普查办公室、阿克苏文物普查队：《阿克苏地区文物普查报告》，《新疆文物》1995 年第 4 期。

西面之寺，而渭干河之西的夏克土尔遗址中，又存有古代寺庙的遗迹，"河西寺"当位于该遗址之中。那么，"白寺"或以白寺名城的"白寺城"，也应当距夏克土尔遗址不远。在夏克土尔遗址周围，除与之隔河相望的玉其土尔遗址外，再无其他较大的古城遗址。而玉其土尔遗址上的种种迹象表明，该遗址不仅是民居地，而且具有军事防御功能，这从城墙上有马面、角楼等军事设施可以看出，它显然就是古代龟兹的"城"。因此，把玉其土尔遗址比定为唐代龟兹的"白寺城"，应该是可以成立的。

前揭文书记张君义等军破白寺城阵后，又破□坎阵、仏陁城阵、河曲阵、故城阵、临桥阵等。仏陁城以"仏陁"为名，当有特殊含义。据玄奘《大唐西域记》卷一《屈支国》"大会场"条，龟兹王城西门外立有高达九十余尺的佛像，该国于像前建五年一大会处，此地在龟兹政治、宗教生活中发挥过重要作用。[1] 仏陁城有无可能就在此地呢？由于库车皮朗古城西面尚未发现有古城遗址，不便遽断。"河曲"，一般指河流弯曲之地。据《水经注》卷二《河水二》，龟兹境内有东川水和西川水，东川水即今天的铜厂河，西川水即唐代白马河。既然确定白寺就在白马河附近，则"河曲"应指该河的某一弯曲之地。也就是说，唐军是沿白马河行军作战的。"故城"，《水经注》卷二《河水二》记东川水有一支西南入龟兹城，继续往东南流，与流经龟兹城南的一支西川水相合，汇为一水，"水间有故城，盖屯校所守也"。[2] 黄文弼先生在库车南部考察时，据穷沁旧城的古建筑形式属圆形，颇类轮台之着果特旧城，推断该城可能就是《水经注》中所说的"故城"。[3] 此地临河，又有城，无疑是一理想的屯防之地。文书中"故城"与此同名，二者应指一地。唐军最后一战是"破临桥

---

① （唐）玄奘、辩机原著，季羡林等校注《大唐西域记校注》，第61页。
② （北魏）郦道元注，杨守敬、熊会贞疏《水经注疏》，第108—112页。
③ 黄文弼：《塔里木盆地考古记》，第25页。

阵"，所谓"临桥"，也与河道有关。由此不难看出，唐军作战方向是由西而南，基本上是沿白马河河道走向进行的。问题在于唐军从何而来？结合唐景龙年间西域形势的变化，笔者倾向于认为，张君义等唐军是从天山以北南下，穿越雀离塔格山，再沿山谷向西经盐水沟到白寺城。关于此点，本书第六章"敦煌所出张君义文书与唐中宗景龙年间西域政局之变化"已有初步探讨，此处不赘。

综上考察，张君义文书中所记的"白寺城"，是唐代龟兹都督府统辖下的一级行政管理机构，与中原内地的县大致相当，其地理位置就在今库车西面的玉其土尔遗址。当然，本章的考察仍属推测，尚有待今后库车出土文书、文物的进一步证实。

为便于理解本章内容，特于文后转录王炳华先生等所绘三幅库车地区考古遗址平面示意图，请参看。谨向王先生等表示衷心感谢！

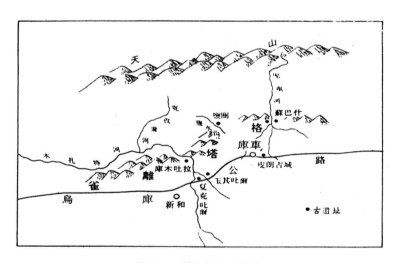

**图1　玉其土尔遗址位置**

资料来源：王炳华《新疆库车玉其土尔遗址与唐安西柘厥关》，《丝绸之路考古研究》，第86页。

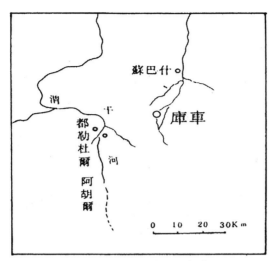

**图2　玉其土尔遗址所在地**

　　资料来源：王炳华《新疆库车玉其土尔遗址与唐安西柘厥关》，《丝绸之路考古研究》，第83页。

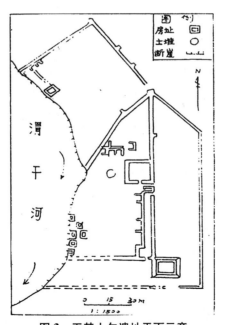

**图3　玉其土尔遗址平面示意**

　　资料来源：新疆文物普查办公室、阿克苏文物普查队《阿克苏地区文物普查报告》，《新疆文物》1995年第4期，第35页。

# 第十四章

# 关于唐代沙州升为都督府的时间问题

　　敦煌文书斯 2593 号《沙州图经》载："沙州，下，属凉州都督府管。"[①] 李正宇先生指出，此处"下"，即云沙州属下州。[②] 又敦煌博物馆藏唐天宝年间地志残卷[③]及《旧唐书》卷四〇《地理志三》河西道沙州条[④]，同样记沙州为下州。然《元和郡县图志》卷四〇陇右道下沙州条所记则为"中府"，[⑤]且《新唐书》卷四〇《地理志四》陇右道沙州敦煌郡条明记为"下都督府"。[⑥]"州""府"这一不同记载，表明唐代沙州的行政建制确曾有过由州升格为都督府的演变历程。那么，沙州何时升为都督府呢？中华书局排印本《唐会要》卷七〇《州

---

　　① 李正宇：《古本敦煌乡土志八种笺证》，台北：新文丰出版公司，1998，第 3 页。

　　② 李正宇：《古本敦煌乡土志八种笺证》，第 6 页。

　　③ 参见马世长《敦煌县博物馆藏地志残卷——敦博第五八号卷子研究之一》，北京大学中国中古史研究中心编《敦煌吐鲁番文献研究论集》，中华书局，1982，第 274 页。

　　④ 《旧唐书》，第 1644 页。

　　⑤ （唐）李吉甫：《元和郡县图志》，第 1025 页。

　　⑥ 《新唐书》，第 1045 页。

县分望道》载："新升都督府：沙州，永徽二年五月升。"① 上海古籍
出版社出版的点校本《唐会要》卷七〇亦如是载。② 按这两个广为中
外学人通用的版本，皆属武英殿本系统。对于殿本《唐会要》的这一
记载，日本著名敦煌学家池田温先生于 1975 年发表《沙州图经略考》
一文，通过考察敦煌所出《沙州图经》诸残卷，并据"沙州都督府
印"最早出现于《唐大历四年（769）沙州敦煌县悬泉乡宜禾里手
实》之事实，率先指出《唐会要》所记之"永徽二年"当为"永泰
二年"之误。③ 1979 年，池田温先生在《中国古代籍帐研究》一书
中，重申"永徽"是"永泰"之误。④ 这提示我们，沙州升为都督府
的时间是唐代宗永泰二年（766），而非唐高宗永徽二年（651）。池
田温先生的这一远见卓识，得到中国学者李正宇、李方等先生的赞
同。⑤ 然而，由于缺乏充足有力的证据，池田温先生的观点并未得到
学界广泛认同，不少学者仍坚持认为"永徽二年"是沙州升为都督府
的时间，并据以展开相关问题的探讨。⑥

厘清沙州升为都督府的时间，不仅有助于准确把握唐代沙州的行
政建制演变历程，而且对重新认识《沙州图经》或《沙州都督府图
经》之编纂年代及相关历史问题亦有重要的学术意义。有鉴于此，本
章拟在学界已有相关研究成果基础上，对此问题再做探讨。

州（郡）作为唐代的地方一级行政机构，可分为刺史（太守）

① （宋）王溥：《唐会要》，中华书局，1955，第 1238 页。

② （宋）王溥：《唐会要》，上海古籍出版社，2006，第 1465 页。

③ 池田温「沙州図経略考」榎博士還暦記念東洋史論叢編纂委員会編『榎博士還暦記
念東洋史論叢』山川出版社、1975、第 31—102 頁。

④ 〔日〕池田温：《中国古代籍帐研究·概观》，龚泽铣译，中华书局，2007，第 190、
194 页注 26。

⑤ 李正宇：《古本敦煌乡土志八种笺证》，第 11 页；李方：《唐西州行政体制考论》，
第 21 页。

⑥ 相关情况介绍参见朱悦梅、李并成《〈沙州都督府图经〉纂修年代及其相关问题
考》，《敦煌研究》2003 年第 5 期。

州（郡）和都督州（郡）两类，这两类州（郡）在长官称谓及品级、所属机构及官员名称、吏员设置及称谓等方面，都存在较大的差异。①据《唐六典》卷三〇《三府督护州县官吏》②、《旧唐书》卷四四《职官志三》③、《新唐书》卷四九下《百官志四下》④ 等，都督州（郡）的长官称都督，刺史州（郡）的长官称刺史（太守），大都督府都督从二品，中都督府都督正三品，下都督府都督从三品，上州刺史从三品，中州刺史正四品上，下州刺史正四品下。当然，都督府都督一般例兼所在州的刺史，诚如岑仲勉先生所指出："余按隋、唐间总管或都督，略与后来节度使同，率兼驻在州之刺史。"⑤ 不过，官品仍以都督为准。在都督和刺史之下，另有别驾、长史、司马等上佐；上佐之下，又有录事参军事和六曹参军事，都督州（郡）六曹称功曹、仓曹、户曹、兵曹、法曹、士曹，刺史州（郡）下的六曹则称司功、司仓、司户、司兵、司法、司士。与此相应，六曹长官分别称功曹、仓曹、户曹、兵曹、法曹、士曹参军事，以及司功、司仓、司户、司兵、司法、司士参军事。《通典》卷三三《职官十五》州郡下"总论郡佐"条所记"在府为曹，在州为司（府曰功曹、仓曹，州曰司功、司仓）"，⑥ 可谓一语中的。按六曹参军事下，均设吏员若干名，但都督州（郡）与刺史州（郡）下的吏员称谓并不完全一致，都督州（郡）称府、史，刺史州称佐、史。如《唐六典》卷三〇《三府督护州县官吏》下都督府条记："都督一人，从三品。……仓曹参军事一人，从七品下；府三人，史六人。户曹参军事一人，从七

----

① 唐代都护府作为管理边疆民族地区事务的一级地方行政机构，除长官称"都护"外，其余诸曹设置皆同都督府。
② （唐）李林甫等：《唐六典》，第742—747页。
③ 《旧唐书》，第1916—1920页。
④ 《新唐书》，第1314—1318页。
⑤ 岑仲勉：《通鉴隋唐纪比事质疑》"都督与刺史"条，第44页。
⑥ （唐）杜佑：《通典》，第910页。

品下；府四人，史七人；帐史一人。"① 同书卷下州条记："刺史一
人，正四品下。……司仓参军事一人，从八品下（原注：兼掌司功
事）；佐二人，史四人。司户参军事一人，从八品下（原注：兼掌司
兵事）；佐三人，史五人，帐史一人。"② 上述有关刺史州（郡）与都
督州（郡）之间的差异，无疑是判断某个州（郡）是刺史州（郡）
还是都督州（郡）的重要典制依据。

按唐代沙州历任长官情况，郁贤皓先生《唐刺史考全编》已有精
湛考证与详细论列，③ 从中不难看出，唐代沙州长官全称刺史，未有一
例称都督者。当然，如前所述，都督一般例兼所在州的刺史，故都督有
时又称刺史或太守。如开元中担任西州都督兼西州刺史的张待宾，《张
九龄集校注》卷八《敕西州都督张待宾书》中称"西州都督张待
宾"，④ 然同书卷一二《敕（天山军使）西州刺史张待宾书》中又称
其为"天山军使、西州刺史"。⑤ 此外，吐鲁番阿斯塔那506号墓所出
《唐天宝十三载（754）礌石馆具七至闰十一月帖马食历上郡长行坊
状》，⑥ 记过往官员有"马都督"和"马太守"，二者当即同一人。⑦
因此，仅凭刺史或太守一称还无法判断沙州是刺史州还是都督州。

再来看看出土文书与碑刻墓志中所记沙州长官的官衔。陕西咸阳
杨陵区出土《大周沙州刺史李无亏墓志》一方，据志文，李无亏于载
初元年（690）任沙州刺史兼豆卢军经略使，延载元年（694）卒于
任上，任职时间达五年之久。⑧ 伯2005号《沙州都督府图经》亦有数

① （唐）李林甫等：《唐六典》，第744页。
② （唐）李林甫等：《唐六典》，第746—747页。
③ 郁贤皓：《唐刺史考全编》（一）陇右道沙州（敦煌郡）条，第498—506页。
④ 熊飞校注《张九龄集校注》，第525页。
⑤ 熊飞校注《张九龄集校注》，第669页。
⑥ 唐长孺主编《吐鲁番出土文书》（图文本）第4册，第448页。
⑦ 李方：《唐西州行政体制考论》，第11页。
⑧ 王团战：《大周沙州刺史李无亏墓及征集到的三方唐代墓志》，《考古与文物》2004
年第1期。

条"刺史李无亏"之记载，时间俱在天授二年（691）。① 志文记李无亏死后的官衔，全称为"大周故太中大夫使持节沙州诸军事守沙州刺史兼豆卢军经略使上柱国长城县开国公赠使持节嘉州诸军事嘉州刺史"。这里，"使持节沙州诸军事守沙州刺史"一称，表明当时的沙州为刺史州，而非都督州。因为都督州的长官一般全称为"使持节都督某州诸军事某州刺史"，如唐代西州为中都督府，神龙年间担任西州都督的邓温，其官衔为"使持节都督西州诸军事西州刺史"。② 又龙朔三年（663）担任凉州都督的郑仁泰，其官衔为"使持节都督凉甘肃伊瓜沙等六州诸军事凉州刺史"。③ 李无亏官衔并无都督一称，只能说明载初元年至延载元年的沙州还未有都督府的建制。武周后期担任沙州刺史的李庭光，敦煌文书斯 1523 号记其官衔为"通义大夫使持节沙州诸军事沙州刺史兼豆卢军使上柱国"；④ 景云二年（711）任沙州刺史的能昌仁，其官衔为"正议大夫使持节沙州诸军事守沙州刺史兼充豆卢军使上柱国"。⑤ 按唐正议大夫为正四品上阶，沙州为下州，刺史为正四品下。《唐六典》卷二《尚书吏部》载："凡注官阶卑而拟高则曰'守'，阶高而拟卑则曰'行'。"⑥ 因此，此处能昌仁"守沙州刺史"，或为"行沙州刺史"之误。又开元二年（714）任沙州刺史的杜楚臣，官衔为"正议大夫使持节沙州诸军事行沙州刺史兼豆卢军使上柱国"。⑦ 由以上论述不难看出，从载初元年到开元二年的沙州历任最高长官，均无"都督"之衔，足证在此期间的沙州建制是

---

① 李正宇：《古本敦煌乡土志八种笺证》，第 21、23、34、35 页。
② 李思宇、樊维岳：《蓝田县出土唐故忠武将军右卫率邓温墓志铭》，《文博》1993 年第 3 期。
③ 周绍良主编《唐代墓志汇编》麟德〇一八，第 406 页。
④ 荣新江：《〈唐刺史考〉补遗》，《文献》1990 年第 2 期，第 86 页。
⑤ 周绍良主编《唐代墓志汇编》长庆〇二四，第 2075 页。参见郁贤皓《唐刺史考全编》（一），第 501 页。
⑥ （唐）李林甫等：《唐六典》，第 28 页。
⑦ 李正宇：《古本敦煌乡土志八种笺证》，第 30 页。

刺史州,而非都督州。如果说沙州在永徽二年五月就已升为都督府,沙州长官应称"使持节都督沙州诸军事沙州刺史",而非"使持节沙州诸军事沙州刺史"。因此,武英殿本《唐会要》卷七〇有关永徽二年沙州升为都督府的记载,是一条颇有疑问的史料,不可轻信。

再来考察一下沙州下属六曹机构的设置及称谓情况。敦煌所出伯3899号背面为《唐开元十四年(726)沙州敦煌县勾征开元九年悬泉府马社钱案卷》,长达196行,内容十分丰富,卢向前先生对之有过深入探讨。[①] 该案卷记有数件沙州司户的牒文,很能说明问题,兹引录其中第55—60行内容如下:

55 司户

56 悬泉府马社钱壹伯叁拾壹贯叁伯伍拾伍文所由府史翟崇明

57 右件钱州司已判下府征讫。谨录状上。

58 牒件状如前,谨牒。

59 开元十四年三月 日史氾光宗牒

60 参军判司户贾履素[②]

牒文由沙州司户史氾光宗草拟,参军判司户参军事贾履素押署。关于唐代参军之职掌,李方先生据吐鲁番出土文书进行过较为深入的探讨,指出西州参军职事繁忙,与内地参军闲散状况形成鲜明对比。[③] 沙州同属边州,情况亦大致相当。上揭文书中,贾履素即以参军之职

---

① 卢向前:《马社研究——伯三八九九号背面马社文书介绍》,北京大学中国中古史研究中心编《敦煌吐鲁番文献研究论集》第2辑,北京大学出版社,1983,第361—424页;又收入氏著《敦煌吐鲁番文书论稿》,江西人民出版社,1992,第47—96页。

② 卢向前:《马社研究——伯三八九九号背面马社文书介绍》,《敦煌吐鲁番文献研究论集》第2辑,第365—366页;又见氏著《敦煌吐鲁番文书论稿》,第51页。

③ 李方:《唐西州行政体制考论》,第98—122页。

判司户参军事。由"司户"一称，可初步判定开元十四年时的沙州仍属刺史州，而非都督州，因为都督州称"户曹"，而不称"司户"。莫高窟北区第47窟所出《唐开元二十四年（736）后沙州检勘丁租脚窖钱粮牒》残存文书八片，陈国灿师曾对之进行复原与研究，指出文书可断在开元二十四年至二十六年间，是沙州司仓有关检勘敦煌、寿昌两县丁租并脚及营窖钱粮的牒文。[①] 为方便讨论，兹引录陈师复原后的文书第34—36行如下：

34　□得司户关称得敦煌寿昌两县申称得丞判尉

35　姚大器等牒称检案内前件丁租年终纳毕预□□

36　责造毕帐申州依检未有处分牒举者依状责□□[②]

陈师据文书内容及上列"得司户关称""得敦煌寿昌两县申称"之记载，判断牒文机构是与"司户"平级的沙州司仓。[③] 此处"司户"一称，同样表明开元后期的沙州仍是刺史州建制，而非都督州建制。

到了天宝年间，沙州的建制情况有无变化呢？伯3348号背面为《唐天宝六载（747）十一月河西豆卢军军仓收纳籴粟牒》，上钤"豆卢军之印"，文书第2—9行是豆卢军军仓的一件牒文，兹引录如下：

2　军仓

3　　　行客任㤅子纳交粟壹伯捌硕陆斗。空。

4　　　　右奉判：令检纳前件人交籴粟、纳讫具

5　　　上者。谨依检纳讫，具状如前。谨录状 上 。

---

① 陈国灿：《莫高窟北区47窟新出唐开元廿四年（736年）后丁租牒的复原与研究》，氏著《敦煌学史事新证》，第244—264页。
② 陈国灿：《敦煌学史事新证》，第252页。
③ 陈国灿：《敦煌学史事新证》，第261—262页。

6　牒件状如前谨牒。

7　　　　天宝六载十一月　　日典李惠明牒

8　　　　　　　　典张玄福

9　　　　　　　　判官司法参军于重晖①

本件乃豆卢军仓奉命检纳行客任惣子交籴粟后向上级汇报的牒文，其中第9行"判官司法参军于重晖"之记载，颇值得注意。按《唐六典》卷五《尚书兵部》载："诸军各置使一人，五千人已上置副使一人，万人已上置营田副使一人；每军皆有仓曹、兵曹、胄曹参军各一人。"② 据此，豆卢军不可能设有司法参军一职，故文书中的"司法参军"只能是敦煌郡的司法参军，于重晖正是以敦煌郡司法参军的身份兼任豆卢军仓之判官。由"司法参军"一职可以看出，天宝六载时的敦煌郡仍不是都督府建制。又伯2803号《唐天宝九载（750）八月至九月敦煌郡仓纳谷牒》总存十六件文书，除第一件为敦煌县状外，余皆为敦煌郡郡仓的牒文，兹引录第三件牒文内容如下：

1　郡仓

2　肆日，纳百姓宋希盛等和籴粟壹阡柒拾陆硕，入东行从南第壹眼。空。

3　　　右纳得上件粟，其户人名，别状通上。

4　牒件状如前谨牒。

5　　　　　　天宝九载九月四日史索秀玉牒

6　　　　　　　　　仓督　张　假

7　　　　　　　　　主簿摄司仓　苏　汪

8　　　　　　　　　司　马　吕随仙

① 〔日〕池田温：《中国古代籍帐研究·录文》，第323—324页。
② （唐）李林甫等：《唐六典》，第158页。

9 　　　　　　　　　　　　长　史　姚光庭

10 　　　肆　日　谦①

本件第 7 行"主簿摄司仓苏汪"之签署，除第二件牒文为"司仓参军潘仲丘"签署外，② 其余诸件皆同。张弓先生曾指出，文书中的司仓为敦煌郡司仓参军，司马、长史为郡上佐，诚是。③ 但此时的敦煌郡并非都督府建制，因为都督府掌管仓库、租赋事务的是仓曹参军事，而非司仓参军事。十数件天宝九载敦煌郡郡仓牒文所记皆为"司仓"，而非"仓曹"，说明敦煌郡之建制仍同过去一样，并未升格为都督府。

上文已经指出，刺史州（郡）和都督州（郡）六曹参军事下设有若干吏员，前者称佐、史，后者称府、史，二者存在明显的差异。前揭伯 3899 号背面《唐开元十四年（726）沙州敦煌县勾征开元九年悬泉府马社钱案卷》第 8—35 行，即为沙州下给敦煌县的符文，首行题"沙州"，兹摘录末尾数行如下：

31 ⬛⬛⬛⬛状下县，宜准状，符［符］（到奉行）。

32 　　　　　　　　　佐

33 ⬛⬛⬛⬛

34 　　　　　　　　史范鲁

35 　　　　　　开元十四（年）二月十

日下④

---

① 〔日〕池田温：《中国古代籍帐研究·录文》，第 329 页。

② 〔日〕池田温：《中国古代籍帐研究·录文》，第 329 页。

③ 张弓：《唐朝仓廪制度初探》，中华书局，1986，第 20 页。

④ 卢向前：《马社研究——伯三八九九号背面马社文书介绍》，《敦煌吐鲁番文献研究论集》第 2 辑，第 364 页；又见氏著《敦煌吐鲁番文书论稿》，第 44 页。

上揭文书中"范鲁"一名，又见于本案卷第75、86、111、139、158、159诸行，全名为"范思鲁"，乃沙州司户史，由此知该符文是沙州司户下达敦煌县的。据符文，沙州司户的属吏有佐、史，这与"司户"一称正相吻合，都表明开元十四年的沙州是刺史州建制，而非都督州建制。吐鲁番出土文书中反映西州都督府诸曹府、史活动的情况很多，兹举一例，以资对照。如阿斯塔那509号墓所出《唐开元二十一年（733）染勿等保石染典往伊州市易辩辞》第19—25行载：

```
19        石染典
20   牒件状如前，牒至准状，故牒。
21        开元廿一年正月廿三日
22              府谢忠
23 户曹参军元
24              史
25        正月廿一日受，廿三日行判。①
```

唐代西州为都督府建制，故掌管户口、仓库、租赋事务之机构称"户曹"，而非"司户"，官员称"户曹参军"，而非"司户参军"；户曹属吏为府、史，而非佐、史。比较上引两件文书，即可看出沙、西二州建制在六曹属吏设置及称谓上的不同。

此外，从官文书钤印情况，亦可看出沙州建制的某些特点。如果说沙州在永徽二年五月已升为都督府，那么此后的官文书钤印，应该钤"沙州都督府印"，而非"沙州之印"，但事实并非如此。在伯3557、伯3669号《周大足元年（701）沙州敦煌县效谷乡籍》中，钤盖"沙州之印"一处，"敦煌县之印"三处。② 在伯2822号《唐先天

① 唐长孺主编《吐鲁番出土文书》（图文本）第4册，第278页。
② 〔日〕池田温：《中国古代籍帐研究·录文》，第26页。

二年（713）沙州敦煌县平康乡籍》中，亦钤盖"沙州之印"一处，"敦煌县之印"三处。① 在伯3899号《唐开元十四年（726）沙州敦煌县勾征开元九年悬泉府马社钱案卷》中，多处钤盖"沙州之印"和"敦煌县之印"。② 唐玄宗天宝元年改州为郡之后，"沙州之印"随之改为"敦煌郡之印"。在敦煌所出《唐天宝三载（744）敦煌郡敦煌县神沙乡□□里籍》中，即钤盖"敦煌郡之印"一处，"敦煌县之印"四处。③ 在斯4583号《唐天宝六载（747）敦煌郡敦煌县效谷乡□□里籍》中，亦钤盖"敦煌郡之印"一处，"敦煌县之印"四处。④ 在伯2592、伯3354、斯3901号《唐天宝六载（747）敦煌郡敦煌县龙勒乡都乡里籍》中，同样钤盖"敦煌郡之印"一处，"敦煌县之印"四处。⑤ 从敦煌所出官文书的钤印情况可以看出，无论是武周、开元年间的"沙州之印"，还是天宝年间的"敦煌郡之印"，都足以表明武周到天宝年间的沙州或敦煌郡，是刺史州（郡）建制，而非都督州（郡）建制。就目前所见资料，"沙州都督府印"的行用，确如池田温先生所言，最早出现于斯514号《唐大历四年（769）沙州敦煌县悬泉乡宜禾里手实》中，其上钤盖"沙州都督府印"一处，"敦煌县之印"四处。⑥ 大历四年正是永泰二年之后的第三年。因此，池田先生推断《唐会要》所记"永徽二年"为"永泰二年"之讹，实为远见卓识。

需要注意的是，大谷3370号亦是出自吐鲁番阿斯塔那225号墓的敦煌文书，属武周圣历二年（699）瓜沙地区吐谷浑归朝案卷残片之一。⑦

---

① 〔日〕池田温：《中国古代籍帐研究·录文》，第29页。
② 卢向前：《敦煌吐鲁番文书论稿》，第48—65页。
③ 〔日〕池田温：《中国古代籍帐研究·录文》，第47页。
④ 〔日〕池田温：《中国古代籍帐研究·录文》，第48页。
⑤ 〔日〕池田温：《中国古代籍帐研究·录文》，第71页。
⑥ 〔日〕池田温：《中国古代籍帐研究·录文》，第90页。
⑦ 陈国灿：《武周瓜沙地区吐谷浑归朝案卷研究》，见氏著《敦煌学史事新证》，第167—197页。

该文书残存 8 行文字，左下方钤盖官印一处，① 日本学者小笠原宣秀、西村元祐先生早年在《唐代役制关系文书考》一文中，识读为"沙州都督府印"。②《敦煌学大辞典》"沙州都督府印"条从其说。③ 这一识读恐与当时沙州实际情形不合。如前所论，武周载初元年至延载元年担任沙州刺史的李无亏，其官衔为"使持节沙州诸军事守沙州刺史"，而圣历元年任沙州刺史的李庭光，其官衔为"使持节沙州诸军事沙州刺史"，皆无"都督诸军事"之记载。更何况，在伯 3557、伯 3669 号《周大足元年（701）沙州敦煌县效谷乡籍》中，所钤官印为"沙州之印"，而非"沙州都督府印"。这些例证足可说明，小笠原宣秀、西村元祐氏的识读并不成立。池田温先生即不从其说，陈国灿先生则直接识读为"沙州之印"。④

以上笔者主要依据敦煌文书，从沙州长官官衔、六曹机构及官员称谓、六曹属吏设置及名称、官文书钤印等方面，对沙州建制进行了初步的探讨，从中可以看出，从武周到开元、天宝年间，沙州一直是刺史州建制，并非都督州建制。因此，武英殿本《唐会要》中有关沙州在永徽二年升为都督府之记载，并不可信。值得一提的是，点校本《唐会要》"前言"称，其以江苏书局本为底本，校以武英殿本和上海图书馆所藏四种《唐会要》抄本。⑤ 但令人遗憾的是，该点校本并没有注意到江苏书局本与四种《唐会要》诸抄本之间存在的巨大差异。⑥

从版本学角度出发，笔者查阅了文渊阁四库全书本《唐会要》，

① 小田義久主編『大谷文書集成』（貳）、第 85 頁、図版五九。

② 小笠原宣秀・西村元祐「唐代役制關係文書考」『西域文化研究』第 3（敦煌吐魯番社會經濟資料 下）、法藏館、1960、第 151 頁。

③ 季羡林主編《敦煌学大辞典》，上海辞书出版社，1998，第 290 页。

④ 陈国灿：《敦煌学史事新证》，第 176 页。

⑤（宋）王溥：《唐会要》，上海古籍出版社，2006，"前言"第 13 页。

⑥ 参见拙文《唐代沙州升为都督府时间考定——以〈唐会要〉版本考察为中心》，《史学集刊》2017 年第 4 期。

最终发现四库本与武英殿本、江苏书局本完全不同，具体如下：

新升都督府：沙州，永泰二年五月升。①

四库本《唐会要》的这一记载，以确凿无疑的事实表明，唐代沙州升为都督府的时间是在永泰二年，而非永徽二年。这与前揭敦煌文书所反映的情况完全一致，同时也说明池田温先生早年的判断十分准确。至此，可以肯定，唐代沙州升为都督府的时间是在唐代宗永泰二年，而非唐高宗永徽二年。

按沙州原为下州，刺史正四品下阶，至永泰二年沙州升为下都督府或中都督府，级别破格提升了二级或三级。这一行政建制级别的调整变动，当与同年河西节度使西迁沙州事件密切相关。安史之乱爆发后，吐蕃乘虚而入，逐渐蚕食河西、陇右诸州。广德二年（764），吐蕃攻陷凉州，河西节度使杨志烈奔甘州，后在北庭长泉一带为沙陀所杀。②《资治通鉴》卷二二四代宗永泰元年闰十月乙巳条载：

河西节度使杨志烈既死，（郭子仪）请遣使巡抚河西及置凉、甘、肃、瓜、沙等州长史。上皆从之。③

可见朝廷在凉州失陷、节度使杨志烈遇害后，仍力图挽救河西危局。故在次年，继任河西节度使的杨休明徙镇沙州，《资治通鉴》同书卷代宗大历元年（766）夏五月条有如下记载：

---

① （宋）王溥：《唐会要》，《景印文渊阁四库全书》第607册，台北：台湾商务印书馆，1986，第55页。
② 陈国灿：《安史乱后的唐二庭四镇》，氏著《敦煌学史事新证》，第454—455页。
③ 《资治通鉴》，第7185页。

夏，五月，河西节度使杨休明徙镇沙州。①

按唐代宗永泰二年十一月方改元大历，此处"五月"，实即永泰二年五月。值得注意的是，河西节度使杨休明徙镇沙州，与沙州升为都督府时间一致，同在永泰二年五月，这不会是一种巧合，而应是唐廷在新形势下对河西政局做出的一种调整和部署。凉州陷落后，统领整个河西军政的河西节度使迁往何处，唐廷对此想必会有所考虑。沙州是出入西域的门户，自汉代以后即为中原王朝经营西域的重要基地，自然是朝廷考虑的对象。唐代前期的十节度，多治边镇要地，如安西治龟兹，北庭治庭州，河西治凉州，陇右治鄯州，剑南治益州，河东治太原府，朔方治灵州，范阳治幽州，平卢治营州，岭南五府治广州，治所皆为都护府和都督府所在地，且节度使多兼所在都护府和都督府的都护和都督，河西节度使即兼任凉州都督府都督，可为明证。沙州行政级别为下州，与凉州都督府的级别相差数级，河西节度使迁往沙州后，例兼沙州地方军政长官，但原沙州刺史的级别与河西节度使的身份显然并不匹配，此级别也无法成为统领河西诸州的领导核心。因此，作为新的河西节度使大本营所在地，沙州的行政军事级别势必要做出相应调整。故而，唐廷在永泰二年五月升沙州为都督府，很大程度上就是为配合河西节度使迁往沙州而做出的行政军事建制调整。考虑到凉州行政级别为中都督府，升为都督府后的沙州级别应与此相当。从这一意义上讲，前揭《元和郡县图志》有关沙州为中都督府的记载，与沙州实际颇相契合，当是最可靠、最值得信从的史料。

对唐代沙州升为都督府时间的考定，不仅有助于准确把握敦煌的

---

① 《资治通鉴》，第7191页。

历史发展历程，而且对相关敦煌文书的理解和判断也颇有助益。关于伯 2005 号《沙州都督府图经》的成书年代及相关问题，中外学者有多种解说。① 池田温先生认为该图经乃据上元三年（676）后逐渐成形的《沙州图经》进行编纂，至武周证圣元年（695）进行大量增补而成，开元初又有部分调整，永泰二年沙州升都督府后改称《沙州都督府图经》。对沙州升为都督府时间的考定，可以进一步证实池田温先生对图经编纂年代的判断。

　　附记：本章初刊《敦煌学辑刊》2004 年第 2 期，发表后获得不少师友的肯定，并在相关论著中多有征引，笔者深受鼓舞。然而，就文献的版本依据而言，四库本《唐会要》"永泰二年"的这一记载，尚属孤证，还无法动摇武英殿本"永徽二年"的权威记载。故有学人指出："刘文不足之处在于所引用文献资料大多在开元、天宝年间，上限不超载初元年，且钤印证据最早不过大足元年，只能证明开元十五年前相当长一段时间，沙府已不存在，不能证明永徽二年后沙府从未设立过。"② 由此可见，关于唐代沙州升为都督府的时间问题，仍有学人坚持和肯定武英殿本《唐会要》"永徽二年"的记载。而笔者率先揭出的四库本《唐会要》中"永泰二年"之记载，并未引起个别或少数学人的重视，这不免有些遗憾。值得进一步追问的是，同为《唐会要》一书，为何会出现殿本与四库本两种不同的记载？如果殿本所记正确，为何得不到敦煌文书和传世文献的印证与支持？殿本和四库本所记，是否存在不同的史源？等等，都是需要认真解答的问题。有鉴于此，笔者开始调查国内外收藏的十数种《唐会要》抄

---

① 参见朱悦梅、李并成《〈沙州都督府图经〉纂修年代及其相关问题考》，《敦煌研究》2003 年第 5 期，第 61 页。

② 李青淼：《20 世纪以来唐代都督府研究综述》，《中国史研究动态》2007 年第 5 期。

本情况，并在《史学集刊》2017年第4期发表《唐代沙州升为都督府时间考定——以〈唐会要〉版本考察为中心》，确认《唐会要》诸抄本所记皆为"永泰二年"，而非"永徽二年"。"永徽二年"实为清四库馆臣在整理殿本《唐会要》时，对所据抄本（即汪启淑家藏本）的删改。至此，唐代沙州升为都督府的时间，是在唐代宗永泰二年（766），而非唐高宗永徽二年（651），应该可以成为定谳了。

关于唐代沙州升为都督府的时间问题，武英殿本与四库本《唐会要》的不同记载，引发笔者对《唐会要》一书展开全面探讨，进而迈入一个新的学术领域，并取得若干阶段性成果。今天回想起来，这实在是一件有趣的事情，也是一段值得铭记的学术经历。

# 附录一

# 库车出土唐安西官府事目历考释

　　20世纪初，日本大谷探险队在中国新疆库车地区发掘获取若干纸质文书，其中都勒都尔·阿护尔遗址出土的汉文文书就有数十件，大部载于小田义久教授主编的《大谷文书集成》（壹），编号为1503—1538。① 其中1508号与1538号两件残片性质类同，笔者曾怀疑二者本属一件，但1538号文书无图版，无法比照。后蒙导师陈国灿教授写信向日本池田温先生求教，承池田先生厚爱，惠寄了该件文书的复印件以及他早年对两件残片进行拼合的录文，最终确认两件残片同属一件文书。对池田温先生及时的教示，笔者表示衷心感谢。今将其释文转录并略做考释如下：

（前缺）

1　　　　□真状为充捉□□□

2　　　　□□□无纳请不入破事。

---

　　① 小田義久主編『大谷文書集成』（壹）、第71—79頁。以下引大谷文书俱见此书，不另注。

3　　　　　　状为请宴设蒲桃酒价直事。

4　　　　　　为请过所事。

5　　　　　　为被停粮事。

6　□海宾状为大井馆步砲一具不堪回□事；

7　一为请漆器什物等事。

8　范恒恭状

（后缺）

文书所记"入破""宴设""请过所""停粮"等，不少是唐代才出现的习用语，而且也只能是唐朝对龟兹地区实现有效管辖之后才有可能出现。再结合书法判断，本件属唐代官文书无疑。文书虽残缺严重，但从行文看，皆是条列"某某状为某某事"，这与敦煌、吐鲁番等地出土的唐代官府事目文书类同。如吐鲁番阿斯塔那 193 号墓出土《唐天宝某载（751—756）文书事目历》所记：

1　八日

2　　天山县申

3　　高昌县申为 丞 严奉 景

4　九日

5　　天山军牒为仓曹康慎徽天十考事，付

6　　兵李惟贵状为患请○莫茱萸等 药 。

7　六日兵袁昌运牒为患请药

8　　虞候状为典鞠承训今月七日发

9　　其月十一日判典鞠承训虞候状报患损发遣讫，具录牒上节度 使 。

10　 录 事 宋威德牒为差往武威请诸官 料 钱 事 。

11　〔上残〕差府使白忠讬，依前勒行，仍牒宋威德知。

（后缺）①

吐鲁番所出的这件事目文书，多次出现"状为""牒为"等字眼，表明所发文书的性质即状文与牒文。按《唐六典》卷一《三师三公尚书都省》载："凡都省掌举诸司之纲纪与其百僚之程式，以正邦理，以宣邦教。凡上之所以逮下，其制有六，曰：制、敕、册、令、教、符。凡下之所以达上，其制亦有六，曰：表、状、笺、启、牒、辞。"②可知唐代对官文书的使用，都有详细的制度规定，下行文书使用"制、敕、册、令、教、符"等，上行文书则使用"表、状、笺、启、牒、辞"等。比较吐鲁番、库车出土的这两件文书，其性质显然是相同的，都属于事目一类文书，只是库车出土的这件文书多记"某某人状为某某事"，明显属于下达上之状文，当是唐代龟兹地区某官府对下属机构或人员来文的一个事目汇编。因此，定其性质为"事目历"，应无疑义。

都勒都尔·阿护尔遗址，王炳华先生考察认定为唐代的柘厥关，地址在今玉其土尔。③这一判断颇合情理，但该事目历应该不是柘厥关机构的文书。《唐六典》卷三〇《三府督护州县官吏》载："关令掌禁末游，伺奸慝。凡行人车马出入往来，必据过所以勘之。"④又《唐会要》卷八六《关市》记武周长安二年（702）正月崔融上议称："关为诘暴之所。"⑤可知关的职责在于禁防，不理民事。而事目历中所记之"请宴设蒲桃酒价直""请过所""请漆器什物"等事，均超出关的职责范围。因此，该事目历不可能是柘厥关机构的文书。

---

① 唐长孺主编《吐鲁番出土文书》（图文本）第 4 册，第 241 页。

② （唐）李林甫等：《唐六典》，第 10—11 页。

③ 王炳华：《新疆库车玉其土尔遗址与唐安西柘厥关》，《丝绸之路考古研究》，第 82—105 页。

④ （唐）李林甫等：《唐六典》，第 757 页。

⑤ （宋）王溥：《唐会要》，第 1871 页。

唐平龟兹后，在龟兹设置都督府，以其王白素稽为都督，世袭王位，统辖其众。① 龟兹都督府下辖九州，见诸史籍的有姑墨、乌垒、温肃、蔚头等州，其余失载。② 而州下建制如何，并不清楚。《新唐书》卷四三下《地理志七下》"羁縻州"条载：

> 唐兴，初未暇于四夷，自太宗平突厥，西北诸蕃及蛮夷稍稍内属，即其部落列置州县。其大者为都督府，以其首领为都督、刺史，皆得世袭。虽贡赋版籍，多不上户部，然声教所暨，皆边州都督、都护所领，著于令式。③

又同书卷"西域府十六、州七十二"条注称："龙朔元年，以陇州南由令王名远为吐火罗道置州县使，自于阗以西，波斯以东，凡十六国，以其王都为都督府，以其属部为州县。凡州八十八，县百一十，军、府百二十六。"④ 既然于阗以西的西域各国都有都督府、州、县的建制，那么，唐朝通过安西都护府直接管辖的龟兹都督府，其下想必也有县的建制。

继大谷探险队之后，法国伯希和氏1907年又在都勒都尔·阿护尔遗址发掘，获汉文及少数民族语言文书若干。⑤ 结合二者所获汉文文书分析，唐在柘厥关附近有坊、村等基层建制。坊有"怀柔坊"⑥、"安仁坊"⑦、"和众坊"⑧ 等，村有"东王子村"⑨、"西王子

---

① （宋）王钦若等编《册府元龟》卷九九一《外臣部·备御四》，第11642页。

② 《新唐书》卷四三下《地理志七下》，第1135、1149—1150页。

③ 《新唐书》，第1119页。

④ 《新唐书》，第1135页。

⑤ 参见王炳华《新疆库车玉其土尔遗址与唐安西柘厥关》，《丝绸之路考古研究》，第82—105页。

⑥ 伯希和D.A93号，转录自张广达《唐灭高昌国后的西州形势》，收入氏著《西域史地丛稿初编》，第160页。以下引伯希和所获汉文文书俱录自该文，不另注。

⑦ 见上揭张广达先生文。

⑧ 伯希和D.A134号，大谷1512号。

⑨ 大谷8062号，见香川默识编『西域考古圖譜』下卷「史料」（一六）、國華社、1915。

村"①、"南萨波村"②、"西萨波村"③、"僧厄黎村"④、"伊禄梅村"⑤、
"南界双渠村"⑥ 等。荣新江先生在《关于唐宋时期中原文化对于阗
影响的几个问题》一文中，讨论了于阗都督府辖下的乡里村坊制，指
出于阗村名一般均是胡语的音写，而里坊名则均可用汉文加以解释，
如"安仁"当取《论语·里仁第四》"仁者安仁，知者利仁"之意。⑦
龟兹村坊取名，与于阗相似，只是村名前多冠以方位，有一些龟兹当
地的特色。按《通典》卷三《食货三》载《唐令》："在邑居者为坊，
别置正一人，掌坊门管钥，督察奸非，并免其课设。在田野者为村，
别置村正一人。其村满百家，增置一人，掌同坊正。"⑧ 由都勒都尔·
阿护尔遗址出土汉文文书中多次出现"坊"的记载，可推知柘厥关附
近当有城邑建筑。又伯希和所获 D. A92 号文书《付米帐》中有"席
明府"一称，⑨ 而"唐人呼县令为明府"。⑩ 据此，柘厥关附近似亦有
县的建制，"席明府"或许就是对该县县令席某之尊称。然而，敦煌
所出《唐天宝年间地志残卷》明确记载："安西：……无县，管蕃府
四。"⑪ 库车出土汉文文书中，亦未见有县令、丞、尉等官名的出现。
由此可见，龟兹都督府辖下并无县的建制。日本学者荒川正晴先生在
研究安西都护府属羁縻都督府下的建制时，认为一个羁縻都督府下设
有多个蕃州，每个州由若干城邑组成，城内有坊，城外有乡、村。在

① 伯希和 D. A95 号，又见大谷 8062 号。
② 伯希和 D. A12 号。
③ 伯希和 D. A12 号。
④ 大谷 1514 号。
⑤ 伯希和 D. A121 号。
⑥ 大谷 8044 号，见『西域考古圖譜』下卷「史料」（一〇）。
⑦ 荣新江：《关于唐宋时期中原文化对于阗影响的几个问题》，《国学研究》第 1 卷，第 401—424 页。
⑧ （唐）杜佑：《通典》，第 63—64 页。
⑨ 伯希和 D. A92 号。
⑩ 《资治通鉴》卷二〇四，永昌元年九月条胡三省注，第 6460 页。
⑪ 唐耕耦、陆宏基编《敦煌社会经济文献真迹释录》第 1 辑，第 57 页。

这种羁縻都督府里，没有作为基层行政单位县或里设置的形迹。① 这一见解值得重视。龟兹都督府下辖的城，或即相当于中原的县，故出现"明府"一称。

前揭事目历第 4 行记有"请过所事"一目。吐鲁番所出《唐开元二十一年（733）西州都督府案卷为勘给过所事》记载，"安西镇满放归兵"孟怀福及"安西给过所放还京人"王奉仙从安西（龟兹）来西州，都持有安西都护府所颁过所，② 表明安西都护府拥有颁发过所之权。而唐代百姓请过所，有一套逐级申领的程序。由此看来，本件文书很有可能就是柘厥关附近某城所登记的事目历。该文书内容多涉及当地民间的社会经济生活，同时也透示出社会秩序相当稳定。这种状况，在安西更多地出现在唐开元至大历年间。

事目历第 3 行记有某某"状为请宴设蒲桃酒价直事"之目。按"宴设"一词，多见于敦煌吐鲁番文书，如大谷文书《唐开元十九年（731）正月至三月西州天山县到来符帖目》所记"仓曹符：为宴设及公廨田萄不高价抑百姓佃食讫申事"。③ 唐前期沙州设有"宴设厨"，④ 安史之乱后的归义军则设有"宴设司"，职责均是宴请、招待客人，⑤ 而且似仅在军、州一级方有设置。⑥ 因此，龟兹出现的"宴设"，当是安西都护府属下负责招待的机构。文书中出现与"宴设"

---

① 荒川正晴「クチャ出土『孔目司文書』攷」『古代文化』第 49 卷第 3 号、1997、第 145—162 頁。

② 唐长孺主编《吐鲁番出土文书》（图目文本）第 4 册，第 282—284、292—293 页。

③ 〔日〕池田温：《中国古代籍帐研究·录文》，第 216 页。

④ 伯 2626 号、2862 号文书背面《唐天宝年代敦煌郡会计牒》第 81 行记有"宴设厨"三字，载唐耕耦、陆宏基编《敦煌社会经济文献真迹释录》第 1 辑，第 475 页。

⑤ 刘俊文·牛来颖「敦煌吐鲁番文书所见宴设司」礪波護主編『中國中世の文物』京都大學人文科學研究所、1993、第 643—660 頁。

⑥ 《册府元龟》卷四二《帝王部·仁慈》载开元十一年十一月诏云："自今以后，非祠祭所须，更不得进献牛马驴肉；其王公已下，及天下诸州、诸军宴设及监牧，皆不得辄有杀害。"（第 479 页）由此可知，宴设似仅限于州、军一级才有设置。

相关的这一事目，有可能是指安西府的某"宴设"机构在柘厥关附近购买葡萄酒，钱未支付，百姓乃上状当地官府，请求偿付。这反映了安西都护府与当地官府之间的隶属关系，也揭示了柘厥关附近是经济繁荣地区。

事目历第6、7行所记"□海宾"状上两事，一为"大井馆步碓一具不堪回□事"，据池田温先生惠寄之复印件，所缺字当为"造"字。按唐代"回造"一词，乃"回变""折变""折纳"之意。[①] 状文可能是申说大井馆的一具步碓已坏，不能再继续使用，而请求上司处理。另一为"请漆器什物等事"，表明馆内物资由官府统一调配。据此，知"□海宾"当为大井馆的负责人员，而且馆内设施齐全，有粮食加工工具步碓。"大井馆"一名，不见史载，推测距柘厥关不远，或许就在柘厥关附近的某城辖境内。《新唐书·地理志》载，龟兹境内往西有"济浊馆"和"谒者馆"。[②] 20世纪80年代初，考古工作者在阿克苏与托库孜萨赖古城之间发现不少古代馆驿遗址，根据这些遗址的地理位置，推论都埃梯木遗址即"济浊馆"之所在，穷梯木遗址则为"谒者馆"之所在。[③] 此外，著名诗人岑参在《安西馆中思长安》一诗中，还提及"安西馆"一名，[④] 不知具体位于何处。又大谷探险队在库车获得一件有关安西馆驿的文书，今录如下：

1 　□ 所　　　　状上

2 　□ 四馆 要 木柚尿钵四牧。

3 　□ 右件等馆各要上件尿钵，伏望支给，请处分。

---

① 参见姜伯勤《唐五代敦煌寺户制度》，中华书局，1987，第92页。

② 《新唐书》卷四三下《地理志七下》，第1150页。

③ 参见柳晋文《巴楚——柯坪古丝道调查——兼述"济浊馆"、"谒者馆"之地望》，《新疆文物》1985年第1期。

④ （清）彭定求等编《全唐诗》第6册，第2045页。

4 ☐ 状 如 前, 谨 牒。

(后缺)①

本件缺纪年,是某所为四馆申请木柚尿钵的状文,状上之机构,推测是四镇节度使下掌管物资供应的支度营田使。因文书残损,不知该所为何所。四馆亦缺馆名,前论所列之大井、安西等馆或许与此有关。此外,大谷探险队还在库车获得一件反映安西烽馆内容的残文书,兹转录如下:

(前缺)

1 ☐装,又蒙安置职掌,敬元种

2 ☐日,烽馆之人,具悉知委。先已

3 ☐烽子东西,交不自由,☐☐形体

4 ☐閟其体☐☐☐君子急告

5 ☐今欲雇一人代役,暂向碛☐☐

6 ☐请乞商量听裁。谨状。

7 ☐状

8 ☐年 二月 日烽子阎敬元状上

9 ☐☐

(后缺)②

该文书残损严重,无法卒读,且缺纪年。第 2 行"烽馆之人,具悉知委",烽与馆的连称,表明在安西地区,有些烽是与馆驿建在一起的。此件文书是烽子阎敬元于某年五月申上的状文,大意可能是申说烽上

---

① 香川默識編『西域考古圖譜』下卷「史料」(九)。
② 香川默識編『西域考古圖譜』下卷「史料」(一八)。

某人因病，欲雇一人代役，请求上司裁断。这一残片还表明当时驻防烽馆之人多为汉人，也反映了当地统治机构对基层防务的重视，以安西都护府为首的各级统治机构进行了有效的管理，这对保障龟兹境内交通的畅通及当地的安全有积极作用。

总之，库车出土的这件事目文书，一定程度上揭示了唐朝在龟兹地区进行有效统治的诸多信息。从文书的格式及用语看，反映出唐朝制度在龟兹得到推行。此外，该事目历的相关内容也透示出当地的一些社会经济状况，这对认识和了解唐代安西都护府对龟兹的治理极有助益。

# 附录二

# 唐代安西、 北庭两任都护考补

## ——以出土文书为中心

　　安西都护府和北庭都护府是唐朝在西域地区设置的两个最高行政管理机构，二者分别管理着今新疆天山南北地区民族事务，在捍卫唐朝西北边疆安全、维护丝绸之路畅通、促进中西文化交流、推动民族融合等方面，都发挥过巨大的作用。有关历任安西都护、北庭都护的活动及任职情况，是唐朝西域史研究的重要课题。经过学者的不懈努力，历任安西、北庭都护的基本线索已被揭示出来。①不过，由于文献记载的不足，这一线索仍显得比较粗疏，还有待今后新资料的发现及进一步的研究。本文即根据新疆、敦煌等地出土文书，增补两任安西、北庭都护，希望能对唐代西域史研究有所助益。

--------

　　① 参见柳洪亮《安西都护府初期的几任都护》，《新疆历史研究》1986 年第 3 期，后收入氏著《新出吐鲁番文书及其研究》，第 355—362 页；吴玉贵《唐代安西都护府史略》，《中亚学刊》第 2 辑，中华书局，1987；王小甫《唐、吐蕃、大食政治关系史》附表三"将相年表"，第 318—331 页；郁贤皓《唐刺史考全编》（一），第 515—536 页。

# 一 唐高宗上元三年（676）的安西某都护

20 世纪初叶，法国学者伯希和氏在我国新疆库车都勒都尔·阿护尔遗址获 200 余件汉文文书，但很长时间并未引起学界应有的重视。直到 1983 年，日本学者池田温教授在东京召开的第三十一届亚洲、北非人文科学国际学术会议上，首次比较全面地介绍了这批汉文文书，伯希和在库车所获汉文文书的概貌才渐为学界所识。[①] 1987 年，我国学者王炳华先生发表《唐安西柘厥关故址并有关问题研究》一文，[②] 对这批文书也有过介绍和研究。根据已有的研究和介绍可知，所谓都勒都尔·阿护尔遗址，实即今库车渭干河西面的夏克土尔遗址。在该遗址出土的汉文文书，年代基本上是唐代，内容涉及政治、经济、军事、宗教、民族、文化诸方面，有极高的史料价值。值得庆幸的是，学术界期盼已久，由法国学者童丕、日本学者池田温、中国学者张广达三位先生共同整理研究的《库车汉文文书》[③] 一书，终于在 2000 年于法国巴黎公开出版。该书既有汉文录文，又附有比较清晰的文书图版，非常便于核查，同时还用法文对录文进行翻译和解释，提出整理者对文书的初步认识。这里介绍一件有关安西都护府的文书，为便于说明问题，兹录文如下：

（前缺）

1　　为家贫无物，伏望　都护详察□ ____

---

① Ikeda On（池田温），"Chinese Documents from Douldour-aqour in the Pelliot Collection", *Proceedings of the Thirty-First International Congress of Human Sciences in Asia and North Africa*, Tokyo-kyoto 31st August-7th September 1983, II, ed. Yamamoto Tatsuro, Tokyo, 1984, pp. 994—995。

② 王炳华：《唐安西柘厥关故址并有关问题研究》，《西北史地》1987 年第 3 期；后改题《新疆库车玉其土尔遗址与唐安西柘厥关》，收入氏著《丝绸之路考古研究》，第 82—105 页。

③ Éric Trombert, Ikeda On et Zhang Guangda, *Les Manuscrits Chinois de Koutcha：Fonds Pelliot de la Bibliothèque Nationale de France*, Paris, 2000.

2　　　存馆路得济，请处分。

3　　□件状如前，谨牒。

4　　　　　　　上元三年三月　　日捉□□□

　　　　　（后缺）①

本件编号为 D. A91，前后残缺，第 4 行最后一字，文书整理者释为"张"或"捉"，据图版，似应为"捉"字。不过，文书虽残，却明确标记时间为"上元三年"。按唐朝高宗和肃宗都曾使用上元年号，此"上元"究竟是谁的年号呢？文书整理者认为是唐肃宗的"上元三年"（762）。②史载，唐肃宗在上元二年九月时，下制废去上元年号，只称元年，以十一月为岁首，称建子月，以后每月依次为建丑、建寅直到建亥。至建巳月时，肃宗于临终之际方改元宝应，建巳月仍称四月，然仅隔一天，肃宗就病故了。代宗即位后，仍以宝应纪年。③由此可见，肃宗统治时期并不存在"上元三年"。当然，这不排除西域地区因地处偏远而未获悉朝廷改元的消息。如吐鲁番阿斯塔那 509 号墓出土《唐宝应元年（762）五月节度使衔榜西州文》第 9 行所记"建午月四日"，④即反映了这一情况。建午月即代宗宝应元年五月。建巳月时肃宗已改元宝应，西州仍用建午月，显然是因地处偏远尚未知晓朝廷改元的消息。又同墓所出《唐宝应元年（762）六月康失芬行车伤人案卷》尾署"元年建未月"，⑤同样表明西州仍未知道朝廷改元的消息。不过，至迟该年八月，西州就已获知朝廷改元的消息。吐鲁番所出大谷 5832 号、5833 号《唐宝应元年（762）八月西州高

---

①　Éric Trombert, Ikeda On et Zhang Guangda, *Les Manuscrits Chinois de Koutcha：Fonds Pelliot de la Bibliothèque Nationale de France*, p. 86.

②　Éric Trombert, Ikeda On et Zhang Guangda, *Les Manuscrits Chinois de Koutcha：Fonds Pelliot de la Bibliothèque Nationale de France*, p. 87.

③　《资治通鉴》卷二二二，肃宗上元二年九月、宝应元年建巳月条，第 7116、7123 页。

④　唐长孺主编《吐鲁番出土文书》（图文本）第 4 册，第 328 页。

⑤　唐长孺主编《吐鲁番出土文书》（图文本）第 4 册，第 329—333 页。

昌县（前庭县）周思温、周祝子纳布抄》记："周思温纳宝应元年瀚海等军预放绁布壹段，其年八月十四日里正苏孝臣抄。周祝子纳瀚海军预放绁布壹段，宝应元年八月廿九日（中缺）抄。"① 这表明西州至迟八月就已开始行用新的年号。就正常情况而言，朝廷的诏敕，快者三十余日即可从长安到达西州。② 但安史之乱后，政局动荡，西域与内地之间的联系已不像唐前期那么顺畅。不过，从前揭吐鲁番出土文书看，西州大约在三个月内就知道了朝廷改元的消息，并及时行用新的年号。西州与龟兹相距千余里，十日左右即可互通信息。从上元二年九月至次年三月，中间相隔达六个月之久，西州在三个月内已知朝廷改元的情况，而龟兹在长达六个月的时间内仍不知朝廷改元消息，这实在有些令人费解。另外，吐蕃大举进犯河西地区，是在广德元年（763）。③ 在此之前，河西并未阻绝，中原与西域之交通仍可经由河西地区。唐上元、宝应年间，龟兹还在唐朝之手，其所用纪年当与西州大致相当，不可能西州已行用新的纪年，而龟兹地区还在一直使用上元三年。再从唐高宗改元情况看，咸亨五年（674）八月改元为上元元年，到上元三年（676）十一月方改为仪凤元年。④ 因此，可以初步推断，上揭文书中的"上元三年"，更有可能是指唐高宗上元三年（676），而非唐肃宗"上元三年"（762）。

从文书内容及格式看，这应是龟兹某机构或人员申呈上级部门的牒文。根据唐代牒文格式，⑤ 文书第 4 行应该写明上牒者的身份及姓名，惜后面残缺，具体情况不得而知，但"捉"字及第 2 行中的"馆

① 按大谷 5832 号与 5833 号两件粘贴在一起，参见〔日〕池田温《中国古代籍帐研究·录文》，第 299 页；小田義久主编『大谷文書集成』（叁）、第 206 页、图版三三。

② 参见陈国灿《安史乱后的唐二庭四镇》，《唐研究》第 2 卷，北京大学出版社，1996；修订稿收入氏著《敦煌学史事新证》，第 447 页。

③ 《资治通鉴》卷二二三，代宗广德元年七月条，第 7146—7147 页。

④ （宋）王溥：《唐会要》卷一《帝号上》，第 3 页。

⑤ 参见卢向前《牒式及其处理程式的探讨——唐公式文研究》，《敦煌吐鲁番文献研究论集》第 3 辑，第 335—393 页。

路"记载，使人联想到吐鲁番出土唐代文书中，西州境内馆的主管人员多称"捉馆官"，如阿斯塔那506号墓所出《唐天宝十四载（755）交河郡某馆具上载帖马食踏历上郡长行坊状》第202行记："天宝十四载正月 日捉馆官摄镇副上柱国张□□□（牒）。"① 这里某馆的主管人"捉馆官"张某还代理镇副之职，其勋官为上柱国。据此，似可推补文书第4行后所缺数字如下："捉馆人（官）×××牒。"若这一推补不误，则文书的性质就更清楚了，其乃龟兹境内某馆因某人"家贫无物"，而直接请求在馆路得到支济的一件牒文。该文书表明唐朝在龟兹地区设有馆驿，可证高宗显庆二年（657）苏定方平定西突厥阿史那贺鲁之叛后，于西域地区"开通道路，别置馆驿"之事并非虚言，② 也反映了次年安西都护府从西州迁往龟兹后，唐朝致力于龟兹境内交通建设之史实。毕竟在古代中国，交通建设实乃地方治理的重要组成部分。

按文书出土于库车，即古代龟兹所在地，时间在唐高宗上元三年三月，则文书第1行中出现的"都护"，显然是指当时驻于龟兹的安西都护府某都护。此"都护"姓甚名谁，并不清楚，但至少表明唐高宗上元年间安西都护府存在一任都护，此可补史之缺。文书还昭示，唐高宗上元三年初，安西都护府在龟兹地区进行了有效的管辖与治理。所谓"伏望 都护详察"，表明此牒文可能是直接上呈安西都护府的，希望长官"都护"就提出的请求做出处分。由此引发笔者对唐高宗咸亨、上元年间的西域政局变化做进一步的思考。

学术界一般认为，咸亨元年四月，由于吐蕃对西域的大举进犯，唐廷被迫罢安西四镇，撤安西都护府回西州，直到上元年间才重新恢复四镇，并迁安西都护府返回龟兹。然而，现有的吐鲁番出土文书并不支撑这一观点。笔者注意到，安西都护府初置于西州之时，特别是

---

① 唐长孺主编《吐鲁番出土文书》（图文本）第4册，第435页。
② （宋）王溥：《唐会要》卷七三《安西都护府》，第1567页。

贞观十六年以后，安西都护率多例兼西州刺史。[①] 至高宗显庆三年，安西都护府西迁龟兹，西州遂改为都督府，西州都督同样例兼西州刺史。由此言之，安西都护府与西州都督府这两种不同性质的机构，不可能并存于西州。[②] 如果说咸亨年间安西都护府已迁回西州，则西州原有的都督府建制势必会发生变化。但吐鲁番阿斯塔那 61 号墓所出《唐西州高昌县上安西都护府牒稿为录上讯问曹禄山诉李绍谨双方辩辞事》[③]、阿斯塔那 19 号墓所出《唐上元三年（676）西州都督府上尚书都省状为勘放还流人贯属事》[④] 等文书表明，高宗咸亨、上元年间，西州都督府建制一直存在，并未发生变化。故而，咸亨年间安西都护府是否迁回西州？龟兹地区是否为吐蕃所长期占领？这些就是值得进一步探讨的问题了。对此，笔者已有专文进行探讨，兹不赘述。[⑤]

## 二 唐玄宗开元十五年至二十一年 （727—733）的北庭都护阴某

日本京都藤井有邻馆藏有两件北庭军功文书，其中第 12 号文书存 5 行文字，兹转录如下：

    1 敕瀚海军经略大使        牒石抱玉

---

① 参见本书第一章"唐初对西州的管理——以安西都护府与西州州府之关系为中心"。
② 黄惠贤先生《〈唐西州高昌县上安西都护府牒稿为录上讯问曹禄山诉李绍谨两造辩辞事〉释》一文认为："按常例都护与都督不并置于高昌。"（唐长孺主编《敦煌吐鲁番文书初探》，第 363 页注释⑥）王小甫先生则在《唐、吐蕃、大食政治关系史》一书中指出："大量史实表明，每当安西都护府迫于形势迁回西州时，西州都督府建制便改为州而由都护兼领。"（第 53 页）不过，王先生并未对此观点进行论证，故笔者认同黄先生的观点。
③ 唐长孺主编《吐鲁番出土文书》（图文本）第 3 册，第 242—247 页。
④ 唐长孺主编《吐鲁番出土文书》（图文本）第 3 册，第 269—270 页。
⑤ 参见本书第四章"从吐鲁番出土文书看唐高宗咸亨年间的西域政局"。

2　　　马军行客石抱玉年卅四宁州罗川县

3　　　斩贼首二　获马一匹留敦五岁　鞍辔一具

4　　　弓一张　枪一张　刀一口　箭十三支　排一面

5　　　锁子甲一领已上物并检纳足

（后缺）①

另一件第 32 号文书前后皆残，总存 3 行文字：

（前缺）

1　　　斩贼首一　获马一匹瓜父七岁　鞍一具

2　　　弓一张　排一面　枪一张　箭十支　已上并纳足

3　　　　右使注殊功第壹等赏绯鱼袋

（后缺）②

这两件文书皆缺纪年，但详细记录了斩贼首数及缴获各种战利品的情况，具有同一性。文书中"已上物并检纳足""已上并纳足"，都是指各种战利品已如数交纳官府。从第 12 号文书第 1 行"敕瀚海军经略大使牒石抱玉"、第 32 号文书第 3 行"右使注殊功第壹等赏绯鱼袋"的记载看，两件文书显然属官文书性质，颇类唐代士兵的立功公验。③ 惜后部残缺，不知是否钤盖官印。值得庆幸的是，第 12 号文书背面尚存有两行文字，有助于文书年代的考察与判断：

---

① 藤枝晃「藤井有鄰館所蔵の北庭文書」『書道月報』第 13 号、1957。

② 藤枝晃「藤井有鄰館所蔵の北庭文書」『書道月報』第 13 号、1957。

③ 关于唐代公验及其勋告之研究，请参朱雷《跋敦煌所出〈唐景云二年张君义勋告〉——兼论"勋告"制度渊源》，《中国古代史论丛》1982 年第 3 辑，福建人民出版社，1982，第 331—349 页；又收入氏著《敦煌吐鲁番文书论丛》，第 225—243 页。

1　牒检校北庭都护借紫金鱼袋阴

2　　大　使　延　王　在　内①

"大使延王"，即指唐玄宗开元十五年遥领安西大都护、碛西节度大使的延王李洄。《唐会要》卷七八《亲王遥领节度使》载：

（开元）十五年五月，以庆王浑［潭］为凉州都督兼河西节度大使。……延王泗［洄］安西大都护、碛西节度大使。②

延王洄遥领之职，《唐大诏令集》卷三六《庆王潭凉州都督制》记为"安西大都护兼四镇节度大使"。③ 边镇大都护、节度大使由亲王遥领，说明唐朝已开始全面加强对边镇地区的权力专控。当然，亲王一般都在长安内廷，并不亲临边境，故边镇事务实际仍由副都护、节度副使代为处理，文书中"大使延王在内"即是此意。由"大使延王"的记载，可以确定文书背面书写的年代上限为开元十五年。而唐廷实施亲王遥领边镇大使之策，始于开元四年。④ 由此推断，文书正面第1行中的"敕瀚海军经略大使"，应该就是背面的"大使延王"李洄。换言之，延王李洄除担任安西大都护、碛西节度大使或四镇节度大使外，还兼任瀚海军经略大使。明乎此，则文书正面的年代上限也可断在开元十五年。

文书所记"检校北庭都护"阴某，不见史载。查郁贤皓先生《唐刺史考全编》，知刘涣约开元二十一年至二十二年在北庭都护任

---

① 参见陈国灿《东访吐鲁番文书纪要（一）》，《魏晋南北朝隋唐史资料》第12期，第42页。此处释文，据陈国灿师从日本携回之复印图版有个别订正。

② （宋）王溥：《唐会要》，第1697页。

③ （宋）宋敏求编《唐大诏令集》，第154页。

④ （宋）王溥：《唐会要》卷七八《亲王遥领节度使》，第1697页。

上，刘涣之后继任北庭都护的是盖嘉运。① 据此，则阴某担任北庭都护当在刘涣之前，亦即开元二十一年之前。文书背面年代下限也可因此确定在开元二十一年。

斯坦因敦煌所获一组唐北庭瀚海军事目文书中，有两处提及"阴都护"其人：其一为斯 11453 J 号墨书首行所记的"阴都护状为东道烽候数事"，② 其二为斯 11453K 号第 2 行所记的"阴都护衙状为马踣历事"。③ 在同类瀚海军事目文书中，只有斯 11459G 号标明时间为开元十五年十二月，④ 其他虽缺纪年，但年代应大致相当，文书中多次出现"官乐项"及"项"的记载可以证明此点。此处的"阴都护"与前面的北庭都护阴某，从任职时间相当、同官、同姓等情况看，显然是同一人。由此可见，开元十五年时，阴某已任北庭都护，其任职时间可大致确定在开元十五年至二十一年。

吐鲁番阿斯塔那 506 号墓出有唐开元十九年前后领料钱、练抄文书多件，其中记阴嗣瓌的傔人樊令诠为其逐月领取料钱，⑤ 推测此阴嗣瓌即是时任北庭都护的阴某。按阴嗣瓌一名，又见于敦煌文书伯 2625 号《敦煌名族志》。据池田温先生考证，《敦煌名族志》编撰年代在唐中宗景龙四年（710）前后。⑥ 阴嗣瓌为阴仁干子，"唐任昭武校尉、岐州邵吉府别将、上柱国"；兄阴嗣监，"见任正议大夫、北庭副大都护、瀚海军使兼营田支度等使、上柱国"；堂兄阴嗣宗，"唐任昭武校尉、庭州咸泉镇将、上柱国"。阴氏兄弟有任职北庭的传统，则阴嗣瓌在开元中担任北庭都护，并非没有可能。这也

---

① 郁贤皓：《唐刺史考全编》（一），第 532—533 页。

② 《英藏敦煌文献（汉文佛经以外部分）》第 13 册，第 280 页。

③ 《英藏敦煌文献（汉文佛经以外部分）》第 13 册，第 280 页。

④ 《英藏敦煌文献（汉文佛经以外部分）》第 13 册，第 295 页。

⑤ 唐长孺主编《吐鲁番出土文书》（图文本）第 4 册，第 402—417 页。

⑥ 〔日〕池田温：《唐朝氏族志研究——关于〈敦煌名族志〉残卷》，刘俊文主编《日本学者研究中国史论著选译》第 4 卷《六朝隋唐》，第 663—720 页。本文所引《敦煌名族志》内容，即出自池田先生大作中的录文，兹不一一具注。

从一个侧面反映了唐代前期敦煌大族阴氏子弟效力沙场、捍卫边疆之情形。

从两件军功文书所记内容可以看出，北庭唐军曾经历过某次战争，此次战争发生于何时呢？根据上文所述，已基本确定第13号文书背面的时间，在开元十五年至二十一年之间，根据《唐令》"文案不须常留者，每三年一拣除"的规定，① 则文书正面的时间，可因此断在开元十五年至十八年之间。文书所记战争发生的时间，亦应与此大致相当。在此期间，西域发生的战事见诸史籍的，仅有开元十五年闰九月发生的吐蕃与突骑施联手攻安西之役。《资治通鉴》卷二一三玄宗开元十五年载：

> 九月，丙子，吐蕃大将悉诺逻恭禄及烛龙莽布支攻陷瓜州，执刺史田元献及河西节度使王君㚟之父……闰月，庚子，吐蕃赞普与突骑施苏禄围安西城，安西副大都护赵颐贞击破之。②

显然，此次吐蕃赞普亲征，是在攻陷唐瓜州之后移师西上的。赞普与突骑施苏禄能够率军联手包围安西城，说明战争形势相当紧张，波及地区当不会少，西州都督府就为此下令要求各地加强警备，③ 北庭唐军当然也会有所行动。笔者还注意到，安西副大都护赵颐贞在打退吐蕃与突骑施的联手进攻后，又于开元十六年正月败吐蕃于曲子城。④ 但突骑施的情况却不见记载。开元年间，唐在庭州设北庭节度使，其主要防御对象就是突骑施、坚昆。⑤ 针对突骑施的进犯，北庭唐军势

---

① （唐）长孙无忌等：《唐律疏议》卷一九《贼盗》，第351页。
② 《资治通鉴》，第6778—6779页。
③ 参见陈国灿《唐西州诸曹符帖目年代及相关问题》，收入氏著《斯坦因所获吐鲁番文书研究》（修订本），第80—90页。
④ 《资治通鉴》卷二一三，玄宗开元十六年春正月条，第6781页。
⑤ 《资治通鉴》卷二一五，玄宗天宝元年春正月条，第6848页。

必会进行反击。因此，文书反映的战争，很可能就是开元十五年末北
庭唐军反击吐蕃与突骑施联手进犯之战。由于战事发生在延王洄遥领
安西大都护、碛西节度大使及瀚海军经略大使之时，故战争结束后，
北庭唐军在论功行赏时，就以最高长官"瀚海军经略大使"的名义颁
发公验给立功将士，以作日后授勋的凭证。

# 参考文献

## 一 古籍

### （一）正史类

（西汉）司马迁：《史记》，中华书局，1959。

（东汉）班固：《汉书》，中华书局，1962。

（南朝宋）范晔：《后汉书》，中华书局，1965。

（唐）房玄龄等：《晋书》，中华书局，1974。

（北齐）魏收：《魏书》，中华书局，1974。

（唐）魏徵等：《隋书》，中华书局，1973。

（后晋）刘昫等：《旧唐书》，中华书局，1975。

（宋）欧阳修等：《新唐书》，中华书局，1975。

### （二）综合类

（春秋）左丘明撰，（晋）杜预注，（唐）孔颖达正义《春秋左传正义》，《十三经注疏》（附校勘记），中华书局，1980。

（东汉）许慎：《说文解字》（附检字），中华书局，1963。

（北魏）郦道元注，杨守敬、熊会贞疏《水经注疏》，段熙仲点校，陈桥驿复校，江苏古籍出版社，1989。

（唐）长孙无忌等：《唐律疏议》，刘俊文点校，中华书局，1983。

（唐）许敬宗编，罗国威整理《日藏弘仁本文馆词林校证》，中华书局，2001。

（唐）李林甫等：《唐六典》，陈仲夫点校，中华书局，1992。

（唐）杜佑：《通典》，王文锦等点校，中华书局，1988。

（唐）吴兢撰，谢保成集校《贞观政要集校》，中华书局，2003。

（唐）徐坚等：《初学记》，中华书局，2004。

（唐）慧立、彦悰：《大慈恩寺三藏法师传》，中华书局，1983。

（唐）玄奘、辩机原著，季羡林等校注《大唐西域记校注》，中华书局，1985。

（唐）李吉甫：《元和郡县图志》，贺次君点校，中华书局，1983。

（唐）张九龄撰，熊飞校注《张九龄集校注》，中华书局，2008。

（唐）刘肃：《大唐新语》，中华书局，1984。

（唐）姚汝能：《安禄山事迹》，上海古籍出版社，1983。

（唐）李筌：《神机制敌太白阴经》，《丛书集成初编》，中华书局，1985。

（唐）李肇：《唐国史补》，上海古籍出版社，1979。

（唐）岑参著，陈铁民、侯忠义校注《岑参集校注》，上海古籍出版社，1981。

（宋）宋敏求编《唐大诏令集》，商务印书馆，1959。

（宋）司马光编著，（元）胡三省音注《资治通鉴》，中华书局，1956。

（宋）王溥：《唐会要》，中华书局，1955。

（宋）王溥：《唐会要》，上海古籍出版社，2006。

（宋）王溥：《唐会要》，《景印文渊阁四库全书》，台北：台湾商务印书馆，1986。

（宋）乐史：《太平寰宇记》，中华书局，2007。

（宋）李昉等：《太平御览》，中华书局，1960。

（宋）王钦若等编《册府元龟》，中华书局，1960。

（宋）李昉等编《文苑英华》，中华书局，1966。

（宋）李昉等编《太平广记》，中华书局，1961。

（宋）陈振孙：《直斋书录解题》，上海古籍出版社，1987。

（宋）洪迈：《容斋随笔》，上海古籍出版社，1996。

（宋）赞宁：《宋高僧传》，范祥雍点校，中华书局，1987。

（元）马端临：《文献通考》，中华书局，1986。

（明）陈诚：《西域行程记》，中华书局，2000。

（清）董诰等编《全唐文》，中华书局，1983。

（清）彭定求等编《全唐诗》，中华书局，1960。

（清）吴廷燮：《唐方镇年表》，中华书局，1980。

〔日〕高楠顺次郎等编集《大正新修大藏经》，东京：大正一切经刊行会，1924—1934。本书所据为台北新文丰出版公司影印本。

王国维：《长春真人西游记注》卷上，《王国维遗书》第 13 册，上海古籍书店，1983。

## 二 考古报告、文物资料、出土文献、工具书等

### （一）考古发掘报告与文物调查资料

黄文弼：《吐鲁番考古记》，中国科学院，1954。

黄文弼：《塔里木盆地考古记》，科学出版社，1958。

黄文弼：《新疆考古发掘报告（1957—1958）》，文物出版社，1983。

新疆维吾尔自治区社会科学院考古研究所编《新疆古代民族文物》，文物出版社，1985。

新疆维吾尔自治区文物事业管理局等编《新疆文物古迹大观》，新疆美术摄影出版社，1999。

新疆文物普查办公室、阿克苏文物普查队：《阿克苏地区文物普查报告》，《新疆文物》1995 年第 4 期。

杨正兴：《唐乾陵勘查记》，《文物》1960 年第 4 期。

（二）出土文献、工具书等

陈国灿、刘永增编《日本宁乐美术馆藏吐鲁番文书》，文物出版社，1997。

陈国灿：《斯坦因所获吐鲁番文书研究》（修订本），武汉大学出版社，1997。

陈国灿：《吐鲁番出土唐代文献编年》，台北：新文丰出版公司，2002。

陈垣：《二十史朔闰表》，中华书局，1962。

罗竹风主编《汉语大词典》（缩印本），汉语大词典出版社，1997。

侯灿、吴美琳：《吐鲁番出土砖志集注》，巴蜀书社，2003。

黄布凡、马德编著《敦煌藏文吐蕃史文献译注》，甘肃教育出版社，2000。

季羡林主编《敦煌学大辞典》，上海辞书出版社，1998。

李正宇：《古本敦煌乡土志八种笺证》，台北：新文丰出版公司，1998。

刘俊文：《敦煌吐鲁番唐代法制文书考释》，中华书局，1989。

柳洪亮：《新出吐鲁番文书及其研究》，新疆人民出版社，1997。

荣新江编著《英国图书馆藏敦煌汉文非佛教文献残卷目录（S. 6981—13624）》，台北：新文丰出版公司，1994。

荣新江、李肖、孟宪实主编《新获吐鲁番出土文献》，中华书局，2008。

荣新江、朱玉麒主编《黄文弼所获西域文书》，中西书局，2023。

谭其骧主编《中国历史地图集》第 5 册，中国地图出版社，1982。

唐耕耦、陆宏基编《敦煌社会经济文献真迹释录》第 1 辑，书目文献出版社，1986。

唐耕耦、陆宏基编《敦煌社会经济文献真迹释录》第 2 辑、第 4 辑，全国图书馆文献缩微复制中心，1990。

唐长孺主编《吐鲁番出土文书》（图文本）第 1—4 册，文物出版社，1992—1996。

吴钢主编《隋唐五代墓志汇编·陕西卷》第 4 册，天津古籍出版社，1991。

王尧、陈践译注《敦煌本吐蕃历史文书》（增订本），民族出版社，1992。

王仲荦：《敦煌石室地志残卷考释》，上海古籍出版社，1993。

杨文和主编《中国历史博物馆藏法书大观》第 11 卷《晋唐写经·晋唐文书》，东京柳原书店、上海教育出版社，1999。

《中国历史大辞典·隋唐五代史卷》，上海辞书出版社，1995。

《中国历史大辞典·历史地理卷》，上海辞书出版社，1996。

《英藏敦煌文献（汉文佛经以外部分）》第 13 册，四川人民出版社，1995。

周绍良主编《唐代墓志汇编》，上海古籍出版社，1992。

周绍良、赵超主编《唐代墓志汇编续集》，上海古籍出版社，2001。

大阪市立美術館編『天理秘蔵名品展』天理教道友社、1992。

〔日〕池田温：《中国古代籍帐研究·录文》，中华书局，2007。

池田温編『中國古代寫本識語集錄』東京大学東洋文化研究所、1990。

〔日〕池田温编《唐代诏敕目录》，三秦出版社，1991。

東京古典会編『古典籍下見展観大入札会目録』、1990。

〔日〕山本达郎、池田温等编《关于社会经济史方面的敦煌吐鲁番文书》（*Tun-huang and Turfan Documents*：*Concerning Social and Economic History*），东京：东洋文库，1978、1980。

香川默識編『西域考古圖譜』國華社、1915；影印本，学苑出版社，1999。

小田義久主編『大谷文書集成』（壹）（貳）（叁）、法藏館、1984·1990·2003。

〔法〕童丕、〔日〕池田温、张广达：《库车汉文文书》，巴黎，2000（Éric Trombert, Ikeda On et Zhang Guangda, *Les Manuscrits Chinois de Koutcha*：*Fonds Pelliot de la Bibliothèque Nationale de France*, Paris, 2000）。

〔英〕F. W. 托马斯编著《敦煌西域古藏文社会历史文献》，刘忠、杨铭译注，民族出版社，2003。

## 三　专著

岑仲勉：《西突厥史料补阙及考证》，中华书局，1958。

岑仲勉：《通鉴隋唐纪比事质疑》，中华书局，1964。

陈高华、陈智超等：《中国古代史史料学》（修订本），天津古籍出版社，2006。

陈国灿：《敦煌学史事新证》，甘肃教育出版社，2002。

陈国灿：《陈国灿吐鲁番敦煌出土文献史事论集》，上海古籍出版社，2012。

冻国栋：《唐代人口问题研究》，武汉大学出版社，1993。

冻国栋：《中国人口史》第2卷《隋唐五代时期》，复旦大学出版社，2002。

韩翔、朱英荣：《龟兹石窟》，新疆大学出版社，1990。

华涛：《西域历史研究（八至十世纪）》，上海古籍出版社，2000。

黄烈编《黄文弼历史考古论集》，文物出版社，1989。

黄文弼：《西北史地论丛》，上海人民出版社，1981。

姜伯勤：《唐五代敦煌寺户制度》，中华书局，1987。

姜伯勤：《敦煌吐鲁番文书与丝绸之路》，文物出版社，1994。

李方：《唐西州行政体制考论》，黑龙江教育出版社，2002。

李锦绣：《唐代财政史稿》（上卷）第3分册，北京大学出版社，1995。

柳洪亮主编《吐鲁番新出摩尼教文献研究》，文物出版社，2000。

卢向前：《敦煌吐鲁番文书论稿》，江西人民出版社，1992。

卢向前：《唐代西州土地关系述论》，上海古籍出版社，2001。

马雍：《西域史地文物丛考》，文物出版社，1990。

孟凡人：《北庭史地研究》，新疆人民出版社，1985。

荣新江：《敦煌学十八讲》，北京大学出版社，2001。

芮传明：《古突厥碑铭研究》，上海古籍出版社，1998。

孙继民：《唐代行军制度研究》，台北：文津出版社，1995。

孙继民：《敦煌吐鲁番所出唐代军事文书初探》，中国社会科学出版社，2000。

孙继民：《唐代瀚海军文书研究》，甘肃文化出版社，2002。

唐长孺：《唐书兵志笺正》，科学出版社，1957。

唐长孺主编《敦煌吐鲁番文书初探》，武汉大学出版社，1983。

唐长孺主编《敦煌吐鲁番文书初探二编》，武汉大学出版社，1990。

王炳华：《丝绸之路考古研究》，新疆人民出版社，1993。

王炳华：《访古吐鲁番》，新疆人民出版社，2001。

王素：《高昌史稿·统治编》，文物出版社，1998。

王素：《高昌史稿·交通编》，文物出版社，2000。

王小甫：《唐、吐蕃、大食政治关系史》，北京大学出版社，1992。

王尧、陈践译注《敦煌古藏文文献探索集》，上海古籍出版社，2008。

王永兴：《唐勾检制研究》，上海古籍出版社，1991。

王永兴：《唐代前期西北军事研究》，中国社会科学出版社，1994。

吴玉贵：《突厥汗国与隋唐关系史研究》，中国社会科学出版社，1998。

薛宗正：《突厥史》，中国社会科学出版社，1992。

薛宗正：《安西与北庭——唐代西陲边政研究》，黑龙江教育出版社，1995。

薛宗正：《中亚内陆——大唐帝国》，新疆人民出版社，2005。

薛宗正：《北庭历史文化研究——伊、西、庭三州及唐属西突厥左厢部落》，上海古籍出版社，2010。

严耕望：《唐史研究丛稿》，香港：新亚研究所，1969。

严耕望：《唐代交通图考》第2卷《河陇碛西区》，台北："中研院"历史语言研究所专刊之八十三，1985。

郁贤皓：《唐刺史考全编》（一），安徽大学出版社，2000。

张弓：《唐朝仓廪制度初探》，中华书局，1986。

张广达：《西域史地丛稿初编》，上海古籍出版社，1995。

张泽咸：《唐五代赋役史草》，中华书局，1986。

张泽咸：《唐代阶级结构研究》，中州古籍出版社，1996。

周连宽：《大唐西域记史地研究丛稿》，中华书局，1984。

周伟洲：《吐谷浑史》，宁夏人民出版社，1985。

朱雷：《敦煌吐鲁番文书论丛》，甘肃人民出版社，2000。

朱瑞熙：《中国政治制度通史》第6卷，人民出版社，1996。

Christopher I. Beckwith, *The Tibetan Empire in Central Asia*, Princeton University Press，1987.

〔日〕池田温：《中国古代籍帐研究》，龚泽铣译，中华书局，2007。

〔日〕池田温：《唐研究论文选集》，中国社会科学出版社，1999。

谷川道雄编『魏晋南北朝隋唐時代史の基本問題』汲古書院、1997。中译本《魏晋南北朝隋唐史学的基本问题》，中华书局，2010。

〔日〕前田正名：《河西历史地理学研究》，陈俊谋译，中国藏学出版社，1993。

〔日〕松田寿男：《古代天山历史地理学研究》，陈俊谋译，中央民族学院出版社，1987。

山口瑞鳳『吐蕃王国成立史研究』岩波書店、1983。

小田義久『大谷文書の研究』法藏館、1996。

伊瀬仙太郎『西域経営史の研究』日本学術振興会、1955。

中村裕一『唐代官文書研究』中文出版社、1991。

〔日〕周藤吉之等：《敦煌学译文集——敦煌吐鲁番出土社会经济文书研究》，姜镇庆、那向芹译，甘肃人民出版社，1985。

〔法〕沙畹：《西突厥史料》，冯承钧译，中华书局，1958。

〔法〕伯希和、烈维：《吐火罗语考》，冯承钧译，中华书局，1957。

## 四　论文

岑仲勉：《〈旧唐书逸文〉辨》，《岑仲勉史学论文集》，中华书局，1990。

陈国灿：《吐鲁番出土汉文文书与唐史研究》，黄约瑟、刘健明编《隋唐史论集》，香港大学亚洲研究中心，1993。

陈国灿：《东访吐鲁番文书纪要（一）》，《魏晋南北朝隋唐史资料》第 12 期，武汉大学出版社，1993。

陈国灿：《美国普林斯顿所藏几件吐鲁番出土文书跋》，《魏晋南北朝隋唐史资料》第 15 辑，武汉大学出版社，1997。

陈国灿：《关于〈唐建中五年（784）安西大都护府孔目司帖〉释读中的几个问题》，《敦煌学辑刊》1999 年第 2 期。

陈国灿：《辽宁省档案馆藏吐鲁番文书考释》，《魏晋南北朝隋唐史资料》第 18 辑，武汉大学出版社，2001。

陈国灿：《〈唐李慈艺告身〉及其补阙》，《西域研究》2003 年第 2 期。

程喜霖：《试释唐苏海愿等家口给粮帐》，《敦煌学辑刊》1985 年第 2 期。

陈世良：《龟兹都城研究》，《新疆社会科学》1989 年第 2 期。

冻国栋：《旅顺博物馆藏〈唐建中五年（784）孔目司帖〉管见》，《魏晋南北朝隋唐史资料》第 14 辑，武汉大学出版社，1996。

丁明德：《洛阳龙门药方洞的石刻药方》，龙门石窟研究所编《龙门石窟研究论文选》，上海人民美术出版社，1993。

冯培红：《出土文书与传世史籍相结合的典范之作——刘安志〈敦煌吐鲁番文书与唐代西域史研究〉介评》，《敦煌学辑刊》2012 年第 3 期。

郭平梁：《阿史那忠在西域——〈阿史那忠墓志〉有关部分考释》，《新疆历史论文续集》，新疆人民出版社，1982。

郭平梁：《突骑施苏禄传补阙》，《新疆社会科学》1988 年第 4 期。

郭锋：《唐尚书都省简论》，《中国史研究》1989 年第 3 期。收入氏著《唐史与敦煌文献论稿》，中国社会科学出版社，2002。

黄惠贤：《〈唐西州高昌县上安西都护府牒稿为录上讯问曹禄山诉李绍谨两造辩辞事〉释》，唐长孺主编《敦煌吐鲁番文书初探》，武汉大学出版社，1983。

黄惠贤：《从西州高昌县征镇名籍看垂拱年间西域政局之变化》，唐长孺主编《敦煌吐鲁番文书初探》，武汉大学出版社，1983。

黄新亚：《唐蕃石堡城之争辨析》，《青海社会科学》1982 年第

6 期。

霍旭初：《敦煌佛教艺术的西传——从新发现的新疆阿艾石窟谈起》，《敦煌研究》2002 年第 1 期。

韩翔、陈世良：《龟兹佛寺之研究》，新疆龟兹石窟研究所编《龟兹佛教文化论集》，新疆美术摄影出版社，1993。

韩香：《吐鲁番新出〈洪奕家书〉研究》，朱玉麒主编《西域文史》第 2 辑，科学出版社，2007。

姜伯勤：《敦煌新疆文书所记的唐代"行客"》，国家文物局古文献研究室编《出土文献研究续集》，文物出版社，1989。

李方：《唐西州长官编年考证——西州官吏考证（一）》，《敦煌吐鲁番研究》第 1 卷，北京大学出版社，1996。

李方：《唐西州上佐编年考证——唐西州官吏考证（二）》，《敦煌吐鲁番研究》第 2 卷，北京大学出版社，1997。

李方：《唐西州户曹参军编年考证——唐西州官吏考证（六）》，《敦煌学辑刊》1997 年第 2 期。

李永宁：《敦煌莫高窟碑文录及有关问题（一）》，《敦煌研究》1982 年第 1 期。

李思宇、樊维岳：《蓝田县出土唐故忠武将军右卫率邓温墓志铭》，《文博》1993 年第 3 期。

李并成、吴超：《吐鲁番出土唐前期给粮帐初探》，《天水师范学院学报》2003 年第 6 期。

李青淼：《20 世纪以来唐代都督府研究综述》，《中国史研究动态》2007 年第 5 期。

刘安志：《唐代府兵简点及相关问题研究——以敦煌吐鲁番文书为中心》，原载《魏晋南北朝隋唐史资料》第 22 辑，武汉大学文科学报编辑部，2005。修订稿收入氏著《新资料与中古文史论稿》（修订本），上海古籍出版社，2020。

刘安志：《唐代沙州升为都督府时间考定——以〈唐会要〉版本考察为中心》，《史学集刊》2017 年第 4 期。

刘安志：《唐代解文初探——以敦煌吐鲁番文书为中心》，《西域研究》2018 年第 4 期。修订稿收入氏编《吐鲁番出土文书新探》，武汉大学出版社，2019。

刘俊文·牛来颖「敦煌吐鲁番文书所见宴设司」礪波護主编『中國中世の文物』京都大學人文科學研究所、1993。

柳晋文：《巴楚—柯坪古丝道调查——兼述"济浊馆"、"谒者馆"之地望》，《新疆文物》1985 年第 1 期。

柳洪亮：《安西都护府初期的几任都护》，《新疆历史研究》1986 年第 3 期。收入氏著《新出吐鲁番文书及其研究》，新疆人民出版社，1997。

柳洪亮：《"西州之印"印鉴的发现及相关问题》，《考古与文物》1992 年第 2 期。收入氏著《新出吐鲁番文书及其研究》，新疆人民出版社，1997。

鲁才全：《〈盖蕃墓志〉考释》，《魏晋南北朝隋唐史资料》第 7 期，1985。

卢向前：《马社研究——伯三八九九号背面马社文书介绍》，北京大学中国中古史研究中心编《敦煌吐鲁番文献研究论集》第 2 辑，北京大学出版社，1983。

卢向前：《牒式及其处理程式的探讨——唐公式文研究》，北京大学中国中古史研究中心编《敦煌吐鲁番文献研究论集》第 3 辑，北京大学出版社，1986。

卢向前：《〈唐西州高昌县授田簿〉整理与断代——唐代西州田制研究之二》，《学人》第 11 辑，江苏文艺出版社，1997。

马小鹤：《公元八世纪初年的粟特——若干穆格山文书的研究》，《中亚学刊》第 3 辑，中华书局，1990。

马世长：《敦煌县博物馆藏地志残卷——敦博第五八号卷子研究之一》，北京大学中国中古史研究中心编《敦煌吐鲁番文献研究论集》，中华书局，1982。

马世长：《库木吐拉的汉风洞窟》，新疆龟兹石窟研究所编《龟兹佛教文化论集》，新疆美术摄影出版社，1993。

裴成国：《从高昌国到唐西州量制的变迁》，《敦煌吐鲁番研究》第 10 卷，上海古籍出版社，2007。

荣新江：《吐鲁番文书〈唐某人自书历官状〉所记西域史事钩沉》，《西北史地》1987 年第 4 期。

荣新江：《〈唐刺史考〉补遗》，《文献》1990 年第 2 期。

荣新江：《新出吐鲁番文书所见西域史事二题》，北京大学中国中古史研究中心编《敦煌吐鲁番文献研究论集》第 5 辑，北京大学出版社，1990。

荣新江：《于阗在唐朝安西四镇中的地位》，《西域研究》1992 年第 3 期。

荣新江：《关于唐宋时期中原文化对于阗影响的几个问题》，《国学研究》第 1 卷，北京大学出版社，1993。

荣新江：《〈敦煌莫高窟北区石窟〉（第一卷）评介》，《敦煌研究》2000 年第 4 期。

荣新江：《书评：〈中国历史博物馆藏法书大观〉第 11 卷〈晋唐写经·晋唐文书〉、第 12 卷〈战国秦汉唐宋元墨迹〉》，《敦煌吐鲁番研究》第 5 卷，北京大学出版社，2001。

荣新江「中国所藏敦煌吐鲁番文献整理刊布简介」『唐代史研究』第 4 号、2001。

尚永亮：《唐碎叶与安西四镇百年研究述论》，《浙江大学学报》（人文社会科学版）2016 年第 1 期。

苏北海：《唐代四镇、伊西节度使考》，《西北史地》1996 年第

2 期。

孙继民：《唐西州张无价及其相关文书》，《魏晋南北朝隋唐史资料》第 9、10 期，武汉大学学报编辑部，1988。

孙继民：《跋〈垂拱四年（公元六八八）队佐张玄泰牒为通当队队陪事〉》，唐长孺主编《敦煌吐鲁番文书初探二编》，武汉大学出版社，1990。

孙继民：《唐代的行军统帅》，《魏晋南北朝隋唐史资料》第 11 期，武汉大学出版社，1991。

孙继民：《关于唐北庭都护杨楚客其人》，《吐鲁番学研究》2003 年第 1 期。

孙晓林：《关于唐前期西州设"馆"的考察》，《魏晋南北朝隋唐史资料》第 11 期，武汉大学出版社，1991。

唐长孺：《唐西州差兵文书跋》，唐长孺主编《敦煌吐鲁番文书初探》，武汉大学出版社，1983。

唐长孺：《唐西州诸乡户口帐试释》，唐长孺主编《敦煌吐鲁番文书初探》，武汉大学出版社，1983。

唐长孺：《唐先天二年（七一三）西州军事文书跋》，唐长孺主编《敦煌吐鲁番文书初探二编》，武汉大学出版社，1990。

唐长孺：《吐鲁番文书中所见的西州府兵》，唐长孺主编《敦煌吐鲁番文书初探二编》，武汉大学出版社，1990。

陶敏：《〈景龙文馆记〉考》，《文史》第 48 辑，中华书局，1999。

王炳华：《唐安西柘厥关故址并有关问题研究》，《西北史地》1987 年第 3 期；后改题《新疆库车玉其土尔遗址与唐安西柘厥关》，收入氏著《丝绸之路考古研究》，新疆人民出版社，1993。

王团战：《大周沙州刺史李无亏墓及征集到的三方唐代墓志》，《考古与文物》2004 年第 1 期。

王小甫：《唐初安西四镇的弃置》，《历史研究》1991 年第 4 期。

王珍仁・刘广堂「新疆出土的"孔目司"公牍析——兼谈大谷探险队与旅顺博物馆之西域文物」『旅顺博物館蔵新疆出土文物研究文集』龍谷大学仏教文化研究所・西域研究会、1993、第23—31頁。

王素：《〈敦煌吐鲁番文书与唐代西域史研究〉述评》，《中国史研究》2012年第2期。

吴玉贵：《唐代西域羁縻府州建置年代及其与唐朝的关系》，《新疆大学学报》（哲学社会科学版）1986年第1期。

吴玉贵：《唐代安西都护府史略》，《中亚学刊》第2辑，中华书局，1987。

薛宗正：《唐碛西节度使的置废——兼论唐开元时期对突骑施、大食政策的变化》，《历史研究》1993年第6期。

薛宗正：《阿史那献生平辑考》，《新疆大学学报》（哲学・人文社会科学版）2009年第1期。

杨德炳：《关于唐代对患病兵士的处理与程粮等问题的初步探索》，唐长孺主编《敦煌吐鲁番文书初探》，武汉大学出版社，1983。

杨兴华：《西安曲江发现唐尼真如塔铭》，《文博》1987年第5期。

杨建新：《唐代吐蕃在新疆地区的扩张》，《西北史地》1987年第1期。

张国刚：《唐节度使始置年代考定》，收入氏著《唐代藩镇研究》，湖南教育出版社，1987。

张国刚：《唐代藩镇行营制度考》，南开大学历史系《中国史论集》编辑组编《中国史论集》，天津古籍出版社，1994。

张广达、荣新江：《〈唐大历三年三月典成铣牒〉跋》，《新疆社会科学》1988年第1期。

张广达：《龟兹地区的灌溉》，Éric Trombert, Ikeda On et Zhang Guangda, *Les Manuscrits Chinois de Koutcha*：*Fonds Pelliot de la Bibliothèque Nationale de France*, Paris, 2000。

张涌泉：《〈吐鲁番出土文书〉词语校释》，《新疆文物》1990 年第 1 期。

章群：《关于唐代乾陵石人像问题》，《第一届国际唐代学术会议论文集》，台北：台湾唐代学者联谊会，1989。

朱英荣：《龟兹石窟形成的历史条件》，新疆龟兹石窟研究所编《龟兹佛教文化论集》，新疆美术摄影出版社，1993。

朱悦梅、李并成：《〈沙州都督府图经〉纂修年代及其相关问题考》，《敦煌研究》2003 年第 5 期。

白須淨真「吐魯番社会——新興庶民層の成長と名族の没落——」谷川道雄編『魏晋南北朝隋唐時代史の基本問題』汲古書院、1997。柳洪亮汉译文载《西域研究》1999 年第 4 期。

池田温「沙州図経略考」榎博士還暦記念東洋史論叢編纂委員会編『榎博士還暦記念東洋史論叢』山川出版社、1975。

池田温「敦煌本判集三種」末松保和博士古稀記念会編『古代東アジア史論集』下巻、吉川弘文館、1978。

Ikeda On（池田温），"Chinese Documents from Douldour-aqour in the Pelliot Collection", *Proceedings of the Thirty-First International Congress of Human Sciences in Asia and North Africa*, Tokyo-kyoto 31st August-7th September 1983，Ⅱ, ed. Yamamoto Tatsuro, Tokyo，1984。

池田温「吐魯番・敦煌の文書にみえる地方城市の居住」唐代史研究会編集『中国都市の歴史的研究：唐代史研究会報告第 6 集』刀水書房、1988。

〔日〕池田温：《采访使考》，《第一届国际唐代学术会议论文集》，台北：台湾唐代学者联谊会，1989。

〔日〕池田温：《唐朝氏族志研究——关于〈敦煌名族志〉残卷》，刘俊文主编《日本学者研究中国史论著选译》第 4 卷 "六朝隋唐" 卷，中华书局，1992。

〔日〕池田温：《初唐西州高昌县授田簿考》，黄约瑟、刘健明编《隋唐史论集》，香港大学亚洲研究中心，1993。

〔日〕池田温：《麻札塔格出土盛唐寺院支出簿小考》，敦煌研究院编《段文杰敦煌研究五十年纪念文集》，世界图书出版公司北京公司，1996。

大庭脩「敦煌発見の張君義文書について」『ビブリア：天理圖書館報』二〇（古文書特集号）、天理大学出版部、1961；又收入氏著『唐告身と日本古代の位階制』学校法人皇學館出版部、2003。

大津透「唐律令国家の予算について——儀鳳三年度支奏抄・四年金部旨符試釈——」『史学雑誌』第 95 巻第 12 号、1986。

大津透、榎本淳一「大谷探検隊吐魯番将来アンペラ文書群の復原——儀鳳三年度支奏抄・四年金部旨符——」『東洋史苑』第 28 号、1987。

大津透「唐日律令地方財政管見——館駅・駅伝制を手がかりに——」『日本律令制論集』（上）、吉川弘文館、1993。

荒川正晴「唐の対西域布帛輸送と客商の活動について」『東洋学報』第 73 巻第 3・4 号、1992。乐胜奎汉译文载《魏晋南北朝隋唐史资料》第 16 辑，武汉大学出版社，1998。

荒川正晴「北庭都護府の輪台県と長行坊——アスターナ五〇六号墓出土、長行坊関係文書の検討を中心として——」小田義久先生還暦記念事業会編『小田義久博士還暦記念東洋史論集』龍谷大学東洋史学研究会、1995。

荒川正晴「唐帝國とソグド人の交易活動」『東洋史研究』第 56 巻第 3 号、1997。

荒川正晴「クチャ出土『孔目司文書』攷」『古代文化』第 49 巻第 3 号、1997。

菊池英夫「節度使制確立以前における「軍」制度の展開」『東

洋学報』第 44 巻第 2 号、1961。

菊池英夫「唐代邊防机関としての守捉・城・鎮等の成立過程について」『東洋史學』第 27 号、1964。

菊池英夫「隋・唐王朝支配期の河西と敦煌」『講座敦煌 2・敦煌の歴史』大東出版社、1980。

龍谷大学仏教文化研究所・西域研究会編『旅順博物館蔵新疆出土文物研究文集』龍谷大学仏教文化研究所・西域研究会、1993。

内藤乾吉「西域發見唐代官文書の研究」西域文化研究會編『西域文化研究』第 3(敦煌吐魯番社會經濟資料 下)、法蔵館、1960。

内藤みどり「「張君義文書」と唐・突騎施娑葛の関係」小田義久先生還暦記念事業会編『小田義久博士還暦記念東洋史論集』龍谷大学東洋史学研究会、1995。

〔日〕森安孝夫:《吐蕃在中亚的活动》,劳江译,《国外藏学研究译文集》第 1 辑,西藏人民出版社,1985。

松田壽男「磧西節度使考」『史潮』三—二・三—三、1933。

藤枝晃「藤井有鄰館所蔵の北庭文書」『書道月報』第 13 号、1957。

小笠原宣秀・西村元祐「唐代役制關係文書考」『西域文化研究』第 3(敦煌吐魯番社會經濟資料 下)、法蔵館、1960。汉译文载《敦煌学译文集——敦煌吐鲁番出土社会经济文书研究》,姜镇庆、那向芹译,甘肃人民出版社,1985。

〔日〕小田义久:《谈龙谷大学图书馆所藏大谷文书》,北京大学中国中古史研究中心编《敦煌吐鲁番文献研究论集》第 5 辑,北京大学出版社,1990。

小田義久「大谷探檢隊将来の庫車出土文書について」『東洋史苑』第 40・41 号、1993。

〔日〕小田义久:《关于德富苏峰纪念馆藏 "李慈艺告身" 的照

片》，乜小红译，《西域研究》2003 年第 2 期。

〔日〕羽田亨：《唐光启元年写本沙州伊州地志残卷考》，《唐代文献丛考》，万斯年辑译，商务印书馆，1957。

〔日〕岩佐精一郎：《唐代粟特城塞之发掘及其出土文书》，《唐代文献丛考》，万斯年辑译，商务印书馆，1957。

佐藤長「初代磧西節度使の起源と其の終末——碎葉焉耆更換事情の一考察——」（上・下）『東洋史研究』第 7 卷第 6 號・第 8 卷第 2 號、1942・1943。

# 本书各篇章原发表出处

刘安志：《唐初对西州的管理——以安西都护府与西州州府之关系为中心》，《魏晋南北朝隋唐史资料》第 24 辑，武汉大学文科学报编辑部，2008。

刘安志：《唐初西州的人口迁移》，《中华文史论丛》2007 年第 3 期。

刘安志：《读吐鲁番所出〈唐贞观十七年（643）西州奴俊延妻孙氏辩辞〉及其相关文书》，《敦煌研究》2002 年第 3 期。

刘安志：《从吐鲁番出土文书看唐高宗咸亨年间的西域政局》，《魏晋南北朝隋唐史资料》第 18 辑，武汉大学出版社，2001。

刘安志：《唐初的陇右诸军州大使与西北边防》，《吐鲁番学研究》2008 年第 1 期。

刘安志：《敦煌所出张君义文书与唐中宗景龙年间西域政局之变化》，《魏晋南北朝隋唐史资料》第 21 辑，武汉大学文科学报编辑部，2004。

刘安志：《敦煌吐鲁番文书所见唐代"都司"考》，《魏晋南北朝隋唐史资料》第 20 辑，武汉大学文科学报编辑部，2003。

刘安志：《跋吐鲁番鄯善县所出〈唐开元五年（717）后西州献之牒稿为被悬点入军事〉》，《魏晋南北朝隋唐史资料》第 19 辑，武汉大学文科学报编辑部，2002。

刘安志：《唐代西州天山军的成立》，朱玉麒主编《西域文史》第 2 辑，科学出版社，2007。

刘安志：《伊西与北庭——唐先天、开元年间西域边防体制考论》，《魏晋南北朝隋唐史资料》第 26 辑，武汉大学文科学报编辑部，2010。

刘安志：《对吐鲁番所出唐天宝间西北逃兵文书的探讨》，《魏晋南北朝隋唐史资料》第 15 辑，武汉大学出版社，1997。

刘安志、陈国灿：《唐代安西都护府对龟兹的治理》，《历史研究》2006 年第 1 期。

刘安志：《唐代龟兹白寺城初考》，《敦煌学辑刊》2002 年第 1 期。

刘安志：《关于唐代沙州升为都督府的时间问题》，《敦煌学辑刊》2004 年第 2 期。

刘安志：《库车出土唐安西官府事目历考释》，《西域研究》1997 年第 4 期。

刘安志：《唐代安西、北庭两任都护考补——以出土文书为中心》，《武汉大学学报》（人文科学版）2001 年第 1 期。

# 索　引

## A

阿斯塔那　3，9，16，28，29，35，
42，44，51—53，55，59，61，
64—67，70，71，73，74，77，
80，84，87，90，91，93，103，
122，167，179，182，191，193，
212，220，238，241，251，283，
290，291，294，297，346，359，
365，366，373，383，385，386，
389

阿史那道真　101，105

阿史那都支　5，89，96，106，111，
203

阿史那贺鲁　2，49，56，81，144，
156，190，302，303，317，385

阿史那斛瑟罗　118

阿史那怀道　140，152，211，259，
340

阿史那弥射　89，198

阿史那阙啜忠节　145，146

阿史那献　8，11，12，147，148，
177，178，190—192，198—214，
231，232，235，237—247，253，
254，256，273，274

阿史那昕　211

阿史那忠　4，79，94，95，98—101，
104，106，110

阿史那忠节　6，139，142，144—
147，151—155，157—159

安东都护　105

安乐州　108

安西悲田寺　80，82

安西都护（安西大都护）　2，4，6，7，11，20—22，24—28，30—36，49，60，62，67，75，76，82，89—93，110，115，125，126，138，139，143，147，152，155，159，160，174，180，186，187，198，199，202，204，206—208，210，225，229，241—244，247，248，252，258—260，264，266，269—272，274，317，326，340，381，386，388，391

安西都护府（安西大都护府、安西府）　1—6，13，14，16—22，24—31，33—36，49，64—68，70—74，76，77，79，81—89，102，104，105，111，150，157，158，160，167，210，227，228，242，243，271，302—304，307，309—319，326，332，334，339—341，348，349，375—378，380—382，385，386

安西都护府之印（安西大都护府之印）　24，27，35，310

安西副都护（安西副大都护）　103，208，214，226，230，245，248—251，253，254，256—259，261，265，270，290，310，340，390

安西四镇（四镇）　4—6，9，10，17，34，35，79，101，102，104，105，107，109，111，116，125，139，140，145，149，155，160，191，208，210，212，213，215，216，219，224—226，228，236，237，241—243，245，247，249，250，254，257—259，261，267，268，270，272，273，282，288，302，314，316，326，332，340，348，385

安西四镇节度使（四镇节度使）　10—12，179，181，234，240—242，249，265—268，271—275，310，315，379

安抚招慰十姓大使　177，209，246

案卷（文案）　3，12，35，58，64—66，68，70—73，77，122，163，166，168，169，179，186，281，284，287，293，294，296，297，299，301，324，361，364—366，377，383，390

按察使　194—197

**B**

白丁　74，149，196，238

白马河　134，344，352—354

白水涧道　27，62，63

白寺　14，132—134，308，342—
　　347，352，353

白寺城　6，14，129，132，134，
　　135，137，157，160，305，308，
　　342，343，346，352—354

白亭军　119，121

白州　101，102

北馆　29

北庭　10—12，16，40，121，122，
　　147，148，176—178，181，186，
　　187，198，203，205，206，210，
　　213，222—224，228，230，231，
　　233，235，237—245，248，252—
　　254，256—260，263—265，267，
　　268，271—275，279，281，282，
　　288，289，320，368，369，381，
　　386，389—391

北庭都护（北庭大都护）　7，11，
　　16，147，160，177，178，180，
　　181，187，198—200，202，203，
　　206，208，214，221，224，229，
　　230，235，239，240，242，243，
　　245，246，247，248，250—254，
　　256，264，265，267，268，270，
　　271，273，274，281，381，386，
　　388，389

北庭都护府（北庭府、北庭大都护
　　府）　40，115，116，177，179，
　　216，217，219，240，242，243，
　　251，265，271，272，281，381

北庭副都护（北庭副大都护）
　　16，177，389

北庭节度使　10—12，219，234，250，
　　251，253，265，270，273，274，
　　390

边防体制　7，10，33，160，204，
　　213，214，234，237，243，254，
　　256，259，260，265，268，272

辩辞　3，60，62—64，71，72，
　　84—86，191，365

兵募（募人）　65—68，91，93，
　　149，154

拨换城　5，101—104，111，267

波斯道行军　182，186

播仙城　139，152

部田　50，51，53，294

C

采访使　189，190，194，195，197

参将　191

差科（小小差科、杂差科）　310，
　　326，329，331，332

差科簿　304，328，334

柴哲威　24，26，34，36，82

常田　50，53

赤水军　121，171

崇化乡　2，51，53，55，56

处半（叱半、薛波）　306，309，348，349

处密　32，33，49，60，62，63，77

处月　27，32，33，49，60，62，63，77

葱岭　249，250，252，254—258

葱岭守捉（葱岭镇）　104，256

从化乡　2，55，56

## D

怛逻斯　185

大谷探险队　3，13，57，77，276，305，309，337，345，372，375，378，379

大谷文书　73，280，293，300，301，377

大非川　4，94，96，99，107，110

大非川之战（大非川之役）　107，108

大食　10，11，198，202，204，205，208，209，212，234，244，246，254，255，257，273，274

丹丹威里克遗址　332

党项　213，231

氏　201

典合城　109

牒式　166

牒文（牒）　6，8—10，29，35，57，58，61，64，66，71，74，84—86，88，98，99，104，116，117，122—124，128—131，138，143，164—167，169—173，175，176，179，181—185，190，192—194，196—198，206—208，210，212，213，220—223，229，232，239—241，251，263—265，277—287，293—298，301，304，309，315，317，318，325，329，330，332，339，343，351，361—365，373，374，379，383—388

定远道行军（定远军）　8，10，189，190，198，199，203—207，210，231—233，237

东突厥　18

都担　8，123，124，147，178，199，200，202—204，206，207，210，231，232，239，246，247

都勒都尔·阿护尔遗址　12—15，88，132，133，303，304，307，312，316，322，334，335，338，343—345，372，374—376，382

都摩度　185

都僧统司（都司）　5，7，8，116，

117，162—173，175—178，181—184，186，187，264，265

豆卢军兵马使之印　182

敦煌郡之印　366

敦煌县　181，182，196，357，361，363—367

敦煌县之印　182，365，366

敦煌文书　7，15，16，62，66，86，92，109，150，166，177，196，256，312，356，360，366—368，370，389

**E**

二十四司　163，165，173，175

二元分治　1—3，11，23，26，27，36，76，77，243，244，259，260，265，267，272，274

**F**

蕃州　307，348，376

烽　9，62，179，186，202，220—222，224，227，228，262，270，291，298，319，320，379，380，389

仿陁城　6，129，134，135，157，160，342，343，353

伏阇雄　107，108

匐俱　118

符文（符）　3，10，24，28—30，35，64—66，68，72，77，84，92，150，163，165—167，169，170，172，179，196，226，227，232，257，261，262，312，316，364，365，374，377

府兵　4，30，38，67，87，93，110，122，123，190，239，290，292

**G**

盖嘉运　11，185，187，224，246，248，267，270—272，274，389

高昌（高昌城、高昌县）　1—3，12，19，21，22，25—31，33，35，36，38—44，46，48—56，58—62，64—68，70—78，81—86，90，92，107，201，203，216，218，238，276，277，280—284，287—298，301，302，373，386

高昌豪右　39

高昌王国　18，19，27，30，39，41，43，50，56，61，201，215

高昌王室　2，39，43，49，56，74

高昌县之印　70，71

高车　201

高句丽　5，93，105，108，111

高仙芝　103，273，290，315，325，340

格文（格） 150, 162, 164, 176, 189, 190, 193, 196, 197, 220, 264, 319

葛逻禄 148, 198, 199, 206—210, 254

功德疏（功德记） 80, 87, 201

公验 6, 7, 14, 128—131, 142—145, 148—150, 153, 157—160, 181, 229, 263, 281, 295, 297, 304, 308, 317, 342, 343, 387, 391

弓月 4, 5, 87, 89—91, 93, 95, 98—100, 104, 108, 110, 111

弓月城 85, 86, 98—100, 104, 106

姑墨 156, 347, 375

骨笃禄（骨咄陆） 97, 118

瓜州 121, 146, 147, 173, 226, 238, 261, 265, 390

官印（钤印） 15, 117, 144, 148—150, 159, 169, 365—367, 370, 387

归化可汗 7, 143, 159, 160

归义军 163, 173, 312, 377

郭待封 101, 105, 107

郭虔瓘 11, 139, 148, 178, 202, 204, 206—208, 210, 238, 239, 241, 243, 244, 248, 250, 274, 326

郭孝恪 2, 3, 20, 21, 24—28, 30—34, 36, 60, 62, 67, 76—78, 82

郭元振 5, 6, 112, 114—116, 119—121, 124—126, 138—143, 146—148, 152, 155, 159, 160, 174, 175, 201, 203, 216, 242, 281

**H**

哈拉和卓 43, 53, 73, 87

瀚海都督府 121

瀚海军 9, 115, 116, 121, 174, 177, 178, 181, 216, 218, 219, 228, 230, 238, 262, 264, 265, 277, 278, 280, 281, 384, 389

瀚海军经略大使 177, 178, 180, 181, 229, 260, 263—265, 386—388, 391

瀚海军使 11, 16, 147, 177, 178, 181, 187, 199, 202, 205, 214, 224, 235—237, 239, 243, 245, 247, 248, 270, 273, 389

瀚海军之印 179, 228, 262

河东郡行营 12, 284, 286—290, 293, 295

河口 107

河陇 5, 18, 96, 97, 108, 115,

120，127，322，326

河西　5，97，108，112，113，118—120，123，124，126，127，145，146，163，172，173，238，239，288，362，368，369，384

河西道　115，217，261，356

河西节度使　5，15，126，127，147，173，226，235，261，368，369，390

河西寺　132—134，308，344，347，352，353

和戎城　119，121

合署办公　20，24，33

侯君集　74，203

后突厥　5—8，10，97，112，117—122，124，126，127，149，153—155，159—161，173—175，178，187，198，205—207，209，210，226，231，234，238—240，242，258，261，273

胡禄屋　6，7，124，144，145，147，148，150，151，159，160，190，198，199，202，206，209，210，213

胡书契　337，338

斛瑟罗　118，151，152

户籍　24，65，73

户口帐　43，73，74

回鹘　36，332，333

**J**

羁縻　102，106，150，151，190—192，209，210，272，304

羁縻州（羁縻都督府）　103，144，145，148，190，304，307，347，348，375，376，377

简点　87，91，189，190，196，197

检括　75

交河（交河城、交河县）　1，2，18，19，25—31，33，35，36，41，49，62，63，76，77，81，84，167，182—185，215，259，294，296，302，304，340

交河郡都督府之印　24

羯　136，201

金城公主　126，175

金方道　204，205，209，212，258

金岭城　49

金满（金满县）　41，147

金三角　2，33，36

金沙寺（金砂寺）　346

金山道前军大使　159

金山道行军大总管　126，174，242

军政合一　2，3，26，27，31，33，36，76，78

均田制　38，50，53，215

**K**

康国 87

康居都督府 87

可汗浮图城 18

克孜尔尕哈石窟 157

克孜尔千佛洞 137

孔目司 310，311，315

孔目司帖 309，311，326，329，331

库木吐拉石窟 134，157，292，346

宽乡 47，48

**L**

来公敏 95—99

李遮匐 89，96，203

莲花寺（莲华寺） 7，131，136，
137，158，160，342

凉州 3，5，15，21，60，77，78，
95—97，108，111，114—121，126，
127，148，170—175，201，235，
249，291，339，368，369

凉州道行军大总管 108

临洮军 121

灵武道行军 113

灵州 108，118，369

流外官（流外） 191，192

柳中（柳中县） 41，57，59，64，
294

陇右道 40，54，115，145，170，
197，217，261，356

陇右诸军大总管 114

陇右诸军州大使 5—8，112—118，
120，124，126，127，173—175，
187

娄师德 5，112—114，120，174

轮台县（轮台） 41，135，145，
155，353

论钦陵 107

论吐浑弥 109

逻娑道行军 5，98，103，105，107，
111

吕休璟 11，115，126，175，198，
199，223，242—244，274

**M**

麻扎塔格 306

玛纳斯河 144，145，190

明府城 306，307，312，321，348—
350

莫高窟 6，128，201，362

莫贺达干 151，185

默啜 6，7，118，126，149，153—
155，159，161，173，198，199，
204—206，209，210，239，299

穆格山城堡 200

**N**

诺曷钵部落　97，108

**P**

判补　148，189—192，209，213

裴行俭　4，92，93，96，103，110，186，203

皮朗古城　81，134，350，353

毗沙都督府　108，152

平西军大总管　118

蒲昌（蒲昌县）　41，46，67，215，294

蒲昌府　29，193，194，240

蒲类县　41

**Q**

契苾何力　97，98，104

碛西节度使　8—11，180，185—187，213，214，218，219，225，231，234，235，245—250，257—259，268，270—274

乾陵　144，152

前庭府　50，87

羌　93，94，147，172，201

乔师望　21，22，24，25，75

且末城　109

龟兹（龟兹王城）　2，4—6，10，11，13—17，19，20，25—27，31，33—36，81，82，84—90，92，93，101—105，110，111，134—136，145，146，157，158，160，226，230，242，244，248，262，272，282，292，293，302—306，309，311，312，315—318，320，321，324—328，330—335，337—353，369，373—378，380，384—386

龟兹都督府　14，146，303，304，307，347，348，351，354，375—377

屈利啜　31

麹氏高昌　18，27，38，39，41，43，61，72

麹文泰　38，39，61，201

麹智盛　39，60

麹智湛　24，26，31，34，36，39，49，82，83

渠黎都督府　145，146

渠黎州　7，145，146，150，158—160，304

渠黎州之印　7，131，132，145，146，148，150，158—160，304

雀离关　157，315

**R**

柔然　201

S

沙州（敦煌郡、敦煌）　1，2，6，
　7，14，15，16，27，55，56，
　62，90，107，109，125，128，
　146—148，155，159，162，168，
　178，181，182，187，196，197，
　228，230，252，262，264，290，
　304，307，312，318，328，342，
　354，356，357，359—371，373，
　376，377

沙州刺史　265，359—361，367，
　369

沙州都督府　357，359，370

沙州都督府印　357，365—367

沙州之印　365—367

鄯州　108，369

尚书比部之印　170

尚书都省　7，8，84，117，149，
　163—168，172，173，175，179，
　187，265，374，386

社户　338

社邑　14，334，337，338，341

生羌　93，94

十道按察使（十道按察采访
　处置使）　194，195

十节度　187，272，369

十姓部落　97，124，199，200，202，

204，205，208，209，213，246

十姓可汗　8，140，152，203，207，
　208，210—213，244，246，340

事目历（事目文书）　10，12，13，
　15，178，181，226，228，230，
　232，257，261，262，264，265，
　311，317，319，372—374，377，
　378，380，389

视品官（视品）　191，192

手实　73，74，357，366

寿昌县　109

授勋　26，62，91，149，238，290，
　291，391

疏勒　4，5，17，34，35，87—90，
　93，99，101—104，108—111，
　155，180，218，245，247，272，
　282，302

鼠尼施　156，198，199，206，210

庶民阶层　54

朔方道大总管　153，154，299

四镇经略大使　199，202，204，206，
　207，239，241—244，248

四镇经略使　6，7，132，138—
　145，148，149，153，155，159，
　160，180，218，245，247

四镇经略使之印　143，148，149

苏海政　89—91

苏禄　8，10，11，185，187，204，

205，207—214，219，225，226，234，244，254，257—259，261，266—268，270，274，340，390

粟特　2，53—56，116，169，331，334，337

碎叶　8，34，35，99，118，142，145，151—153，185，199，200，202—206，210—213，216，219，231—233，238，242，243，246，247，273

碎叶镇守使　6，7，139，141，142，145，152，153，157，159，160，242

娑葛　6，7，129，139，140，142，143，145—147，149—157，159—161，203，205，209，211，213，214，225，237，253，258

**T**

他地道　27，28

汤嘉惠　11，198，199，203，206，208，210，212—214，240，241，248，253，254，256，274

唐休璟　5，112—115，154，174，175

掏拓所　132，133，308，312—315，321，329，330，344，346

天可汗　209，212

天山　6，8，12，18，19，27，32，33，36，60，99，100，145，148，153，155，160，191，208—210，230，236，243，264，273，275，354，381

天山军　9，10，215—220，223，225，230—234，236，262，265，373

天山军之印　223

天山县　26，32，34，49，60，62，63，76，77，82，227，312，373，377

帖（帖文）　1，10，23—25，132，133，226，227，232，257，261，279，283，286，295，308—312，314，326，329，331，344—346，359，377，385

铁勒　121，201

铁门关　200，202，228，316，352

庭州　9，16，18，19，27，28，33，40，41，49，54，55，89，99，115，151，191，216，217，236，369，389，390

突骑施　6—8，10，11，124，129—132，135，137，142，144，145，149—151，153，155—161，185，187，204，205，207—212，214，219，224—228，230，234，242，

244，246，254，257—262，264—269，271，272，274，299，332，340，342，343，390，391

突厥 61，62，76，86，112—114，118—121，142，147，151，153，154，156，173，174，177，187，198，199，201，205，209，212，225，226，238，239，246，247，258，259，261，299，302，304，316，339，340，347，375

突厥院 339，340

吐蕃 4，5，8，10，11，79，82，86，89，90，93—114，117—121，125—127，139，155，163，173—175，185，187，203，208，224—228，230，232，234，238，239，244，246，250—252，254—262，264—266，274，290，302，322，326，368，384，385，390，391

吐火罗 32，60，144，209，212，316，348，375

吐火仙可汗 185

吐鲁番盆地（吐鲁番） 3，7—10，12，13，16，18，23—26，28，29，33—35，38，42，44，49，51—55，57，59—67，73，74，77，79，81，83，84，87—91，

122，162，167—169，172，173，179，182，184，187，188，191，193，212，220，226，227，232，238，241，251，252，257，261，283，289，291，297，298，304，308，309，312，328，331，346，359，366，373，374，377，383，385，386，389

吐鲁番文书（吐鲁番出土文书） 3，4，7—9，13，16，20，35，39，41，51，56，79，81，90，105，106，162，165，193，218，220，224，225，226，240，253，261，265，276，282，290，294，361，365，377，384，385

吐谷浑 18，97，101，104，108，109，366

屯田 14，120，135，145，172，220，221，223，256，320—322，324—326，331，340，341

屯田校尉 134，135

**W**

王斛斯 211，224，248，249，266—271

渭干河 133，134，155，307，325，344，347，351—353，382

卫士 51，196，197，291，292，324

魏元忠 113，114

文昌台 162—166

乌骨道 28，77

乌海 97，107

乌海道行军 97，104

乌质勒 6，151—154，159，225

## X

西昌州 19

西突厥 2，5，11，27，28，31—33，36，38，49，56，60—63，76，77，81，89，95—97，106，111，118，124，126，142，144，147，151，156，174，190—192，200—202，204—206，209，212，214，225，231，237，242，243，245，246，254，273，302，340，385

西伊州 18

西域边防 7，10—12，16，36，37，155，204，213，214，233，234，237，243，254，256，258—260，265，268，272—275，317

西域道安抚大使 4，94，95，98，104，111

西州（交河郡） 1—5，8—11，12，13，17—57，59—62，64—68，70，72—79，81—93，98，105，110，111，122—125，136，148，170，180，184，185，188—191，193，197，207，208，210，212，213，215—220，223，225，227，228，230—234，236—241，245，247，248，253，257，262，265，270，271，273，276，281—284，287，289，290—292，294，296—298，301，302，304，312，328，331，360，361，365，377，383—386

西州刺史 2，20—22，24—27，30—32，34—36，67，76，82，83，223，224，228，359，360，386

西州都督 4，31，36，82，83，90，92，110，224，238，359，360，386

西州都督府 9，10，20，29—31，36，71，81—84，88，89，122—124，169，170，173，179，184，190，212，220—223，226，232，240，241，257，261，297，365，377，386，390

西州都督府之印 24，84

西州图经 27，28，62

西州长史 85

西州之印 1，23—25，27，36

夏克土尔遗址 133，134，344—

347，349—353，382

鲜卑 201

萧嗣业 87，108

箫乡军 86，98，100，104

小勃律 104，250，251，253，256—258，273，290，340

谢叔方 20—22，24

新泉军 121

兴昔亡可汗 89，177，200，246

行官 157，310，311，322，339

匈奴 201，202

许钦明 118

胥吏 191

悬点 8，148，188—190，192，197，232

悬名 189，190，192，193

悬泉乡 196，357，366

薛仁贵 5，95，96，101—103，105—107，109—111

薛思楚 6，130，131，138，144，145，148，149，155，160

薛延陀 60

勋簿 149，181

勋告 6，91，128，148，149，181，290

勋官 26，62，91，149，176，264，265，280，385

勋券 149，181

獯戎 200—202，204，206

**Y**

一元化 2，3，11，26，27，31，33，36，76，78，242，245，253，259，260，265，267，268，273，274

焉耆 2，4，5，7，8，10，17，25，31—33，35，36，41，62，63，76，101，103—105，110，111，131，137，145，146，155，156，158，160，180，200，202，203，210，212，213，218，219，226，228，230，245，247，262，272，278，280—282，302，304，316，334

盐泊都督府 144，145，148，150，153，189，190，208—210，213，232

盐泊都督府之印 7，132，144，145，148，150，153，158，160，343

盐水关 316，352

杨楚客 214，250—254，256

遥领 177，178，180，181，186，187，206，207，244，248，252，260，270，388，391

药方邑 334—337

伊犁河 156

伊逻卢城　81

伊吾城　18

伊吾军　9，10，216，219，221—223，236，238，239

伊西　10，11，177，205，213，214，234—237，241，242，259，260，265，267，268，273，274，288

伊西北庭节度使　10，12，234，265，271，272，275

伊西节度使　10—12，234—237，240—242，245，248，250，253，268，271—275

伊州　9，18，21，28，32，33，60，66，93，109，173，216，221，223，236—239，271，365

乙毗咄陆可汗　2，27，28，32，33，36，60，76

驿（驿马、驿骑）　6，14，21，75，103，128，143，164，193，315，317—320，341，378，379，385

阴嗣瓖　16，177，178，230，264，389

银山道　62

鹰娑川　156

鹰娑都督府　156

雍州　2，21，47，48，56

游奕　179，212，240

于阗　4—6，17，34，35，54，89—93，98—104，107—111，139，145，152，153，157，160，180，218，245，247，259，272，282，302，305，306，332，333，348，349，375，376

玉河军　98—100，104

玉门关　146，147

玉其土尔遗址　15，134，157，305，349—355

飓海道行军　89—91

**Z**

赞普　94，120，125，126，174，175，203，226，228，261，390

张君义　6，7，14，128—132，138，142—146，148—150，153，156—160，304，342，343，353，354

张君义文书（张君义立功公验、张君义勋告）　6，14，128，129，134，143，144，149，290，304，308，342，354

张说　118，120，138，146，174，201，213，231

张孝嵩　11，203，214，244，250—254，256，257，270，274，326

昭武九姓　2，55，56，87，328，332，334，335

柘厥关（拓厥关）　304，305，312，316，317，321，347，352，

374—378，382

支度营田使　9，220—223，251，
　314，318，379

周以悌　6，7，139—145，149，152，
　153，155，157，159，160，203

烛龙军　115，116，121，216，281

烛龙州　121

宗楚客　6，138—141，146，147，
　151，159，203

左右屯卫（左屯卫、右屯卫）
　139—141，154

左右威卫（左威卫、右威卫）
　101，102，139—141，252

# 原版后记

　　本书所收 16 篇论文，选自我 10 余年来发表的研究论著，因多是利用敦煌、吐鲁番等地出土文书探讨唐代西域史的成果，故取书名为《敦煌吐鲁番文书与唐代西域史研究》。收入书中的各篇论文，都在原来的基础上进行了不同程度的修改，有的甚至是大改，可以说大体代表了我目前对唐代西域史的认知水平。

　　1996 年，我再次负笈武大，继续师从陈国灿先生攻读中国古代史专业博士学位。自此时起，才开始了真正的问学之路。记得 1997 年在陈师指导下，撰写《对吐鲁番所出唐天宝间西北逃兵文书的探讨》一文时，曾五易其稿，每一次修改，都一字一字在稿纸上书写，不像现在用电脑键盘敲打。虽然辛苦，收获却不小。正是这种严格的学术训练，使我略窥治学门径，懂得了什么才是真正的学问。文章发表后，受到学界师友的充分肯定，并被多次引用，使我信心倍增。那一段经历真的令人难以忘怀。

　　1999 年博士毕业，我有幸留在史学大家唐长孺教授所创建的中国三至九世纪研究所工作。在这里，我深切感受到了学术大家庭的温暖，有师长的教诲与关爱，有同朋的交流与切磋，其乐融融；我还感受到了学术的尊严，深悉严谨踏实和创新实乃为学之重要标尺。本书所收诸论文，不管论题大小，深浅如何，大都严格遵循这一标尺，绝不为有辱唐门学风的粗制滥造之作。

一路走来，需要感谢的人很多。首先要特别感谢生我养我的父母，是他们用勤劳的双手含辛茹苦把我们四个子女养育成人。父母农民出身，没有多少文化（母亲一字不识），但勤劳、质朴、正直、待人真诚、与人为善的性格和处世作风，却给我以深深的影响。感谢父母的养育之恩，真诚祝愿二老健康长寿！

其次要特别感谢引我入学术殿堂之门的导师陈国灿先生。无论是在学问上，还是生活上，陈师都对我关爱有加。是陈师的多方教诲和悉心指导，使我从一个茫然无知的学子成长为今天的一名大学教师和史学研究人员。师恩难忘，我将永远铭记于心。

感谢研究所朱雷、黄惠贤、鲁才全、冻国栋、石墨林先生多年来的教诲和关照。感谢王素、荣新江、张国刚、黄正建、吴丽娱、王小甫先生对我学问的指导和帮助。感谢孟彦弘、侯旭东、雷闻、杨富学、冯培红先生等同道好友的关爱和帮助，尤其是冯培红先生，他在赴日本大阪大学留学期间，曾为我提供了不少日文资料。

从小学到现在，我先后得到王培元、曾家贤、陈学昌、李德惠、赵淡元、侯绍庄老师等众多师尊的教诲和关爱，在此致以衷心的感谢。

我还要感谢我的家人和岳父岳母，尤其是岳母，为我们操持家务并照看女儿刘诗雨，多年来奔波于贵州、湖北两地，异常辛苦，让我们很是感激。谨在此祝愿岳父岳母二位老人健康长寿！

本书系教育部人文社科研究青年基金项目（01JC770010）成果，出版得到武汉大学历史学院"211 工程"三期建设项目经费的资助，

也得到学院党政领导的多方关照和支持，又承陈师国灿先生赐序，谨
在此一并表示诚挚的谢意！

刘安志谨识

2009 年 3 月于武昌珞珈山

# 增订本后记

　　《敦煌吐鲁番文书与唐代西域史研究》一书,乃笔者的第一本学术专著,自 2011 年由商务印书馆出版以来,迄今已有十余年时间了。2022 年,承蒙社会科学文献出版社历史学分社郑庆寰社长的鼎力引荐,这本小书有幸入选"社科文献学术文库",从而给笔者一次修订完善的宝贵机会。同年 11 月,点校本《周书》修订本由中华书局正式出版后,笔者随即开始了《敦煌吐鲁番文书与唐代西域史研究》一书的修订工作。

　　经过认真考虑,笔者对原书总体框架与篇章结构进行了一定增删调整。首先,全部按章节形式编排,增补第十章"伊西与北庭———唐先天、开元年间西域边防体制考论",取代原书中的"唐代西州的突厥人"一章(按此章所引突厥文题记,学界有新的不同看法,而笔者对此完全外行,故删除之)。同时,调整《库车出土唐安西官府事目历考释》《唐代安西、北庭两任都护考补———以出土文书为中心》二文作为附录,形成正文十四章、附录二篇的篇章结构。其次,根据

"社科文献学术文库"的体例要求,补撰"参考文献"与"索引"两部分内容。同时,删除原书中的"作者主要著述列表",并参照笔者另外一本专著《新资料与中古文史论稿》的体例,新撰"绪论",对全书各篇章的写作缘起及基本观点进行简要介绍,以使读者对此书总体情况有一个基本了解。最后,在书前增补二十八件新疆吐鲁番、库车等地出土文书图版,力求图文并茂,方便读者阅读理解。

至于对全书各篇章的修订,则主要体现在统一体例与增删改补两个方面。统一体例方面,力求做到凡正文所引史料,皆全部出注,并标明文献来源及页码。同时,尽可能统一所引文献版本,如北宋王溥著《唐会要》,主要依据上海古籍出版社点校本,个别地方使用中华书局排印本和文渊阁四库全书本;又如日本池田温著《中国古代籍帐研究》,则统一使用中华书局 2007 年版。增删改补方面,则主要删除个别有疑问的史料及相关表述,同时增补部分论证内容,力求逻辑清晰,表达准确,论证严密,观点鲜明。如第四章"从吐鲁番出土文书看唐高宗咸亨年间的西域政局",此前曾引用吐鲁番阿斯塔那 201 号墓所出《唐咸亨三年(672)西州都督府下军团符》,以证唐高宗咸亨三年西州都督府的存在。但这件文书其实是唐西州某折冲府下给所辖某团的符文,而非西州都督府符文(参见孙丽萍《〈唐咸亨三年西州都督府下军团符〉文书校读札记》,《西域研究》2023 年第 3 期),所以,需要删除此件文书及其相关论述。总之,此次修订,大到全书内容的分析论证,小到语言文字、标点符号的修改完善,无不勉力为之,大体代表了笔者目前对唐代西域史的总体认知水平。是焉非焉,一切留待时间检验,同时也期待学界同仁与读者朋友的批评指正。

本书作为国家社科基金重大招标项目"吐鲁番出土文书再整理与研究"(17ZDA183)的阶段性成果,在修订过程中,先后得到日本都筑晶子教授、北村一仁博士,以及博士生毕康健、王圣琳等同学的帮助。尤其在英文翻译、史料核查、全书通检等方面,毕康健同学出力最多。历史学分社社长郑庆寰，编辑赵晨、汪延平、李蓉蓉为本书的编辑出版付出了诸多辛劳，谨此一并致以诚挚的谢意！

刘安志

2024 年元月于珞珈山

**图书在版编目（CIP）数据**

敦煌吐鲁番文书与唐代西域史研究 / 刘安志著 .
增订本 . --北京：社会科学文献出版社，2024.12.（2025.9 重印）
（社科文献学术文库）. --ISBN 978-7-5228-4741-2

Ⅰ. K870.64；K294.5

中国国家版本馆 CIP 数据核字第 20245V37F5 号

社科文献学术文库 · 文史哲研究系列

## 敦煌吐鲁番文书与唐代西域史研究（增订本）

著　　者 / 刘安志

出 版 人 / 冀祥德
责任编辑 / 汪延平
文稿编辑 / 李蓉蓉
责任印制 / 岳　阳

出　　版 / 社会科学文献出版社 · 历史学分社 （010）59367256
　　　　　　地址：北京市北三环中路甲 29 号院华龙大厦　邮编：100029
　　　　　　网址：www.ssap.com.cn
发　　行 / 社会科学文献出版社 （010）59367028
印　　装 / 三河市东方印刷有限公司

规　　格 / 开　本：787mm × 1092mm　1/16
　　　　　　印　张：29.75　插　页：1　字　数：388 千字
版　　次 / 2024 年 12 月第 1 版　2025 年 9 月第 2 次印刷
书　　号 / ISBN 978-7-5228-4741-2
定　　价 / 168.00 元

读者服务电话：4008918866